Studienbücher Außenpolitik und Internationale Beziehungen

Herausgegeben von
Wilfried von Bredow, Lahntal, Deutschland

Stefan Fröhlich

Die Europäische Union als globaler Akteur

Eine Einführung

2., aktualisierte und überarbeitete Auflage

 Springer VS

Prof. Dr. Stefan Fröhlich
Universität Erlangen-Nürnberg
Erlangen, Deutschland

ISBN 978-3-658-01981-5   ISBN 978-3-658-01982-2 (eBook)
DOI 10.1007/978-3-658-01982-2

Die Deutsche Nationalbibliothek verzeichnet diese Publikation in der Deutschen Natio-
nalbibliografie; detaillierte bibliografische Daten sind im Internet über http://dnb.d-nb.de
abrufbar.

Springer VS
© Springer Fachmedien Wiesbaden 2008, 2014
Springer VS ist eine Marke von Springer DE. Springer DE ist Teil der Fachverlagsgruppe
Springer Science+Business Media.
www.springer-vs.de

Inhaltsverzeichnis

Vorwort

Die Idee zu dem Buch entstand ursprünglich aus zahlreichen Lehrveranstaltungen im In- und Ausland zu den Außenbeziehungen der Europäischen Union. Unter Studenten wie Kollegen gibt es seit Jahren eine lebhafte Debatte darüber, inwieweit die vor allem in der angelsächsischen Literatur häufig anzutreffende Reduzierung der EU-Außendimension auf die Themenbereiche GASP und GSVP nicht eine unzulässige, teils bewusste Verkürzung des außenpolitischen Profils der Union bedeutet. Nicht, dass die anderen Facetten dieses Profils in der Literatur keine Berücksichtigung fänden; es gibt jedoch eine auffällige Neigung, das Gewicht der Union insbesondere an ihren Erfolgen in diesen beiden Bereichen zu messen und die anderen Dimensionen allenfalls in systematischen Einzeldarstellungen zu behandeln. Diese Verkürzung ist mit ursächlich für das Imageproblem der EU in Bezug auf ihre globale Rolle, und die Trennung von GASP und GSVP war daher ein richtiger Schritt in Richtung einer größeren Differenzierung.

Der Band will einen Beitrag dazu leisten, das außenpolitische Profil der Union möglichst in seiner gesamten Breite zu erfassen. Ob damit der Anspruch erfüllt wird, dem Leser ein Text- und Studienbuch an die Hand zu geben, mit dem er die Wechselwirkung aller relevanten Dimensionen europäischer Außenpolitik studieren kann, bleibt dessen Urteil überlassen. Jedenfalls hofft der Verfasser, mit dem Band das komplexe außenpolitische Potenzial der EU systematischer als bislang zu erfassen.

Die Neuauflage berücksichtigt die Veränderungen, die sich mit dem Lissaboner Vertrag seit 2010 ergeben haben. Neben der systematischen Überarbeitung bzw. Aktualisierung aller Kapitel analysiert der Band auch die jüngsten, zum Teil dramatischen Entwicklungen im Nahen und Mittleren Osten sowie die Ursachen und Folgen der globalen Wirtschafts- und Finanzkrise, einschließlich der Eurokrise.

Bonn, November 2013

Einführung und Untersuchungsrahmen   1

„Ökonomisch ein Riese, politisch ein Zwerg"! Wer kennt nicht diese Charakterisierung der Europäischen Union, wenn es um die Frage nach ihrer Rolle in den internationalen Beziehungen geht. Gemeint ist nichts anderes als die von vielen Beobachtern konstatierte Diskrepanz zwischen dem ökonomischen Gewicht der EU einerseits und ihrer mangelnden Effektivität in der Außen- und Sicherheitspolitik auf der anderen Seite. Die EU 28 ist mit über 505 Millionen Bürgerinnen und Bürgern die größte Wirtschaftsmacht mit dem größten in Kaufkraft gemessenen Binnenmarkt. Mit einem Bruttoinlandsprodukt (BIP) von etwa 12.6 Bio Euro lag ihr Anteil am weltweiten BIP 2012 bei ca. 28 Prozent (Schätzung für 2013: 13.2 Bio Euro) und lag damit über dem der USA. Der EU-Anteil am Welthandel (inklusive Intra-EU-Handel) und den weltweiten Direktinvestitionen lag bei jeweils 35 Prozent.[1] Gleichwohl Schätzungen davon ausgehen, dass die Union bis 2020 ihre Führungsposition als der Welt größter Binnenmarkt an die USA und China abtreten werden, verfügt die EU damit heute über ein ökonomisches Potenzial von weltpolitischem Rang, das es ihr ermöglicht, in den Vereinten Nationen und den relevanten internationalen Wirtschafts- und Finanzorganisationen auch ordnungspolitisch eine größere Rolle zu spielen („strukturelle Macht"). Zwar verfügt sie dort mit Ausnahme von der WTO nach wie vor nicht über eine gemeinsame Außenpräsenz, immerhin aber kamen die Union und ihre Mitgliedstaaten in den letzten Jahren für rund 35 Prozent des UN-Budgets, 55 Prozent der humanitären Hilfe und 57 Prozent der weltweit vergebenen öffentlichen Entwicklungshilfe auf.

Als außen- und sicherheitspolitischer Akteur aber hat die EU die nach 1989/90 selbst gesteckte Erwartung der Übernahme eines von den USA unabhängigen

---

[1] Eurostat Statistical Books, Europe in figures, Eurostat Yearbook 2012. European Commission: http://ec.europa.eu/eurostat.

europäischen Konflikt- und Krisenmanagements nicht erfüllt. Zwischen 1993 und 1998 blieben ihre außenpolitischen Aktivitäten weit hinter dem mit dem Projekt einer „Gemeinsamen Außen- und Sicherheitspolitik" (GASP) ver-knüpften globalen Gestaltungsanspruch, wie ihn der damalige luxemburgische Außenminister Jacques Pos mit dem Wort von der „Stunde Europas" formulierte, zurück. Mit zahlreichen gemeinsamen Standpunkten und Erklärungen zu globalen Fragen (Naher und Mittlerer Osten, Süd- und Ostafrika, Lateinamerika, Russland, China, Korea) sowie durch rege Reisediplomatie war die EU zwar präsent, wirkte aber kaum über „gemeinsame Aktionen" gestaltend an der inter-nationalen Politik mit. Zum Inbegriff der Ineffektivität und der Lücke zwischen den hohen Erwartungen an die EU als globaler Akteur und ihren tatsächlichen Fähigkeiten („capability-expectation gap")[2] wurde dabei die Jugoslawienpolitik der EU in den 1990er Jahren. Zu den entscheidenden Akteuren während der Krise zählten die UN, die OSZE, NATO sowie die USA, Frankreich und Groß-britannien, nicht aber die EU.

Die scheinbare Diskrepanz verstellt jedoch nicht nur den Blick auf eine Reihe von politischen Erfolgen der GASP insbesondere in den beiden vergangenen De-kaden. Dazu gehört generell das seit Maastricht (1993) klare Bekenntnis und Interesse der Mitgliedstaaten an kollektivem Handeln und der Schaffung eines dazu notwendigen institutionellen Rahmens. Und dazu gehört konkret der Bei-trag der EU zur Stabilisierung der eigenen Peripherie u. a. durch die Förderung gut nachbarschaftlicher Beziehungen, die wirtschaftlichen Anreize für die mittel- und osteuropäischen Staaten im Rahmen des PHARE-Programms[3] und den Stabilitätspakt, der im Dezember 1993 als eine der ersten gemeinsamen Aktionen unter dem Maastrichter Vertrag beschlossen wurde. Sie ist auch Aus-druck einer zwischen 1993 und 1998/99 (d.h. bis zur Lancierung und dann end-gültigen Einrichtung der „Europäischen Sicherheits- und Verteidigungspolitik" – ESVP – mit dem Vertrag von Nizza 2001) deutlich wahrnehmbaren Verengung der Zielprojektion der GASP auf die Frage nach der Rolle und dem Beitrag der EU zu einem aktiven Konfliktmanagement innerhalb und außerhalb Europas an der Seite des amerikanischen Bündnispartners. Und sie ist schließlich das Er-gebnis einer in der EU-Forschung lange Zeit üblichen und durch die im Maas-trichter Vertrag zunächst angelegte Pfeilerstruktur beförderten begrifflichen

---

2   Christopher Hill, The Capability-Expectations Gap, or Conceptualising Europe's International Role, in: Journal of Common Market Studies, 31, 1 (1993), S. 305-328.

3   Ursprünglich für „Pologne, Hongrie – Assistance à la Restructuration des Econo-mies", bezeichnet es grundsätzlich die von der Kommission koordinierten Hilfsleis-tungen der G-24 für die mittel- und osteuropäischen Staaten.

Ausdifferenzierung, wonach die traditionellen Bereiche gemeinschaftlicher Außenwirtschafts-, Assoziierungs-, Umwelt-, Entwicklungspolitik und Justizielle und Polizeiliche Zusammenarbeit auch über Lissabon hinaus getrennt vom außen- und sicherheitspolitischen Krisenmanagement im Rahmen der GASP und der ESVP (seit Lissabon „Gemeinsame Sicherheits- und Verteidigungspolitik" – GSVP) behandelt werden.

Mit dem Lissaboner Vertrag (2009) wird die Pfeilerstruktur zwar partiell aufgehoben und die Struktur der bestehenden Verträge in zwei Grundlagenverträgen – den "Vertrag über die Arbeitsweise der Europäischen Union" (AEUV) und den "Vertrag über die Europäische Union" (EUV) – konsolidiert. Gleichsam wurde die GASP ebenso wie die ESVP in den EUV übernommen und Letztere als integraler Bestandteil der GASP in "Gemeinsame Sicherheits- und Verteidigungspolitik" (GSVP) umbenannt – einschließlich der Option zu einer „Ständigen Strukturellen Zusammenarbeit" (SSZ). Die Europäische Union erhält mit dem Vertrag Rechtspersönlichkeit und vergrößert dadurch theoretisch ihre Verhandlungsmacht, so dass sie auf internationaler Ebene effizienter auftreten kann und für Drittländer und internationale Organisationen als Partner greifbarer wird. Dies wird nicht zuletzt auch dadurch ermöglicht, dass der EUV bei Durchführungsmaßnahmen qualifizierte Mehrheitsentscheidungen vorsieht (Art. 31 (2) EUV). Es bleibt aber bei der grundsätzlichen Trennung der o.e. so genannten Sachpolitiken der EU, in denen auch künftig möglichst umfassend mit Mehrheitsbeschlüssen entscheiden werden soll, von denjenigen Politikfeldern (GASP und GSVP), in denen im Wesentlichen weiterhin Einstimmigkeit erforderlich ist.

Diese Trennung von Außenbeziehungen im Sinne aller Beziehungen der EU mit anderen Staaten und internationalen Institutionen über die genannten Sachpolitiken auf der einen und Außenpolitik im Sinne des politischen und diplomatischen Kerns der Außenbeziehungen auf der anderen Seite ist jedoch im 21. Jahrhundert weder angemessen noch wird sie der zentralen Herausforderung der europäischen Integration, wie sie sich den Mitgliedstaaten nach der Vollendung, seit der Eurokrise zum Teil in Frage gestellten Wirtschafts- und Währungsunion und der Erweiterung stellt, gerecht: der Entwicklung eines politischen Systems der europäischen Mitgliedstaaten/Gesellschaften, welches jenseits der eigenen Verfasstheit in einer globalisierten Welt regieren und handeln kann. In dieser Welt haben die ökonomischen Beziehungen, die Rolle zwischenstaatlicher Organisationen und nicht-staatlicher Akteure sowie „weiche Machtfaktoren" (soft power) in Form von ökonomischem und kulturellem Einfluss eine ebenso große Bedeutung bei der Prävention und Lösung von politischen Krisen und Konflikten wie militärische Mittel.

Außenpolitik ist somit heute ein wesentlich komplexeres Zusammenspiel verschiedener Elemente, bei dem situationsbedingtes, interessenbezogenes und lernfähiges Handeln der politischen Führung eines Staates eben nicht nur die traditionellen diplomatie- und sicherheitspolitischen Entscheidungen umfasst, sondern auch die nichtpolitischen (Inter)aktionen (ökonomische, kulturelle, gesellschaftliche etc.); dies gilt auch für die EU als „quasi-staatliches" Gebilde. Zwar unterscheidet sich der Systemcharakter der internationalen Politik ganz wesentlich vom System einzelstaatlicher Außenpolitik. Letzteres ist monozentrisch, da die Staaten, vertreten durch ihre Regierungen, in ihrer internationalen Umwelt als geschlossene Willens- und Aktionseinheiten mit einem legitimierten Entscheidungszentrum auftreten, was im polyzentrischen Interaktionssystem der internationalen Politik fehlt. Andererseits kann von einer „klassischen Politik" zwischen Staaten in der internationalen Politik auf Grund der heutigen Formen politischer Interaktion, wie sie für das Zeitalter der Globalisierung und weltweiter Interdependenz charakteristisch sind, nicht mehr die Rede sein. Aus diesem Grund tritt an die Stelle des Begriffs Internationale Politik heute zunehmend der Terminus „transnationale Politik" zur Bezeichnung eines Zustandes, bei dem die Zunahme nichtstaatlicher politischer Organisationen und die Entstehung supranationaler Organisationen (bislang einzig die EU) die äußere Souveränität der Staaten unterminieren.

Dies hat wiederum umgekehrt Auswirkungen auf die Außenpolitik eines Staates, der in seinen Aktionen entscheidend von den Interdependenzen und der Akteursvielfalt des internationalen Systems bestimmt wird und zu dessen außenpolitischem Instrumentarium neben klassischem diplomatischen Aushandeln und dem Einsatz angedrohter oder angewendeter Machtmittel heute auch außenwirtschaftliche und entwicklungspolitische (Sanktions-)Maßnahmen gehören. Verstärkt wird dieser Befund zudem durch die Besonderheiten des politischen Systems der EU an sich. Da die GASP weder eindeutig intergouvernemental noch supranational ausgerichtet ist, die Mitgliedstaaten also bewusst einen pragmatischen Ansatz gewählt haben, der die Existenz divergierender Vorstellungen über die Weiterentwicklung und Finalität einer gemeinsamen außenpolitischen „Stimme" in Kauf nimmt, ist es konsequent, im Falle der europäischen Außenpolitik auch nicht den Maßstab staatlichen Handelns anzulegen, sondern darunter vielmehr die Summe der Außenbeziehungen der EU einschließlich ihrer Aktivitäten im Bereich des außen- und sicherheitspolitischen Krisenmanagements zu verstehen.

Eine solche Herangehensweise wird auch der komplizierten wie komplexen Organisationsstruktur der europäischen Außenbeziehungen gerecht, da sie das durch die ursprüngliche Pfeilerstruktur geschaffene Mehrebenensystem auch in diesem Bereich aufheben kann. Europäische Politik gegenüber einem Drittstaat oder einer Region oder aber einer horizontalen Frage, wie etwa der nach einer konkreten Sanktionspolitik im Zusammenhang mit Missachtung von Menschenrechten, ist zunehmend aus mehreren Dimensionen der unterschiedlich verfassten Felder zusammengesetzt. Die Mitgliedstaaten haben bei der Neukonstruktion der GASP im Sinne des Kohärenzgebots zwar auch im Lissaboner Vertrag weitere Vorkehrungen getroffen, um diesem Befund Rechnung zu tragen und zu einem verzahnten Dualismus der Außenbeziehungen der Union zu gelangen; dies betrifft insbesondere zunächst die institutionelle Verzahnung von Europäischem Rat und Kommission in der Person des Hohen Vertreters für die Gemeinsame Außen- und Sicherheitspolitik (GASP), der bei Ersterem aufgehängt und diesem gegenüber verantwortlich bleibt, gleichzeitig aber als Vizepräsident der Kommission Aufgaben eines Außenkommissars (Doppelhut-Modell) wahrnimmt und für die Kohärenz des auswärtigen Handelns zu sorgen hat (Art. 18 (4) EUV). Und es betrifft auch Art. 26 (2) EUV, nach dem „Rat und der Hohe Vertreter der Union für Außen- und Sicherheitspolitik … für ein einheitliches, kohärentes und wirksames Vorgehen der Union Sorge" tragen. In der Praxis aber haben sich diese Vorkehrungen bislang nur bedingt als tragfähig erwiesen und nur sehr begrenzt Verschränkungen der verschiedenen Handlungsstränge des außenpolitischen Institutionengefüges der EU zugelassen, da sie durch die parallele Weiterentwicklung von Formen der Flexibilisierung bis hin zum Lissaboner Vertrag zugunsten mitgliedstaatlicher Zusammenarbeit von Handlungswilligen („coalitions of the willing") praktisch wieder ausgehöhlt wurden.

Verantwortlichkeiten und Felder in den Außenbeziehungen sind daher nach wie vor mehrheitlich zwischen verschiedenen Ebenen aufgeteilt: zwischen den Mitgliedstaaten mit ihren nationalen Außenpolitiken und der Union; zwischen Rat und der Kommission; und zwischen den verschiedenen, supranational organisierten Sachpolitiken der EU (v.a. Inneres und Justiz, Außenhandels- und Entwicklungshilfepolitik mit knapp 130 EU-Delegationen in mehr als 120 Ländern sowie in internationalen Organisationen wie der WTO oder OECD) und den mehrheitlich einstimmig organisierten diplomatischen und militärischen Aktivitäten (GASP/GSVP). Je nach Politikfeld haben es Drittstaaten mit der Kommission, dem seit Lissabon für zweieinhalb Jahre ernannten „ständigen" Präsident des Europäischen Rates, dem „Hohen Vertreter" für die GASP oder auch der Europäischen Zentralbank (EZB) zu tun, die ihre Positionen auf der Basis spezifischer Rechtsgrundlagen sowie unterschiedlicher Mitgliedschaften erarbeiten bzw. präsentieren. Die Absicht, das ausdifferenzierte Netz auswärtiger Beziehungen transparenter und kohärenter zu machen und damit eine qualitative Aufwertung des Profils der EU als internationaler Akteur zu bewirken, ist daher auch mit dem Lissaboner Vertrag nur bedingt erfüllt. Insofern hinkt die Union ungeachtet aller Fortschritte auch in der zweiten Dekade des 21. Jahrhunderts noch hinter der Erwartung her, nach dem Ende des Kalten Krieges nicht nur das machtpolitische Vakuum in Europa zu füllen, sondern auch global eine Führungsrolle zu übernehmen.

Auf diese Weise ergibt sich ein ambivalentes Bild: Die EU ist heute in mehr als 100 Staaten mit eigenen Vertretungen präsent. Mehr als 150 Staaten unterhalten im Gegenzug mit der EU diplomatische Beziehungen. Die EU steht mit mehr als 30 Staaten oder regionalen Staatengruppen in institutionalisierten Dialogen und spricht in einer Reihe von internationalen Organisationen in der Regel über die Kommission mit einer Stimme. Der Vertrag von Lissabon stellt der EU mit dem Europäischen Auswärtigen Dienst (EAD) zudem ein Instrument zur Verfügung, mit dem die Zielsetzung, eine europäische Außenpolitik zu entwickeln, weiter an Profil gewinnen kann. Auch wenn Tragweite, Kompetenzen und Besetzung dieses neuen Diensts bislang Gegenstand heftiger Debatten zwischen Mitgliedsstaaten und Institutionen der EU sind, wird die EU so betrachtet längst als ein globaler Akteur wahrgenommen, der auf vielen Feldern seiner Außenbeziehungen, ungeachtet der Probleme der inneren Solidarität und Kohärenz, der föderalen Balance und demokratischen Legitimation, handlungsfähig ist.

In den Theorien der Internationalen Beziehungen wird die Kombination aus politischer Führungskraft, ökonomischer Leistungsfähigkeit und militärischen Fähigkeiten zur gezielten Machtprojektion über das eigene Territorium hinaus als Voraussetzung für die Begründung eines Weltmachtstatus angeführt. Differenzierter betrachtet kommen zu diesen Kriterien drei weitere hinzu: eine entsprechend große Bevölkerung, hohes (Aus-)Bildungsniveau, eine gute Infrastruktur sowie eine ausgeprägte Gestaltungs- und Absorptionsfähigkeit von Gesellschaft und Wirtschaft; ein nicht minder ausgeprägter politischer Konsens über ein gemeinsames Wertesystem und dessen internationale „Attraktivität", verbunden mit der Bereitschaft, dieses in internationalen/multilateralen Foren zu vertreten bzw. zu verteidigen; schließlich eine ausgewiesene Ordnungs- und Führungskraft zumindest im eigenen regionalen Umfeld.

Die EU verfügt sowohl über eine herausragende Wirtschaftskraft, die entsprechende Infrastruktur und ein hohes (Aus-)Bildungsniveau, als auch über eine angemessene militärische Leistungsfähigkeit, also über die nötigen institutionellen und materiellen Ressourcen. Ihr fehlen jedoch der politische Wille zum gemeinsamen Handeln bzw. zum Konsens, um in bestimmten Konfliktsituationen Führungs- und Gestaltungskraft auszuüben und damit unvermeidliche weltpolitische Verantwortung mit übernehmen zu können. Unvermeidlich, weil die Union in die Konflikte der Welt eingebunden ist, weil sie durch ihre wirtschaftliche Stärke zwangsläufig ein Zentrum des Handelns und somit ein Fixpunkt von Erwartungen ist, und weil sie auf Grund ihrer eigenen Werteordnung über Gewalt und Unrecht in der Welt schlecht hinwegsehen kann.

Die vorliegende Studie behandelt daher die GASP wie auch die GSVP zwar schwerpunktmäßig als eigenständige Segmente im Sinne der oben angeführten klassischen Definition von Außenpolitik. Untersucht werden sowohl das theoretisch vorhandene Potential zu einer kollektiven Außen- und Sicherheitspolitik wie auch die Verfassungswirklichkeit, d. h. die tatsächliche Nutzung der angebotenen Mechanismen durch die verantwortlichen Akteure. Betrachtet wird aber auch der größere Kontext der europäischen Außenbeziehungen. Die GASP ist zwar Ausdruck eines ganz spezifischen Gestaltungsanspruchs der Mitglieder der EU zu bestimmten Fragen der klassischen Außen- und Sicherheitspolitik. Sie ist aber gleichzeitig als Ergänzung zu den traditionellen Bereichen gemeinschaftlicher Außenwirtschafts-, Assoziierungs- und Entwicklungspolitik zu betrachten. In bestimmten Fällen übernimmt die GASP in der Politik der EU gegenüber Drittstaaten und Regionen sogar die Führungsrolle und definiert gegenüber diesen Sektorpolitiken die entsprechenden Handlungsvorgaben.[4] Nur unter ihrer Einbeziehung wird die Union somit dem Anspruch auf globale Akteursqualität in vollem Umfang gerecht.

Zuvor werden zwei wesentliche Punkte für die Abhandlung erörtert: Erstens die Frage nach der angemessenen Definition und Eingrenzung dessen, was in der Literatur häufig unreflektiert als „Europäische Außenpolitik" oder „Außenpolitik der EU" beschrieben wird. In diesem Zusammenhang geht es auch um die Frage nach dem Umfang der GASP in Abgrenzung zur Außenpolitik der Mitgliedstaaten. Grundsätzlich sind Untersuchungen zu den nationalen „GASP"-Politiken eher rar, obwohl gerade in diesem Bereich die Rolle der Mitgliedstaaten wesentlich bedeutsamer ist als in den meisten anderen Politikfeldern der EU und die Gemeinschaftsorgane Kommission, Europäisches Parlament und Europäischer Gerichtshof vergleichsweise wenig in Erscheinung treten.[5] Die meisten Studien beschäftigen sich mit der Funktionsweise und den Ergebnissen außenpolitischer

---

4   Knud Erik Jorgensen, Making the CFSP Work, in: John Peterson/Michael Shackleton (Hg.), The Institutions of the European Union, Oxford: Oxford University Press 2002, S. 210-232; Michèle Knodt/Sebastiaan Princen, Understanding the European Union's External Relations, London/ New York 2003.

5   Zu den wenigen komparatistischen Studien zählen: Christopher Hill, The Actors in Europe's Foreign Policy, London: Routledge 1996; Ian Manners/Richard Whitman, Foreign Policies of EU Member States, Manchester: Manchester University Press 2000; Wolfgang Wagner, Die Konstruktion einer europäischen Außenpolitik. Deutsche, französische und britische Ansätze im Vergleich, Frankfurt: Campus-Ver-

Zusammenarbeit der Mitgliedstaaten im Rahmen der GASP, vernachlässigen aber den enormen Einfluss, den die Mitgliedstaaten über das Instrument der permanenten Regierungskonferenzen (1991/92, 1996/97, 2000/2001 und 2004) seit Beginn der neunziger Jahre gerade im Bereich der GASP ausgeübt haben. Es waren die Mitgliedstaaten, die jeweils die Defizite und den daraus resultierenden Reformbedarf für das bestehende institutionelle Gefüge ausgemacht haben, die entschieden haben, in welchem Maße jeweils Kompetenzen auf die EU übertragen wurden, und die bestimmten, auf welche Weise sie selbst gemeinsame außenpolitische Entscheidungen trafen. Und sie waren es schließlich, die die Grenze der Belastbarkeit und der Handlungsfähigkeit der Union in einem veränderten internationalen Umfeld im Zuge der Erweiterung um zehn neue Mitglieder im Mai 2004 erkannten und daraufhin nicht nur den Weg frei machten für die neue Form des Konvents über die Zukunft der EU,[6] sondern auch verbindlich formulierte Angebote für die GASP im Verfassungsvertrag formulierten – mit (unabhängig vom späteren Scheitern) weit reichenden Implikationen für den Fortgang der EU im Allgemeinen wie auch das außenpolitische Profil der Union im Speziellen.[7]

Zweitens wird eingangs die Frage aufgeworfen nach den Zusammenhängen zwischen der zumeist deskriptiven GASP-Forschung auf der einen und den theoretischen Diskursen in der Integrationsforschung auf der anderen Seite. Nach der Vergemeinschaftung der Währungspolitik und der weitgehenden Vollendung des Binnenmarktes ist die Überführung der Außen- und Sicherheitspolitik in die Zuständigkeit der EU der zentrale Schritt zur Realisierung der Politischen Union. Entsprechend akribisch wurde in den letzten Jahren eine Reihe von Darstellungen vorgelegt, die den inkrementellen Charakter dieses Politikbereichs betonen und selbst geringfügige Entwicklungen in der außenpolitischen Zusammenarbeit der Mitgliedstaaten festgehalten haben, die mit der Europäischen Politischen Zusammenarbeit (EPZ) 1970 begann und mit dem Maastrichter Vertrag 1993 in die GASP überführt wurde. Dabei werden insbesondere die Funktionsweise der GASP sowie ihre Politiken gegenüber Drittstaaten und verschiedenen Regionen beschrieben.[8] Die verschiedenen Integrationstheorien aber behandeln

---

lag 2001; Simon Bulmer/Christian Lequesne (Hg.): Member States in the EU, Oxford 2005.

6   Dazu die verschiedenen Beiträge in der Zeitschrift integration 2/2002-2/2003, des Centrums für Angewandte Politikforschung (CAP) (EU Reform Spotlight 2/2002-2/2003) sowie in http://european-convention.eu.int.

7   Annegret Bendiek, Neuer Europäischer Realismus, SWP Aktuell, Berlin 2010, S. 2ff. http:/www.swp-berlin.org/.../2010A10_bdk_ks.pdf.

8   Vgl. Simon Nuttal, European Foreign Policy, Oxford: Oxford University Press 2000; Fraser Cameron, The Foreign and Security Policy of the EU: Past, Present and Future,

die europäische Außenpolitik bislang eher am Rande und konzentrieren ihr Interesse primär auf den Integrationsprozess im supranationalen Bereich. Erst im Zuge einer zunehmenden Aufweichung des klassischen Gegensatzpaares „supranational/föderal" versus „intergouvernemental/realistisch" in der Außen- und Sicherheitspolitik zugunsten einer starken Einbeziehung und Verklammerung von GASP-Gremien und EU-Organen, insbesondere auf Ebene des Rates, ist auch das Interesse an der theoretischen Erfassung des Forschungsgegenstands gestiegen.[9]

1.1 Theoretische Überlegungen zu einer „europäischen Außenpolitik"

1.1.1 Was ist eigentlich Europäische Außenpolitik?

Seit Erscheinen der gleichnamigen Studie von Walter Carlsnaes und Steve Smith im Jahre 1994 sind die Begriffe „Europäische Außenpolitik" oder „Europas Außenpolitik" in zahlreichen Publikationstiteln aufgetaucht, ohne dass von den Autoren in den meisten Fällen eine hinreichende Klärung ihrer Bedeutung geliefert wurde.[10] Carlsnaes selbst beklagte in einer mit Helene Sjursen und Brian White 10 Jahre später herausgegebenen Studie des Titels „Contemporary European Foreign Policy" eben dieses Defizit und versuchte eine Einordnung der

---

Sheffield: Sheffield Academic Press 1999; Anthony Forster/William Wallace, Commion Foreign and Security Policy, in: Helen Wallace/William Wallace, Policy-Making in the European Union, Oxford: Oxford University Press 2000; Elfriede Regelsberger, Gemeinsame Außen- und Sicherheitspolitik, in: Werner Weidenfeld/Wolfgang Wessels (Hg.), Jahrbuch der Europäischen Integration 1990/91 ff., Bonn; Matthias Jopp, Gemeinsame Europäische Sicherheits- und Verteidigungspolitik, in: Weidenfeld/ Wessels, Jahrbuch der Europäischen Integration 1998 ff., Bonn.

9   Vgl. hierzu Helen Wallace, The Institutional Setting, in: Wallace/Wallace, Policy-Making in the EU, a.a.O., S. 3-37; Wolfgang Wessels, Theoretical Perspectives. CFSP beyond the Supranational and Intergovernmental Dichotomy, in: Dieter Mahncke/ Alicia Ambos/Christopher Reynold (Hg.), European Foreign Policy. From Rhetoric to Reality? Brussels: Peter Lang 2004, S. 61-96.

10   Walter Carlsnaes/Steve Smith, European Foreign Policy, London: Sage 1994; Christopher Hill, The Actors in Europe's Foreign Policy, London: Routledge 1996; Christopher Hill/Karen Smith (Hg.), European Foreign Policy: Key Documents, London: Routledge 2000; Jan Zielonka (Hg.), Paradoxes of European Foreign Policy, The Hague: Kluwer Law International 1998; Simon Nuttal, European Foreign Policy, Oxford: Oxford University Press 2000; Dieter Mahncke et al., European Foreign Policy, Brussels 2004.

Begriffe vorzunehmen.[11] Andere Darstellungen begegneten der mangelnden begrifflichen Schärfe durch eine weitere Ausdifferenzierung, indem sie stattdessen von den „Außenpolitiken der EU-Mitgliedstaaten" sprachen, die in der Summe so etwas wie eine europäische Außenpolitik ergeben.[12] Wie aber unterscheidet sich diese wiederum von der Außenpolitik der EU, die seit 1993 unter dem Akronym der GASP figuriert, oder gar von den Außenbeziehungen insgesamt bzw. den Sachpolitiken mit außenpolitischem Bezug der heutigen Union?

Die Etikettierung „europäische Außenpolitik" hat gegenüber der populären Verwendung des Begriffes „Außenpolitik der Europäischen Union" sicherlich den Vorzug, dass sich außenpolitisches Engagement in Europa natürlich nicht auf den territorialen wie institutionellen Rahmen der EU reduzieren lässt. Außenpolitik in Europa umfasst ein Set von Organisationen und Akteuren über diesen Rahmen hinaus und selbst innerhalb des GASP-Gefüges betreiben Mitgliedstaaten ihre parallelen nationalen Außenpolitiken, die wiederum nicht ausschließlich unter das konstitutionelle Angebot für ein gemeinsames außenpolitisches Handeln der EU-Staaten in der GASP subsumiert werden können.

Die Grenzen der EU sind zudem weder territorial noch analytisch im Sinne einer Abgrenzung zwischen inneren und äußeren Angelegenheiten klar definiert. Der Prozess der stetigen Erweiterung der Gemeinschaft/Union seit den siebziger Jahren des vergangenen Jahrhunderts hat diese zu keinem Zeitpunkt als eine dauerhaft abgrenzbare Einheit gegenüber ihren Beitrittskandidaten erscheinen lassen. Die Erweiterungsdynamik seit den Umbrüchen der Jahre 1989-1991 hat dieses Phänomen und damit die offene äußere Dimension des Integrationsprozesses dramatisch verschärft und so auch die Idee einer Europa-weiten Außenpolitik zumindest theoretisch wahrscheinlicher gemacht.

Eng damit verbunden ist das Argument einer umfassenden Transformation des Kontinents im Sinne der Herausbildung eines neuen Europas, dessen Entwicklungsdynamik seit 1992/93 zumindest für ein Jahrzehnt lang schier ungebrochen schien. Je weiter die EU sich für neue Mitglieder öffnete, desto mehr wurden nicht nur die Grenzen der Integration sichtbar, sondern desto dringlicher wurde und wird auch eine effektive politische Führung und klare Zuordnung von Kompetenzen in Kernbereichen des staatlichen Handelns wie der Außen- und Sicherheitspolitik. Die EU wird nun mal zunehmend als ein einheitlicher Akteur in der Welt wahrgenommen. Die Aufgabe der Integration der Demokratien Mittel- und

---

11   Walter Carlsnaes/Helene Sjursen/Brian White, Contemporary European Foreign Policy, London: Sage Publishers 2004, S. 11-31.

12   Ian Manners/Richard Whitman, The Foreign Policies of the European Union Member States, Manchester: Manchester University Press 2000.

Osteuropas sowie die Befriedung Westeuropas und die Projektion von Stabilität nach Südosteuropa sind zwar anfänglich primär Aufgaben der „inneren Einheit" gewesen. Sie sind aber nur die Voraussetzung für die eigentliche Herausforderung einer größeren Rolle der EU in der Welt. Es mag paradox sein, dass diese Herausforderung von innen wie außen an die EU zu einem Zeitpunkt herangetragen wurde, da sie in tragischer Weise auf dem eigenen Kontinent handlungsunfähig zu sein schien. Auf dem Balkan glich die EU lange Zeit der Karikatur ihrer selbst, im Kaukasus und Zentralasien, im Mittelmeerraum im engeren oder im Nahen und Mittleren Osten im weiteren Sinne konnte sie weder menschenverachtende Aggression vermeiden noch eine adäquate Strategie entwickeln. Dennoch ist die Erwartung im Innern wie von außen bis heute groß – auch wenn skeptische Stimmen zunehmen, die der Union nicht zutrauen, auf absehbare Zeit die in sie gesetzten und an sich selbst gestellten Ansprüche annähernd zu erfüllen. Im Lichte neuer Bedrohungen für die innere wie äußere Sicherheit, der permanenten latenten Gefahr eines amerikanischen Disengagements auf dem Kontinent sowie der eigenen Anziehungskraft an der Peripherie der erweiterten Union wachsen die Anforderungen an eine von den Mitgliedstaaten getragene, alle Facetten umfassende europäische Außenpolitik. Ob als eigenständiger Akteur bzw. Partner gegenüber Russland, regionale Ordnungsmacht, Vermittler in Friedensprozessen, Brücke zwischen OECD- und Dritter Welt oder Welthandelsmacht – Aktionsradius und Erwartungshorizont haben sich für die Union dramatisch verändert.

Diese „Internationalisierung" von Außenpolitik ist zwar keine Garantie für eine Vergemeinschaftung der Außen- und Sicherheitspolitik.[13] Immerhin aber verkörpert die Forderung nach einer größeren „internationalen Präsenz" der Union ein normatives und ordnungspolitisches Denken, nach dem die Union quasi aufgerufen wird, nicht nur die Verrechtlichung der internationalen Beziehungen voranzutreiben, sondern auch aktiv am Konfliktmanagement zur Bewältigung globaler Herausforderungen und militärischer Krisen mitzuwirken. Auf diese Weise wird die Herausbildung einer europäischen außenpolitischen Identität gleichermaßen gefördert wie gefordert.

Nun kann man argumentieren, dass es formal präziser ist, von einer „EU-Außenpolitik" zu sprechen und damit die außenpolitische Kooperation der Mitgliedstaaten im Rahmen der GASP-Politik von den Außenbeziehungen der EU zu trennen. Stärker noch wiegt das theoretische Argument einer staatszentristischen (realistischen) Sichtweise, wonach Außenpolitik eine Prärogative des Nationalstaates ist, die EU aber kein Staat, sondern allenfalls ein staatsähnliches Ge-

---

13   Helene Sjursen, The Common Foreign and Security Policy: An Emerging New Voice in International Politics?, Oslo: ARENA Working Paper 34, 1999.

bilde ist und somit kein außenpolitischer Akteur sein kann. Tatsächlich ist das Konzept einer „europäischen Außenpolitik" aus dieser Perspektive Teil einer föderalistischen Vision von Europa.[14]

Hinzu kommt, dass die EU sicherlich nicht alle Kriterien für eine effektive Außenpolitik erfüllt. Eine solche setzt zunächst den gemeinsamen Willen zur Bestimmung bestimmter Ziele voraus. Sie erfordert ein geschlossenes Auftreten in dem Sinne, dass von verschiedenen Organen des außenpolitischen Subjekts nicht unterschiedliche Maßnahmen gesetzt werden, die womöglich einander widersprechen, zumindest aber nicht den vorgegebenen Zielen entsprechen. Außenpolitik bedarf außerdem der Zurechenbarkeit zu einem bestimmten Subjekt; soweit sich diese Politik in rechtlichen Ausdrucksformen manifestiert, ist eine Völkerrechtssubjektivität des Trägers dieser Außenpolitik, wie sie jetzt mit dem Lissaboner Vertrag verbunden ist, indiziert. Und selbst wenn diese rechtliche Kategorie nicht erreicht worden wäre, so muss der Träger doch identifizierbar sein, da erst dann überhaupt festgestellt werden kann, wem gegenüber der andere Partner politische Beziehungen entfaltet. Außenpolitik erfordert nicht zuletzt ein bestimmtes Maß an Flexibilität und auch Reaktionsvermögen, nicht nur im kurzfristigen Sinne (unmittelbare Reaktion auf Krisen oder den Ausbruch von Konflikten), sondern auch mittel- bis langfristig im Sinne gezielter Maßnahmen zur Konfliktprävention. Und Außenpolitik benötigt schließlich ein hohes Maß an Adaptionsfähigkeit. Eng damit im Zusammenhang steht, dass sich diese Politik kaum lediglich in einseitigen Maßnahmen verwirklichen kann, da sie *ex definitione* an dritte Staaten gerichtet ist. Gerade im Völkerrecht erweist sich in deutlichem Maße die Unfähigkeit einseitiger Maßnahmen, einen entsprechenden Erfolg zu erzielen, soll Einfluss auf die Politik anderer Staaten genommen werden.

Problematisch im Fall der EU wiegt sicherlich die Schwierigkeit, gerade innerhalb der GASP einen gemeinsamen Willen zu erreichen, d. h. Außenpolitik zu vergemeinschaften. Ebenso schwierig ist die Zurechenbarkeit auf Grund der Vielzahl der Akteure und der überlappenden Zuständigkeiten im Mehrebenensystem der GASP, obwohl dieses in den vergemeinschafteten Politikfeldern viel weiter vorangeschritten ist, da das aus der Policy-Forschung entlehnte Instrumentarium hier auch besser anwendbar ist.[15] Immerhin aber hat gerade das GASP-System in

---

14   David Allen, Who Speaks for Europe? The Search for an Effective and Coherent External Policy, in: John Peterson/Helene Sjursen (Hg.), A Common Foreign Policy for Europe?, London: Routledge 1998, S. 42.

15   Zur „Mehrebenen"-Forschung vgl. Markus Jachtenfuchs/Beate Kohler-Koch, Regieren im dynamischen Mehrebenensystem, in: dies. (Hg.), Europäische Integration, Opladen: Leske + Budrich 1996, S. 15-44; Beate Kohler-Koch/Thomas Conzelmann/

der vergangenen Dekade eine enorme Anpassungsfähigkeit und Flexibilität bewiesen, indem es durch permanente Überprüfung seine inhaltliche Reichweite vergrößert und den institutionellen Rahmen verbessert hat. Und dass der Einfluss der Union in der Welt im gleichen Zeitraum kontinuierlich zugenommen hat, wird auch von Kritikern der GASP längst eingeräumt.

Entscheidend aber ist: Die Komplexität des Aufgabenbereichs in der internationalen Politik lässt es andererseits auch nicht zu, die EU in die traditionellen Typen von Staatenverbindungen einzuordnen, insbesondere da sie zur Setzung kollektiv verbindlicher Entscheidungen mittlerweile teilweise auch in der Außenpolitik befugt ist und wir daher durchaus von einem politischen System, in dem regiert wird, sprechen können. Roy Ginsberg hat daher bereits 2001 vorgeschlagen, unter „Europäischer Außenpolitik" alle Aspekte von „zivilem Krisenmanagement, Politiken und Aktionen, Standpunkten, Beziehungen und Engagement der Gemeinschaft wie der EU bzw. der GASP in der internationalen Politik" zu verstehen.[16] Die schiere Bandbreite der Aufgaben und Aktivitäten erlaube daher auch die Analogie zu jeder nationalen Außenpolitik, selbst wenn es sich bei der EU um eine Form des Regierens jenseits der Staatlichkeit handelt – zumindest im Sinne des Kontextes und der Form der Aktivitäten.

Tatsächlich ist die EU heute auch im Bereich der GASP weder mit dem Begriff „Internationale Organisation" noch mit dem des „Staatenbundes" zu kategorisieren, obwohl die EU alle begrifflichen Voraussetzungen beider erfüllt. Umgekehrt nämlich erfüllen diese Begriffe nicht die Voraussetzungen, um die EU hinreichend zu umschreiben. Die EU verfügt seit Anfang der neunziger Jahre auch im Bereich der GASP über besondere Merkmale, die sie von konventionellen Staatenverbindungen abheben, da sie über die Fähigkeit zum unmittelbaren Durchgriff auf den Bürger verfügt und sich ihre Tätigkeit über alle Bereiche der Außenpolitik erstreckt.[17] Kurzum: Sie ist kein Bundesstaat, aber weit mehr als ein bloßer Staatenbund oder eine internationale Organisation, ein Gebilde sui generis , das sich weder in die Kategorien des Völkerrechts noch in die der Allgemeinen Staatslehre einordnen lässt.[18]

Michèle Knodt, Europäische Integration – Europäisches Regieren, Wiesbaden: VS Verlag für Sozialwissenschaften 2004, S. 169-192.

16   Roy Ginsberg, The European Union in World Politics, Boulder: Rowman and Littlefield 2001, S. 3.

17   Josef Isensee, Integrationsziel Europastaat?, in: Ole Due/Markus Lutter/Jürgen Schwarze (Hg.), Festschrift für Ulrich Everling, Band I, Baden-Baden: Nomos 1995, S. 567-592.

18   Bettina Thalmaier, Die zukünftige Gestalt der Europäischen Union. Integrationstheoretische Hintergründe und Perspektiven einer Reform, Baden-Baden: Nomos 2005, S. 165-168.

Insofern scheint es sinnvoll, die gesamte Bandbreite von Politiken und Akteuren in Betracht zu nehmen und unter die „Europäische Außenpolitik" die GASP-Politik der EU gleichermaßen wie das aus den Römischen Verträgen von 1958 entstandene ausdifferenzierte Netz von Außenbeziehungen der Gemeinschaft zu fassen. Ein wesentlicher Punkt, der hinzukommt, ist der des Umfangs der GASP bzw. der Möglichkeiten einer klaren Abgrenzung der Außenpolitik der EU von der der Mitgliedstaaten. Die analytische Schlüsselfrage lautet in diesem Zusammenhang, in welchem Maße „europäische Außenpolitik" von den nationalen Außenpolitiken bestimmt wird und umgekehrt, in welchem Maße nationale Außenpolitiken bereits transformiert bzw. im institutionellen Kontext von Gemeinschaft/Union „europäisiert" worden sind.[19]

1.2   Der Umfang der GASP

Die Schwierigkeit, innerhalb der GASP einen gemeinsamen politischen Willen zu generieren, wird in Theorie und Praxis seit langem als ihr entscheidendes Manko gesehen. Die EU selbst attestiert daher der GASP generell eher einen reaktiven Charakter und natürlich sind die Defizite und Schwächen der GASP immer wieder auf dieses Grundproblem eines fehlenden politischen Willens zurückzuführen. Die Ursachen dafür lassen sich aus der geschichtlichen Entwicklung von heute 28 Mitgliedstaaten mit unterschiedlichen Identitäten ableiten, aus Zeiten, als im heutigen Spektrum der EU diese Staaten Konkurrenten und Gegner waren. Selbst wenn die Schlussfolgerungen eines jeden Ratsvorsitzes jeweils versuchen, Leitlinien für die GASP festzulegen, sind diese sehr fragmentarisch, woraus nicht zuletzt der entsprechende Charakter der GASP resultiert. Es geht also nicht nur um die Frage, ob die derzeitigen Strukturen nach Lissabon überhaupt krisentauglich sind, sondern zunächst um die viel grundsätzlichere Frage, ob es der Union gelingt, besagte „Kohärenz zwischen den einzelnen Bereichen ihres auswärtigen Handelns sowie zwischen diesen und ihren übrigen Politikbereichen" herzustellen (Art. 21 EUV), oder ob sich die unterschiedlichen Kulturen der Gemeinschaft weiter in ihrer Handlungsfähigkeit blockieren – was nicht zuletzt darauf zurückzuführen ist, dass „Krieg" als Mittel der Politik im Binnenverhältnis der EU wie im öffentlichen Diskurs und der politikwissenschaftlichen Debatte zur Selbstverständlichkeit geworden ist.[20]

---

19   Christopher Hill, Closing the Capability-expectations Gap, a.a.O., S. 18.

20   Vgl. Daniela Kietz/Nicolai Ondarza, Willkommen in der Lissabonner Wirklichkeit, SWP-Aktuell, Berlin 2010, S. 2f.; Europa nach Lissabon, Aus Politik und Zeit-

Aus diesem Grund ist zunächst die Frage nach dem Umfang der GASP in Abgrenzung zur Außenpolitik der Mitgliedstaaten zu stellen: Art. 24 EUV unterscheidet zwischen einer Politik der Union und einer der Mitgliedstaaten (betont also den zwischenstaatlichen Charakter der GASP), die allerdings in Ausführung einer „Unionstreue" die Politik der Union zu unterstützen haben (Art. 24 (3) EUV). Darüber hinaus unterstreicht er die Selbstdefinition als „Friedensmacht", indem er auf die Grundsätze der Charta der Vereinten Nationen, die Prinzipien der Schlussakte von Helsinki und die Ziele der Charta von Paris rekurriert.

Ungeachtet dieser Formulierung ist die Abgrenzung zwischen beiden aber nicht klar, da die Politik der Union in Vollziehung von Art. 24 (3) davon abhängt, wie viel an außenpolitischen Bereichen die Mitgliedstaaten jener überlassen. Für den Drittstaat ist somit häufig nicht erkennbar, welche Zielsetzungen den jeweiligen außenpolitischen Akt motivieren, die der EU oder jene der einzelnen Mitgliedstaaten, die durchaus differieren können, oder wer das Zurechnungssubjekt einer außenpolitischen Maßnahme ist. Selbst in jenen außenpolitischen Bereichen, die bereits der EU selbst zugeschrieben werden, ist es der EU und ihren Mitgliedstaaten noch immer nicht gelungen, eindeutig in nach außen erkennbarer Weise zu definieren, wieweit die GASP bloß eine Koordinierung der Außenpolitik der Mitgliedstaten ist, wieweit die Organe der GASP sozusagen als Organe der einzelnen Mitgliedstaaten oder als selbständige Organe der EU agieren. Gemeinsame Aktionen stellen daher oft nur einzelne erratische Blöcke in der außenpolitischen Landschaft dar, was den fragmentarischen Charakter der GASP ausmacht. Neben ihnen stehen die bilateralen Vereinbarungen/Außenpolitiken der Mitgliedstaaten zu den gleichen Drittstaaten.

Für diesen Zustand wird in der EU gerne auf das erwähnte Gegensatzpaar „intergouvernemental" (zwischenstaatlich) versus „supranational" (vergemeinschaftet) zurückgegriffen. In der erstgenannten, (neo)realistischen Perspektive wird die GASP als ein weitgehend traditionelles Phänomen des internationalen Systems verstanden, in dem die EU primär als Instrument staatlicher Diplomatie gilt. Wenn dem so wäre, ist es allemal sinnvoll, auch von einer europäischen Außenpolitik zumindest der Mitgliedstaaten zu sprechen. In dem Kontrastbild wird die GASP aus neofunktionaler bzw. föderaler Sichtweise als Teil und Entwicklungsstufe in einem Prozess der EU hin zur Finalität einer föderalen bzw. supranationalen Union gezeichnet – mit einer vergemeinschafteten europäischen Außenpolitik.[21] Tatsächlich ist – und wird es auf absehbare Zeit wohl auch bleiben

---

geschichte (ApuZ), 18 (3. Mai 2010).

21 Vgl. folgendes Kapitel. Zur Theoriedebatte in bzw. um die Union allgemein siehe: John Peterson, The Choice of EU Theorists: Establishing a Common Framework for

– die GASP ein signifikantes Beispiel für eine Fusion nationaler und gemeinschaftlicher Ressourcen, die durch eine spezifische und erklärbare Mischung von
supranationalen und intergouvernementalen Verfahren und Handlungslogiken
von Akteuren in zusammengesetzten Institutionen (etwa dem Politischen und
Sicherheitspolitischen Komitee) geprägt wird.[22]

So haben gerade die letzten Vertragsänderungen – bei aller Intergouverne-
mentalisierung – gleichzeitig souveränitätsbeschränkende Prinzipien verankert, indem sie die Möglichkeit zum qualifizierten Mehrheitsentscheid und zur
konstruktiven Enthaltung bei GASP-Beschlüssen eröffnen. Schließlich finden
sich sogar explizit supranationale Elemente im aktuellen GASP-Entscheidungs-
system in Form der Mitwirkungsbefugnisse von Kommission und Europäischem
Parlament (vgl. Kap. 3). Diese mit dem Stichwort „Brüsselisierung" bezeichne-
te Entwicklung beschreibt die oben angesprochene Tendenz einer allmählichen
pfeilerübergreifenden Verknüpfung der ersten und der zweiten Säule, ohne dass
explizit ein Souveränitätstransfer auf die EU-Ebene vorgenommen wurde.[23] Mit
anderen Worten: Die einschlägigen Kompetenzen der Mitgliedstaaten verbleiben
bei diesen, gleichzeitig aber nehmen permanent in Brüssel vertretene Funktions-
träger und Dienste Einfluss auf deren Entscheidungen. Deutlichstes Signal für
diese Entwicklung in den letzten Jahren ist die systematische Ausweitung der
Dienste und Kompetenzen des Hohen Vertreters für die GASP sowie die Präsenz
des unterhalb des Außenministerrates angesiedelten Politischen und Sicherheitspolitischen Komitees (PSK) in Brüssel. So soll der Hohe Vertreter (derzeit Catherine Ashton) zur Formulierung, Vorbereitung und Durchführung politischer
Entscheidungen beitragen und gegebenenfalls auf Ersuchen des Vorsitzes im Namen des Rates den politischen Dialog mit Dritten durchführen. Außerdem unterstützt er/sie den Ratsvorsitz bei der Vertretung der Union nach außen und bei der
Durchführung von Ratsbeschlüssen.

Der Entwicklung zu einer zumindest horizontalen Fusion nationaler Steuerungs-
instrumente, die im Einzelfall durchaus eine flexible Ausgestaltung der
europäischen Außenbeziehungen ermöglichen mag, steht auf der anderen Seite
das Problem der Abgrenzung praktisch paralleler Außenpolitiken gegenüber. Mit
Lissabon wurde die Säulentrennung zwar abgeschafft und theoretisch sind die

---

Analysis, in: European Journal of Political Research, 39 (2001), S. 289-319.

22   Elfriede Regelsberger, Die GASP nach Nizza – begrenzter Reformeifer und außerver-
      tragliche Dynamik, in: integration, 24, 2 (2001), S. 156-166.

23   Ben Soetendorp, Foreign Policy in the European Union, London/New York 1999, S.
      99; Wolfgang Wessels, The Amsterdam Treaty in Theoretical Perspective. Which Dy-
      namics at Work?, in: Jörg Monar/Wolfgang Wesssels (Hg.), The European Union after
      the Treaty of Amsterdam, London/ New York 2001, S. 70-84.

Kommission, Generalsekretariat und COREPER (Komitee der Ständigen Vertreter in Brüssel) für beide „Säulen" mitverantwortlich, in der Praxis aber bleibt das entscheidende Charakteristikum der GASP das Nebeneinander von supranationalen und intergouvernementalen Elementen.

Es gibt bereits gewisse Lösungsansätze für diese Problematik, so etwa die bereits im Amsterdamer Vertrag vorgesehenen „Grundsätze und allgemeinen Leitlinien" oder „Gemeinsamen Strategien" (Art. 26 EUV), die die Festlegung umfassender, säulenübergreifender Programme durch den Europäischen Rat ermöglichen. Die bisherige Praxis war diesbezüglich jedoch nicht zufrieden stellend. Kleine Schritte waren auch die Etablierung der so genannten GASP-Räte als „missing links" zwischen Politischem und Sicherheitspolitischem Komitee und COREPER oder die schon in Maastricht vorgesehene, aber erst unter finnischem Vorsitz teilweise realisierte Verschmelzung der regionalen Arbeitsgruppen der vormals ersten und zweiten Säule und gewisser Arbeitsgruppen der zweiten und dritten Säule (Drogen, Bekämpfung des Terrorismus). Sie alle wiesen darauf hin, dass es auch im Selbstverständnis der Mitgliedstaaten liegt, nationale Außenpolitik in fast allen Belangen als europäische Außenpolitik zu begreifen, schon weil nationale Alleingänge heute im internationalen Kontext (selbst im Falle der nach 1989/90 zunächst einzig verbliebenen Supermacht USA) weitgehend wirkungslos sind, nicht zuletzt aber auch um dem Eindruck unilateralen Handelns vorzubeugen. So ist der Nationalstaat nicht mehr die alleinige Bezugsgröße, sondern die europäische Komponente wird mit einbezogen und die nationale Identität zunehmend durch eine europäische Identität verdrängt.

Das heißt jedoch nicht, dass es ein einheitliches europäisches Außenpolitikregime der Mitgliedstaaten gibt. Sieht man einmal von den kleinen und mittleren Staaten in der EU ab, die mehrheitlich gar nicht über die entsprechenden Ressourcen für eine über das regionale Umfeld hinaus gerichtete globale Außenpolitik verfügen und deren Interessen an einer Vergemeinschaftung der Außen- und Sicherheitspolitik in der Union zur Wahrung eigener Ambitionen und Mitspracherechte schon aus rationalen Gründen heraus entsprechend groß sind, dann verhindern allein die Differenzen der drei „Großen" (Frankreich, Großbritannien und Bundesrepublik) auf diesem Feld – trotz erstaunlicher Annäherung der Positionen in der vergangenen Dekade – nach wie vor eine gemeinsame Stimme in der Außen- und Sicherheitspolitik. Während die Bundesrepublik noch bis Ende der 1990er Jahre beharrlich für eine stärkere Vergemeinschaftung der GASP im Sinne der Beteiligung der Kommission und der Aufwertung des EP eintrat und erst unter der rot-grünen Koalition in die entgegengesetzte Richtung optierte, hält Großbritannien bis heute weitgehend an der Zielvorstellung einer intergouvernementalen Zusammenarbeit auf der Basis von Regierungsabkommen fest und passte sich so insgesamt auch weniger als Frankreich an die Veränderungen in Richtung einer vertraglich festgeschriebenen Zusammenarbeit mit der Möglichkeit von Mehrheitsentscheidungen an. Gleichzeitig, trotz des Signals der Regierung Blair in Folge des Kosovo-Krieges in Richtung einer Stärkung der Europäischen Verteidigungsidentität und der Zusammenarbeit mit Frankreich, blieb London jedoch seiner traditionellen Haltung des NATO-Primats und der „special relationship" mit den USA treu.

Frankreich zeigte demgegenüber ein größeres Interesse an einer Stärkung der GASP – was nicht Vergemeinschaftung bedeutet(e) – und erklärte sich prinzipiell auch zur Einführung von qualifizierten Mehrheitsentscheidungen in bestimmten Bereichen der außenpolitischen Zusammenarbeit bereit. In der zweiten Hälfte der neunziger Jahre gingen wesentliche Impulse zur Stärkung des institutionellen Rahmens der GASP (Vorschläge zur Ernennung eines Hohen Repräsentanten und der Einrichtung einer Analyse- und Planungseinheit) von Paris aus. Das Ziel ist dabei der Ausbau eines von den USA unabhängigeren europäischen Profils in der Außen- und Sicherheitspolitik.

Gerade im Falle von Frankreich und Großbritannien aber gilt, dass sich ihre eigenen außenpolitischen Handlungsspielräume nach dem Ende des Ost-West-Konflikts de facto verringert haben und so, ceteris paribus, ihr Interesse an einer außenpolitischen Zusammenarbeit im Sinne der Entwicklung einer europäischen Außenpolitik gestiegen ist. Einzig die Bundesrepublik weicht von diesem Grundmuster ab, da sich ihr Handlungsspielraum nach der Wiedervereinigung vergrößert hat. Das zu erwartende nachlassende Interesse an einer verstärkten außenpolitischen Zusammenarbeit ist aber allenfalls rhetorisch und in Nuancen eingetreten. Insgesamt überwiegen die aus der außenpolitischen Tradition bestehenden Kooperationsanreize zugunsten einer Stärkung des europäischen Außenpolitikregimes.

Summa summarum lässt sich somit bereits vorwegnehmen, dass die Mitgliedstaaten zwar nach wie vor weit davon entfernt sind, sich im europäischen außenpolitischen Entscheidungsprozess quasi überflüssig zu machen, andererseits aber Brüssel zunehmend zum genius loci auch in der Außen- und Sicherheitspolitik der Union geworden ist.[24] Dieser Trend wird in auffälliger Weise durch eine der Paradoxien des Integrationsprozesses verstärkt: Nach jedem Rückschlag, nach jeder Sinnkrise der Gemeinschaft in der GASP folgen neue Impulse durch ihre Mitglieder in Richtung einer weiteren Vergemeinschaftung in jüngster Zeit vor

---

24 Fraser Cameron, The Future of CFSP, in: The Brown Journal of World Affairs, IX, 2 (Winter/Spring 2003).

allem in der Sicherheits- und Verteidigungspolitik.[25] Auf die Konflikte in Bosnien und Kosovo folgten erstmalig das offene Eingeständnis in die Unzulänglichkeit und Schwäche der eigenen Militärkapazitäten und der Anstoß für das Projekt der ESVP durch das britisch-französische Signal von Saint Malo. Der Irak-Krieg paralysierte vorübergehend die GASP durch den in zahlreichen Metropolen der Mitgliedstaaten praktizierten Unilateralismus, gleichzeitig gelang es der EU aber zunehmend, das Instrumentarium für internationales Krisenmanagement zu verbessern und zur Anwendung zu bringen – so in den mit zivilen wie militärischen Mitteln geführten Einsätzen in Bosnien-Herzegowina (EUPM), Mazedonien („Concordia"; „Proxima") oder im Kongo („Artemis") in den Jahren 2003 und 2004. Nur neun Monate nach Ende des Krieges im Irak verabschiedeten die Staats- und Regierungschefs der Mitgliedstaaten in Brüssel die erste Europäische Sicherheitsstrategie, ein Dokument, dessen Bedeutung bezüglich seiner Wirksamkeit in der politischen Praxis vielfach zwar überbewertet wird, das aber zumindest als ein erster Schritt in Richtung eines neuen sicherheitspolitischen Bewusstseins der Europäer gewertet werden muss und nicht zuletzt deshalb bis heute zur Überarbeitung ansteht.[26] Der Konvent zur Vorbereitung einer Verfassung für Europa begriff darüber hinaus den Krieg als Anstoß zur Reform der bestehenden Verfahren und Institutionen in GASP und ESVP, indem er vor allem die „Doppelhut"-Konstruktion (Ämter des Kommissars für Auswärtige Beziehungen und des Hohen Vertreters für die GASP) in Personalunion vorsah und das Amt eines EU-Außenministers sowie die Integration neuer Flexibilisierungsinstrumente in die Sicherheits- und Verteidigungspolitik vorschlug.[27] Beide Vorschläge waren auch in dem Verfassungsentwurf enthalten, auf den sich die Staats- und Regierungschefs der 25 Mitgliedstaaten der EU am 17./18. Juni 2004 vorerst geeinigt hatten, und schlussendlich dann im Lissaboner Vertrag 2009.[28] Schließlich drängten die mit der Erweiterung um zehn neue Mitglieder zum 1. Mai 2004 verbundenen

---

25 Michael Smith, The Quest for Coherence: Institutional Dilemmas of External Action from Maastricht to Amsterdam, in: Alec Stone Sweet/Wayne Sandholtz/Neil Fligstein (Hg.), The Institutionalization of Europe, Oxford: Oxford University Press 2001, S. 193.

26 Vgl. Javier Solana, Ein sicheres Europa in einer besseren Welt, Europäische Sicherheitsstrategie, Brüssel, 12. Dezember 2003 (http://ue.eu.int/solana/docs/031208ESSIIDE. pdf); Jo Coelmont, An EU Security Strategy: An Attractive Narrative, in: Egmont Security Policy Brief, Brussels (March 2012), S. 3ff.

27 Europäischer Konvent, Entwurf eines Vertrages über eine Verfassung für Europa, CONV 850/03, Brüssel, 18. Juli 2003.

28 Vorläufige konsolidierte Fassung des Vertrags über eine Verfassung für Europa. CIG 86/04 RK 2003/2004, Brüssel, 25. Juni 2004 (OR.fr), Art. I-27, Art. III-325, Abs. 2, Art. III-213, insbesondere Abs. 2 und 6.

hohen Erwartungen die EU als weltweit größten einheitlichen Binnenmarkt zu einem neuen Rollenverständnis vor allem auch in der Außen- und Sicherheitspolitik.

All diese Entwicklungen zeigen, dass nationale Außenpolitik durch die intensive Entwicklung und die Teilnahme an der GASP zunehmend in europäische Außenpolitik transformiert wird, und selbst wenn die Definition einer kohärenten Gemeinsamen Außen- und Sicherheitspolitik der Union schwierig bleibt, so ist doch ein Rückfall in konkurrierende, selbstbezogene nationale Interessenpolitik durch die Mitgliedstaaten mittlerweile undenkbar.

1.3   Der theoretische Kontext

Rolle und Akteursqualität der Union im internationalen System können aus sehr unterschiedlichen Ansätzen heraus analysiert werden.[29] Der Grund dafür liegt nicht zuletzt im offenen Charakter der GASP-Strukturen hinsichtlich ihrer Finalität. Sowohl der Vorläufer der GASP, die Europäische Politische Zusammenarbeit (EPZ), wie auch die GASP selbst wurden von den Mitgliedstaaten bewusst als pragmatische, letztlich aber in sich widersprüchliche institutionelle Konstruktionen angelegt, die unterschiedliche theoretische Interpretationen zulassen.[30] Diese sind zum einen ziel- und methodengeleitet, zum anderen lenken sie die Aufmerksamkeit jeweils auf bestimmte Teilausschnitte der Empirie und rücken unterschiedliche Faktoren zur Erklärung der historischen Entwicklung von EPZ und GASP in den Vordergrund. Zuletzt haben die Debatten um den Lissaboner Vertrag einmal mehr die traditionellen Trennlinien und Schnitt-

---

29   Steve Smith, International Theory and European Integration, in: Morten Kelstrup/
      Michael Williams, International Relations Theory and the Politics of European
      Integration, London/New York: Routledge 2000, S. 33-56; Charlotte Bretherton/
      John Vogler, The European Union as a Global Actor, London: Routledge 1999; Roy
      Ginsberg, Conceptualizing the European Union as an International Actor: Narrowing
      the Theoretical Capability-Expectation Gap, in: Journal of Common Market Studies,
      37, 3 (September 1999), S. 429-454; Joseph Weiler/Wolfgang Wessels, EPC and the
      Challenge of Theory, in: Alfred Pijpers/Elfriede Regelsberger/Wolfgang Wessels
      (Hg.), European Political Cooperation in the 1980s: A Common Foreign Policy for
      Western Europe?, Dordrecht: Nijhoff 1988; Klaus Schubert/Gisela Müller-Brandeck-
      Bocquet (Hg.), Die Europäische Union als Akteur in der Weltpolitik, Opladen: Leske
      2000; Wolfgang Wessels, Theoretical Perspectives, in: Mahncke/Ambos/Reynolds,
      a.a.O., S. 61-96; Christopher Hill/Michael Smith, (Hg.): International Relations and
      the EU, Oxford 2005.
30   Simon Nuttall, European Political Cooperation, Oxford: Clarendon Press 1992.

mengen der verschiedenen theoretischen Erklärungsansätze für die Rolle Europas in der Welt offenbart. Das Ergebnis entspricht dem Grundmuster aller vorangegangenen Reformschritte im Bereich der GASP: Bei allem Fortschritt lässt sich die grundsätzliche Ambiguität zwischen (neo)realistischer und institutionalistisch-rationalistischer Herangehensweise nicht aufheben.[31] Der jeweils ausgehandelte Kompromiss entspricht der jeweiligen Interpretation der „Realität" durch die aus diesen konkurrierenden theoretischen Perspektiven abgeleiteten impliziten Positionen (intergouvernemental vs. supranational), die den europäischen Kosmos „konstruieren" und ihm bestimmte Weltanschauungen unterlegen.[32] Neben beiden Ansätzen hat sich seit Anfang der 1990er Jahre der (Sozial-)Konstruktivismus als drittes Theorieangebot durchgesetzt und den Fokus auf die Wirkung von informellen Normen und Sozialisationsprozessen auf Entscheidungsfindung und Präferenzbildung im Sinne identitätsstiftender Merkmale gelegt.[33]

Realisten betrachten entweder das internationale System oder die Innenpolitik der Staaten als dominierenden Faktor. Im klassischen Realismus in der Tradition Hans Morgenthaus ist das nationale System die entscheidende Analyseebene.[34] Zwar wird eingeräumt, dass das internationale System die Handlungsmöglichkeiten des Staates einschränkt, grundsätzlich aber bleibt der Staat zentraler Akteur. In der von Kenneth Waltz begründeten neorealistischen Perspektive wird davon ausgegangen, dass das internationale System die Handlungsoptionen der Staaten

---

31   Während erstere Ansätze staats- bzw. systemzentriert und somit integrationsskeptisch sind, gehen die institutionalistisch-rationalistischen Ansätze von der grundsätzlichen Kooperationsbereitschaft der Akteure aus; zu diesen Ansätzen zählen der neoliberale Institutionalismus (Keohane 1989), die Regimetheorie (Krasner 1983) oder die Spieltheorie.

32   Markus Jachtenfuchs, Die Konstruktion Europas. Verfassungsideen und institutionelle Entwicklung, Baden-Baden: Nomos 2002; Thomas Risse, Zur Debatte um die (Nicht-)Existenz einer europäischen Öffentlichkeit, in: Berliner Debatte Initial: Sozial- und geisteswissenschaftliches Journal, 13, 5/6 (2002), S. 15-23.

33   Sebastian Harnisch/Cornelia Frank/Hanns Maull, Role Theory in International Relations, Routledge 2011; Kenneth Glarbo, Wide-awake diplomacy. Reconstructing the Common Foreign and Security Policy of the EU, in: Journal of European Public Policy, 6, 4 (1999), S. 634-651; Ben Tonra, Constructing the Common Foreign and Security Policy. The Utility of a cognitive approach, in: Journal of Common Market Studies, 41, 4 (2003), S. 731-756; zum Sozialkonstruktivismus: Alexander Wendt, Anarchy is what states make of it: the social construction of power politics, in: International Organization, 46, 2 (1992), S. 391-425.

34   Hans Morgenthau, Politics among Nations. The Struggle for Power and Peace, New York 1948.

bestimmt.[35] Der Staat bleibt auch aus dieser Sichtweise der entscheidende Akteur, Veränderungen seiner Außenpolitik sind aber bedingt durch Veränderungen im internationalen System.[36] Beide Ansätze haben eine insgesamt kooperationsskeptische Perspektive und halten allenfalls relative Gewinne in der Staatenkonkurrenz für möglich.

Aus dieser Sicht waren die Europäer über die Phase des Kalten Krieges hinweg Sicherheitskonsumenten unter dem amerikanischen Schutzschirm und hätten nach dessen Ende nicht nur in Konkurrenz untereinander zurückfallen, sondern auch zur Gegenmachtbildung gegenüber den USA neigen müssen. Beides ist zwar nicht oder nur bedingt eingetroffen. Dennoch wird die EU seither aus (neo)realistischer Perspektive zumindest als Kandidat für eine künftige Supermacht, zumindest aber auf dem Weg zu größerer Eigenständigkeit gehandelt. Vordringlichste Herausforderung für die Gemeinschaft war dabei seit Maastricht die Abwehr destabilisierender Effekte vor allem an der eigenen Peripherie, aber auch in einem weiteren internationalen Umfeld. Sie gebot die Entwicklung einer autonomen europäischen Handlungsfähigkeit durch verstärkte Sicherheitskooperation der Mitgliedstaaten, nicht zuletzt vor dem Hintergrund einer abnehmenden transatlantischen Interessenübereinstimmung. Das realistische Paradigma analysiert die Entwicklung der GASP also nicht von der Ebene der EU her, sondern aus der nationalen Perspektive sowie der veränderten internationalen Systemkonstellation. Die Grundannahme lautet, dass Institutionen wie Verfahren der GASP von der Struktur des internationalen Systems und den Reaktionen der Mitgliedstaaten innerhalb dieser beiden „Kreise" abhängig sind. Mit anderen Worten: Gestalt und Ausformung der GASP folgen den logischen Verhaltensmustern von Staaten in einem interdependenten und globalen System.[37] Um ihre Interessen zu wahren, bündeln diese zwar ihre Kräfte in einem europäischen Koordinationsregime mit einem ausdifferenzierten Angebot von Handlungsoptionen in spezifischen Fragen; letztendlich aber bleiben sie die „Herren der Verträge" durch ihr Festhalten am nationalen Vetovorbehalt, wie er auch im Lissaboner explizit festgehalten ist. Entsprechend ist die institutionelle Konfiguration wie erwähnt auf die intergouvernementalen Organe/Einrichtungen zugeschnitten, mit dem Europäischen Rat als oberstem Entscheidungsgremium (Einstimmigkeit) an der Spitze sowie Rat und COREPER als entscheidenden Instanzen zur Durchführung

35 Kenneth Waltz, Theory of International Politics, New York: McGraw-Hill 1979.
36 Zu beiden Ansätzen grundsätzlich: Siegfried Schieder/Manuela Spindler (Hg.), Theorien der Internationalen Beziehungen, Opladen: Leske 2003, Kap. 2 und 3.
37 Werner Link, Die Neuordnung der Weltpolitik. Grundprobleme globaler Politik an der Schwelle zum 21. Jahrhundert, München: Beck 1998, S. 148 ff.

und Implementierung von Beschlüssen. Kommission und Parlament als supranationale Organe spielen nach diesem Verständnis lediglich eine nachgeordnete
Rolle.[38]

In der Logik dieses Ansatzes liegt auch das Argument, wonach lediglich die
Staats- und Regierungschefs bzw. Ratsvertreter der Mitgliedstaaten entschei-
dungslegitimiert sind. Die EU hingegen verfügt über keinerlei demokratische
Basis für eine „gemeinsame", wohlgemerkt nicht vergemeinschaftete Politik.
Folglich kann sie sich zwar zu einer Art „Supermacht", keinesfalls aber zum
„Superstaat" entwickeln. Jede institutionelle Weiterentwicklung des GASP-Rah-
mens entspricht somit im Großen und Ganzen lediglich marginalen Anpassun-
gen intergouvernementaler „Regierungsformen".[39]

Der nationale Veto-Vorbehalt ist wiederum in den oben genannten Positions-
differenzen der Mitgliedstaaten untereinander angelegt. Diese sind weniger aus
der jeweiligen Konstellation des internationalen Systems heraus zu erklären
als vielmehr auf unterschiedliche Ressourcen, vor allem aber unterschiedliche
politisch-ideologische Prioritäten und Problemdefinitionen zurückzuführen.
Deutlich wird dies in besonderer Weise in der Frage der Entwicklung einer „Gemeinsamen Sicherheits- und Verteidigungspolitik" (GSVP); beide Felder werden
unverändert als „domaine réservé" der Nationalstaaten angesehen und bilden somit auch nach Lissabon innerhalb des GASP-Rahmens so etwas wie einen eigenen
„spezifischen" Pol.

Demgegenüber unterscheiden sich Institutionalisten nicht nach der Wahl der
Analyseebene, sondern nach der Funktion, die sie Institutionen und internationale
Organisationen zuschreiben.[40] Zwar werden Institutionen durch politische Vereinbarungen von Staaten geschaffen, diese aber werden in ihrem Handeln durch Ver-
haltensnormen und Verfahrensvorschriften solchen Restriktionen unterworfen, dass
ihr Handeln und ihre Interessen durch die hinter diesen stehende Idee (Organisation/
Institution) quasi exogen vorgegeben sind. Institutionen werden so zum handlungs-
orientierenden Rahmen für den staatlichen Akteur, ihre Ideen und Handlungs-
rationalitäten zum Maßstab für angemessenes und vernünftiges Handeln.[41]

---

38 Dazu Andrew Moravcsik, Reassessing Legitimacy in the European Union, in: Joseph
    Weiler/Ian Begg/John Peterson (Hg.), Integration in an Expanding European Union.
    Reassessing the Fundamentals, Oxford: Blackwell 2003, S. 77-97.

39 Beate Kohler-Koch, The Evolution and Transformation of European Governance, in:
    Kohler-Koch/Rainer Eising (Hg.), The Transformation of Governance in the Euro-
    pean Union, London: Routledge 1999, S. 14-35.

40 Ebd., Kap. 4-8.

41 Robert Axelrod/Robert Keohane, Achieving Cooperation under Anarchy: Strategies
    and Institutions, in: Kenneth Oye (Hg.), Cooperation under Anarchy, Princeton:

Nach diesem Ansatz wird die GASP als Ergebnis und Konsequenz des Integrationsprozesses des EU-Systems betrachtet, welcher der ökonomischen die Politische Union zur Vollendung des europäischen Projekts folgen lässt. Die Kernannahme lautet: In einer interdependenten und global vernetzten Welt ist der Nationalstaat allein nicht in der Lage, angemessen und effektiv auf die ökonomischen, sozialen und sicherheitspolitischen Herausforderungen zu reagieren, und sucht daher nach Möglichkeiten transnationaler und supranationaler Zusammenarbeit. Anders formuliert: Aus rationalistischer Perspektive wird die GASP als Institution bzw. Instrument betrachtet, die Staaten nicht nur zur Verwirklichung ihrer Ziele einsetzen, sondern auch um gleichzeitig ihre innerstaatlichen Handlungsspielräume gegenüber Parlament, Öffentlichkeit und Lobbygruppen zu vergrößern.[42] Allerdings nimmt die Neigung zu unilateralem Handeln mit dem politischen Gewicht des Mitgliedstaates zu; Frankreich und Großbritannien profitieren insgesamt weniger von den Skaleneffekten gemeinsamen Handelns und hegen daher traditionell größere Skepsis hinsichtlich der Übertragung außen- und sicherheitspolitischer Kompetenzen.

Die freiwillige Kompetenzabtretung im Rahmen internationaler Organisationen sowie die Idee des „spill-overs" auf die GASP folgt dabei der (neo) funktionalen Logik einer zunehmenden sachlogischen Verknüpfung der unterschiedlichsten Dimensionen von (europäischer) Außenpolitik (Wirtschaftsbeziehungen, Entwicklung, Diplomatie und Sicherheit) und der Idee einer Bündelung der Kräfte im Sinne des Ziels einer „immer engeren Zusammenarbeit", wie sie in keiner anderen internationalen Organisation möglich ist. Eine solche Dynamik induziert die zunehmende Verschmelzung intergouvernementaler und supranationaler Elemente auch in der GASP und führt zu einer graduellen Aufwertung von Kommission und EP in diesem Politikfeld.[43]

In der Logik dieser Betrachtung lag danach auch eine Aufhebung der Pfeilerstruktur, wie sie mit dem Lissaboner Vertrag schließlich erreicht wurde. Natürlich haben Kommission und Parlament ein Interesse daran, ihre eigene Rolle in der Außen- und Sicherheitspolitik aufzuwerten. Als Teil der EU kann die GASP auch keine unabhängige Einrichtung sein. Sie steht vielmehr unter dem Rechtfertigungszwang, wonach ihr Handeln, d. h. das der Mitgliedstaaten, mit dem

---

Princeton University Press 1986, S. 379-396.

42   Andrew Moravcsik, Taking Preferences Seriously: A Liberal Theory of International Politics, in: International Organization, 51, 4 (1997), S. 513-553.

43   John Pinder, Nice – Towards a Federal or an Intergovernmental Europe?, in: Matthias Jopp/Barbara Lippert/Heinrich Schneider, Das Vertragswerk von Nizza un die Zukunft der Europäischen Union, Bonn: Europa-Union 2001, S. 50-57.

Grundprinzip von der „Gleichheit der Bürger" vereinbar sein muss. Unabhängig davon gebietet schon die Nähe der GASP zum ursprünglichen ersten Pfeiler eine generelle Bereitschaft der Mitgliedstaaten, dem Gemeinschaftsinteresse Rechnung zu tragen. Signifikantestes Beispiel für diese Bereitschaft ist das Festhalten am Konsensprinzip in der Union: Selbst die Einführung der qualifizierten Mehrheit durch den Amsterdamer Vertrag hat in der Praxis nichts an diesem Merkmal geändert. Eine formale Abstimmung wird im Rat in aller Regel vermieden, stattdessen wird im Konsens entschieden. Dies gilt auch für die Bereiche, in denen mit Einstimmigkeit entschieden wird, auch wenn in diesen Fällen abweichende Positionen mit größerem Nachdruck vertreten werden.

Der generelle Wille zu „europäischen Lösungen" wird aus Sicht der Institutionalisten schließlich auch durch das Instrumentarium der GASP dokumentiert. Am ehesten gilt dies für die „gemeinsame Strategie", mit der inhaltliche Richtlinien für die Außen- und Sicherheitspolitik festgelegt werden. Die Vereinbarung einer gemeinsamen Strategie verdeutlicht nicht nur die Prioritäten europäischer Politik, sondern unterstreicht den Willen der Union, nach außen als einheitlicher Akteur aufzutreten. Sie dient insofern eindeutig dazu, „ein gemeinschaftliches Bewusstsein der Realität (im Sinne einer europäischen Position) zu konstruieren und sich auf oberste Handlungsprinzipien und Handlungsnormen zu einigen",[44] und ist so gesehen ein Instrument zur Aufhebung der Trennung von GASP und anderen Sachpolitiken. Es bleibt allerdings bislang dabei, dass auch Lissabon die Fragmentierung der GASP nicht überwinden konnte. Bei aller Verzahnung der Strukturen konkurrieren derzeit vier Machtzentren um die Gestaltung des außenpolitischen Profils der Union: der „Hohe Vertreter" für die GASP, der institutionell am besten positioniert ist, der Präsident, der Kommissionspräsident und die Ratspräsidentschaft – wohlgemerkt mit deutlichem Übergewicht in der intergouvenementalen Komponente.

Aus institutionalistischer Perspektive lässt sich somit festhalten, dass auch im Falle der EU Institutionen die Präferenzen der Akteure maßgeblich beeinflussen. Die dauerhafte Einbindung in die Gemeinschaftsstrukturen hat unter den Mitgliedstaaten auch auf die außen- und sicherheitspolitische Zusammenarbeit durchgeschlagen und so etwas wie ein gemeinsames Problem- und Handlungs-, ja mithin europäisches Bewusstsein in diesem Politikbereich befördert. Bestes Beispiel dafür lieferte der Kosovo-Krieg, in dessen Verlauf das europäische Eingreifen eindeutig von einem breiten normativen Konsens getragen wurde, der tief verankert ist im europäischen Selbstverständnis als Friedensmacht, für die

---

44 Kohler-Koch/Conzelmann/Knodt, Europäische Integration – Europäisches Regieren, a.a.O., S. 290.

die Achtung der Menschen- und Minderheitenrechte in bestimmten Situationen höher bewertet wird als die Wahrung der nationalen Souveränität.[45] Dieser Konsens ist das Ergebnis einer Jahrzehnte währenden institutionalisierten Zusammenarbeit auf der Ebene des Rates, der Politischen Direktoren der Außenministerien und des Politischen und Sicherheitspolitischen Komitees (PSK), der engen Kooperation unter Fachreferenten in den für bestimmte Weltregionen oder sektorale Politiken zuständigen Referaten und unter den in den Ständigen Vertretungen angesiedelten Botschaftsräten sowie den Botschaften in Drittstaaten. Durch diese Zusammenarbeit ist es über die Zeit zu einer Angleichung der Sichtweisen und Interessen gekommen, die gegenüber Drittstaaten und im Falle von an die Union herangetragenen internationalen Herausforderungen zunehmend so etwas wie einen europäischen „Abstimmungsreflex" hervorruft.[46]

Eben diesen Reflex, der sich auch ansatzweise in der neofunktionalistischen Sichtweise findet, hat der (sozial)konstruktivistische Ansatz aufgegriffen und damit das Interesse auf die Wirkung von informellen Normen und Sozialisationsprozessen auf die Entscheidungsfindung und Präferenzbildung (wie sie v.a. im Konzept des liberalen Intergourvernementalismus nach Moravcsik auftaucht) gerichtet. Die Wirkung von Institutionen ist demnach nicht auf die Einschränkung von Handlungsoptionen beschränkt, sondern hat darüber hinaus Auswirkungen auf die Interaktionsprozesse und Interessenartikulation der staatlichen Akteure. Aus diesen Interaktionen bzw. „Koordinierungsreflexen" ergeben sich wiederum gemeinsame Wahrnehmungen und Identitäten auch im Bereich der GASP.

Inwieweit diese auch auf den Bereich der sicherheits- und verteidigungspolitischen Zusammenarbeit durchzuschlagen vermögen, gehört auch nach Lissabon zu den Forschungsdesideraten im Bereich der GASP und wird die Untersuchung mit zu erörtern haben. Jedenfalls leisten solche Ansätze einen Beitrag zur Erforschung der Europäisierungsprozesse außerhalb supranationaler Institutionen. Und fest steht auch, dass militärische Interventionen – dies haben die Kriege im Irak und Afghanistan in der vergangenen Dekade bestätigt – einer weitaus größeren politischen Legitimation in der Bevölkerung und einer internationalen Abstimmung bedürfen als etwa Fragen der wirtschaftlichen Zusammenarbeit mit Drittstaaten. Dem Bedürfnis, auch in solchen Fällen mit einer Stimme zu sprechen, haben die Mitgliedstaaten daher im Lissaboner Vertrag zumindest insofern entsprochen, als die Funktion des europäischen

---

45   Exakt diese Position vertritt die Union in Art. 6 und 7 des Unionsvertrages.

46   Elfriede Regelberger, Die EPZ in den achtziger Jahren: Ein qualitativer Sprung?, in: Pijpers/Regelsberger/Wessels (Hg.), Die Europäische Politische Zusammenarbeit, a.a.O., S. 21-70 (62).

„Außenministers" theoretisch jedenfalls in der Formulierung eines kollektiven europäischen Interesses liegen sollte. Für eine Europäisierung in diesem Bereich aber ist entscheidend, ob die nach wie vor bestehenden Unterschiede in den sicherheitspolitischen Kulturen der alten und neuen Mitgliedstaaten weiter aufgehoben und sachbezogene Interessenkoalitionen befördert werden können.

Zur Rolle der EU in der Welt

2.1 Die Außenbeziehungen der Europäischen Union – institutioneller und instrumenteller Rahmen

Es ist eine Ironie der Geschichte, dass sich gerade auf dem Umweg der missglückten Folgeprojekte „Europäische Verteidigungsgemeinschaft" (EVG) und „Europäische Politische Gemeinschaft" (EPG) in den fünfziger Jahren des vergangenen Jahrhunderts die politische Logik des Integrationsprozesses eindrucksvoll bestätigt hat. Die europäische Integration war zwar von Anfang an nicht nur ein wirtschaftlicher Prozess, sondern auch ein politischer, der die Sicherung des Friedens in Europa und die Wahrung der vor allem ökonomischen Interessen Europas in der Welt zum Ziel hat. Mit ihm verband sich der Anspruch der Gemeinschaft, Europa zu einem bedeutsamen Akteur in der Weltpolitik zu machen. Erst der Erfolg der wirtschaftlichen Integration aber hat der Gemeinschaft und später der Union auf der internationalen Bühne zu einem Bestand an gemeinschaftlichen Interessen und zu einem objektiven Gewicht verholfen, die einerseits in zunehmenden Maße nicht mehr nur ökonomisch, sondern auch politisch gesichert werden müssen, und die sich andererseits als Instrumente einer umfassenden europäischen Außen- und Sicherheitspolitik anbieten.[1]

Eine gemeinsame Außen- und Sicherheitspolitik schaffen, hieß also von Anfang an, das Potential in der Außenwirtschafts- und Entwicklungspolitik in Übereinstimmung mit der Logik des Integrationsprozesses in die Fähigkeit der Gemeinschaft/Union als solcher zum außen- und sicherheitspolitischen Handeln auf internationaler Ebene und zur Verfolgung wichtiger gemeinsamer Interessen

---

1   Charlotte Bretherton/John Vogler, The EU as an Economic Power and Trade Actor, in: dies., The European Union as a Global Actor, London/New York: Routledge 1999, S. 46-79; Piet Eeckhout, External Relations of the EU. Legal and Constitutional Procedures, Oxford 2005.

umzusetzen.[2] Der Aufbau stabiler europäischer Institutionen, d. h. die Institutionalisierung des Konflikts, hat gewaltsame Konflikte etwa zwischen den ehemaligen feindlichen Brüdern Frankreich und Deutschland praktisch undenkbar gemacht. Diese Erfahrungen können im Rahmen der Erweiterung weitergegeben werden. Das wesentliche Merkmal europäischer Außenpolitik bestand (und besteht bis heute) in dem Versuch, politische Stabilität und ökonomische Entwicklung vor allem an der eigenen Peripherie, aber auch global in diesem Sinne zu fördern und auf diese Weise einen aktiven Beitrag zur Konfliktprävention und zur Friedensstiftung zu leisten. Spätestens seit Anfang der siebziger Jahre bekannte sich die Gemeinschaft zum Leitbild einer „Zivilmacht", welche zum Erreichen ihrer außenpolitischen Ziele zunächst auf den Einsatz ökonomischer wie diplomatischer Instrumente (Dialog, Multilateralismus, Verrechtlichung) setzte und bewusst auf militärische Drohungen sowie Gewaltanwendung verzichtete.[3]

Weltpolitisch gesehen ist die ökonomische wie politische Rolle der EU somit nicht zu unterschätzen: sie hat die ökonomische Potenz zu belohnen und zu bestrafen, und sie kann helfen, instabile Weltregionen mit ihren administrativen und technischen Mitteln zu stabilisieren.[4] Folgerichtig entsprach die in der Vergangenheit zu beobachtende Konzentration auf die Erfolge und Misserfolge der GASP im Zusammenhang mit der Frage nach der Rolle der EU in der Welt einer erstaunlichen Verengung des Begriffs „europäischer Außenpolitik" im Sinne der o. a. Analyse, wonach unter Außenpolitik eben die Vertretung gesamtgesellschaftlicher Interessen durch einen souveränen Staat auf den Feldern Diplomatie, Allianzpolitik und Krieg zu verstehen sei – etwas, was der Union bislang in der Außenvertretung nicht gelungen ist.

Die EU hat sich aber zu einem wichtigen Akteur bei der Gestaltung internationaler (Wirtschafts-)Politik entwickelt, auch wenn für ihre internationale Präsenz insgesamt nach wie vor ein Nebeneinander von EU und Mitgliedstaaten charak-

---

2   Nach der Zusammenlegung der Organe der Europäischen Gemeinschaft für Kohle und Stahl (EGKS – 1951), der EAG und der EWG (1957) durch den Fusionsvertrag 1967 setzte sich im Sprachgebrauch der Begriff der Europäischen Gemeinschaft (EG) durch. Mit In-Kraft-Treten des Maastrichter Vertrages 1993 wurde die EG zu einem Pfeiler (erster, vergemeinschafteter Pfeiler) innerhalb der Europäischen Union (EU). Für die Zeit nach 1993 wird daher der Einfachheit halber von der Union gesprochen.

3   Das Schlagwort prägte François Duchêne in seinem Aufsatz „Die Rolle Europas im Weltsystem", hier in: Max Kohnstamm/Wolfgang Hager (Hg.), Zivilmacht Europe – Supermacht oder Partner?, Frankfurt a. M. 1973, S. 11-35.

4   Wolfgang Knöbl, Europäische Sicherheit aus soziologischer Perspektive, in: Franz Kernic/Guther Hauser (Hg.), Handbuch zur europäischen Sicherheit, Frankfurt: Peter Lang 2005, S. 29-40.

teristisch ist. Entsprechend ist sie auf der internationalen Bühne je nach Sachlage unterschiedlich präsent, so dass wir zwar zwischen bestimmten supranational festgelegten Bereichen der Außenpolitik auf der Grundlage des den EG-Vertrag fortschreibenden Vertrags über die Arbeitsweise der EU (AEUV) auf der einen Seite und hauptsächlich intergouvernemental organisierter Außenpolitik auf der Grundlage des EUV unterscheiden können, einzelne Politikfelder aber nach wie vor so ineinander greifen, dass eine schematische Trennung entlang der beiden Verträge nicht nur der Komplexität europäischer Außenpolitik nicht gerecht wird, sondern darüber hinaus Effizienz mindernd wirkt.

Mit anderen Worten: Außenwirtschaftspolitik, die Assoziations- bzw. Erweiterungspolitik sowie Entwicklungszusammenarbeit sind unverändert vergemeinschaftete Politikfelder, für die in erster Linie die Kommission Verantwortung trägt (AEUV 207, Abs. 3),[5] während die klassische Sicherheits- und Verteidigungspolitik weitgehend intergouvernemental organisiert ist. Allerdings ergibt sich nach dem Lissaboner Vertrag mit der Einbindung der Gemeinsamen Handelspolitik (Art. 3 AEUV) in die Grundsätze und Ziele des auswärtigen Handelns der Union insgesamt eine Aufwertung der Verflechtung von politischen Zielen und Grundsätzen des allgemeinen Völkerrechts und Gemeinsamer Handelspolitik. So soll laut Art. 205 AEUV das Handeln der Union auf internationaler Ebene auch hinsichtlich der Handelspolitik von den Zielen, Bestimmungen und Werten ihrer Außenpolitik im Allgemeinen geleitet sein (nach Titel V, Kapitel 1 sowie Art 21 EUV). Diese Änderung entspricht zwar durchaus der in den Verträgen geforderten Kohärenzlogik. Allerdings birgt sie auch erhebliches Konfliktpotenzial insofern, als vertragliche Handelsbeziehungen künftig über rein wirtschaftliche Aspekte hinaus zunehmend politische und allgemeine völkerrechtliche Themen, wie z.B. Menschenrechte, zu behandeln bzw. berücksichtigen haben.

Schon vor Lissabon verfügte die EU im Bereich ihrer Dialog- und Abkommenspolitik über ein Instrumentarium, das auch starke politische Komponenten ihrer „Gemeinsamen Strategien" im Rahmen der zweiten Säule umfasste, während umgekehrt diese Strategien in die Außenwirtschaftspolitik der ersten Säule hineinreichten. Der Maastrichter Vertrag hatte dieser Schnittstellenproblematik in der Abstimmung von Außenwirtschaftspolitik (bspw. wirtschaftliche Zwangsmaßnahmen) und Außenpolitik mit Einführung von Art. 228a EGV bereits entsprochen. Demnach konnten Handelsmaßnahmen ganz bewusst zu politischen Zwecken eingesetzt werden. Und in der GASP können bis heute Gemeinsame Standpunkte und Aktionen mit qualifizierter Mehrheit beschlossen werden,

---

5   Julia Lieb/Martin Kremer, Aufbau mit Weitsicht. Der Europäische Auswärtige Dienst als Chance für die EU-Außenpolitik, SWP-Aktuell, 2, Berlin 2010.

die zur vorübergehenden Aussetzung, zur Einschränkung des Handels mit bestimmten Produkten oder auch zur völligen Einstellung der Wirtschaftsbeziehungen mit einem Land führen. Sie unterliegen damit auch dem Rechtsschutz des EuGH und bilden so ein Einfallstor für denselben, erste Schritte in den Bereichen der Überprüfung außenpolitisch motivierter Akte innerhalb der zweiten Säule zu machen. Der Rat kann schließlich Sofortmaßnahmen ohne Rücksicht auf die WTO treffen, auch wenn er bemüht sein wird, solche Maßnahmen international abzustimmen. Es geht also auch nach Lissabon für die EU um eine sinnvolle Verzahnung von supranationalen und intergouvernementalen Elementen der europäischen Außenbeziehungen in der Praxis, will man ihre internationale Handlungsfähigkeit verbessern und die Herausbildung einer „europäischen Identität" in der Außen- und Sicherheitspolitik befördern.

Grundsätzlich lässt sich das Instrumentarium der Union im Bereich der Außenbeziehungen heute in vier Komponenten zusammenfassen.

Die EU verfügt erstens über ein weitmaschiges und ausdifferenziertes Netz auswärtiger Beziehungen, die sowohl bilateral wie multilateral organisiert sind. Sie unterhält mit mehr als 160 Staaten diplomatische Beziehungen und steht mit weit mehr als 30 Staaten oder regionalen Staatengruppen in institutionalisierten Dialogen.[6] In zahlreichen internationalen Organisationen verhandelt in der Regel die Kommission – in bestimmten Sachfragen auch der Rat – stellvertretend für die Union mit einer Stimme. Vor allem in der vergangenen Dekade haben sich auch die Fälle gehäuft, in denen die Union zu internationalen Ereignissen und Krisen Gemeinsame Positionen/Standpunkte bezogen hat. Letzteres ist vor allem das Ergebnis der seit 1995 üblichen Praxis in der Union, internationale Vereinbarungen mit Drittstaaten grundsätzlich mit einer Klausel („Konditionalitätsklausel") zu versehen, wonach solche im Falle der Missachtung von Menschenrechten und demokratischen Grundprinzipien suspendiert werden können.[7] Mit dem Aufbau des Europäischen Auswärtigen Dienstes (EAD) wird zudem eine neue Großbürokratie geschaffen, die zumindest theoretisch die Spannungen zwischen vergemeinschafteten und intergouvernementalen Politikfeldern in den Außenbeziehungen der Union überwinden kann (Art. 27, 3 EUV).[8]

---

6   Dazu ausführlich: Hazel Smith, European Union Foreign Policy. What it is and what it does, London: Pluto Press 2002.

7   Karen E. Smith, The EU, Human Rights and Relations with Third Countries: Foreign Policy with an Ethical Dimension?, in: Karen Smith//Margot Light (Hg.), Ethics and Foreign Policy, Cambridge: Cambridge University Press 2001, S. 185.

8   Julia Lieb, Diplomatisches Neuland für die EU. SWP-Aktuell 5, Berlin 2011.

Die EU bietet zweitens einer Reihe von Drittstaaten und regionalen Staatengruppen abgestufte finanzielle Unterstützungs-, Förder- und Aufbauprogramme an, um entweder deren ökonomische und politische Entwicklung zu fördern (Kooperations- und Entwicklungshilfeprogramme) oder sie an die Union heranzuführen (Assoziierungsabkommen). Zu solchen Programmen zähl(t)en u.a. PHARE (Teil A, Kap. I, Fn. 3),[9] TACIS (Technical Assistance for the Commonwealth of Independent States – seit 1991) zur Unterstützung der früheren Sowjetrepubliken und der Mongolei, später in die Europäische Nachbarschaftspolitik (ENP) überführt,[10] CARDS (Community Assistance for Reconstruction, Development and Stabilisation – seit 1996) zum Wiederaufbau und zur Entwicklung des westlichen Balkans,[11] MEDA (Financial and technical measures to accompany the reform of economic and social structures in the framework of the Euro-Mediterranean partnership – seit 1995) zur technischen und finanziellen Unterstützung der Mittelmeerländer, später in ENP überführt,[12] ALA (Asia and Latin America – seit 1992) zur ökonomischen wie technischen Kooperation mit Asien und Lateinamerika,[13], die ENP vom Mai 2004 mit dem Ziel einen „Ring stabiler, befreundeter Staaten" um die EU herum zu etablieren (vgl. Kap. 5), die Union für das Mittelmeer (UfM) 2008, eine Gemeinschaft zwischen den Mitgliedstaaten der EU und den Mittelmeeranrainerstaaten sowie den an diese angrenzenden Staaten Mauretanien und Jordanien,[14] oder die Östliche Partnerschaft (ÖP) 2009, ein Projekt im Rahmen der ENP, welches auf den Partnerschafts- und Kooperationsabkommen (PKA) mit Russland, Osteuropa, dem Südkaukasus und Zentralasien aufbaut und

9   Barbara Lippert (Hg.), Bilanz und Folgeprobleme der EU-Erweiterung, Baden-Baden: Nomos 2004, S. 13-72; Tim Beichelt, Die EU nach der Osterweiterung, Wiesbaden 2004; Neill Nugent (Hg.): European Union Enlargement, Palgrave-Macmillan 2004.

10 VO (EG, Euratom) Nr. 99 des Rates vom 29. Dezember 1999 (TACIS); ABl. 2000, Nr. L 12, S. 1-9.

11 Council Regulation 2666/2000 on assistance for Albania, Bosnia and Herzegovina, Croatia, the Federal Republic of Yugoslavia, and the Former Yugoslav Republic of Macedonia, in: Official Journal of the European Union, „Legislation" series 306 (7. Dezember 2000).

12 Vgl. European Commission, Fifth Euro-Mediterranean Conference of Foreign Ministers, Presidency Conclusions and Valencia Action Plan, 22-23. April 2002, Document 8254/02.

13 Council Regulation (EEC) 443/92 of 25 February 1992 on financial and technical assistance to, and economic co-operation with the developing countries in Asia and Latin America, in: Official Journal of the European Union, „Legislation" series 52 (27. Februar 1992).

14 Vgl. Council of the European Union. Presidency Conclusions.Brussels European Council 13/14 March 2008, Annex 1,7652/08, Brüssel, 2008, S. 19.

dessen Ziel eine Heranführung der sechs zum Teil benachbarten östlichen Länder Armenien, Aserbaidschan, Georgien, Moldawien, Ukraine und Weißrussland an die Union ist.[15]

Eng mit diesen Programmen verbunden sind drittens die Bemühungen der Union, nach dem eigenen Modell als externer Föderator weltweit regionale Integration und intraregionale Zusammenarbeit zu fördern. Zu diesem Zweck hat die Gemeinschaft früh eine spezielle Abkommenspolitik gegenüber ost- und südostasiatischen sowie lateinamerikanischen Ländern entwickelt, die primär entwicklungshilfepolitische Komponenten enthält. Die Partnerschaft mit den AKP-Staaten wurde im Juni 2000 in Cotonou (Benin) durch ein auf 20 Jahre abgeschlossenes Abkommen mit 77 AKP-Staaten neu ausgerichtet, in dessen Rahmen die Union die Bildung von regionalen Entwicklungspartnerschaften besonders fördert. Regionale Integration unterstützt die Union darüber hinaus seit Anfang der neunziger Jahre verstärkt in Dialogen mit der Organisation der Südostasiatischen Staaten (ASEAN), dem Golf-Kooperationsrat und dem Südamerikanischen Markt (MERCOSUR). Ziel dieser Dialoge ist die Förderung ökonomischer Interdependenz und vertrauensbildender Maßnahmen sowie der Abbau politischer Spannungen in den Regionen. Rechnet man die bilateralen Entwicklungshilfeprogramme der Mitgliedstaaten hinzu, so ist die EU heute mit einem Anteil von über 50 Prozent an der weltweit geleisteten Hilfe der mit Abstand größte Entwicklungshelfer.[16]

Mit einem Anteil von knapp 28 Prozent am Weltbruttoinlandsprodukt und über 30 Prozent am Welthandel gehört die EU viertens neben den USA nach wie vor zu den wichtigsten Protagonisten einer Liberalisierung des Welthandels im Rahmen des Welthandelsregime GATT/WTO. Grundlage einer gemeinsamen Handelspolitik bot seit Gründung der Europäischen Wirtschaftsgemeinschaft Art. 3 des EWG-Vertrages als funktionale Entsprechung der Zollunion, die mit der Einführung eines gemeinsamen Zolltarifs gegenüber Drittländern errichtet wurde. Als größter Warenexporteur und Direktinvestor weltweit sowie wichtigster Importmarkt für die Schwellen- und Entwicklungsländer übt die EU unmittelbaren Einfluss auf die Entwicklung dieser Länder aus, insbesondere durch die o. a. handelspolitischen Präferenzabkommen, über die bestimmten Ländern oder

---

15   Vg.l Joint Declaration of the Prague Eastern Partnership Summit7 May 2009, Prague; vgl. auch Kai-Olaf Lang/Barbara Lippert, Zur Neuausrichtung der Europäischen Nachbarschaftspolitik, in: Bendiek et al (Hg.), Entwicklungsperspektive der EU. SWP-Studie S18, Berlin 2011, S. 102-117.

16   Zur EU-Entwicklungspolitik: europa.eu/rapid/press-release_IP-11-1184_de.htm – 25. Oktober. 2012.

Ländergruppen ein bevorzugter Zugang zum europäischen Markt ermöglicht wird.[17] Ziel dieser Abkommen ist es, auf diese Weise engere politische Bindungen mit den betroffenen Handelspartnern herzustellen oder im Gegenzug ebenfalls bevorzugten Zugang zu deren Märkten zu erhalten. Die Außenwirtschaftspolitik der Union ist somit nicht nur ein ökonomisches Instrument zur Aufrechterhaltung eines freien Welthandels in Abstimmung mit den Besonderheiten des regionalen Handelsregimes der EU, sondern dient gerade nach Lissabon auch zur Verfolgung bestimmter politischer Interessen.

Das Instrumentarium der Union in den genannten Punkten ist Ausfluss der in Art. 218 AEUV festgelegten weit reichenden Kompetenzen der Union zum Abschluss internationaler Abkommen mit Drittstaaten oder internationalen Organisationen. Diese wiederum ergeben sich aus der Völkerrechtssubjektivität der EU, d. h. aus ihrer völkerrechtlichen Anerkennung durch Drittstaaten und andere internationale Organisationen. Schon seit dem Amsterdamer Vertrag von 1997 ist die Union zudem zum Abschluss internationaler Vereinbarungen zur Implementierung von Beschlüssen im Bereich der Außen- und Sicherheitspolitik sowie der polizeilichen und justiziellen Zusammenarbeit in Strafsachen befugt.[18]

In der Praxis werden im Wesentlichen vier Arten internationaler Vereinbarungen unter Beteiligung der Union wie/oder der Mitgliedstaaten unterschieden:

- internationale Vereinbarungen, die in die *ausschließliche Kompetenz* der EU (ohne Beteiligung der Mitgliedstaaten) fallen;
- internationale Vereinbarungen, die gemeinsam von EU und den Mitgliedstaaten getroffen werden (*geteilte Kompetenzen*);
- internationale Vereinbarungen, die von der Union auch im Rahmen der GASP (ohne formalen Einschluss der Mitgliedstaaten) im Sinne *unterstützender/ergänzender Zuständigkeit* getroffen werden, bei denen aber die Mitgliedstaaten ihre volle Gesetzgebungshoheit behalten;
- internationale Vereinbarungen, die die in die ausschließliche Kompetenz der Mitgliedstaaten fallen.

Grundsätzlich unterscheiden sich die Verfahrensweisen bei Vereinbarungen nach ausschließlicher Unionskompetenz (etwa Außenhandel, Fischerei- und Agrarpolitik, Wettbewerbsregeln des Binnenmarktes, Währungspolitik) und geteilter Kompetenz (u.a. Binnenmarkt, bestimmte Bereiche der Sozialpolitik, Umweltpolitik). Bei ersteren (Kooperations- und Assoziationsabkommen nach Art.

---

17 WTO: World trade developments 2011: http://www.wto.org/english/res_e/statis_e/
    its2011_e/its11_world_trade_dev_e.pdf.
18 Art. 24, Konsolidierter Vertrag der EU.

217 AEUV) ist die Kommission, ähnlich wie in anderen Bereichen der Außenwirtschaftspolitik, zwar alleiniger Verhandlungsführer, benötigt dazu aber die Autorisierung durch die im Rat vertretenen Mitgliedstaaten. Die Kommission verhandelt demnach nach Maßgabe eines von der Kommission erteilten Mandats und im Benehmen mit dem in Art. 207 AEUV vorgesehenen Ausschuss oder anderen vom Rat bestellten Ausschüssen. Der Rat entscheidet bei solchen Abkommen in der Regel mit qualifizierter Mehrheit über Annahme oder Ablehnung von Verhandlungsergebnissen. Einstimmige Beschlüsse gelten in solchen Abkommen, in denen für die Annahme interner Vorschriften Einstimmigkeit vorgesehen ist. In der Regel muss das Europäische Parlament vor Beschluss des Rates konsultiert werden.

Demgegenüber werden die Verhandlungen von internationalen Vereinbarungen im Rahmen der geteilten Kompetenzen von der jeweiligen Ratspräsidentschaft durchgeführt, je nach Sachlage unterstützt durch die Kommission. Das Mandat dafür erhält die Präsidentschaft durch einstimmigen Beschluss des Rates. Ratsvereinbarungen auf Empfehlung der Präsidentschaft wiederum bedürfen gleichsam der Einstimmigkeit. Schließlich kann die EU auch im Rahmen der GASP tätig werden, wobei die Mitgliedstaaten mit ihr im Geiste der „Loyalität und gegenseitigen Solidarität" zusammenarbeiten sollen, ohne dass die Verträge hier eine klare Kompetenzabgrenzung vornehmen (Art. 24 EUV).

Die Frage nach der klaren Festlegung der ausschließlichen Kompetenzen der Gemeinschaft ist seit langem Gegenstand der Diskussion zwischen der traditionell extensiven Interpretation durch die Kommission und der restriktiven Haltung des Rates. Der Europäische Gerichtshof hat dabei bereits in einem früheren Urteil in diesem Kontext festgehalten, dass der Gemeinschaft sowohl vertraglich festgelegte Kompetenzen erwachsen wie auch solche, die sich implizit aus den Vertragsvorschriften ableiten lassen (Prinzip der begrenzten Einzelermächtigung; vgl. insbesondere Art. 5 (1) EUV) und in aller Regel bereits die Form paralleler innerer und äußerer Kompetenzen angenommen haben.[19] Die Schaffung darüber hinausgehender Kompetenzen der Gemeinschaft bedarf gemäß Art. 48 EUV einer entsprechenden vertraglichen Ergänzung, die einen neuen Vertrag und dessen Ratifizierung durch alle Mitgliedstaaten gemäß ihren verfassungsrechtlichen Vorschriften erfordert.

Die meisten internationalen Vereinbarungen sind im Ergebnis somit solche, bei denen Union und Mitgliedstaaten zur Kooperation angehalten sind und die sowohl der Unterschrift der Mitgliedstaaten wie auch der Union bedürfen. Als

---

19   Dazu ausführlicher: Youri Devuyst, The European Union Transformed, Brussels: Peter Lang 2005, S. 130 f.

Grundlinie gilt auch in diesen Fällen, dass die Kommission neben ihrem üblichen Vorschlagsrecht Verhandlungen mit Drittstaaten oder internationalen Organisationen durch Ratsermächtigung führt, während der Rat Vereinbarungen
beschließt und abschließt.

2.2   Die Außenwirtschaftspolitik der EU

Als Konsequenz der Entscheidung für einen Binnenmarkt auf der Grundlage
einer Zollunion (Art. 3 und 28 AEUV) und für ein System zum Schutz des Wettbewerbs innerhalb des Binnenmarktes war es naheliegend, die politische Zuständigkeit im Bereich der Außenhandelspolitik gleichsam zu zentralisieren.[20]
In die alleinige Zuständigkeit des Rates fällt es zwar, die Sätze des gemeinsamen
Zolltarifes gegenüber Drittstaaten mit qualifizierter Mehrheit auf Vorschlag der
Kommission festzulegen (Art. 31 AEUV). Um wettbewerbsverzerrende Auswirkungen einzelstaatlich unterschiedlicher Handelspolitiken zu vermeiden,
sind jedoch der Gemeinschaft seit 1970 zusätzliche Kompetenzen in der Außenhandelspolitik übertragen worden (Art. 132 ff. EGV). Mit der Realisierung
des Binnenmarktes 1993 waren schließlich die letzten nationalen Nischen
in der Handelspolitik, so etwa die Möglichkeiten mengenmäßiger Einfuhr-
beschränkungen (Quoten) oder Selbstbeschränkungsabkommen (Voluntary
Export Restraints) und Marktordnungen (Orderly Marketing Arrangements),
endgültig geschlossen. So ist die Kommission heute insbesondere zuständig für
„die Änderung von Zollsätzen, den Abschluss von Zoll- und Handelsabkommen,
die Vereinheitlichung der Liberalisierungsmaßnahmen, die Ausfuhrpolitik und
die handelspolitischen Schutzmaßnahmen, zum Beispiel im Fall von Dumping
und Subventionen" (Art. 207 AEUV). Erfasst sind dabei auch die für die Aus-
fuhr in Drittländer gewährten Beihilfesysteme der Mitgliedstaaten, die wiederum
für jede Abweichung von der gemeinsamen Handelspolitik ausdrücklich der Ermächtigung durch die Kommission bedürften.

Inwieweit diese Entwicklung zu einer eher restriktiven Handelspolitik der Gemeinschaft gegenüber Drittstaaten geführt hat, ist in diesem Kontext von zentraler
Bedeutung. Grundsätzlich gilt für die politische Ökonomie der Handelspolitik,
dass Präferenzhandelszonen dann politisch akzeptabel sind, wenn sie Handel

20   Zur Entwicklung der gemeinschaftlichen Handelspolitik: Manfred Elsig, The EU's
     Common Commercial Policy. Institutions, Interests and Ideas, Aldershot: Ashgate
     Publishing Limited 2002, S. 25-46; Christoph Hermann/Horst Krenzler/Rudolf
     Streinz (Hg.): Die Außenwirtschaftspolitik der EU nach dem Verfassungsvertrag,
     Baden-Baden 2006.

umlenken können. In der Regel wird der mit der internen Liberalisierung er-
zeugte Wettbewerbsdruck auf Drittländer v. a. durch Antidumpingmaßnahmen
abgewälzt.[21] Im Falle der EU aber haben Untersuchungen vor allem in den 90er
Jahren gezeigt, dass trotz schwacher makroökonomischer Rahmenbedingungen
und eines starken Anstiegs der Arbeitslosigkeit in mehreren Mitgliedstaaten der
Protektionismus – mit wenigen Ausnahmen vor allem im Agrarsektor (s. Ausführungen unten) –, insgesamt nicht zugenommen und statt dessen eher eine
weitere Öffnung gegenüber Drittstaaten stattgefunden hat. Der Grund hierfür
liegt in der Vertiefung des internen Integrationsprozesses, der den einzelstaatlichen Protektionismus zunehmend aufgehoben hat, einerseits und in der insgesamt liberalisierungsfreundlichen Haltung der Gemeinschaftsinstitutionen
(Sperrminorität für „liberale" Mitgliedstaaten) andererseits. Zudem wurden
Diskriminierungseffekte restriktiver Binnenmarktregelungen durch die GATT-
Agenda (s. Ausführungen unten) auf multilateraler Ebene kompensiert, die
zwangsläufig zu einer größeren Verflechtung der Gemeinschaft mit der Weltwirtschaft und einer größeren Offenheit gegenüber Drittstaaten geführt hat.[22]
   Anders als im Warenverkehr verhält es sich im Dienstleistungssektor, über
den zwar fast drei Viertel des Sozialprodukts in der Union abgewickelt wird, der
aber nur ein Fünftel des EU-internen Handels ausmacht. Im Hinblick auf die Entwicklung des Welthandelsrechts im Rahmen des Welthandelsregimes GATT/
WTO wurde der Rat zwar bereits mit dem Amsterdamer Vertrag befugt, auf Vorschlag der Kommission und nach Anhörung des Parlaments durch einstimmigen
Beschluss die Anwendung der Regeln über die einheitlichen Grundsätze der gemeinsamen Handelspolitik auf noch nicht erfasste internationale Verhandlungen
über Dienstleistungen und Rechte des geistigen Eigentums auszudehnen. Grundsätzlich aber gilt, dass eine Reihe kommerzieller Dienstleistungen wie Arbeits-
vermittlung, Bauwirtschaft, Informationstechnik oder Gesundheit auch nach
Lissabon weiterhin Restriktionen unterliegen. Das grundsätzliche Spannungsver-
hältnis und die Kompetenzverteilung zwischen Mitgliedstaaten und Europäischer
Union betreffend Dienstleistungen von allgemeinem wirtschaftlichem Interesse
bleibt grundsätzlich bestehen, obwohl die Kommission bereits 2010, also mit
der Realisierung der so genannten „Lissabon-Strategie", der zufolge die EU bis

---

21   Gene Grossmann, Elhanan Helpman, The Politics of Free Trade Agreements, in:
     American Economic Review, 85, 4 (1995), S. 667-690; Jagdish Bhagwati/David
     Greenaway, Arvind Panagariya, Trading Preferentially: Theory and Policy, in: The
     Economic Journal, 108 (1998), S. 1128-1148.

22   Brian Hanson, What happened to Fortress Europe? External Trade Policy
     Liberalization in the European Union, in: International Organization, 52, 1 (1998), S.
     55-85.

zu diesem Zieldatum zur „wettbewerbsfähigsten und dynamischsten wissensbasierten Volkswirtschaft in der Welt" aufsteigen wollte, endgültig von allen Beschränkungen und diskriminierenden Vorschriften befreit sein sollte.[23]

Die Durchführung europäischer Außenwirtschaftspolitik ist mit Blick auf
die Zuständigkeiten zwischen Rat und Kommission in den einzelnen Phasen der
Verhandlungen umstritten.[24] Die Kommission verfügt zunächst in der Handelspolitik über das alleinige Vorschlagsrecht, sie ist verantwortlich für die Durchführung der gemeinsamen Handelspolitik und die Umsetzung ihrer Ergebnisse,
und sie vertritt schließlich die Union in den entsprechenden Verhandlungen mit
Drittstaaten. Nach Vorlage ihrer Vorschläge beim Rat für die Durchführung einer
gemeinsamen Handelspolitik muss sie aber von diesem ermächtigt werden, auf
der Basis ihrer Vorschläge die erforderlichen Verhandlungen aufzunehmen.

Das „Mandat" ist demnach das Ergebnis der inhaltlichen Abstimmungen
zwischen den Mitgliedstaaten und der engen Koordination der Mitgliedstaaten
mit der Kommission über den Ratsausschuss für Handelspolitik/Trade Policy
Committee/TPC (Artikel 207 EUV, früher "Artikel 133-Ausschuss"). Unter der
Führung der jeweiligen EU-Ratspräsidentschaft unterstützt der Ausschuss die
Kommission bei den Verhandlungen über Handelsabkommen und berät sie in
der Gemeinsamen Handelspolitik.[25] In ihm sitzen außer den Vertreten der Mitgliedstaaten auch Mitglieder der „Generaldirektion Handel" der Kommission,
die aufgrund ihrer Sachkompetenz auch ohne formelles Stimmrecht erheblichen
Einfluss nicht nur auf die Willensbildung im Ausschuss, sondern auch während
der internationalen Verhandlungen ausüben. In der Regel werden die inhaltlichen Positionsbestimmungen einvernehmlich, d. h. im Konsens getroffen,
dann über den COREPER an den zuständigen Ministerrat weitergeleitet und
dort „abgesegnet".[26] Wird kein Einvernehmen erzielt, entscheidet der Minister-

---

23 Commission of the European Communities, Proposal for a Directive of the European
    Parliament and of the Council on Services in the Internal Market, COM(2004) 2
    final/3, Brüssel, 5. März 2004.

24 Stephen Woolcock, European Trade Policy: Global Pressures and Domestic
    Constraints, in: Wallace/Walace, Policy Making in the EU, Oxford: Oxford Uni-
    versity Press 2000, S. 373-400; Sophie Meunier/Kalypso Nicolaidis, Who Speaks for
    Europe? The Delegation of Trade Authority in the EU, in: Journal of Common Market
    Studies, 37 (1999), S. 477-501; Willem Molle, The Economics of European Integration.
    Theory, Practice, Policy, Aldershot: Ashgate Publishing Limited 1997, S. 461-492.

25 Michael Johnson, European Community Trade Policy and the Article 113 Committee,
    London: Royal Institute of International Affairs 1998.

26 Stephen Woolcock, European Trade Policy: Global Pressures and Domestic
    Constraints, in: Helen Wallace/William Wallace, (Hg.), Policy Making in the EU, Ox-

rat „originär" auf der Basis qualifizierter Mehrheit, tatsächlich aber sind solche Abstimmungen eher die Ausnahme, zumal in der Praxis handelspolitische Entscheidungen häufig im Rahmen von „Paketlösungen" (package deals) miteinander – oder mit anderen politischen Entscheidungen – verbunden werden.[27]

Im Ergebnis stellt sich somit auch im Bereich der vermeintlich ausschließlichen Kompetenzen der Gemeinschaft die Situation so dar, dass die Kommission zwar im Namen der Gemeinschaft Verhandlungen führt – und zwar sowohl im Bereich der exklusiven wie auch im Bereich der „geteilten" Kompetenzen –, sie aber dennoch ein hohes Maß an Flexibilität aufbringen muss in der Frage der Interpretation der Vorgaben durch den Rat. Denn je mehr Ermessensspielraum sie gewinnt – was für den Verhandlungserfolg manchmal wesentlich ist –, desto eingeschränkter ist die Kontrolle der Mitgliedstaaten, was diese wiederum reflexartig zum Blockieren der gesamten Beschlussvorlage und zum Aushandeln bilateraler Vereinbarungen veranlassen kann. Die Arbeit der Kommission entspricht daher immer der Gratwanderung zwischen diesen beiden Polen und selbst im Bereich der exklusiven Kompetenzen, in dem Verhandlungsergebnisse im Rat mit qualifizierter Mehrheit entschieden werden, hat sie als Grundprinzip zu berücksichtigen, dass es *de facto* vermieden wird, einen Mitgliedstaat zu überstimmen. Aufgrund dieser EU-spezifischen Ausformung des handelspolitischen Entscheidungsprozesses sprechen nicht wenige Autoren schon seit längerem davon, „dass die Menge der gewinnträchtigen Lösungen (win-set)" auf der internationalen Ebene für die Gemeinschaft nicht selten geringer ist als für die einzelnen Regierungen, mit denen sie verhandelt.[28] Umgekehrt ist traditionell aber auch das Bedürfnis der Mitgliedstaaten ausgeprägt, gerade in der Außenwirtschaftspolitik mit „einer Stimme" zu sprechen und die Position der Gemeinschaftsvertretung nicht zu unterminieren.

Im Ergebnis laufen Verhandlungen somit in der Praxis eben auch auf die berühmten und viel zitierten Kompromisse zwischen Unionsorganen und Mitgliedstaaten hinaus, bei denen exklusive und geteilte Kompetenzen zunehmend verwischen, insgesamt jedoch, nicht zuletzt aus Effizienz- und Zeit-, aber auch

---

ford: Oxford University Press 2000, S. 373-393.

27   Prominentes Beispiel ist Frankreichs Zustimmung zu den Ergebnissen der Uruguay-Runde, die u. a. an die Bedingung geknüpft war, dass den französischen Bauern zusätzliche Subventionen gewährt wurden.

28   Georg Koopmann, Handelspolitik in der Europäischen Gemeinschaft – Institutioneller Rahmen, Verhältnis zur Binnenmarktpolitik und Rolle in der Weltwirtschaft. Hamburgisches Welt-Wirtschafts-Archiv (HWWA), Hamburg Institute of International Economics, Discussion paper 279 (ISSN 1616-4914), Hamburg 2004, S. 10.

aus Prestigegründen (man denke bspw. an Verhandlungen im Rahmen der Streit-beilegungsverfahren der WTO, deren Reform zu einer erheblichen Straffung der Verfahren geführt hat und daher einen möglichst raschen Abstimmungsprozess erforderlich macht), eine Tendenz in Richtung einer deutlichen Vergemein-schaftung der Außenwirtschaftspolitik festzustellen ist. Einzig formal ändert sich so gesehen der Handlungsspielraum je nachdem, ob es sich um exklusive Zuständigkeiten handelt, für welche die Kommission nur die Zustimmung der Mehrheit der Mitgliedstaaten benötigt, oder um geteilte Zuständigkeiten, für welche Einstimmigkeit und die Zustimmung der nationalen Parlamente erforder-lich sind.

2.2.1 Das Spannungsverhältnis zwischen Welthandel und regionaler Wirtschaftsgemeinschaft

Die Außenwirtschaftspolitik der EU leidet unter einem doppelten Spannungsver-hältnis: zum einen allgemein unter dem zwischen den globalen Vereinbarungen im Rahmen von GATT/WTO und den eigenen Vereinbarungen als regionale Wirtschaftsgemeinschaft; zum anderen unter den besagten internen Kompetenz-streitigkeiten zwischen Kommission einerseits und den Mitgliedstaaten anderer-seits.

Seit Anfang der neunziger Jahre des 20. Jahrhunderts wird in der Literatur verstärkt über den Einfluss regionaler Wirtschaftsgemeinschaften, Zollunionen oder Freihandelszonen wie EG, NAFTA (Nordamerikanische Freihandels-zone), ASEAN (Association of Southeast Asian Nations), APEC (Asia Pacific Economic Cooperation) oder MERCOSUR (Mercado Común del Sur) auf den freien Welthandel diskutiert. Im Rahmen des GATT war das Ziel seit 1947, durch die Wiederherstellung des freien Welthandels eine insgesamt leistungs-fähigere Weltwirtschaft aufzubauen. Zunächst einigten sich die Gründungs-länder auf das Prinzip des freien Welthandels auf eine begrenzte Anzahl Gütern durch die Normen „Meistbegünstigung" und „Reziprozität".[29] Die Umsetzung dieser Normen erfolgte in mehrjährigen Handelsrunden, mit denen sowohl der Zollabbau wie auch der Abbau von nicht-tarifären Handelshemmnissen voran-getrieben wurden. Nach der Beilegung des Agrarstreits zwischen den USA und der EG unterzeichneten die Mitglieder 1994 das neue GATT-Abkommen, mit dem gleichzeitig die Welthandelsorganisation (WTO) gegründet wurde. Auch

---

29 Meistbegünstigung heißt, dass Vergünstigungen, die zwei Vertragsparteien aus-gehandelt haben, vorbehaltlos auch für andere GATT-Vertragsparteien gelten. Rezi-prozität bedeutet, dass handelspolitische Zugeständnisse in einem wechselseitigen Prozess gegenseitig anerkannt werden.

die WTO zielt auf die Verankerung eines Welthandelsregimes auf der Basis der beiden Grundprinzipien (Art. I WTO). Obwohl diese im Widerspruch zu der Schaffung einer „präferentiellen Handelszone" stehen, räumt die WTO ihren Mitgliedern allerdings das Recht auf Bildung einer solchen ein (Art. XXIV WTO). Die Frage nach der Vereinbarkeit beider Regime wird in der Regel nach bestimmten ökonomischen Strukturbedingungen wie Nachfrageelastizität, Wachstumspotential oder Grad des innergemeinschaftlichen Wettbewerbs beurteilt, ist jedoch auch in hohem Maße von politischen Erwägungen bestimmt. Zentrales Beurteilungskriterium ist dabei die Frage, inwieweit die jeweilige Höhe des regionalen Außenschutzes dem Ziel einer weltweiten Liberalisierung des Handels entgegenwirkt oder dieses gar befördert.[30] Ist das politische Interesse an regionaler Zusammenarbeit mit dem Willen zur Liberalisierung der Weltwirtschaft verknüpft, dann wird letztere befördert. Betreibt die regionale Wirtschaftsgemeinschaft wie die EG/EU über Jahrzehnte im Falle ihrer Agrarpolitik jedoch eine Abschottung der eigenen Märkte, so wirkt sich dies auch negativ auf die globalen Handelsrunden aus.[31] Durch hohe Zölle und parallele Subventionierung heimischer Produkte werden ausländische Erzeugnisse vom europäischen Markt ferngehalten (Abschottungsvariante), zugleich werden inländische Erzeugnisse mittels Exporterstattung auf den Weltmarkt gedrückt (Erschließungsvariante). Auf diese Weise stützt die Union bereits seit Jahren den Agrarmarkt mittlerweile mit etwa 42 Prozent der Summe, die in der gesamten OECD-Welt für Agrarsubventionen aufgebracht wird. Ein ähnlicher Prozentsatz (ca. 40) ergibt sich bis heute auch für den Anteil der Agrarausgaben am EU-Budget.[32] Umgekehrt entstehen Handelspartnern durch die durch die Gemeinschaft bewirkte Reduktion der Weltmarktpreise zusätzliche Kosten in Form entgangener Absätze und Erlöse in der Gemeinschaft, in Drittländern und im eigenen Land.

---

30   Dazu Georg Koopmann, Handelspolitik in der Europäischen Gemeinschaft – Institutioneller Rahmen, Verhältnis zur Binnenmarktpolitik und Rolle in der Weltwirtschaft. HWWA Discussion Paper 279, Hamburg 2004 (http://www.hwwa.de/ Publikationen/Discusion_Paper/2004/279.pdf); Lynden Moore, Developments in Trade and Trade Policy, in: Mike Artis/Frederick Nixson (Hg.), The Economics of the European Union, Oxford: Oxford University Press 2001, S. 271-289; Michèle Knodt (Hg.): Regieren im europäischen Mehrebenensystem. Internationale Einbettung der EU in die WTO, Baden-Baden 2005.

31   Alan Winters, Regionalism and the Next Round, in: Jeffrey Schott (HG.), Launching new Global Trade Talks. An Action Agenda, Washington D.C.: Institute for International Economics, Special Report (September 1998), S. 47-60.

32   Kommission: Haushalt 2007-2013: http://ec.europa.eu/budget/explained/budg_ system/fin_fwk0713/fin_fwk0713_de.cfm#content_struct.

Gerade im Zusammenhang mit der Agrarpolitik hat es daher in der Vergangenheit immer wieder politische Diskussionen über Europas „Protektionismus" gegeben, der vor allem den USA die Argumente lieferte für eigene Abwehrmaßnahmen gegen die unzulässige Behinderung ihrer Exporte. Höhepunkt dieser Auseinandersetzungen in den beiden vergangenen Dekaden war sicherlich der amerikanische Vorwurf von der „Festung Europa", mit dem Washington zu Beginn der neunziger Jahre auf die Fortentwicklung des gemeinsamen Marktes zum Binnenmarkt reagierte.[33] Auch in der aktuellen, nunmehr über zehn Jahre laufenden und vom Scheitern bedrohten Doha-Runde ist der Agrarsektor einmal mehr Anlass für die anhaltende Debatte zwischen Industrie- und Schwellenländern um einen für beide Seiten tragbaren Kompromiss. Die EU besteht unverändert auf einer Kürzung der Agrarzölle von maximal 50 Prozent (Forderungen der Schwellenländer und der USA tendieren zu 80 Prozent), die USA wollen bei den Agrarsubventionen nicht unter eine bestimmte Schwelle gehen und die Schwellenländer wollen im Gegenzug ihre Industriezölle nur dann stärker senken, wenn es bessere Agrarangebote gibt. In jedem Fall aber üben die Kompromissangebote einen erheblichen Anpassungsdruck auf die Union aus.[34]

Solche Diskussionen entstehen – auch in anderen Sektoren – nicht zuletzt auf Grund der teilweise konkurrierenden Prinzipien, auf denen das EU-Handelsregime im Vergleich zu dem WTO-Regime beruht. Die Gemeinschaft ist weit mehr als eine Freihandelszone. Bei der WTO werden zwar ebenfalls die Zölle zwischen den teilnehmenden Staaten abgebaut, für die Handelspolitik gegenüber Drittstaaten bleiben aber weiterhin die einzelnen Länder zuständig. Im Falle der EU aber ist das Freihandelsprinzip neben den Grundsätzen der Entwicklungshilfepolitik, der sozialen und ökologischen Nachhaltigkeit oder historisch begründeten Verantwortungen nur eines unter vielen Prinzipien, so dass Widersprüche und Konflikte mit der WTO-Ordnung vorprogrammiert sind.[35] In all diesen Bereichen handelt es sich um Politiken, die nicht nur durchweg nicht-ausschließliche Kompetenzen betreffen, sondern auch tendenziell binnenmarktüber-

---

33 Dazu ausführlich: Ernst-Ulrich Petersmann/Mark Pollack, Transatlantic Economic Disputes. The EU, the US and the WTO, Oxford: Oxford University Press 2003; Sebastian Princen, EU Regulation and Transatlantic Trade, The Hague/London/New York: Kluwer Law International 2002.

34 Bundesministerium für Wirtschaft und Technologie, Stand der WTO-Welthandelsrunde (Doha Development Agenda – DDA) Stand: Februar 2012: www.bmwi.de/.../ wto-handelsrunde-sachstand.

35 Bereits in der Einheitlichen Europäischen Akte sind als solche geteilte Kompetenzbereiche in den Außenbeziehungen die Entwicklungshilfe- und die Umweltpolitik erwähnt (Art. 181 und Art. 174 EGV).

greifenden Charakter haben.[36] Die Bananenordnung, durch die die Einfuhr von Bananen aus Lateinamerika lange benachteiligt wurde, oder das Importverbot von Hormonfleisch sind nur zwei Beispiele, in denen sich die Widersprüche zwischen einem den Marktkräften überlassenen liberalen Wettbewerb und der Bevorzugung bzw. Diskriminierung der Importe aus einer bestimmten Ländergruppe, wie sie sich aus der breiten Zuständigkeit ergeben, in den letzten Jahren offenbarten.

Aus der komplexen Zuständigkeit der Gemeinschaft in der europäischen Außenwirtschaftspolitik ergibt sich ein entsprechend breites handelspolitisches Instrumentarium, welches teilweise engen formalen Beschränkungen durch die GATT/ WTO-Vereinbarungen unterliegt. Die Zollpolitik der Union ist dabei bereits seit langem als europäisches Instrument überholt, da Zölle in der Regel im Rahmen der WTO festgelegt werden. Problematischer wird es bei „Anti-Dumping"- und „Anti- Subventionsmaßnahmen", welche beide ergriffen werden dürfen, wenn die Kommission nachweisen kann, dass Importe aus einem Drittstaat in der EU billiger angeboten werden, als dies auf dem heimischen Markt des betreffenden Staates der Fall ist, oder wenn sie unter den Produktionskosten des Exporteurs liegen. Zwar stehen solche Maßnahmen in Einklang mit dem WTO-Recht, nicht selten aber landen sie in einem Streitbeilegungsverfahren vor dem entsprechenden WTO-Ausschuss mit dem Ergebnis, dass Ausgleichszölle oder Anti-Dumping-Maßnahmen eingeführt bzw. verhängt werden können.

Ähnliches gilt schließlich für so genannte „Schutzklauselmaßnahmen", die dann ergriffen werden können, wenn es auf Grund von Importen zu einer „ernsthaften Schädigung" eines Wirtschaftszweiges kommt (mengenmäßige Beschränkungen; Importüberwachungen), oder das Aushandeln von „Selbstbeschränkungsabkommen" mit exportierenden Staaten zur freiwilligen Beschränkung des Exports bestimmter Produkte als Voraussetzung für den Zugang zum europäischen Markt. In beiden Fällen ist die Zulassung solcher Verfahren durch die WTO noch restriktiver, so dass Streitbeilegungsverfahren beinahe vorprogrammiert sind.

Auf diese Weise wird das Problem der konkurrierenden Prinzipien der EU-Handelspolitik zusätzlich erschwert durch die Frage nach der Vorrangstellung von WTO-Recht oder Gemeinschaftsrecht in solchen Streitbeilegungsverfahren vor der WTO. Der Europäische Gerichtshof (EuGH) hat in mehreren Urteilen bestätigt, dass WTO-Normen nicht zur Überprüfung der Rechtmäßigkeit des

---

36   Peter-Christian Müller-Graf, Die Kompetenzen in der Europäischen Union, in: Werner Weidenfeld (Hg.), Die Europäische Union. Politisches System und Politikbereiche, Bonn: Bundeszentrale für Politische Bildung 2004, S. 141-165 (156).

Handelns von EU-Organen herangezogen werden können, da internationales Recht nur durch Umsetzung in nationales Recht Geltung erlangen könne. Analog können WTO-Normen keine direkte Wirkung auf die Gemeinschaft entfalten, sofern diese sich nicht explizit auf solche Prinzipien beruft.[37] Schließlich hat die Union selbst durch Einführung der Handelshemmnis-Verordnung (HHV – „Trade Barrier Regulation" – TBR) 1994 versucht, ihre internationale Verhandlungsposition zu stärken, indem sie seither das Recht in Anspruch nimmt, auf unilaterale Abschottungsmaßnahmen bzw. unfaire Handelspraktiken von Drittstaaten (vor allem USA) direkt, allerdings unter Achtung von WTO-Recht, zu reagieren: Befolgt ein Drittstaat die Entscheidungen der WTO nicht, so behält sich die EU vor, Sanktionen gegen diesen Staat zu verhängen.[38]

Die Verordnung ersetzt das „Neue Handelspolitische Instrument" (NHI) der Gemeinschaft, das 1984 als europäische Antwort auf die Section 301 des US-Handelsgesetzes von 1974 geschaffen wurde. Ähnlich wie der in den USA in den achtziger Jahren des 20. Jahrhunderts vollzogene Richtungswechsel setzt sie auf ein offensives „Aufbrechen" ausländischer Märkte, wie es auch in der im Februar 1996 eingeleiteten „neuen" Marktöffnungsstrategie der Gemeinschaft gefordert wird.[39] Ihr Anwendungsbereich erstreckt sich auf alle Handelspraktiken in Drittländern, die von internationalen Handelsregeln erfasst werden. Dies schließt außer Praktiken im Warenverkehr auch solche im Dienstleistungssektor ein. Anders als die US-Section 301 aber fordert die HHV, dass Strafmaßnahmen wie Zölle oder Quoten stets im Einklang mit den bestehenden internationalen Verordnungen der Gemeinschaft (bspw. Streitbeilegungsverfahren bei der WTO) stehen müssen, d. h. unilaterale Maßnahmen vorbehaltlich multilateraler Genehmigung erfolgen. Seither zeigt die Praxis, dass der über die WTO geregelte Konfliktaustrag bzw. die Regeln und Normen der WTO zunehmend auch für die EG/EU Bedeutung erlangt haben.

---

37 Armin von Bogdandy/Tilman Makatsch, Kollision, Koexistenz oder Kooperation? Zum Verhältnis von WTO-Recht und europäischem Wirtschaftsrecht in neueren Entscheidungen, in: Europäische Zeitschrift für Wirtschaftsrecht, 11, 9 (2000), S. 261-268.

38 Europäische Gemeinschaft, Verordnung (EG) Nr. 3286/94 des Rates vom 22. Dezember 1994 zur Festlegung der Verfahren der Gemeinschaft im Bereich der gemeinsamen Handelspolitik zur Ausübung der Rechte der Gemeinschaft nach internationalen Handelsregeln, insb. den im Rahmen der Welthandelsorganisation vereinbarten Regeln, in: ABlEG 1994 Nr. L 349, S. 71, geändert durch VO (EG) Nr. 356/95, in: ABlEG 1995, Nr. L 41, S. 3.

39 Kommission der Europäischen Gemeinschaften, Welthandel als globale Herausforderung. Eine Marktöffnungsstrategie der Europäischen Union, Brüssel 1996.

Beschränkungen ist die Gemeinschaft zudem durch ihre zahlreichen, o. e. bi-
und plurilateralen Handelsabkommen unterworfen (vgl. nächstes Kapitel). So
sind Antidumpingmaßnahmen in bestimmten Sektoren beispielsweise grundsätzlich vertraglich ausgeschlossen im Falle des Abkommens der Gemeinschaft
über den Europäischen Wirtschaftsraum (EWR – seit 1994) mit den Mitgliedstaaten der Europäischen Freihandelsassoziation (EFTA). Geprägt werden solche
Abkommen in der Regel durch so genannte Präferenzhandelsabkommen auf der
Basis gegenseitiger Öffnung der Märkte, die bestimmte Handelspartner gegenüber anderen bevorzugen und letztere damit indirekt benachteiligen bzw. dis-
kriminieren. Mit ihnen verfolgte die Gemeinschaft lange Zeit vor allem gegenüber
europäischen Nachbarländern eine Strategie der allmählichen Heranführung an
die Gemeinschaft. Mittlerweile aber werden solche Abkommen immer häufiger
auch mit nichteuropäischen Ländern und Ländergruppen ohne Beitrittsperspektive geschlossen (so bspw. im Rahmen der ENP). Einseitige Präferenz-
regelungen zugunsten dieser Handelspartner werden durch Abkommen ersetzt,
die zunehmend auf Reziprozität angelegt sind und der Gemeinschaft ihrerseits
Zugang zu deren Märkten verschaffen.[40]

Insgesamt hat diese in erster Linie politisch motivierte Präferenzhandelspolitik
der Gemeinschaft dazu geführt, dass nur noch für wenige Handelspartner der
Union (unter ihnen aber die gewichtigen wie die USA, Japan, Kanada, Australien,
Singapur oder Südkorea) „die im Rahmen des GATT vereinbarten Meist-
begünstigungszölle (und damit faktisch Meist„benachteiligungs"zölle) gelten".[41]
Ungeachtet der Frage, inwieweit diese Strategie in den beteiligten Ländern den
Anreiz zu multilateraler Liberalisierung befördert – was zahlreiche Studien bezweifeln –, ist sie jedenfalls Ausdruck eines europäischen Regionalismus,[42] der
in der Praxis zugenommen hat und künftig wohl noch häufiger mit dem multilateralen Regelwerk der WTO kollidieren wird. Die Ankündigung der Union
im Rahmen der Doha-Runde im Herbst 2006, vor allem gegenüber Asien fortan
stärker auf bilaterale Handelsabkommen setzen zu wollen (die ähnlich wie das
Präferenzabkommen mit den AKP-Staaten stärker den Schutz geistigen Eigen-

---

40   Kai-Olaf Lang/ Barbara Lippert, Zur Neuausrichtung der ENP: Ein Liga-Modell
     nachbarschaftlicher Kooperation, in: Bendiek, Annegret et al.(Hg.): Entwicklungs-
     perspektiven der EU, a.a.O., S. 102-117; André Sapir, EC Regionalism at the Turn of
     the Millenium: Toward a New Paradigm?, in: The World Economy, 23, 9 (2000), S.
     1135-1432.

41   Koopmann, a.a.O, S. 26.

42   Zum Thema Regionalismus/Regionalisierung vgl. Ralf Roloff, Die Außenbeziehungen
     der Europäischen Union zwischen Globalisierung und Regionalisierung, in: Zeit-
     schrift für Politikwissenschaft, 11, 3 (2001), S. 1045-1072.

tums sowie Fragen von Standards und Lebensmittelsicherheit regeln), deutete erstmals auf diesen Paradigmenwechsel hin. Die EU geht zunehmend dazu über, Freihandelsabkommen mit einzelnen Staaten oder Staatengruppen zu schließen. Eines mit Korea ist bereits abgeschlossen, gleichsam wurde 2011 der Freihandel mit den zentralamerikanischen Ländern Panama, Guatemala, Costa Rica, El Salvador, Honduras und Nicaragua paraphiert. Verhandlungen mit Indien befinden sich nunmehr in der Endphase, haben aber an Schwung verloren; eine ähnliche Entwicklung nehmen die Verhandlungen mit Kanada. Schließlich sind weitere Abkommen mit den südamerikanischen Mercosur-Staaten und anderen ASEAN-Staaten (Singapur) im Gespräch. Sie alle implizieren nicht nur die ständige Überprüfung und gegebenenfalls partielle Erweiterung der Zulassungskriterien im Rahmen der handelspolitischen Überprüfungsmechanismen der WTO. Gleichzeitig bergen sie aber in bestimmten Fällen auch die Gefahr, dass sie einseitig für die Industrieländer von Vorteil sind, weil die von der WTO vorgesehenen Schutzklauseln für Entwicklungs- und Schwellenländer bei bilateralen Abkommen nicht gelten, so dass sich das Pochen auf Freihandel und Zugang zu deren Märkten für diese nachteilig auswirken kann.[43]

2.2.2 Das interne Spannungsverhältnis

Mit Blick auf die internen Kompetenzstreitigkeiten zwischen Kommission einerseits und den Mitgliedstaaten andererseits ist zunächst festzuhalten, dass die Gemeinschaft einerseits von Anfang an daran mitgewirkt hat, die Zuständigkeiten des GATT auszuweiten und sich ihnen in ihrer Außenwirtschaftspolitik auch anzupassen. Andererseits ergab sich für sie durch diese inhaltliche Ausweitung das Problem einer zunehmenden Asymmetrie zwischen WTO-Ordnung und innergemeinschaftlicher Kompetenzverteilung. Die Zuständigkeit der Gemeinschaft beschränkte sich auf den Handel mit Gütern, der lange Zeit auch der ausschließliche Kompetenzbereich des GATT war, ohne dass die Gemeinschaft je den formalen Status eines GATT-Verhandlungspartners erhielt. Andere Bereiche der Außenwirtschaftspolitik waren lange Zeit von weitgehenden nationalen Ausnahmeregelungen gekennzeichnet. Gemäß Art. 134 EGV können die Mitgliedstaaten von der Kommission ermächtigt werden, nationale handelspolitische Schutzmaßnahmen zu ergreifen, um wirtschaftliche Schwierigkeiten zu überwinden. Darüber hinaus behielten die Mitgliedsländer handelspolitische Kompetenzen gegen-

---

43   Stephen Woolcock, "The Treaty of Lisbon and the European Union as an Actor in international trade," ECIPE Working Paper, 1 (January 2010); European Commission: Trade: Bilateral relations: http://ec.europa.eu/trade/creating-opportunities/bilateral-relations.

über Drittstaaten für solche Produkte, über die sie bereits vor Einführung der gemeinsamen Handelspolitik bilaterale Verträge abgeschlossen hatten. So existieren Sonderregelungen der Gemeinschaft für den Handel vor allem mit landwirtschaftlichen Produkten ebenso wie Sonderbeziehungen zu einigen Ländern. Durch die Vollendung des Binnenmarktes und den partiellen Wegfall der Grenzkontrollen innerhalb der Gemeinschaft wurde es den Mitgliedstaaten zwar generell erschwert, nationale Sonderregelungen aufrechtzuerhalten; aus diesem Grund beschloss die Kommission, solche Regelungen im Sinne von Art. 134 EGV nur noch in begründeten Ausnahmefällen zuzulassen. Allerdings brachte erst der Lissaboner Vertrag eine entsprechende Aufhebung dieses Artikels.

Zugenommen haben hingegen solche Bereiche, in denen sowohl die Mitgliedstaaten wie auch die Union Kompetenzen besitzen. Zu ihnen zählen vor allem der Dienstleistungshandel sowie Regelungen über geistiges Eigentum (Copyright-Rechte, Investitionsabkommen) und ausländische Direktinvestitionen. In diesen Fällen sind die Grenzen nicht immer eindeutig zu bestimmen, so dass Streitigkeiten zwischen Mitgliedstaaten und Kommission über die formale Zuständigkeit in der Vergangenheit nicht nur immer wieder den Integrationsprozess gestört haben, sondern auch zu Disputen mit der WTO-Ordnung in dem Maße führten, wie diese mittlerweile auch auf diese Bereiche ausgedehnt wurde.[44] Der EuGH hat traditionell eher eine extensive Auslegung der Verträge zugunsten der Kommission unterstützt. Mit Blick auf den Widerstand aus einer Reihe von Ländern in solchen den Dienstleistungshandel und Regelungen des geistigen Eigentums betreffenden Fragen aber folgte er in einem wegweisenden Urteil aus dem Jahr 1994 der Linie der Mitgliedstaaten und entschied sich somit erstmals für eine engere Interpretation der Doktrin von den „impliziten Kompetenzen" der Gemeinschaft in den Außenbeziehungen bzw. gegen die Gemeinschaftsmethode.[45] Allerdings erkannte er auch die Schwierigkeit einer Trennung der Handels- von Dienstleistungsfragen an und plädierte salomonisch dafür, künftig in internationalen Verhandlungen mit einer Stimme zu sprechen. Folgerichtig spricht er in seinem Urteil nicht von einer gemischten, sondern geteilten Zuständigkeit und weist damit auch auf die teilweise zwar unvermeidbare, jedoch absurde Trennung gemeinschaftlich auszuübender Kompetenzen hin, die Drittstaaten gegenüber Brüssel immer wieder monieren.

Kommission und Mitgliedstaaten einigten sich auf dieser Grundlage zwar auf eine Art Verhaltenskodex, demzufolge die Kommission in entsprechenden Ver-

---

44   Dazu Hugo Paemen/Alexandra Bensch, From the GATT to the WTO. The Euroepan Community in the Uruguay Round, Leuven: Leuven University Press 1995.

45   In seinem Urteil 1/1994, EuGH Report 1994, I-5267 (15. November 1994).

handlungen gegenüber der WTO zwar als alleiniger Verhandlungspartner auftreten solle, die Mitgliedstaaten aber an den Verhandlungen teilnehmen dürfen.
Eine formale Vereinbarung aber erfolgte nicht, so dass die Kommission anlässlich der Regierungskonferenz von Amsterdam 1996 erneut einen Vorstoß unter-
nahm, um die Kompetenzfrage endgültig in ihrem Sinne zu klären. Auch jetzt
blieb es jedoch bei einem wenig ergiebigen Formelkompromiss. Danach konnte
der Rat lediglich durch einstimmigen Beschluss die Zuständigkeit der Gemeinschaft auf die Bereiche geistiges Eigentum und Direktinvestitionen ausdehnen.
Mit dem Vertrag von Nizza erfolgte eine weitere Zentralisierung, als die Zuständigkeit der Gemeinschaft explizit auf „Übereinkünfte betreffend den Handel
mit Dienstleistungen und Handelsaspekte des geistigen Eigentums" (Art. 133
(5) EGV) ausgedehnt wurde.[46] Damit konnten Entscheidungen auf diesen Gebieten grundsätzlich auch mit qualifizierter Mehrheit getroffen werden (Art. 133
(4) EGV) Allerdings machten auch hier Griechenland, Dänemark und vor allem
Frankreich nationale Vorbehalte geltend und setzten in Art. 133 (6) EGV erhebliche Ausnahmen durch: So fielen „Übereinkünfte im Bereich des Handels mit
kulturellen und audiovisuellen Dienstleistungen, Dienstleistungen im Bereich
Bildung sowie in den Bereichen Soziales und Gesundheitswesen" weiterhin in die
geteilte Zuständigkeit.[47]

In der Praxis hatten die durch Nizza eingeführten Änderungen somit kaum
zu einer Stärkung der Außenwirtschaftspolitik der EU geführt. Es blieb für die
Gemeinschaft oftmals schwierig, eine einheitliche Linie in internationalen Verhandlungen zu vertreten.[48] Kompensationsgeschäfte mit den Mitgliedstaaten auf
bestimmten Feldern zur Erreichung einstimmiger Beschlüsse gehören bis heute
zum Alltagsrepertoire der Kommission und haben nach der Erweiterung eher noch
zugenommen. Einen weiteren Beweis dafür lieferte im Oktober 2005 wieder einmal Frankreich im Rahmen der Klärung der europäischen Position zu den WTO-
Agrarverhandlungen, indem es eine engere Kontrolle der Kommission durch die
Mitgliedstaaten forderte. Die Regierung in Paris hatte verlangt, jeden Vorschlag
der Kommission im Rahmen der als Entwicklungsrunde konzipierten Doha-
Runde zuvor von einem Fachausschuss prüfen und von den Staaten bestätigen
zu lassen.[49] Der Vorstoß fand zwar keine Unterstützung und die EU-Kommission

---

46 Günter Krenzler/Christian Pitschas, Progress or Stagnation? The Common
    Commercial Policy after Nice, in: European Foreign Affairs, 6 (2001), S. 313.
47 European Report, October 18, 2000, I-5; European Report, December 6, 2000, I-2;
    European Report, December 13, 2000, I-7.
48 Youri Devuyst, The European Union Transformed, a.a.O., S. 139 f.
49 Financial Times, 19. Oktober 2005.

gewann diesen Machtkampf. Dennoch zeigte er, wie begrenzt der Spielraum der Kommission ist, wenn sie allzu flexibel agiert und, wie im Agrarstreit, etwaige Konzessionen in Sachen Marktöffnung gegenüber den USA und den ärmeren Ländern macht. Im Übrigen ließ er erkennen, wie groß die Gefahr ist, dass beim innereuropäischen Präferenzbildungsprozess die globale Ebene allzu rasch ausgeklammert wird. So wurden der parallele Aufstieg der so genannten „Gruppe der 20 Entwicklungsländer" einschließlich der Handelsmächte China, Brasilien, Indien oder Südafrika und deren Forderung nach einer stärkeren Öffnung der OECD-Staaten für ihre Agrarprodukte im Vorfeld der Verhandlungen in Brüssel lange Zeit praktisch nicht wahrgenommen.

Erst der Vertrag von Lissabon brachte im Bereich der Außenwirtschaftspolitik bzw. Gemeinsamen Handelspolitik durch die Ausweitung des Kompetenzbereichs (u.a. durch die o.e. Einbindung in die Ziele des auswärtigen Handelns der Union) und die verstärkte Einbindung des Europäischen Parlaments eine Verbesserung. Zumindest wird die Handlungsfähigkeit der EU im Bereich der Dienstleistungen und des geistigen Eigentums im Sinne transparenterer Regelungen sowie durch die Ausweitung auf den Bereich ausländischer Direktinvestitionen gestärkt.[50] Es bleibt aber weiterhin bei Sonderregelungen in für die Mitgliedstaaten besonders sensiblen Handelssektoren und daher ein Desiderat, bei den Kompetenzbestimmungen eine allgemeine konkurrierende Kompetenz für die Außenbeziehungen nach Maßgabe der Unions-internen Kompetenzlage zu schaffen. Ausschließliche Kompetenzen, insbesondere gemäß Art. 207 AEUV blieben dadurch unberührt, ebenso besondere Ermächtigungen wie zum Beispiel für den Verkehr (AEUV 91). Dies wäre ein wichtiger Schritt in Richtung Schaffung einer Vereinheitlichung der kompetenz-, organisations- und verfahrensrechtlichen Rahmenbedingungen für die Außenwirtschaft und Außenpolitik im Sinne des Kohärenzgebots nach Art. 7 AEUV. Entscheidender aber ist, dass seit Lissabon die Politisierung der Außenwirtschaftspolitik durch deren Einbindung in die Ziele des auswärtigen Handelns und die gestärkte Rolle des Parlaments zugenommen hat. Das Parlament engagiert sich zunehmend in Fragen der Gemeinsamen Handelspolitik. Das 2012 mit großer Mehrheit abgelehnte Anti-Counterfeiting Trade Agreement (ACTA), ein internationales Abkommen zur Bekämpfung von Produkt- und Markenpiraterie, zeigte zuletzt, dass künftig für die Mitgliedstaaten sowie Kommission und Rat der Koordinationsaufwand in Abstimmungsprozessen eher steigen denn abnehmen dürfte.

---

50 Christian Tietje, Die Außenwirtschaftsverfassung der EU nach dem Vertrag von Lissabon, Beiträge zum Transnationalen Wirtschaftsrecht, H. 83 (Januar 2009), Halle 2009.

2.3   Die Entwicklungshilfe- und Assoziationspolitik der EU

Entwicklungshilfepolitik in der EU ist Präventionspolitik. Sie dient vor allem der politischen und ökonomischen Stabilisierung der Verhältnisse in den Entwicklungs- und Schwellenländern zu deren Heranführung an die Weltmärkte und die politischen Leitideen der Gemeinschaft wie die Achtung von Demokratie und Menschenrechten, Regionalismus und Freihandel. Da sich das Macht- und Beziehungsgefüge der internationalen Beziehungen in den kommenden Jahrzehnten nachhaltig zugunsten dieser Länder verändern wird – Bevölkerungswachstum, Urbanisierung, technologischer Fortschritt und ökonomische Globalisierung werden die gesellschaftlichen Strukturen in Asien, Afrika und Lateinamerika nachhaltig beeinflussen –, stellt sich für die Entwicklungshilfepolitik der EU jedoch auch die Frage nach ihrem künftigen Einfluss- und Gestaltungsspielraum.[51] Die Union muss sich im Zuge dieser Entwicklung auf einen relativen ökonomischen und weltpolitischen Bedeutungsverlust einstellen. Zur Zeit liegt ihr Anteil an der Weltbevölkerung nur noch bei etwa 7,1 Prozent; bis 2050 dürfte er nach Berechnungen der Vereinten Nationen auf etwa 5 Prozent sinken – mit entsprechenden Konsequenzen auch für den Anteil der Union am Weltbruttosozialprodukt. Staaten wie China und Indien sowie die Wirtschaftsblöcke ASEAN und MERCOSUR dürften dann nachhaltig die internationale Ordnung neben den Vereinigten Staaten – deren Bevölkerung auf etwa 500 Mio. anwachsen könnte – bestimmen. Für die EU wird es somit umso wichtiger, künftig ihre Assoziations- und Entwicklungshilfepolitik über wechselseitig oder nicht-reziprok eingeräumte Handelsvorteile hinaus zu denken und in eine aktive, umfassendere Kooperationspolitik mit diesen Ländern zu treten.

Dass die Assoziations- und Entwicklungshilfepolitik von Anfang an so konzipiert war, dass hinter den handelspolitischen Präferenzen, die bestimmten Ländern oder Ländergruppen gewährt wurden, auch die Erwartung der Entwicklung enger politischer Bindungen stand, zeigt bereits das breite Instrumentarium der Gemeinschaft in diesem Bereich. Kernstück sind dabei die auf wechselseitigen Handelsvergünstigungen beruhenden Freihandelsabkommen auf der einen, und die so genannten Kooperations- und Assoziationsabkommen auf der anderen Seite. Im Unterschied zu reinen Freihandelsabkommen sind letztere wesentlich breiter angelegt und umfassen in der Regel die Kooperation in zusätzlichen Politikfeldern wie technische und finanzielle Zusammenarbeit, Zu-

---

51 Dazu Stefan Brüne, Europas Außenbeziehungen und die Zukunft der Entwicklungshilfepolitik, Opladen: Leske + Budrich 2004.

sammenarbeit bei grenzüberschreitenden Sicherheitsfragen oder beim Umwelt-schutz.[52]
Kooperationsabkommen der EU (Art. 218 EUV) bestehen u. a. mit den EFTA-Staaten,[53] der Schweiz (seit 2000), den USA und Kanada, mit zahlreichen Staaten Asiens, Lateinamerikas sowie Russland und anderen GUS-Staaten,[54] mit den Staaten des Golfkooperationsrates und den Mittelmeeranrainern (ua. im Rahmen des Barcelona-Prozesses aus dem Jahr 1995 und im Rahmen der ENP).[55] Sie sind in der Regel von größerer ökonomischer Bedeutung auf Grund des mit ihnen abgewickelten Handelsvolumens, grundsätzlich aber weniger institutionalisiert. Assoziationsabkommen hingegen sind stärker formalisiert, indem sie für die Durchführung politischer Dialoge oder die Vergabe finanzieller Hilfsleistungen „besondere Verfahren" und Konditionen vorsehen (Art. 217 AEUV). Darüber hinaus begründen sie engere politische Verbindungen mit dem Ziel einer Heran-führung des assoziierten Staates an die Gemeinschaft bspw. durch die Übernahme bestimmter Gemeinschaftspolitiken oder von Teilen der Binnenmarktgesetz-gebung. Prominenteste Beispiele hierfür sind die bereits in den 1960er Jahren abgeschlossenen Assoziationsabkommen mit der Türkei und Griechenland, die Assoziationsabkommen mit Zypern, Malta, Israel (ab 2000), Marokko, Tunesien, Libanon und der Palästinensischen Autonomiebehörde, die „Europa-Abkommen" mit den Ländern Mittel- und Osteuropas ab 1993, welche ab 1993 unter der Be-dingung der Erfüllung der Kopenhagener Kriterien (Stabilität der Institutionen; funktionierende Marktwirtschaft; Übernahme der gemeinschaftlichen Regeln,

---

52   Dazu umfassend: Carol Cosgrove-Sacks (Hg.), Europe, Diplomacy and Development, Basingstoke: Palgrave 2001.

53   Abkommen zum Europäischen Wirtschaftsraum 1994 mit den sechs verbliebenen (nach Ablehnung der Schweiz) EFTA-Staaten (Österreich, Finnland, Schweden, Is-land, Liechtenstein, Norwegen). Nach EU-Beitritt der drei erstgenannten Staaten 1995 nur noch mit Island, Liechtenstein und Norwegen. Freihandelsabkommen wurden jüngst abgeschlossen bzw. werden derzeit verhandelt und stehen vor dem Abschluss u.a. mit Südkorea, Kolumbien, Peru, Japan, Indien, Kanada und den USA.

54   In diesen Fällen handelt es sich nicht selten um Interimsabkommen, welche die Ge-währung von Handelsvergünstigungen bereits vor Ratifikation der Abkommen durch die Mitgliedstaaten erlauben. Im Falle der GUS-Staaten handelt es sich um die so genannten Partnerschafts- und Kooperationsabkommen.

55   Ägypten, Algerien, Jordanien, Syrien, Libyen (Beobachterstatus). Mit Ägypten, Algerien und dem Libanon wurden mittlerweile Assoziationsabkommen geschlossen, mit Syrien wird ein entsprechendes Abkommen angestrebt. Der Barcelona-Prozess wurde vom Europäischen Rat 1995 zur Stärkung der europäischen Mittelmeerpolitik mit den südlichen Anrainerstaaten des Mittelmeers (außer Libyen), Jordanien und Vertretern der Palästinenser beschlossen.

Standards und Politiken) sukzessive eine Beitrittsperspektive erhielten, sowie die Stabilisierungs- und Assoziierungsabkommen mit den Ländern Südosteuropas im Rahmen des „Stabilitätspakts für Südosteuropa" (1999), mit denen die Gemeinschaft ein längerfristig angelegtes Stabilisierungskonzept auf dem Balkan verfolgte, das als Zukunftsperspektive die EU-Mitgliedschaft auch für diejenigen Länder in Aussicht stellte, die noch nicht zum Kreis der anerkannten Beitrittskandidaten gehörten.[56] Zuletzt, d.h. seit 2009, wurden Verhandlungen bzw. Gespräche zur Aufnahme von Verhandlungen über Assoziationsabkommen mit den Partnerländern der Östlichen Partnerschaft außer Weißrussland (Armenien, Aserbaidschan, Georgien, Moldawien und Ukraine) aufgenommen.

Auch beim Abschluss von Kooperations- und Assoziationsabkommen führt die Kommission die Verhandlungen mit dem Drittstaat oder einer Staatengruppe auf der Basis eines von der Kommission erteilten Mandats und in Absprache mit dem in Art. 207 (3) AEUV (unter Verweis auf Art. 218 AEUV – Einstimmigkeit bei Assoziierung) vorgesehenen Ausschuss oder anderen vom Rat bestellten Ausschüssen.[57] Bei Kooperationsabkommen entscheidet der Rat in der Regel mit qualifizierter Mehrheit (abgesehen von solchen Abkommen, welche Bereiche berühren, in denen für die Annahme interner Vorschriften Einstimmigkeit vorgesehen ist), bei Assoziationsabkommen ist Einstimmigkeit erforderlich. Auch in diesen Fällen besteht das dauerhafte Problem, die entsprechenden Verträge jeweils den WTO-Regeln anzupassen.

2.3.1   Von Lomé zu Cotonou

Die EU ist im internationalen Vergleich der bedeutendste Geber von Entwicklungshilfe. Die Grundsätze der Entwicklungszusammenarbeit sind im Vertrag über die Arbeitsweise der Europäischen Union (Titel III) verankert.[58] Damit wird zum ersten Mal eine besondere Rechtsgrundlage für humanitäre Hilfe geschaffen und die Besonderheit der politischen Maßnahmen und die Einhaltung der Grundsätze des internationalen Rechts unterstrichen – vor allem Unparteilichkeit und Nichtdiskriminierung. Gleichzeitig bedeuten die Vertragsänderungen, dass die Entwicklungspolitik nunmehr als eigenständige Politik betrachtet wird, und nicht als „Anhängsel" der GASP. Bei dringend benötigten Finanzhilfen kann der Rat

---

56   Barbara Lippert (Hg.), Bilanz und Folgeprobleme der EU-Erweiterung, Baden-Baden: Nomos 2004, S. 13-72.

57   Iciar de Chávarri Ureta, The European Commission's Institutional Framework for Development Policy, in: Carol Cosgrove-Sacks, a.a.O., S. 52-78.

58   Vgl. AEUV, Titel III: http://europa.eu/legislation_summaries/development/index_de.htm.

künftig mit qualifizierter Mehrheit über Vorschläge der Kommission abstimmen. Auf diese Weise sollen Finanzhilfen in Zukunft schneller fließen können. Im Vertrag von Lissabon werden Entwicklungszusammenarbeit und humanitäre Hilfe zudem als „Bereiche paralleler Zuständigkeit" klassifiziert: Demnach betreibt die Union eine unabhängige Politik, durch die weder einzelne Mitgliedstaaten in der Ausübung ihrer Zuständigkeiten behindert werden, noch die Politik der Union lediglich als reine Ergänzung zu derjenigen der Mitgliedstaaten zu betrachten ist.

Im Mai 2005 wurde auf Vorschlag der Kommission beschlossen, die Entwicklungshilfe bis 2010 auf 0.56 Prozent und bis 2015 auf 0.7 Prozent des Bruttoinlandsprodukts zu erhöhen; damit wäre das im Rahmen der Vereinten Nationen beschlossene Millenniumsziel erreicht. Tatsächlich belief sich die von der Union geleistete Entwicklungshilfe 2010 auf insgesamt 53,8 Mrd. Euro, d.h. 0.43 Prozent des BIP, so dass auch die Union dieses Ziel verfehlte.[59] Fast 60 Prozent aller Entwicklungshilfe für den afrikanischen Kontinent kommen dennoch schon jetzt aus dem Unionshaushalt oder aus den EU-Mitgliedstaaten. Mit ihrer Gemeinsamen Strategie für Afrika aus dem Jahr 2008 versucht die Union die Entwicklungshilfe für den Schwarzen Kontinent zudem durch eine effektivere Zusammenarbeit unter den Mitgliedstaaten zu verbessern.[60] Ziel ist es, den Kontinent bis zum Jahr 2015 wieder auf den Weg der nachhaltigen Entwicklung zu bringen und außerdem dabei zu unterstützen, die Millenniums-Entwicklungsziele bis dahin zu erreichen. Die vorgeschlagene Strategie stellt insofern einen Wendepunkt dar, da sie zum ersten Mal einen gemeinsamen Ansatz für das Engagement der Kommission und der Mitgliedstaaten vorsieht, künftig alle Vorhaben mit den afrikanischen Partnerländern im Rahmen der Afrikanischen Union (AU)[61] abgesprochen werden und mit ihnen ein ständiger Dialog geführt wird. Sie beschreibt die Voraussetzungen für eine nachhaltige Entwicklung und enthält Vorschläge für eine gemeinsame Programmplanung oder die Verbesserung von Kontrollverfahren. Als Schwerpunkte der Zusammenarbeit werden Initiativen zur Förderung verantwortlichen staatlichen Handelns und zum Ausbau der Verkehrsinfrastruktur genannt.

---

59   Zur Entwicklungshilfe der EU siehe: http://europa.eu/pol/dev/index_de.htm.

60   Ausführlicher dazu: Gisela Müller-Brandeck-Bocquet/Siegmar Schmidt et al. (Hg.), Die Afrikapolitik der Europäischen Union. Neue Ansätze und Perspektiven, Leverkusen-Opladen: Verlag Barbara Budrich 2007.

61   Die Afrikanische Union hat sich bei ihrer vor einigen Jahren beschlossenen Reorganisation am Modell der EU orientiert und besitzt inzwischen ähnliche Strukturen wie die Kommission.

Tatsächlich kann die Strategie vor dem Hintergrund der Vertragsänderungen von Lissabon eine Signalwirkung ausüben hinsichtlich der immer wieder geforderten handlungsbindenden Verständigung über das Verhältnis von gemeinschaftlich und national verantworteten Außenbeziehungen sowie regionaler Schwerpunktsetzung. Zwar besteht Einigkeit darüber, dass ein koordiniertes Handeln gerade in der Entwicklungszusammenarbeit vorteilhaft wäre. Dennoch gestaltet sich diese in der Praxis häufig ausgesprochen schwierig. Nach wie vor dominieren in vielen Fällen nationalstaatlich geprägte Politiktraditionen. Acht der achtundzwanzig EU-Mitgliedstaaten sind ehemalige Kolonialmächte. Frankreich unterhält bis heute enge bilaterale Beziehungen zu diktatorischen Regimen in Subsahara-Afrika. Offiziell aber werden solche unterhalb der Schwelle normativer Selbstansprüche europäischen Handelns angesiedelten nationalen Interessenpolitiken in Brüssel wenig thematisiert, obwohl sie nicht selten die operativen Möglichkeiten der EU konterkarieren. Man müht sich zwar um die konkrete Auflistung unstrittiger Erfordernisse und trotz häufig mangelnder Wirkung rangiert Entwicklungshandeln in der Wertschätzung der europäischen Öffentlichkeit sehr hoch (mehr als 80 Prozent sprechen sich nach einer Umfrage der deutschen UN-Milleniumskampagne für eine starke öffentliche Entwicklungshilfe aus);[62] die Vergabepraxis Brüssels aber richtet sich in der Regel interessen- und konstellationsbezogen an den unterschiedlichen entwicklungspolitischen Bedürfnissen aller beteiligten Akteure aus. Ein solches System aber, das auf nirgends einklagbare „subsidiäre Komplementarität" (Brüne) setzt, ist weder effizient noch der Integration förderlich. Beispielhaft hierfür ist die Lomé-Politik der Union.

Bereits 1957 vereinbarten die damaligen Gründungsstaaten der EWG auf Drängen Frankreichs und Belgiens die bis heute gültige „Assoziierung der überseeischen Länder und Hoheitsgebiete" (aktuell Art. 198-204 AEUV sowie Art. 355 AEUV), welche sich im Prozess der Dekolonisierung von den Mitgliedstaaten befanden. Mit der Assoziierungspolitik verfolgte die Gemeinschaft nicht nur das Ziel, die bestehenden wirtschaftlichen Verbindungen zwischen Mutterland und Kolonien von der angestrebten Zollunion unberührt zu lassen, sondern auch die Idee einer politischen Integration dieser Länder in die westliche Staatengemeinschaft. Frankreich und Belgien ging es darüber hinaus auch darum, die wirtschaftliche Unterstützung der ehemaligen Kolonien auf die europäischen Partnerländer zu verteilen.

---

62 http://www.un-kampagne.de/index.php?id=12&tx_ttnews[tt_news]=236&cHash=a
    2e4ce7fa2a5a409485254429a09bea1; Stefan Brüne, Europas Außenbeziehungen und
    die Zukunft der Entwicklungspolitik, Opladen 2004, S. 32.

1962 wurde das erste, 1969 das zweite Abkommen von Yaoundé unterzeichnet. Nach dem Beitritt Großbritanniens 1973 wurden die engen Beziehungen durch die Lomé-Abkommen auf die im Commonwealth zusammengeschlossenen ehemaligen britischen Kolonien, darunter sechs karibische und drei pazifische Inselstaaten, ausgedehnt. Zwischen 1975 und 1990 unterzeichneten die Gemeinschaft und die AKP-Staaten insgesamt vier Abkommen, von denen die ersten drei eine jeweils fünfjährige und das vierte eine zehnjährige Laufzeit hatten. Erst mit dem Maastrichter Vertrag allerdings erhielt die bis dato in Form von Assoziations- und Präferenzabkommen praktizierte europäische „Entwicklungshilfepolitik" eine rechtliche Grundlage. Im dortigen Art. 130 fanden sich die so genannten drei „Ks": Demnach soll(te) europäische Entwicklungshilfepolitik komplementär (d. h. ergänzend zu der der Mitgliedstaaten), kohärent (im Sinne der Zielgerichtetheit aller Entscheidungen) sowie koordinierend (die Mitgliedstaaten stimmen ihre Hilfsprogramme aufeinander ab) ausgerichtet sein.[63]

Die Lomé-Abkommen waren nicht zuletzt Ausdruck einer genuin europäischen Antwort auf die Anfang der siebziger Jahre intensiv geführte Debatte um die anhaltende Unterentwicklung der Dritten Welt (Modernisierungs- vs. Dependenzia-Theorie) als Ergebnis eines tendenziell „ungerechten" Weltwirtschaftssystems, in deren Folge die betroffenen Länder Garantiepreise für ihre Rohstoffe sowie erhöhte Mitteltransfers von den Industrieländern forderten.

Kernpunkte dieser Abkommen waren:

- Gewährung von Zoll- und Abgabenfreiheit für Produkte aus den AKP-Ländern im Sinne eines einseitigen Präferenzsystems zu Gunsten dieser Staaten; gleichzeitig müssen die assoziierten Staaten Waren aus der Gemeinschaft lediglich gemäß dem Prinzip der Meistbegünstigung behandeln. Ausnahmen hiervon gelten in wenigen „sensitiven" Sektoren, insbesondere bei einer Reihe von Agrarprodukten, die mit zusätzlichen Abgaben oder Mengenbeschränkungen belegt sind;
- Fonds zur Stabilisierung der Exporterlöse bei sinkenden Weltmarktpreisen oder Ernteausfällen – Ausgleichszahlungen für Agrarprodukte erfolgen aus STABEX, für Bergbauerzeugnisse aus SYSMIN;
- Institutionalisierter Dialog zwischen den Vertragspartnern durch regelmäßige Treffen auf Ministerebene und Einrichtung ständiger Ausschüsse zur Förderung der landwirtschaftlichen und industriellen Entwicklungskooperation.[64]

---

63   Franz Nuscheler, Entwicklungspolitik, Bonn 2005, S. 527.
64   Ebd., S. 41 ff.

Finanziert werden die Maßnahmen der Entwicklungshilfe durch den 1958 gegründeten Europäischen Entwicklungsfonds (EEF), der sich aus Beiträgen der Mitgliedstaaten zusammensetzt. Daneben gewährt die Europäische Investitionsbank den AKP-Staaten zinsgünstige Darlehen.

Galt die Lomépolitik wegen ihrer über längere Laufzeiten hinweg verbindlich zugesagten Entwicklungshilfeleistungen, den großzügigen Handelsvergünstigungen und der Idee zwischenstaatlicher Entwicklungspartnerschaft oft als Modell einer gelungenen europäischen Außenpolitik, so ist die Bilanz der Abkommen letztlich doch gemischt: Zwar waren die in ihrem Rahmen gewährten Mittel für die AKP-Staaten von großer Bedeutung, da der überragende Anteil aus nichtrückzahlbaren Zuschüssen bestand (was wiederum die Gemeinschaft zu einem der wichtigsten internationalen Geber von Entwicklungshilfe machte). Zudem beförderte das Programm die regionale Kooperation zwischen Entwicklungsländern. Insgesamt aber gelang es der Lomé-Zusammenarbeit aus verschiedenen Gründen nicht, die Entwicklung der AKP-Staaten nachhaltig zu befördern, so dass die Wirksamkeit der Präferenzsysteme begrenzt blieb.

Problematisch war zunächst der ausschließlich produktbezogene Einkommenstransfer, der von vornherein die notwendige Diversifizierung der Exportstruktur verhinderte und dazu führte, dass die betroffenen Länder die Möglichkeiten eines Marktzugangs für Fertigwaren nicht nutzten. Von diesen Transfers profitierten vor allem die rohstoffreichen Länder mit mittleren Einkommen, wo diese einseitig ausgerichtete Entwicklungshilfe zum Teil fragwürdigen Sonderbeziehungen zwischen bestimmten Interessengruppen Vorschub leistete und Wirtschaftsreformen zur Entwicklung moderner Industriepotentiale und zur Erhöhung der Produktivität verhinderte.[65]

In den Ländern, in denen die Präferenzsysteme Anwendung fanden, kam wiederum erschwerend hinzu, dass ausgerechnet die Produkte vom freien Zugang in die Gemeinschaft durch Schutzklauseln ausgenommen wurden, bei denen die AKP-Staaten komparative Kostenvorteile besaßen. Komplizierte Anwendungsmodalitäten, etwa bei der Bestimmung des Warenursprungs, führten zudem dazu, dass Präferenzen häufig gar nicht in Anspruch genommen wurden.

Ein weiteres Problem der Lomépolitik liegt bis heute in der einseitigen Bevorzugung spezieller Gruppen von Entwicklungsländern gegenüber anderen; ausgenommen hiervon sind lediglich die am wenigsten entwickelten Länder der Welt (LLDC) im Rahmen der so genannten „Alles-außer-Waffen"-Initiative. Grundsätzlich wird für Produkte aus Entwicklungsländern der Zugang zum

---

65 Robert Kappel, Die entwicklungspolitischen Fehlleistungen von Lomé, in: Journal für Entwicklungspolitik, 15, 3 (1999), S. 247-256.

europäischen Inlandsmarkt durch die o. e. einseitige Gewährung von Handels-
präferenzen erleichtert. Im Rahmen des 1971 eingeführten Allgemeinen
Präferenzsystems (APS) räumt die Union, abhängig von der „Sensibilität" der
jeweiligen Produkte, der Erfüllung gewisser Sozial- und Umweltstandards oder
dem Verzicht auf Drogenanbau, allen Entwicklungsländern Zollvorteile ein. Die
Lomé-Abkommen aber setzten klare Präferenzen zugunsten der AKP-Staaten
und verstießen damit bereits generell gegen die für das Funktionieren der WTO
konstitutiven Prinzipien der Reziprozität und der Meistbegünstigung.

Zwar erlaubt das WTO-Recht unter bestimmten Bedingungen Ausnahmen von
diesen Prinzipien, nämlich dann, wenn Vergünstigungen gegenseitig (reziprok)
gewährt werden oder aber wenn sie unterentwickelten Ländern zugutekommen –
dann aber dürfen bestimmte Länder nicht gegenüber anderen bevorzugt werden.
Die Lomé-Abkommen aber beruhten nicht auf Gegenseitigkeit und hatten daher
auch nicht den Charakter einer mit dem WTO-Recht kompatiblen Freihandels-
zone. Zudem machten die AKP-Staaten nur einen Teil der unterentwickelten
Länder und auch nicht alle LLDCs aus, so dass die Abkommen auch nicht mit
den entwicklungspolitisch motivierten Ausnahmeregeln der WTO kompatibel
waren.[66]

Vor diesem Hintergrund und nicht zuletzt auf Grund der zunehmenden
Schwierigkeiten der EU, für die AKP-Kooperation beim WTO-Ministerrat
Ausnahmegenehmigungen gewährt zu bekommen, bemühte sich die Gemeinschaft nach Auslaufen von Lomé IV um eine Reform der wirtschaftlichen und
finanziellen Zusammenarbeit in Einklang mit den WTO-Bestimmungen. Im
Abkommen von Cotonou vom Juni 2000 stellte sie die Zusammenarbeit mit
den AKP-Staaten – mit besonderem Schwerpunkt auf Schwarzafrika, auf eine
neue Basis. Neben dem erwähnten Ziel einer größeren WTO-Kompatibilität sah
das Abkommen vor allem eine Aufwertung der politischen Dimension der Kooperation, die Intensivierung der Armutsbekämpfung sowie die stärkere Einbeziehung nichtstaatlicher Akteure vor.[67]

Die politische Dimension des Abkommens weist dabei weit über die traditionelle Lomé-Zusammenarbeit hinaus. Sie bedeutet, dass die Gemeinschaft/Union
ihre Hilfe fortan verstärkt von der Erfüllung politischer (Einhaltung der Menschenrechte, Erfüllung demokratischer Prinzipien und von „good governance"
im Sinne des verantwortlichen, entwicklungsorientierten und transparenten Um-

---

66 Peter Witte/Hans-Michael Wolffgang, Lehrbuch des Europäischen Zollrechts, NBW-
    Verlag 2012, S. 443 ff.

67 Siegmar Schmidt, Aktuelle Aspekte der EU-Entwicklungspolitik, in: APuZ, B 19-20
    (2002), S. 29-38.

gangs mit den Entwicklungsressourcen des Landes) und ökonomischer Auflagen (stärkere regionale Kooperation, verstärkte Liberalisierungsanstrengungen seitens der betroffenen Länder, Finanzzusagen der EU auf maximal fünf Jahre hin, Einrichtung einer Investment-Fazilität mit einem Umfang von 2,2 Mrd. Euro zur Ankurbelung privater Investitionen, Überwachung der finanziellen Kooperation durch Gemeinsamen Ausschuss, regelmäßige Evaluierung von Projekten) abhängig machte. Dem entspricht auch das zentrale Ziel der Einführung reziproker Handelserleichterungen durch bi- oder multilaterale Partnerschaftsabkommen (Economic Partnership Agreements – EPA). Seit 2008 müssen die AKP-Staaten schrittweise (bis spätestens 2020) ihre Märkte für EU-Produkte öffnen und so die Vereinbarkeit mit WTO-Recht sichern; ausgenommen von dieser Vereinbarung waren bis zum Lissaboner Vertrag lediglich die LLDCS innerhalb der AKP-Gruppe. Hielt sich ein AKP-Staat nicht an diese Vereinbarung, gelten für ihn die allgemeinen, für alle anderen Entwicklungsländer geltenden Zugangsbedingungen zum europäischen Markt im Rahmen des so genannten „Generellen Präferenzsystems", was grundsätzlich eine Schlechterstellung gegenüber den bisherigen Lomé-Vereinbarungen bedeutete.

Seit Lissabon aber ist im neuen Artikel 209 AEUV diese Ausnahme für die LLDCS der AKP-Gruppe aufgehoben. Damit ist zwar nicht die Bedeutung der Beziehungen zu den AKP-Staaten in Frage gestellt. Dennoch wird sie auf Seiten der AKP-Staaten und unter Entwicklungspolitikern teilweise als Herabstufung der jahrzehntelang privilegierten Beziehungen interpretiert.[68]

Ohnehin wird die Zusammenarbeit zwischen der EU und den AKP-Staaten mehr und mehr von den o.b. bilateralen und regionalen Partnerschaften und Abkommen überlagert. Mittelfristig erscheint es somit wahrscheinlich, dass die Grundparameter des Cotonou-Abkommens in ähnlicher Form von anderen strategischen Partnerschafts- oder Wirtschaftspartnerschaftsabkommen (WPA) oder auch der allgemeinen Entwicklungspolitik der Union abgedeckt werden. Die Entwicklung in den Staaten südlich des Mittelmeers seit 2011 (Arabischer Frühling) deutet in diese Richtung. Die Revolutionen in Nordafrika und im arabischen Raum erfordern eine nachhaltige politische Reaktion Europas, die auch eine Neuorganisation der Beziehungen der EU zu diesem Teil der Welt einschließen könnte.

Grundsätzlich ist zweierlei als Ergebnis der bisherigen Assoziations- und Entwicklungspolitik der EU festzuhalten: Der Charakter der Kooperation hat sich

---

68 Dietmar Nickel, Was kommt nach Cotonou? Die Zukunft der Zusammenarbeit zwischen der EU und den Afrika-, Karibik- und Pazifikstaaten, SWP-Studie 13, Berlin, Juni 2012.

fundamental gewandelt. Handelsabkommen auch mit den AKP-Staaten werden nicht mehr ohne eine umfassende Kooperation auch auf anderen Feldern abgeschlossen. Die Gewährung von finanziellen Unterstützungsleistungen der EU wird zunehmend von der Einhaltung vor allem politischer Kriterien durch die AKP-Staaten abhängig gemacht. Gleichzeitig wächst der Druck auf diese Staaten, ihre außenwirtschaftlichen Strukturen den Bedingungen der Globalisierung anzupassen und ihre Märkte stärker zu öffnen. Dieser Prozess zwingt umgekehrt die Union, ihre Assoziations- und Entwicklungshilfepolitik künftig stärker mit ihrer generellen Handels- und Agrarpolitik sowie mit ihrer Gemeinsamen Außen- und Sicherheitspolitik abzustimmen, zumal sich der geographische Horizont der europäischen Kooperationspolitik vom Mittelmeer und Afrika sukzessive auf asiatische und lateinamerikanische Staaten ausgeweitet hat und damit den eigenen Standort herausfordert. Es bleibt somit ein doppeltes Kohärenzdilemma bestehen: Entwicklungs- und Handelspolitik gehen auch nach Lissabon nach wie vor in teilweise unterschiedliche Richtungen sowie unverändert eine sinnvolle Arbeitsteilung zwischen nationaler und supranationaler Ebene nur rudimentär besteht, wie die unterschiedlichen regionalen Schwerpunkte und auch Verwaltungstraditionen zeigen.

Zweitens übt das WTO-Recht immer stärkeren Anpassungsdruck auf die Assoziations- und Entwicklungspolitik der Union aus. Durch die Regeln des multilateralen Handelsregimes ist die EU gezwungen gewesen, die lange Zeit gewährten Präferenzvorteile der AKP-Staaten sukzessive abzubauen. Und auch außerhalb der AKP/EU-Kooperation gilt für die Kooperations- und Assoziationsabkommen, dass die zunehmende Liberalisierung des WTO-Regimes die Präferenzsysteme der Union sukzessive aushebelt, so dass es für die betroffenen Länder attraktiver wird, an Stelle der Einhaltung der Präferenzsysteme eher auf die konsequente Anwendung von WTO-Recht gegenüber der Union zu setzen. Umgekehrt gilt allerdings auch, dass die zunehmend politisch bestimmte Präferenzstrategie der EU von ihr dazu genutzt wird, politische Einflusszonen zu schaffen und politischen Druck auf die Partnerländer im Sinne von „good governance", partieller Öffnung für europäische Waren und Dienstleistungen und innenpolitischer Reformprozesse auszuüben.[69] Darüber hinaus verfolgt die Union die Strategie, den Regelungsbereich der WTO in ihrem Sinne auszuweiten. Sie folgt damit der inneren Logik europäischer Handelspolitik als Konsequenz aus der Binnenmarktpolitik. Für die WTO wächst damit der Druck, über ihre

---

69   Zur EU Entwicklungspolitikstrategie (2007-2013) vgl: http://europa.eu/legislation_
     summaries/development/general_development_framework/index_de.htm.

Kernaufgabe der Liberalisierung der Märkte hinaus zunehmend zum Schieds-
gericht für protektionistische Handelsstreitigkeiten degradiert zu werden.[70]

2.4   Die Außenvertretung des Euro und das Gewicht der EU in internationalen Finanzorganisationen

Bei kaum einem Politikfeld taten sich die Mitgliedstaaten mit der Übertragung der
Kompetenzen an die Gemeinschaft so schwer wie in der Frage der gemeinsamen
Währung. Zwar willigten die Staats- und Regierungschefs grundsätzlich in die
Schaffung einer gemeinsamen europäischen Währung ein; in der Frage nach
der Vertretung der Gemeinschaft in internationalen Währungsverhandlungen
aber gingen die Meinungen der Staaten während der Maastrichter Vertragsver-
handlungen weit auseinander.[71] Der Vertrag legte lediglich fest, dass die Gemein-
schaft eine einheitliche Position zu vertreten und die Kommission internationalen
Verhandlungen beizuwohnen (associated) hat (Art. 138 und 219 AEUV, ehemals
Art. 111). Damit signalisierten die Mitgliedstaaten, dass sie der Kommission
nicht das Mandat erteilen wollten, bei entsprechenden Verhandlungen im Namen
der Gemeinschaft zu sprechen. Eine formale Vereinbarung in der Frage der
Außenvertretung trafen die Staats- und Regierungschefs erst auf dem Wiener
Ratstreffen im Dezember 1998, unmittelbar vor der Annahme des Euro als Ge-
meinschaftswährung am 1. Januar 1999, als sie sich auf das Prinzip einer Teilung
der Verantwortlichkeit auf ministerielle wie Zentralbankebene einigten. Die
Kommission war danach nur in dem Maße an der Außenvertretung beteiligt,
wie es die im Maastrichter Vertrag „zugewiesene Rolle erforderlich machte".[72] Die
Vergemeinschaftung der Wirtschafts- und Währungspolitik konnte somit bei
aller Unabhängigkeit der EZB in ihrer Politik (Art. 130 AEUV, ehemals Art. 108
EGV) von Beginn an nicht darüber hinwegtäuschen, dass die Außenvertretung
dennoch eine geteilte ist.

Ähnlich pragmatische Lösungen gibt es auch mit Blick auf die Regelung der
Außenvertretung der Gemeinschaft auf den G7/G20-Treffen und beim Inter-

---

70   Carsten Hefecker/Georg Koopmann, WTO und internationale Handelsarchitektur,
      in: Wirtschaftsdienst, 83, 6 (2003), S. 402-406.
71   Dazu ausführlich: Kenneth Dyson/Kevin Featherstone, The Road to Maastricht.
      Negotiating Economic nad Monetary Union, Oxford: Oxford University Press 1999.
72   Vienna European Council, Presidency Conclusions, December 11-12, 1998, Annex II,
      para. 5.

nationalen Währungsfonds (IWF).[73] Während die Union in der WTO mit einer gemeinsamen Stimme spricht, hat der Europäische Rat durch die ausdrückliche Anerkennung des IWF-Regelwerkes den besonderen Status Frankreichs und der Bundesrepublik bezüglich ihres Besetzungsrechts im Exekutivdirektorium nicht angetastet. Der EZB hingegen wurde lediglich ein Beobachterstatus gewährt, so dass die Interessen der Union primär durch das jeweilige Mitglied im Direktorium vertreten werden, welches augenblicklich den Vorsitz in der Eurogruppe hat und von der Kommission lediglich unterstützt wird. Der für die Wirtschafts- und Währungsfragen zuständige Kommissar nimmt wiederum die Rolle eines Beobachters sowohl im Internationalen Währungs- und Finanzausschuss des IWF wie auch im Entwicklungsausschuss von IWF und Weltbank wahr.[74]

Bei den G7- oder G20-Treffen der Finanzminister und Chefs der nationalen Zentralbanken wohnt der Präsident der EZB den Diskussionen ebenso bei wie der zuständige Kommissar, die Vertretung auf Ministerebene erfolgt wiederum durch den Präsidenten der Eurogruppe neben den nationalen Vertretern. Trotz teilweise heftiger Kritik an dieser Kompromisslösung durch die Kommission und einige der kleineren Mitgliedstaaten bleibt die Außenvertretung in diesem Bereich geteilt und entspricht somit nicht der EU-internen Kompetenzordnung für die Wirtschafts- und Währungspolitik.

Nicht zuletzt wegen dieser Ambivalenz wird auch dem Euro auf internationaler Bühne, speziell vor dem Hintergrund der anhaltenden Eurokrise, nach wie vor mit einer Grundskepsis begegnet. Als Reservewährung erfüllt der Euro bislang nur bedingt die in ihn gesetzten Erwartungen, auch wenn immer mehr Länder mit engen Handelsbeziehungen zur EU in den vergangenen Jahren ihre Währung am Euro ausrichteten und auch wenn der europäische Binnenmarkt im Grunde die gleichen Voraussetzungen dafür mitbringt wie der US-Dollar. Mit einem Welthandelsanteil von rund 25 Prozent verfügt der Euro bei Rückkehr bzw. Beibehaltung einer stabilitätsorientierten Währungspolitik und unter Voraussetzung eines hinreichenden Konsens der Mitgliedstaaten über Ziele und Wirkungen der wichtigen makroökonomischen Politikbereiche zwar in jedem Fall über das entsprechende Potenzial, zu einer Weltwährung zu werden und mittelfristig auch mehr als ein Drittel der Devisenreserven auf sich zu vereinigen.[75]

73   Dazu grundsätzlich: Stefan Griller/Birgit Weidel (Hg.), External Economic Relations and Foreign Policy in the European Union, Vienna: Springer 2002.

74   Devuyst, a.a.O., S. 142.

75   Olaf Hillenbrand, Die Wirtschafts- und Währungsunion, in: Werner Weidenfeld Weidenfeld (Hg.), Die Europäische Union, Bonn 2004, S. 242-272 (266).

Voraussetzung dafür ist allerdings nicht nur die Überwindung der Eurokrise und ein entsprechendes nachhaltiges Wirtschaftswachstum in Europa, getragen von einer starken Binnennachfrage und Direktinvestitionen, sondern auch ein entsprechender Zugang zu den europäischen Märkten, wie er sich in einer annähernd ausgeglichenen Leistungsbilanz bzw. den Welthandelsanteilen widerspiegelt. Die Euro-Zone als Ganzes verwandelte ein Handelsdefizit von 23 Mrd. Euro im ersten Halbjahr 2011 in einen Überschuss von 26,2 Mrd. Euro im ersten Halbjahr 2012. Dabei wurden die Überschüsse gegenüber Großbritannien und den USA größer, die Defizite mit Ländern wie China, Japan oder Russland hingegen kleiner. Insgesamt weist der Euroraum damit eine vergleichsweise ausgeglichene Leistungsbilanz auf – etwas weniger günstig war der Befund in der Vergangenheit mit Blick auf die EU-27, obwohl auch hier die Bilanz sich 2012 in einen leichten Überschuss verwandelte.[76]

Problematischer waren in jüngster Vergangenheit vor allem die dramatisch gestiegenen Ungleichgewichte in den Handelsbilanzen innerhalb der Eurozone. Während vor allem Deutschland enorme Exportüberschüsse erzielte, haben Länder wie Spanien, Griechenland oder Portugal über lange Zeit hinweg hohe Defizite aufgebaut, welche sich wiederum in den aufgetürmten Schuldenbergen spiegelten. Nach wichtigen strukturellen Reformen der südeuropäischen Krisenländer 2012 konnten diese als ursächlich für die Euro-Krise angesehenen Ungleichgewichte aber partiell abgebaut werden. Die Gründe dafür dürften unter anderem in der Schwäche des Euro gegenüber anderen Währungen und den deutlich eingebrochenen Importen infolge der Rezession, aber eben auch in verschiedenen strukturellen Reformmaßnahmen zur Verbesserung der Wettbewerbsfähigkeit dieser Länder liegen. So wachsen die Exporte seit 2012 fast überall, da die Firmen nach ausländischen Abnehmern suchen müssen infolge der durch die Austerität getroffenen Binnenwirtschaft. Mit anderen Worten: Es wird mehr im Inland produziert, als auf Importe zurückzugreifen. Gestärkt wird die Wettbewerbsfähigkeit zudem durch Lohnzurückhaltung und schlankere Produktion.

Insgesamt entwickelt sich die Euro-Zone damit in die richtige Richtung, ohne dass damit bereits endgültig Entwarnung für die Union gegeben werden kann.[77] Dies ist Voraussetzung nicht nur für die sich seit Ende 2012 abzeichnende Rückgewinnung des Vertrauens der Finanzmärkte in den Euro-Raum, sondern auch

---

76 Statista, Leistungsbilanzsaldo der EU und der Euro-Zone 3: de.statista.com/.../
    leistungsbilanzsaldo-der-eu27
77 Klaus Busch, Scheitert der Euro? Strukturprobleme und Politikversagen bringen
    Europa an den Abgrund, Studie der Friedrich-Ebert-Stiftung (Februar 2012), Berlin.

dafür, dass die Union künftig einerseits unabhängiger von Fehlentwicklungen und währungspolitischen Störungen in anderen Weltregionen wird, andererseits ihr Gewicht in den relevanten internationalen Währungs-Institutionen zunimmt. Und in dieser Perspektive wiederum kann die Bündelung der europäischen Finanzkraft auch zu einer Stärkung des außenpolitischen Profils der Union in der Welt insgesamt beitragen.[78] Dies wiederum wäre nicht zuletzt von zentraler Bedeutung vor dem Hintergrund der Bewältigung der globalen Auswirkungen von Finanzkrisen, wie sie die Weltwirtschaft seit 2008/9 erlebt.[79]

Ob eine solche Bündelung gelingt, und ob der Euro weiterhin an Bedeutung gewinnen kann, hängt davon ab, ob Union und Mitgliedstaaten zunächst zu einer angemessenen Balance zwischen Transferunion und staatlicher Intervention auf der einen Seite (weil es auch weiterhin Marktversagen geben wird), und Souveränitätsbeschränkung und Reformanstrengungen der Empfängerländer auf der anderen Seite finden werden; eine echte Wirtschafts- und Finanzregierung dürfte hingegen auf mittlere Sicht nicht realisierbar sein, ist aber auch nicht Voraussetzung für das Überleben des Euro. Auf dem Weg zu dieser Balance wurde in den vergangenen drei Jahren ein ganzes Bündel von Rettungsmaßnahmen auf den Weg gebracht, darunter:

• ein partieller Schuldenerlass für Griechenland;
• die lediglich als vorläufiger Rettungsschirm konzipierte Europäische Finanzstabilitätsfazilität (EFSF) und der seit 2013 als permanenter Hilfsfonds eingerichtete Europäische Stabilitätsmechanismus (ESM) mit einem Volumen von maximal 500 Milliarden Euro;
• das sogenannte „Sixpack" (mit strengeren Vorgaben zur Haushaltsdisziplin in den EU-Staaten, inklusive halb-automatischer Strafen in Milliardenhöhe für Defizitsünder und Volkswirtschaften mit starken Leistungsbilanzdefiziten oder -überschüssen)[80];

---

78 In diesem Zusammenhang könnte die Erweiterung der Union deren Einfluss auf die internationalen Finanzinstitutionen über die Zeit sogar noch erhöhen. In IWF und Weltbank ist die europäische Vertretung wie gesagt fragmentiert, da sie ausschließlich von den Mitgliedstaaten wahrgenommen wird. Das Stimmgewicht der europäischen Mitgliedstaaten im IWF ist jedenfalls größer als das der USA, wenn man die einzelnen Stimmanteile addiert (etwa 32 Prozent gegenüber 18 Prozent für die USA).

79 Paul De Grauwe, "The Governance of a fragile Eurozone", CEPS Working Document No. 346 (2011).

80 Verstößt ein Land gegen die mittelfristigen Budgetziele für eine gesunde Fiskalpolitik, so kann es von einer qualifizierten Mehrheit der Euroländer aufgefordert werden seinen Haushaltsplan binnen fünf Monaten (bei schwerwiegenden Fällen binnen drei Monaten) zu ändern.

- der Euro-Plus-Pakt mit Maßnahmen zur wirtschaftspolitischen Koordinierung, um eine größere Konvergenz der Volkswirtschaften in der Eurozone zu erreichen; Fortschritte der Euroländer sollen dabei anhand objektiver Indikatoren – zum Beispiel der Lohnstückkosten – gemessen werden;
- ein Europäischer Fiskalpakt mit strengen Obergrenzen für die Staatsverschuldung als Selbstverpflichtung. Die Selbstverpflichtung besteht darin, dass die 25 EU-Staaten sich gegenseitig versprechen, diese sogenannte „Schuldenbremse" im nationalen Recht, möglichst in der Verfassung, zu verankern; dabei ist allerdings nicht geklärt, wie sich die Schuldenbremsen, die auf einem völkerrechtlichen Vertrag beruhen und sich damit der juristischen Bindungskraft des Europarechts entziehen, durchsetzen lassen, und
- eine Neuregelung der Finanzaufsicht durch ein Netz aus europäischen Finanzaufsichtsbehörden mit der Bezeichnung „European System for Financial Supervision" (ESFS); Kernstücke des ESFS sind die drei Aufsichtsbehörden für Banken (die „European Banking Authority – EBA"), für Versicherungen (die „European Supervisory Authority Insurance and Occupational Pensions – EIOPA") und für Wertpapiermärkte (die „European Securities and Markets Authority – ESMA") sowie ein neu gegründetes „European Systemic Risk Board – ESRB", das systemische Risiken beobachten und überwachen soll. Insgesamt dient das System der Kontrolle insbesondere von systemrelevanten Banken und der schrittweisen Schaffung einer Bankenunion (inklusive europäischer Regeln für nationale Einlagensicherungssysteme, Implementierung höherer Risikokapitalvorsorge für Banken durch Basel III in europäische Rechtsetzung und einer europäischen Institution zur Restrukturierung notleidender Banken). Bis heute allerdings haben die europäischen Behörden kein Durchgriffsrecht gegenüber den nationalen Aufsichtsbehörden.[81]

Begleitet wurden diese Maßnahmen von umfangreichen Rettungspakten der Mitgliedstaaten und dem zunehmenden Ankauf von staatlichen und privaten Anleihen durch die Europäische Zentralbank.

Bringen die Mitgliedstaaten die Disziplin auf, diese Maßnahmen umzusetzen, leisten Überschuss- wie Defizitländer ihren jeweiligen Beitrag und haben Union und Mitgliedstaaten den Mut, nicht nur Solidarität zu fordern, sondern auch Kontrolle durchzusetzen, kann der Euro und damit die Union sogar gestärkt aus dieser Krise hervorgehen – gleichwohl die Vorkrisenzeiten, da mit geliehenem Geld Traumgewinne erzielt wurden, vorbei sein dürften. Europa braucht zur Be-

---

81 Sebastian Dullien/Hansjörg. Herr, Die EU-Finanzmarktreform: Stand und Perspektiven im Frühjahr 2010, Friedrich-Ebert-Stiftung, Bonn 2010.

wältigung der Krise und auch für die Zukunft beides – wirtschaftliche Erholung über kreditfinanzierte Wachstumsprogramme und gleichzeitige Haushaltskonsolidierung. Dazu gehört auch die vorübergehende Aufgabe der Idee einer unabhängigen Geldpolitik und einer ausschließlich auf fiskalische Konsolidierung setzenden Ordnungspolitik. Bis auf wenige Ausnahmen – vor allem Griechenland – war nicht allein die zügellose Verschuldung einiger Staaten der Kern des Problems, sondern die exzessive Kreditaufnahme des privaten Sektors. Auf das Platzen der Kreditblase reagierten die privaten Akteure, indem sie ihre Ausgaben zurückführten – eine individuell verständliche Position, die aber die Krise nur noch verstärkt, wenn alle so handeln. Auch deshalb der Ruf zahlreicher, vor allem US- Ökonomen nach Aufkauf von Staatspapieren durch die europäischen Notenbanken und die EZB, Eurobonds, kreditfinanzierten Wachstumsprogrammen und einer Bankenunion. Entscheidend ist, dass der daraus erwachsenden Gefahr von Inflation rechtzeitig begegnet wird, indem der Geldzufluss auf anderem Weg eingedämmt wird – ein in der politischen Realität nicht leichtes Unterfangen, wenn die Schuldenfinanzierung durch die Aufkäufe von Notenbanken noch attraktiver wird und die Regierungen der Versuchung erliegen, die immer größere Zinslast eben doch durch Inflation zu lösen.

Der ordnungspolitische Dissens in dieser Frage innerhalb Europas wie auch zwischen den USA und Europa offenbart sich schließlich teilweise auch in der Frage der Lösung der globalen Wirtschafts- und Finanzprobleme. Hier tauchen zunächst die gleichen, unterschiedlichen makroökonomischen Vorstellungen zur Beseitigung der Handels- und Leistungsbilanzungleichgewichte erneut auf: Washington präferiert den Einsatz anti-zyklischer makroökonomischer Instrumente und fordert entsprechend von Überschussländern wie Deutschland oder China ihre Währungen aufzuwerten und mehr zu konsumieren, um so den Defizitländern den Abbau ihrer Staatsverschuldung zu erleichtern. Die zumindest offizielle EU-Doktrin hingegen lautet, dass Haushaltskonsolidierung und die Verbesserung der Wettbewerbsposition die Voraussetzung sind für wirtschaftliche Erholung und damit den Abbau der Ungleichgewichte, und nicht umgekehrt. Mit anderen Worten: staatliche Sparprogramme stärken das Vertrauen in die Privatwirtschaft und entfalten so auch kurzfristig positive konjunkturelle Wirkungen.

Im Kern geht es um nichts anderes als die historisch begründeten Ängste vor Deflation auf der einen und Inflation auf der anderen Seite. Nahezu ausgeblendet bleiben bei dieser transatlantischen Diskussion aber die strukturellen Unterschiede beider Wirtschafts- bzw. Währungsräume. Die amerikanische Wirtschaft operiert zunächst im Rahmen eines föderalen Systems und mit einer Reservewährung, die europäische unterliegt den Zwängen der institutionellen Vorgaben durch die Währungsunion, zusätzlich erschwert durch das Fehlen einer Wirtschaftsunion. Auch wenn es in den USA durchaus vergleichbare Unterschiede zwischen den einzelnen Bundesstaaten gibt wie zwischen den EU-Staaten, wenn es um wirtschaftliche Kennziffern wie Inflationsrate, Wachstumsrate oder Lohnstückkosten geht, fehlen dem Euroraum nach wie vor bestimmte Voraussetzungen für die notwendige wirtschaftliche Konvergenz bzw. einen „optimalen" Währungsraum, wie sie der US-Währungsraum erfüllt. Zu diesen zählen indirekte Finanztransfers zwischen den Bundesstaaten („vertikaler Finanzausgleich"- bei ökonomischen Ungleichgewichten und über die Arbeitslosenversicherung), eine weitaus höhere Preisflexibilität auf Grund der stärkeren nachfrageseitigen Integration der Bundesstaaten und schließlich vor allem die größere Faktormobilität (von Waren, Kapital und Arbeit), welche durch „weiche" Faktoren wie Sprache, Kultur und vergleichbare Institutionen begünstigt wird.

Nimmt man diese hinzu, so wird deutlich, warum es in der Euro-Krise in erster Linie um die Frage geht, in welcher Reihenfolge Haushaltskonsolidierung und wirtschaftliche Erholung bzw. gemeinschaftliche Haftung der Union und Kontrolle zur Anwendung kommen. Da dies nicht zuletzt auch eine Frage des Vertrauens in die Politik ist, getroffene Vereinbarungen und Zusagen auch einzuhalten, kann in der EU kein Weg an einer parallelen Entwicklung vorbeiführen: Eine Vergemeinschaftung von Haftung kann nur bei gleichzeitiger Vergemeinschaftung von Entscheidungskompetenzen funktionieren. Andernfalls drohen Rettungsprogramme zu einem Fass ohne Boden zu werden. Es führt daher kein Weg daran vorbei, die gemeinschaftliche Haftung für Staatsanleihen des Euroraums strikt an eine sanktionsbewährte gemeinschaftliche fiskalische Kontrolle über die nationalen Haushalte und wirtschaftlichen Reformschritte der Krisenländer zur Verbesserung ihrer Wettbewerbsfähigkeit zu koppeln. Die von den Krisenländern als zu hoch empfundenen Zinssätze für Unternehmenskredite sind in erster Linie Ausdruck hoher Risikoprämien auf Grund der geringen Bonität von Kreditnehmern. Erst wenn durch Reformen Banken und Unternehmen wieder entsprechende Rahmenbedingungen erhalten, gibt es auch an der Zinsfront Entspannung. Die Länder benötigen einen Rückbau der Staatswirtschaft, mehr Außenhandelsorientierung und eine intensive Einbindung in die internationale Arbeitsteilung. Nur so lässt sich für den Euroraum dringend notwendige annähernde Konvergenz erzielen. Der Übergang in eine mittel- bis langfristige institutionelle Absicherung dürfte dabei zunächst über die konsequente Einbindung der Gläubiger bei der Bankenkrise (anstelle einer Rekapitalisierung durch die Staaten), einen symmetrischen wirtschaftlichen Anpassungsprozess zwischen Gläubiger- und Schuldnerländern und eine flexiblere Rolle der EZB in diesem Prozess, der reformwilligen Staaten durch konditionierte Kreditvergabe aus der Krise hilft, erfolgen.[82]

An diesem Punkt wird deutlich, dass – unabhängig von der Krise – mit Blick auf das Außengewicht des Euro das Haupthindernis nicht nur im Fehlen einer gemeinsamen europäischen Position besteht, sondern auch in der mangelnden makroökonomischen Koordination zwischen den drei zentralen Märkten auf globaler Ebene – dem US-amerikanischen, dem europäischen und dem südostasiatischen; alle drei regionalen Gruppierungen verfolgen im Grunde unterschiedliche wirtschaftliche Strategien: Während die EU traditionelle die Philosophie eines (impliziten) Inflationsziels mit einer insgesamt eher passiven Fiskalpolitik verbindet und die südostasiatischen Länder eine vorwiegend merkantilistische Politik mit exportgestütztem Wachstum und nur geringer Reserveanhäufung betreiben, ist die amerikanische Strategie eher geprägt von einem moderaten Keynesianismus in der Fiskalpolitik, der in schlechten Zeiten durchaus zu wachstumsstimulierenden Maßnahmen bereit ist, sowie einer insgesamt undogmatischen Geldpolitik zur Kontrolle der Inflation.

Wenig explizite Maßnahmen hat es bisher auf der globalen Ebene zum Abbau der globalen Ungleichgewichte gegeben. Zwar hat sich das Leistungsbilanzdefizit der USA nach der Krise zurückgebildet und betrug zuletzt nur noch rund 3 Prozent des Bruttoinlandsprodukts. Auch ist der Überschuss Chinas zurückgegangen. Diese Entwicklung spiegelt allerdings vor allem die schwache Wirtschaftsdynamik in den USA wider. Nach aktueller Prognose des IWF wird sich der Fehlbetrag in der US-Leistungsbilanz allerdings mit der vorhergesagten konjunkturellen Erholung 2014 erneut ausweiten. Zudem sind insbesondere die Überschüsse Chinas, aber auch Deutschlands weiter so groß, dass sie weiter zur globalen Instabilität beitragen könnten. Insbesondere tun sich die zentralen wirtschaftlichen Akteure auf globaler Ebene auch über die Krise hinaus schwer, das Problem der Leistungsbilanzungleichgewichte über formale Vereinbarungen oder zumindest ad-hoc-Koordinierung makroökonomischer Politik zu lösen. Dies zeigen auch die bisherigen Bemühungen im Rahmen der G20. Die EU versucht zumindest, im Rahmen der sogenannten „Six-Pack"-Gesetzgebung zur Koordinierung der Wirtschaftspolitik in der EU das Problem der außenwirtschaftlichen Ungleichgewichte anzugehen (dies geschieht künftig mit einem so genannten Score-Board-Verfahren, in dessen Rahmen Überschreitungen von bestimmten Grenzwerten bei einer Reihe von makroökonomischen Indikatoren (u.a. auch Leistungsbilanzungleichgewichten) mit verbindlichen Handlungs-

---

82 Stijn Claessens/Ashoka Mody/Shahin Vallée, Paths to Eurobonds, IMF Working
    Paper, 12, 172 (2012), Washington

empfehlungen und Sanktionen belegt werden können). Damit können theoretisch zwar außenwirtschaftliche Ungleichgewichte innerhalb des Euro-Raums begrenzt werden. Da aber Überschussländer von den Regeln ausgenommen sind, besteht die Gefahr, dass der Abbau von Ungleichgewichten innerhalb der Euro-Zone verzögert wird, weil die Anpassungslast einseitig den Defizit-Ländern auferlegt wird. Hinzu kommt, dass diese Regel die globalen Ungleichgewichte sogar verstärken könnte, weil die Euro-Zone in der Summe damit tendenziell eher einen Überschuss als ein Defizit aufweisen dürfte, was entsprechend größere Defizite in den anderen Regionen der Welt bedeuten würde.

Abgesehen davon aber zeigen die USA und auch China bislang wenig Neigung, ihrerseits Anstrengungen zum Abbau der globalen Leistungsbilanzungleichgewichte vorzunehmen. Von den konkreten makroökonomischen Plänen der G20 in ihren ursprünglichen Erklärungen, wie etwa die Erhöhung der Investitionstätigkeit in den Ländern mit Leistungsbilanzüberschüssen oder dem Abbau der Haushaltsdefizite in den Ländern mit Leistungsbilanzdefiziten ist bislang wenig zu erkennen.

Das heißt mit anderen Worten, dass es nach wie vor keine gemeinsame Wirtschaftsphilosophie gibt. Und auch die Geldpolitiken konzentrieren sich vor allem auf die jeweilige Inflation in den Regionen, was wiederum bedeutet, dass im Zuge globaler Kapital- und Warenmärkte die Wechselkurse untereinander zur entscheidenden Variable für globale Schockanpassungen werden. Entsprechend steigt im Grunde der Bedarf an einem aktiveren Wechselkursmanagement, was wiederum so lange nicht umsetzbar ist, wie die Geldpolitik ausschließlich auf den jeweiligen Binnenmarkt fokussiert ist. Die Krise könnte hier insofern einen Paradigmenwechsel bewirken. Im europäischen Krisenmanagement unter aktiver Beteiligung der EZB wird dieser bereits deutlich. Der Euro könnte zusätzlich gestärkt werden, wenn die USA im Verlauf der nächsten zwei bis drei Jahre mit ihrer Niedrigzinspolitik und inflationären Währung die Ersparnisse der Schwellen- und Entwicklungsländer nicht länger erhalten können.

Wesentlich wäre ein größeres Gewicht des Euro schließlich in einem anderen Kontext; und auch hier schlagen im Übrigen wiederum die unterschiedlichen Strategien der zentralen Akteure durch. Es geht um die Frage nach dem Einfluss Europas auf die Gestaltung der Politik in internationalen Organisationen wie IWF und Weltbank. Selbstverständlich stärken eine annähernd einheitliche Politik der Europäer und ein entsprechendes Gewicht des Euro deren Verhandlungsposition gegenüber den ordnungspolitischen Vorstellungen Washingtons oder der Schwellenländer in solchen Organisationen im Speziellen und in der Außenwirtschaftspolitik im Allgemeinen – zumal, da der überproportionale Stimmgewichtsanteil der Europäer vor dem Hintergrund der gewachsenen Bedeutung der Schwellenländer auf Dauer nicht aufrechtzuerhalten ist. So soll Europas Stimmgewicht im IWF aktuellen Plänen zufolge leicht sinken, umgerechnet um zwei Sitze. Der Druck auf die Union in diese Richtung wächst sowohl in Washington wie auch unter den Schwellenländern, deren Einfluss innerhalb des IWF bisher begrenzt bleibt, weil auch sie nicht mit einer Stimme sprechen – oder innerhalb des IWF neue Koalitionen mit anderen Ländern eingegangen sind. Eine mögliche Liaison mit Washington in dieser Frage scheitert wiederum am Unmut der Schwellenländer über Washington, welches bis heute nicht die 2010 beschlossene Quotenreform ratifiziert hat. Und auch der Zeitplan für den neuen Schlüssel, der den Schwellenländern noch mehr Stimmengewicht geben und der bis zur Tagung im Oktober 2012 verhandelt sein sollte, kommt nicht voran.[83]

Auf diese Weise stocken die institutionellen Reformpläne für den IWF, was nicht zuletzt den USA nutzt, deren Vetoposition in der Organisation bislang unangetastet bleibt. Noch immer verfügt Washington so gesehen über den größten Spielraum, Inhalt und Verfahrensregeln der Globalisierung zu bestimmen. Als Einzelstaat hat es das größte Stimmgewicht in Organisationen wie den UN, der Weltbank oder dem IWF und es bestimmt wesentlich das WTO-Regelwerk. Im IWF besitzen die USA mit 17 Prozent den höchsten Stimmenanteil und sind damit das einzige Mitgliedsland mit einer Veto-Macht, da grundlegende Entscheidungen mit einer Mehrheit von 85 Prozent der Stimmen verabschiedet werden müssen. Auch Europäer sahen daher in der Vergangenheit den IWF oft als Instrument der USA zur Durchsetzung ihrer Ordnungsvorstellungen für die Weltwirtschaft. Diese waren über die Jahre hinweg erstaunlich konsistent. John Williamson hat im Zusammenhang mit der Haltung der USA gegenüber Welthandelsfragen und internationalen Organisationen vom „Washington Consensus" gesprochen. Dessen Grundphilosophie lässt sich auf die Maximen vom ungehinderten Marktzugang und einer möglichst geringen Rolle des Staates in der Wirtschaft reduzieren. Im Einzelnen besteht er nach Williamson aus zehn Elementen, die den unterschiedlichen Politikansatz Washingtons gegenüber Brüssel dokumentieren:

- „Ausgabendisziplin des Staates
  (gegenüber relativ hohen öffentlichen Ausgaben in der EU);
- Verlagerung öffentlicher Ausgaben weg von Subventionen;
- Reduzierung der Grenzsteuersätze;
- Freigabe von Zinssätzen;

---

83 Zur aktuellen Reformdiskussion: Katharina Gnath/Stormy Mildner Claudia Schmucker, G20, IWF und WTO in turbulenten Zeiten. Legitimität und Effektivität auf dem Prüfstand, SWP-Studie, S9 (März 2012), Berlin.

- Aufgabe relativ fester (wie sie eher in der EU der Fall sind) zugunsten flexibler, marktbestimmter Wechselkurse;
- Möglichst hoher Grad von Handelsliberalisierung;
- Öffnung der Märkte für Kapital-Direktinvestitionen im Gegensatz zu einer verstärkten Kontrolle der Kapitalmärkte;
- Privatisierung öffentlicher Unternehmen;
- Deregulierung der Produktionsmärkte, und;
- Sicherung privater Eigentumsrechte."[84]

In der EU war die vorherrschende Meinung auch über die Asienkrise Ende der 1990 er Jahre hinaus, die USA propagierten die Öffnung der Märkte über den IWF mehr und mehr auf Kosten einer ausgewogeneren (Sozial-)Politik gegenüber Drittstaaten und Regionen. Der Vorwurf lautete, Washington betreibe so etwas wie eine ideologische Kampagne und habe seine Seele einem „Raubtierkapitalismus" (Helmut Schmidt) zu Lasten der Armen in der Welt verkauft. Und, indem es Wettbewerbern auf den internationalen Märkten einen möglichst hohen Grad an Freiheit beließ – d. h. vor allem multinationalen Unternehmen und den großen Finanzanbietern –, zeige es zugleich seine Vorliebe für das big business.

Dies trifft jedoch nur partiell zu: Zunächst ist festzuhalten, dass der Vorwurf einer Instrumentalisierung des IWF durch die USA schon dadurch entschärft wird, dass im Gegensatz zu den Europäern gerade Washington in der Reformdebatte für eine Verringerung der Finanzierung und der Funktionen der Institution plädiert. Dies hat vor allem etwas mit den Grundwerten der in den USA vorherrschenden liberalen Wirtschaftsphilosophie zu tun, wonach die individuelle Selbstverantwortung der Akteure, das Vertrauen in die Mechanismen des freien Marktes und eine möglichst geringe Staatsintervention, sowie die Kopplung von Finanzhilfen an die Verpflichtung zur Selbsthilfe Priorität genießen. Entsprechend lautet die Strategie für einen reformierten IWF auch heute noch in Washington: Konzentration auf die Kernaufgaben im Sinne von Notfallhilfen; stärkere Marktorientierung hinsichtlich der Restrukturierung staatlicher Schulden zur Verhinderung von Finanzkrisen, und ergo; Vermeidung des „moral hazard" (Übernahme von drohenden Verlusten privater Investoren durch den IWF) durch die Verringerung des öffentlich garantierten Sicherheitsnetzes.[85]

---

84 John Williamson, What Should the Bank Think about the Washington Consensus? Institute for International Economics. Abrufbar unter: www.iie.com/TESMONY/bankwc.html.

85 Vgl. zu der Diskussion Stefan Schirm, Internationale Politische Ökonomie, Baden-Baden 2004, S. 250 ff.

Dem gegenüber favorisieren die Europäer traditionell eher eine Stärkung des IWF bzw. eine Ausweitung seiner Funktionen in Richtung eines vorbeugenden Konflikt- und Krisenmanagements sowie der Armutsbekämpfung unter Einschluss der „Zivilgesellschaften" im Sinne konsensualer Entscheidungsprozesse. Zum anderen gilt, dass Washingtons Philosophie der offenen Märkte in einigen Fällen durchaus großen Erfolg hatte. In den „Tigerstaaten" Hongkong, Singapur, Taiwan und Südkorea brachte die konsequente Deregulierung der Wirtschaft, ihre Exportorientierung und die Öffnung der Märkte in den beiden vergangenen Dekaden eine erhebliche Verbesserung des Lebensstandards. Der hohe Zustrom von Direktinvestitionen bescherte allen Ländern über Jahre hinweg hohe Wachstumsraten. Auf der anderen Seite aber war die Handelsliberalisierung gerade in jenen Bereichen mit einem Rückzug des Staates verbunden, in denen zumindest eine teilweise Regulierung unerlässlich war. Dieses Manko wurde während der Asienkrise besonders in den strukturellen Defiziten der Arbeits- und Finanzmärkte der betroffenen Länder deutlich.

So gesehen war die Asienkrise keineswegs ausschließlich das Ergebnis der gewaltigen Kapitalströme in das Land, vor allem aus den USA, sondern auch verschiedener interner Faktoren. Sie hat erhebliche ordnungspolitische Defizite aufgedeckt: Mangelnde Rechtsstaatlichkeit, Korruption und Vetternwirtschaft, staatliche Eingriffe in die Märkte, Abschottung der Politik von der Gesellschaft. Und sie hatte ihre Ursache in strukturellen Schwächen wie dem traditionell schwach ausgeprägten Rechnungs- und Prüfungswesen, mangelnder Transparenz in Bezug auf die Finanzlage der Unternehmen in deren Beziehungen zu staatlichen Stellen, mangelnden Aufsichtsstrukturen im Finanzsektor, kurzfristiger Kreditaufnahme aufgrund der Bindung der heimischen Währung an den Dollar, einer Tendenz zur Überschuldung und der zu lang anhaltenden Exportorientierung.[86] Aus diesen Erfahrungen haben aber auch der IWF und Washington durchaus gelernt, dass Maßnahmen in Richtung einer gezielten Unterstützung der Länder bei der Marktintegration dringend notwendig sind. Solche Maßnahmen umfassen nicht nur die herkömmlichen Instrumente des Schuldenerlasses und des Abbaus von Handelsschranken für den Export von Entwicklungsländern auf der Basis der Meistbegünstigung. Sie umfassen auch technische Hilfe, ein Mindestmaß an sozialer Sicherheit, um die Auswirkungen ökonomischer Reformen auf die be-

---

86 Paul Krugman, What happened to Asia? http://web.mit.edu(krugman/www/DISINTER.html.

troffenen Länder abzufedern, und höhere Ausgaben vor allem in den Bereichen Gesundheit, Erziehung und Bildung.[87]

Spätestens in der aktuellen Eurokrise offenbarte sich endgültig auch in den USA ein Paradigmenwechsel in Richtung einer Aufweichung des „Washington Consensus". In dieser Krise war es auch der IWF, der Griechenland zunächst mehr Zeit beim Schuldenabbau geben und das Sparprogramm an die konjunk-turelle Lage anpassen wollte – und das, obwohl dieser moderatere Kurs nicht un-umstritten ist. Etliche IWF-Mitarbeiter plädierten weiterhin für harte Reformen. Sonst schiebe Griechenland die Reformen nur auf und die Hilfen kämen einer Konkursverschleppung gleich, fürchteten sie.

Das Problem der internationalen Kapitalströme und die Frage nach der künftigen Finanzarchitektur werden hingegen weiterhin ambivalent beurteilt. Da solche Transaktionen auf den Finanzmärkten den Kauf von Fremdwährungen erfordern, werden diese Kapitalbewegungen von entsprechend hohen Wechsel-kursrisiken und -schwankungen begleitet. Die Asienkrise hat die Risiken un-kontrollierter Kapitalbewegungen offenbart, als die Flucht aus diesen Märkten die betroffenen Länder mit gewaltiger Verschuldung und dem Bankrott von Firmen und Banken zurückließ und binnen kürzester Zeit zu einem Minuswachstum der Wirtschaften führte. Wie Joseph Stiglitz im Zusammenhang mit der Krise be-klagte, kann das „Dogma der Liberalisierung" nur allzu leicht zum Selbstzweck statt zum wirksamen Reformmittel des internationalen Finanzsystems werden, wenn die institutionellen Rahmenbedingungen zur Lösung der strukturellen Probleme nicht gegeben sind.[88]

Für einige Europäer liegt der Schlüssel häufig in einer stärkeren Kontrolle der Kapitalmärkte. Die meisten Überlegungen kreisen in diesem Zusammenhang um die Idee einer Kapitalmarktsteuer zur Begrenzung bzw. Kontrolle der Kapital-flüsse; die Einnahmen aus dieser Steuer wiederum sollen Entwicklungsländern die Anpassungsprozesse und den Abbau von Importrestriktionen erleichtern.[89] Kritiker der so genannten Tobin-Steuer vor allem in den USA hingegen argumentieren, dass die Finanzmärkte Wege finden, um sich einer solchen Steuer

---

87   Dazu: Eduardo Aninat, Surmounting the Challenges of Globalization, in: Finance and Development (IMF Magazine), 39, 1 (March 2002.

88   Joseph Stiglitz, More Instruments and Broader Goals: Moving Toward the Post-Washington Consensus. World Institute for Development Economic Research Annual Lecture, 7. Januar 1998, S. 8. Abrufbar unter: www.iie.com/TESTMONY/Bankwc.html.

89   Thomas Palley, The Tobin Tax Debate. Destabilizing Speculation and the Case for an International Currency Transactions Tax, in: Challenge, 44, 3 (May/June 2001), S. 70-89.

zu entziehen, und dass ein Konsens in dieser Frage ohnehin nicht zu erzielen sei; nur eine lückenlose Einführung bzw. Anwendung mache überhaupt Sinn. In der EU waren 2012 gerade elf Euro-Mitglieder bereit, eine Transaktionssteuer in Form einer Börsenabgabe einzuführen. Doch die wichtigen Finanzzentren Luxemburg, Niederlande, Irland und Zypern schließen eine solche Steuer aus – und schaffen so die Möglichkeit, die Steuer zu umgehen.[90] Aus ihrer Sicht werden Finanzkrisen demnach als eine natürliche Reaktion der Märkte auf falsche Wirtschaftspolitik gesehen. Dies mag zutreffen, dennoch bedeutet es nicht, dass eine solche Steuer grundsätzlich ungerechtfertigt ist, wenn man bedenkt, dass die Vermeidung der mit Finanzkrisen einhergehenden Produktionsverluste eventuell ausbleibende Investitionen in Folge von Kapitalmarktbeschränkungen längstens aufwiegen würde.[91]

Bei der Reform der internationalen Finanzarchitektur haben Europäer und Amerikaner bei den G20-Beschlüssen wiederum stärker an einem Strang gezogen.[92] Zu den wichtigsten Punkten in diesem Bereich zählt die Vereinbarung, dass frühere Financial Stability Forum (FSF) in das Financial Stability Board (FSB) umzuwandeln, das nicht nur mit einem breiteren Mandat und mehr Ressourcen ausgestattet ist, sondern dem auch eine größere Zahl an Mitgliedern angehört. Ziel des FSB ist die Koordinierung der Arbeit der nationalen Aufsichtsbehörden und der internationalen Standarisierungssetzungsgremien sowie die Entwicklung effektiver Regulierungs-, Aufsichts- und Finanzmarktpolitiken.[93] Sowohl in den USA wie auch in Europa sind darauf hin Anstrengungen unternommen worden, über verschiedene (im Fall der Union oben angesprochene) Regelungen systemische Risiken in die Finanzaufsicht mit einzubeziehen und durch die neuen Aufsichtsstrukturen zudem Regulierungslücken zu schließen. Ob die neuen Strukturen am Ende in der Lage sein werden, tatsächlich Risiken adäquat zu benennen und darauf zu reagieren, wird sich künftig zeigen. Insbesondere in den USA besteht das Problem, dass die neu geschaffenen Institutionen nicht mit ausreichend Ressourcen ausgestattet worden sind. So hat der von den Republikanern kontrollierte Kongress bereits 2011 unter anderem der SEC, aber auch anderen Finanzaufsichtsbehörden die Budgets zusammen gestrichen, sodass sie den

---

90   Finanzministertreffen in Luxemburg, 9. Oktober 2012: www.handelsblatt.com

91   Jay Mandle, Reforming Globalization, in: Challenge, 44, 2 (March/April 2001), S. 24-38 (35).

92   Sebastian Dullien,.Anspruch und Wirklichkeit der Finanzmarktreform. Welche G20 Versprechen wurden umgesetzt?, Institut für Makroökonomie und Konjunkturforschung, Studie 26 (März 2012), Berlin.

93   FSB (2012), About the FSB: http://www.financialstabilityboard.org.

neuen Aufgaben des Dodd-Frank-Acts (u.a. geordnete Abwicklung von in-
solventen Finanzinstituten außerhalb der üblichen Insolvenzregeln; Einrichtung
des Financial Stability Oversight Council als Frühwarnsystem für systemische
Risiken; Einrichtung einer neuen Konsumentenschutzbehörde, dem „Consumer
Financial Protection Bureau (CFPB)", das vor allem Übervorteilung von Konsumenten durch Finanzinstitute verhindern soll) nach eigener Aussage nur schwer
nachkommen können.[94]

Auch mit Blick auf die Reform der Eigenkapitalanforderungen sind die nach
der Krise vom Basler Ausschuss der Bank für Internationalen Zahlungsausgleich
erarbeiteten Vorschläge für Eigenkapitalanforderungen (Basel III), die dann von
den einzelnen Nationalstaaten in nationale Vorschriften umgesetzt werden, auf
beiden Seiten des Atlantiks zunächst begrüßt worden, wenngleich die Umsetzung
nur zögerlich vorankommt. In der EU soll Basel III über eine weitere Reform
der Kapitaladäquanzrichtlinie erfolgen, in den USA hat die Federal Reserve an-
gekündigt, Basel III zumindest für die von ihr regulierten Banken weitgehend zu
übernehmen.[95]

In den USA wie in Europa ist es auch zu einer stärkeren Regulierung der
Hedge Fonds nach der Finanzkrise gekommen: Neben den direkten Vorschriften
zu Registrierung und Informationspflichten müssen Hedge Fonds künftig auch
Derivate über zentrale Clearing-Stellen abwickeln sowie eine Reduzierung der
Beteiligungen von Geschäftsbanken hinnehmen. Schließlich unterliegen Verbrie-
fungsprodukte auf beiden Seiten insgesamt künftig einer stärkeren Kontrolle, wobei bemerkenswert ist, dass in der EU offensichtlich mehr Ausnahmen gemacht
werden als in den USA.

Wie immer man die bisherige Umsetzung der komplexen Maßgaben zur
künftigen globalen Wirtschafts- und Finanzarchitektur bewerten mag, fest steht
zum einen, dass das Interesse an einem adäquaten multilateralen und regel-
gestützten Management der Weltwirtschaft und an der Rolle des IWF von beiden
Seiten als logische Folge der zunehmenden Integration nationaler Ökonomien
in den Weltmarkt geteilt wird, auch wenn die Methoden und Grundprinzipien,
wonach dieses erfolgt, nicht immer die gleichen sind; erschwert wird die Situation
in den zuständigen Gremien (insbesondere IWF und G20) zusätzlich durch die un-
einheitliche Position der Schwellenländer, deren Bedeutungszuwachs insgesamt

---

94 Dodd-Frank Act, House Resolution (HR) 4173, 111th Congress, 2nd. Session, January 5,
    2010: www.sec.gov/about/laws/wallstreetreform-cpa.pdf.
95 Edward Wyatt, Fed Proposes New Capital Rules for Banks, New York Times, 20.
    Dezember 2011: http://www.nytimes.com/2011/12/21/business/fed-proposes-new-
    capital-rules-for-banks.html.

wiederum das transatlantische Spannungsverhältnis zusätzlich belastet. Zum anderen aber zeigt die Debatte vor allem, wie sehr die Stellung der Union in internationalen Organisationen von ihrem ökonomischen Gewicht und jeweiligem politischen Einigungsgrad abhängt. Für die EU wäre daher viel gewonnen, wenn ihr künftig zweierlei gelänge: erstens eine Einigung der europäischen Mitgliedstaaten im IWF und der G20 auf eine möglichst gemeinsame Agenda bei den Ministertreffen; dies wird dadurch erleichtert, dass sich diese generell stärker in Richtung europäischer Themen verschoben hat (Konfliktprävention und Krisenmanagement), und ließe sich am besten über den Ecofin-Rat steuern; zweitens eine Verständigung auf eine gemeinsame europäische Vertretung im „Board of Governors" durch die Mitglieder der Eurozone und der EZB – ein Anliegen im Übrigen, welches bei Schwellenländern und zahlreichen nichteuropäischen G20-Ländern Unterstützung findet, dem sich die USA jedoch bislang beharrlich verweigerte.[96] Beides ist auch für die außenpolitische Handlungsfähigkeit der Union von zentraler Bedeutung, setzt aber auch voraus, dass die EU ihre wirtschaftliche Stagnation überwinden kann.

2.5 Die Bedeutung der Lissabon-Strategie und der Strategie 2020 für die Außenpolitik der EU

Im Jahr 2000 haben die EU-Staats- und Regierungschefs die Lissabon-Strategie mit dem Ziel ausgerufen, die Europäische Union bis 2010 zum „wettbewerbsfähigsten und dynamischsten wissensbasierten Wirtschaftsraum in der Welt zu machen – einem Wirtschaftsraum, der fähig ist, ein dauerhaftes Wirtschaftswachstum mit mehr und besseren Arbeitsplätzen und einem größeren sozialen Zusammenhalt zu erzielen".[97] Ergänzt wurde dieses Ziel ein Jahr später auf dem Gipfel in Stockholm am 23/24. März 2001 um den Aspekt der Nachhaltigkeit. Dort beschlossen die Staats- und Regierungschefs die Integration der Strategie für nachhaltige Entwicklung in den Lissabon-Prozess.

Die Voraussetzungen dafür schienen zu diesem Zeitpunkt günstiger denn je, der Rat sprach von „besten makroökonomischen Perspektiven seit einer ganzen Generation": Überschuss in der Leistungsbilanz als Ergebnis einer strikt eingehaltenen Stabilitätspolitik der EZB, durch welche Inflation und Zins in der EU

---

96   Vgl. hierzu die Ergebnisse des Kolloquiums des International Institute of Economics in Washington 2005. Abrufbar unter: http://www.iie.com/prog_imf_reform.cfm.

97   Europäischer Rat von Lissabon, 23/24. März 2000. Schlussfolgerungen des Vorsitzes, Lissabon 2000, 2.

niedrig gehalten wurden und der Abbau der öffentlichen Defizite vorangetrieben werden konnte; erfolgreiche Euroeinführung; nahezu vollendeter Binnenmarkt mit 380 Millionen Konsumenten und einem der höchsten Prokopfeinkommen der Welt;[98] durch die bevorstehende Erweiterung bedingtes hohes Wachstums- und Beschäftigungspotenzial. Vor diesem Hintergrund bekundeten die Staats- und Regierungschefs ihre Bereitschaft, die Defizite im Hinblick auf ein größeres Wirtschaftswachstum innerhalb der Union entschlossen anzugehen. Die politischen Hebel für eine – mittel- bis langfristig mögliche – Steigerung des Wachstumspotenzials sahen sie in einer konsequenten Deregulierung der Kapital-, Güter- und Arbeitsmärkte (Stichwort Flexibilisierung), geringeren Steuern und Abgaben insbesondere für kleinere und mittelständische Unternehmen (Stichwort Gründungsoffensive) sowie in der Bildung von zusätzlichem Human- und Sachkapital (Stichwort Qualifikationsoffensive im Bereich von Schlüsseltechnologien) zur Steigerung der Arbeitsproduktivität.

Flankiert werden sollten diese Reform- und Liberalisierungsschritte allerdings von einer aktiven Beschäftigungspolitik, mit deren Hilfe man die allgemeine Beschäftigungsquote auf 70 Prozent anzuheben hoffte, einer konsequenten Weiterentwicklung der sozialen Sicherungssysteme in Zeiten dramatischen demographischen Wandels in Europa (nicht nur im Vergleich mit den USA) sowie Förderprogrammen zur sozialen Integration benachteiligter Gruppen.[99] Damit folgten die Staats- und Regierungschefs der herkömmlichen Logik europäischer Wirtschaftspolitik: kontrollierte Öffnung der Märkte zur Freisetzung der Wachstumskräfte einerseits, Rückgriff auf Kreditfinanzierung des Interventionsstaates andererseits nach dem Motto: was unter Berufung auf ein erwartetes Wirtschaftswachstum mit Schulden finanziert wird, ist eine rentable Investition in die Zukunft, die ihre Rückzahlung samt Zins generiert. Neu war in diesem Zusammenhang allerdings die in Anlehnung an den Leitlinienprozess in der Beschäftigungspolitik (ehemals Art. 128 EGV) erfolgte Einführung eines Verfahrens durch die Kommission, der so genannten „Offenen Methode der Koordinierung" (OMK). Obwohl diese Methode außerhalb des Gemeinschaftsrechts angesiedelt ist und weitgehend auf Sanktionen bei Nichterreichung durch die Kommission festgelegter Ziele verzichtet, verfügt sie doch über einige Dynamik, die sich vor allem aus einem „psychologischen Moment" schöpft. Zwar erfolgt die Anpassung

---

98   Blanke/Lopez-Claros, The Lisbon Review 2004. World Economic Forum, Cologny 2004, 2.

99   Nicholas Eberstadt, Population Power: Another Transatlantic Divergence?, in: American Enterprise Institute for Public Research/New Atlantic Initiative. European Outlook (November/December 2004), Washington 2004. www.aei.org/nai.

wirtschafts- und sozialpolitischer Maßnahmen durch die Mitgliedstaaten freiwillig, doch erzeugen Offenlegung und Koordinierung der nationalen Aktionspläne zur Umsetzung der von Kommission und Rat festgelegten quantitativen
und qualitativen Indikatoren und Benchmarks im Vergleich zu den „Besten der
Welt"[100] zumindest einen gewissen Handlungsdruck auf die Mitgliedstaaten. Besonders die Methode des „naming, blaming and shaming", bei der Positivbeispiele
zur Nachahmung empfohlen werden, Negativbeispiele hingegen zu öffentlichem
Druck auf die betroffenen Statten führen, sollte ein probates Mittel zur Erhöhung
des Erfolgsdrucks auf die beteiligten Staaten sein.[101] In den Folgejahren aber verhinderten die Mitgliedstaaten mit Erfolg die Einführung eines offiziellen „Lisbon-
Scoreboard" mit einer Rangliste der 25/27 Mitgliedstaaten.[102]

Insgesamt fällt die Bilanz der Lissabon-Strategie negativ aus: Seit dem Lissabon-
Gipfel von 2000 wurde die Agenda jeden März auf dem EU-Frühjahrstreffen der
Staats- und Regierungschefs der EU gebetsmühlenartig wiederholt, ohne dass
sich der wirtschaftliche „Rückstand" der EU, genauer: der meisten EU-Staaten,
gegenüber den USA bis Mitte der Dekade entscheidend verringert hätte. Zwar verwiesen Optimisten immer wieder darauf, dass alle Zeichen innerhalb der EU auf
eine weiterhin moderate Lohnsteigerung, mehr flexible Beschäftigung, befristete
Verträge, mehr Teilzeit, Leiharbeit und andere Veränderungen am Arbeitsmarkt
hindeuteten. Auch wurde der spezifisch europäische Charakter des Reformpakets
betont, welches wirtschaftliche Effizienz mit sozialer Gerechtigkeit zu verbinden
(„Dritter Weg") und sich so bewusst vom „amerikanischen Modell" abzusetzen
sucht.[103] Zur Halbzeit aber fiel das Ergebnis dennoch insgesamt enttäuschend aus.
So nahm das wirtschaftliche Wachstum der (damals noch) 15 EU-Staaten nicht
um die erhofften 3 Prozent im Schnitt zu, sondern lediglich um 1.4 Prozent; für
2005 ging die Kommission am Ende nur noch von 1.6 Prozent Wachstum im
Euro-Raum aus, nachdem sie im Herbst 2004 noch ein Plus von 2 Prozent erwartet hatte.[104] Die Steigerung der Arbeitsproduktivität pro Kopf in der EU 15

---

100 Europäischer Rat von Lissabon, 12.

101 Giering/Metz, Versuchslabor der Integration – Chancen und Risiken der „offenen
     Methode der Koordinierung".

102 Centre for European Reform, The Lisbon Scorecard X. The road to 2020. London
     2010: http://docs.minszw.nl/pdf/34/2010/34_2010_3_14100.pdf.

103 So die Sachverständigengruppe unter Vorsitz von Wim Kok: Die Herausforderung
     annehmen, Luxemburg 2004, 9; vgl. auch John Monks, Secretary-General of the
     European Trade Union Confederation, The Lissbon Strategy must remain balanced,
     in: European Policy Centre (EPC), Challenge Europe Online Journal, No. 13,
     28.01.2005.

104 Vereinigte Wirtschaftsdienste, 4. April 2005.

blieb auch 2004 deutlich hinter derjenigen der USA zurück (ca. 20 Prozent) und auch die Investitionen fielen geringer aus. Die Beschäftigungsquote war zwar von 63 Prozent auf 64.5 Prozent gestiegen, aber noch weit vom längst relativierten ehemaligen Ziel von 70 Prozent bzw. von derjenigen der USA (75 Prozent) entfernt.[105] Dies aber waren die Hauptgründe dafür, dass das pro Kopf-Bruttoinlandsprodukt in den USA zu diesem Zeitpunkt (und auch heute noch) um rund 30 Prozent höher lag als innerhalb der EU.[106] Hinzu kam, dass die Lockerung des Stabilitätspakts die Lissabon-Strategie im Grunde konterkarierte,[107] indem sie die EU dem altbekannten verbalen Trugbild verfallen lies, wonach die öffentliche Finanzwirtschaft der entscheidende Hebel zur Wachstumsförderung ist. Deutschland und Frankreich waren in den Jahren bis 2005 der beste Beweis dafür, dass nicht weniger, sondern mehr Schulden wachstumshemmend wirken.

Die Kommission nahm dies zum Anlass, noch vor dem EU-Gipfeltreffen am 22./23. März 2005 die bisherigen, nicht mehr erreichbaren Lissabon-Ziele über Bord zu werfen, das ehrgeizige Projekt insgesamt zu straffen und sich nunmehr zunächst ausschließlich auf das Ziel einer Stärkung des Wachstumspotenzials der EU zu konzentrieren. Sie entsprach damit der Kritik der zur Prüfung der Strategie eingesetzten Sachverständigengruppe unter Vorsitz von Wim Kok, die deren Hauptschwäche in ihrer überfrachteten Agenda sah.[108]

Die von Kommissionspräsident Barroso angeführte Erklärung für die magere Bilanz, wonach die Mitgliedstaaten einfach nicht genügend getan hätten, war dabei jedoch ebenso zutreffend wie entlarvend zugleich. Sie rührte an der Frage, was die EU im Allgemeinen und die Kommission im Besonderen überhaupt tun können, um zur Steigerung des Wachstums beizutragen. Denn in der Tat lag und liegt der Schlüssel dafür in den Händen der Mitgliedstaaten, die sich auf sehr unterschiedliche Weise in den vergangenen Jahren daran gemacht haben (siehe Ursachen und Entwicklung der Eurokrise), die in allen ökonomischen Analysen nicht nur der Kommission anzutreffenden hinlänglich bekannten Reformvorschläge umzusetzen.

---

105 Europäische Kommission, Strukturindikatoren. Aktualisierter statistischer Anhang zum 2005 Bericht der Kommission für die Frühjahrstagung des Europäischen Rates, Brüssel, 11. März 2005 http://europa.eu.int/comm/eurostat/structuralindicators.

106 Ebd.

107 Dazu John Palmer, in: EPC, Events Reports. http://www.theepc.be/en/default. asp?TYP=ER&LV= 488&PG=ER/EN/detail&AI=488 (31. März 2005).

108 Die Herausforderung annehmen. Die Lissabon-Strategie für Wachstum und Beschäftigung. Bericht der Hochrangigen Sachverständigengruppe unter Vorsitz von Wim Kok, Brüssel, November 2004.

Die von der Kommission im Vorfeld des Gipfels 2005 vorgeschlagenen, auf drei Jahre angelegten Aktionspläne, mit denen die Mitgliedstaaten auf solche Reformen verpflichtet werden sollten, waren daher zwar ein sinnvolles wirtschaftspolitisches Kontroll- und Koordinierungsinstrument. Inwieweit die Mitgliedstaaten aber bereit waren, den Zielvorgaben der Kommission zu folgen, stand auf einem anderen Blatt. Schon auf dem Gipfel nämlich hatten die Mitgliedstaaten das in Lissabon proklamierte Ziel ebenfalls als unrealistisch eingestuft, gleichzeitig aber bereits betont, dass sie künftig einen größeren wirtschafts- und beschäftigungspolitischen Spielraum für sich beanspruchen und weniger auf zentralisierte Verfahren wie in der Vergangenheit setzen wollten. In Klartext: Der Europäische Rat sollte nicht nur die Vorgaben der Kommission prüfen und auf deren Basis seine eigenen politischen Zielvorgaben formulieren, die dann vom Rat als „integrierte Leitlinien" anzunehmen und in „nationale Reformprogramme" zu überführen waren. Vor allem die großen Staaten signalisierten damit, dass sie künftig wohl noch stärker Wirtschaftspolitik nach eigenem Gutdünken betreiben wollten. Einen aktuellen Vorgeschmack lieferten die Interventionsansprüche der Mitgliedstaaten bei der so genannten „Bolkenstein-Richtlinie" zur Liberalisierung des Gemeinsamen Marktes für Dienstleistungen, im Grunde Kern der Gemeinschaftskompetenzen, der Beihilfenkontrolle in der Wettbewerbspolitik, die die EU-Kommission künftig stärker nach ihren Wachstum fördernden Kriterien beurteilen wollte, oder auch der Reform des Stabilitätspakts, die letztlich auf eine Aufweichung der supranationalen Regeln hinauslief. Auf all diesen Feldern besaß und besitzt eigentlich die Kommission als Hüterin der europäischen Verträge weitgehende Zuständigkeiten.

Hinzu kam schließlich der Streit um den Budgetvorschlag der Kommission für die Jahre 2007-2013; die Forderung der damals zuständigen Kommissarin Dalia Grybauskaité lag am Ende bei 1,26 Prozent der Wirtschaftsleistung, Deutschland und die anderen großen Nettozahler (vor allem Schweden und die Niederlande, aber auch Frankreich) wollten die Ausgaben auf nunmehr bis zu einem Prozent (so der deutsche Finanzminister Eichel), in jedem Fall aber deutlich unter dem Kommissionsvorschlag angesiedelt sehen.[109] Die Schizophrenie lag darin, dass die Staaten selbst die Kommission beauftragt hatten, aktiv zu werden. Wer aber den Lissabon-Vorschlägen zustimmte und die Wettbewerbsfähigkeit der EU voranbringen wollte, indem – wie alle bis heute lauthals fordern – mehr in Forschung und Entwicklung investiert wird, der musste dafür auch die nötigen Mittel bereit-

---

109 Dalia Grybauskaité, The European Project 2007-2013: Will it Meet Europe's Challenges? European Policy Centre. Events Reports, Brussels 2005. http://www.theepc.net/en/default.asp?TYP= ER&LV=483&PG=ER/EN/detail&AI=483.

stellen und durfte sich nicht wie Frankreich und die Bundesrepublik beharrlich gegen den weiteren Abbau der weit mehr als die Hälfte des EU-Haushalts verschlingenden Agrarsubventionen und Mittel für die Strukturpolitik sträuben.[110] Auch hier zeigte sich, wie sehr die Mitgliedstaaten selbst den Schlüssel zu einer ökonomisch sinnvollen Allokation der Mittel bzw. einer strikteren Haushaltspolitik in der Hand hielten.

Die Kommission konnte in dieser Situation nicht mehr tun, als die jährlich vorzulegenden Berichte über die Umsetzung der Strategie, in denen die einzelnen Reformbereiche deutlich voneinander abgegrenzt und die Maßnahmen der letzten zwölf Monate aufgelistet wurden, kritisch zu prüfen, ihrerseits über das Ergebnis Bericht zu erstatten und gegebenenfalls Anpassungen zu fordern. Im April 2005 legte sie „integrierte Leitlinien" auf der Basis der Schlussfolgerungen des Gipfels vor, auf deren Basis die 25 Mitgliedstaaten bis zum Herbst ihre nationalen Reformprogramme entwickeln sollten; dabei betonte sie explizit deren Verantwortlichkeit bei der Umsetzung der Strategie. Eckpunkte dieser im Kern wenig Neues präsentierenden Leitlinien waren die stärkere Verzahnung von Wirtschafts-, Beschäftigungs- und Arbeitsmarktpolitik. Und – wirtschaftliche Stabilität, so die Kommission, lasse sich nur wahren, wenn die Mitgliedstaaten in Zeiten des Aufschwungs von einer zusätzlichen Belebung der Nachfrage Abstand nähmen.[111]

Die Strategie „Europa 2020" wurde 2010 als Nachfolgerin der gescheiterten Lissabon-Strategie konzipiert und soll die EU „in eine intelligente, nachhaltige und integrative Wirtschaft....verwandeln"(S. 3 der Erklärung), die durch ein möglichst hohes Beschäftigungs- und Produktivitätsniveau sowie einen ausgeprägten sozialen Zusammenhalt geprägt ist. Die Kommission gibt in dem Dokument fünf Kernziele vor, die nunmehr bis 2020 erreicht werden sollen:

- Beschäftigung: 75% der Bevölkerung im Alter von 20 bis 64 Jahren sollen in Arbeit stehen (2010: 69%);
- Forschung und Entwicklung (FuE): 3% des BIP sollen für FuE aufgewendet werden (2010: unter 2%);
- Klima und Energie: Die 20-20-20-Ziele sollen erreicht werden. Insbesondere soll der Anteil erneuerbarer Energien am EU-Gesamtenergieverbrauch 2020 mindestens 20% betragen;

---

110 Guillaume Durand, The EU Financial Perspectives: Negotiating in the Dark. European Policy Centre, Commentary, Brussels, 23.02.2005. http://www.theepc.net/en/default.asp?TYP=TEWN &LV=470&PG=TEWN/EN/detail.

111 Financial Times, 12. April 2005.

- Bildung: mindestens 40% der 30- bis 34-Jahrigen sollen einen Hochschulabschluss haben (2010: 31%), und höchstens 10% eines Jahrgangs sollen ohne Schulabschluss sein (2010: 15%);
- Armutsbekämpfung: Die Zahl der „armutsgefährdeten" Menschen soll um 20 Mio. gesenkt werden.[112]

Das, was als Neuanfang konzipiert war, ist aber kein solcher, und weder die inhaltlichen Vorgaben noch die zur Umsetzung beschlossenen Maßnahmen stellen eine signifikante Abweichung von der Lissabon-Strategie dar.[113] Unter den Vorschlägen der Kommission befinden sich die altbekannten Vorgaben der Lissabon-Strategie, eine Beschäftigungsquote von 75 % zu erreichen und die Forschungsausgaben in der EU von 1,9 % auf 3 % ihres Bruttoinlandsprodukts zu steigern. Ebenso wurden die bereits beschlossenen Klima- und Energieziele der EU bestätigt: Verringerung der CO_2-Emissionen um 20 Prozent gegenüber dem Stand von 1990, Einsparung von Energie um 20 Prozent und Steigerung des Anteils erneuerbarer Energieträger auf ebenfalls 20 Prozent. Während der Europäische Rat diesen Vorgaben ohne Einschränkung zustimmte, wurden die von der Kommission als „neue" Vorgaben avisierten Ziele im Bildungsbereich von ihm lediglich ohne Festlegung auf quantitative Zielgrößen übernommen; ebenso unbestimmt blieben die Staats- und Regierungschefs mit Blick auf die Ziele zur Armutsbekämpfung. Schon 2013 ist daher erneut absehbar, dass die von den Mitgliedstaaten eingegangenen Verpflichtungen wohl nicht ausreichen, um die Ziele im Jahre 2020 zu erreichen. Damit sind die fünf Kernziele erneut in Gefahr.

2.5.1 Ursachen für Europas Schwäche – die unterschiedlichen Antworten der Mitgliedstaaten

Die Gründe dafür liegen auf der Hand und sind sowohl struktureller wie auch ordnungspolitischer Natur: Nicht nur fehlt den im Zielkatalog formulierten Implementierungsvorhaben ein konkreter Maßnahmen- und Handlungsteil, der die Schritte andeutet, wie die Vorhaben im Einzelnen umzusetzen sind, und der die Bezifferung der dafür notwendigen Mittel im Sinne einer konkreten Kosten-Nutzen-Kalkulation vornimmt. Ebenso fehlt der Kommission, trotz des verbesserten Instrumentariums seit Lissabon, vor allem im Bereich der Sozial- und Bildungspolitik bislang die Durchsetzungskraft gegenüber den Mitgliedstaaten. Zwar

---

112 Europe 2020: Targets: http://ec.europa.eu/europe2020/europe-2020-in-a-nutshell/targets/index_en.htm.
113 Europa 2020: Unterschiede zur Lissabonstrategie: http://ec.europa.eu/europe2020/services/faqs/index_en.htm.

kann sie nach dem Verzicht auf die Anwendung der Offenen Methode der Koordinierung nunmehr auf schärfere Sanktionen zurückgreifen. Dennoch ist sie aufgrund der geteilten Kompetenzen in diesen sensiblen Feldern nach wie vor auf die Zustimmung der Mitgliedstaaten angewiesen, wo die Neigungen unterschiedlich ausgeprägt sind, die Kommissionsvorschläge in nationales Recht umzusetzen.

Darüber hinaus aber sind die Ursachen für Europas ökonomische Stagnation im internationalen Wachstumsvergleich differenzierter zu betrachten. Abgesehen davon, dass Europa mit seinem – gegenüber den USA, geschweige denn China oder anderen aufstrebenden Ländern Asiens als derzeit entscheidende Antriebskräfte für die Weltwirtschaft[114] – ausbalancierten Wirtschafts- und Sozialmodell dennoch über erhebliche Standortvorteile verfügt und nach wie vor für rund 35 Prozent der weltweiten Direktinvestitionen steht,[115] ist auch nicht zu leugnen, dass einige Mitgliedstaaten sich durchaus zu den weltweit wettbewerbsfähigsten zählen dürfen, während andere in den vergangenen Jahren systematisch zurückgefallen sind. Das „nordische" Modell zeigte schon in den 1990er Jahren, dass es möglich ist, erhebliche wirtschaftliche Steigerungsraten und eine Verringerung der Arbeitslosigkeit zu erzielen, gleichzeitig jedoch ein vergleichsweise hohes Sozialausgabenniveau und eine nachhaltige Entwicklung im Sinne der von der Strategie 2020 vorgegebenen Ziele zu gewährleisten. Dänemark und die Niederlande kämpften in den achtziger Jahren mit teilweise strikten Deflationspaketen gegen hohe Arbeitslosenzahlen und Haushaltsdefizite, ohne jedoch den Sozialstaat grundsätzlich in Frage zu stellen. Die Regierungen zogen sich konsequent aus der Entwicklung der Produkt-, Dienstleistungs- und Arbeitsmärkte zurück, Unternehmen akzeptierten ein Mindestmaß an Arbeitsschutz und sozialer Sicherheit, umgekehrt willigten Gewerkschaften in Lohnkürzungsrunden, flexible Arbeitszeitmodelle und Reformen der Einzelversicherungen ein. Dieses Sozialpartnerschaftsmodell löste in den neunziger Jahren einen enormen politischen Innovationsschub aus, der sich schließlich auch auf die sozialen Sicherungssysteme und den Arbeitsmarkt erstreckte.[116] Schweden hat seit seiner Mitgliedschaft in der EU vor allem dank einer konsequenten Deregulierungspolitik einen erheblichen Aufholprozess innerhalb der Union durchlaufen und selbst Finnland, das nach dem Zusammenbruch der Sowjetunion vor ungleich

---

114 IWF/WEO, Weltwirtschaftlicher Aufschwung setzt sich fort. Vereinigte Wirtschaftsdienste, 13. April 2005.

115 Europäische Kommission, Handel und Erweiterung – Die Erweiterung der EU – eine gute Entwicklung für Drittländer (MEMO/03/72), Brüssel, 27. März 2003.

116 Umfassender hierzu: Josef Schmid, Wohlfahrtsstaaten im Vergleich, Opladen 2002, 121-136; 179- 202.

größeren ökonomischen Herausforderungen stand, hat in der Vergangenheit, trotz unverändert hoher Arbeitslosigkeit, erhebliche Fortschritte auf dem Weg der Restrukturierung seiner Wirtschaft gemacht. So haben alle Länder in den vergangenen Jahren bis zum Ausbruch der Krise über dem EU-Durchschnitt liegende Wachstumsraten erzielt (seither allerdings mit Ausnahme von Schweden Minuswachstum), sind ihre Beschäftigtenzahlen (Dänemark 73.4 und Schweden 72.7 Finnland 68.1, Niederlande 74.7 Prozent in 2010) konstant gestiegen und die Arbeitslosenquote vergleichsweise gering gewesen (alle zwischen 6 und 7 Prozent, mit Ausnahme von Finnland noch in 2012).[117]

Solchen „Lissaboner Erfolgsgeschichten" standen zu Beginn des 21. Jahrhunderts die Wachstumsschwächen und bescheidenen Erfolge bei der Umsetzung notwendiger Strukturreformen vor allem in den beiden größten kontinentaleuropäischen Mitgliedstaaten, Deutschland und Frankreich, gegenüber. Vergleicht man ihre Wachstumsraten speziell mit denen der angelsächsischen Welt in dieser Phase, dann klaffte in der Tat eine erhebliche Lücke zwischen beiden Seiten: Lagen die Wachstumsraten in Frankreich, der Bundesrepublik und Italien bei etwas über 2 Prozent im Durchschnitt, so betrug die Rate im gleichen Zeitraum in Großbritannien knapp 3.5 Prozent, in den USA und Kanada gar fast 4 Prozent. Ein ähnliches Bild ergibt sich für das BIP pro-Kopf in Kaufkraftstandards. Zwischen 1991 und 2004 stieg es in den USA und Kanada um ca. 30, in Großbritannien um 32 Prozent, in Frankreich jedoch nur um 19 und in der Bundesrepublik gar um lediglich 15 Prozent. Schließlich hatten sich auch bei der Einkommensentwicklung dramatische Veränderungen ergeben. Nach Jahren der Stagnation in den achtziger Jahren stiegen die Nominallöhne (Arbeitnehmerentgelt je Beschäftigten inklusive Lohnnebenkosten) in Deutschland und in Frankreich zwischen 1991 und 2003 um etwa 38 bzw. 34 Prozent, während sie in Großbritannien um 68 und in den USA um 46 Prozent stiegen.[118]

Skeptische Stimmen unter Ökonomen führten diese Entwicklung meist auf den vermeintlich angebotsorientierten wirtschaftlichen Kurs vor allem der USA zurück, der zu Lasten einer ausgewogenen Sozialpolitik ginge. Tatsächlich aber ist die Geld- und Fiskalpolitik der USA von einem hohen Maß an Flexibilität in mehreren Punkten gekennzeichnet – einer Mischung aus: moderatem Keynesianismus in der Fiskalpolitik, der in schlechten Zeiten

---

117 Zu den Zahlen vgl. Eurostat 2012: Eurostat Home: ec.europa.eu/eurostat.

118 EU-Kommission, AMECO-Datenbank, 2003 Prognose der EU-Kommission, Brüssel 2003. Bei der Reallohnentwicklung verbessert sich die Situation vor allem für die Bundesrepublik etwas auf Grund der im internationalen Vergleich sehr niedrigen Inflationsrate.

durchaus zu wachstumsstimulierenden Maßnahmen bereit ist; einer insgesamt undogmatischen Geldpolitik zur Kontrolle der Inflation; einer liberalen Wirtschaftspolitik mit vergleichsweise niedrigen Steuersätzen und geringem Regulierungsgrad, und; einer rascheren Adaptionsfähigkeit der Politik in Zeiten ökonomischer und finanzieller Engpässe – so sind die USA, aber auch die anderen angelsächsischen Ökonomien nach relativ schwacher Entwicklung in den 1960er und 1970er Jahren sehr rasch nicht nur auf eine konsequente Deregulierungs- und Haushaltspolitik umgestiegen, sondern haben durch Investitionen von Politik, Unternehmen, Märkten und Börsen in Schlüsseltechnologien auch zu mehr Wachstum, Innovation, Produktivitätsfortschritt und Abbau von Arbeitslosigkeit beigetragen.[119]

Mittlerweile zur Binsenweisheit geworden war in den vergangenen Jahren auch die Erkenntnis, die Mancur Olson bereits 1982 in seinem Klassiker „The Rise and Decline of Nations" formuliert hat:[120] Danach haben sich in den kontinentaleuropäischen Ländern über die Jahre „Verteilungskoalitionen" gebildet, die nur zögerlich von den Errungenschaften hoher Löhne, Sozialstandards und Arbeitsplatzgarantien zugunsten von mehr Flexibilität, Innovation, Risikobereitschaft und Produktivität Abschied nehmen. Die Korrelation von vergleichsweise inflexiblen Arbeitsmärkten, überfrachteten Sozialsystemen und geringerer internationaler Wettbewerbsfähigkeit ist unter Ökonomen heute weitgehend unbestritten.

Eine zweite wesentliche Komponente betrifft die relativ späte und zögerliche Umstellung der betroffenen europäischen Mitgliedstaaten auf eine konsequente Stärkung des Dienstleistungssektors, eine Entwicklung, die schon deshalb geboten ist, weil sich die Anlagen- und Industriegüterproduktion aus Kostengründen zunehmend ins Ausland verlagert hat. Gerade hier aber machen sich die Rigiditäten der Arbeitsmärkte besonders bemerkbar: Da sich die Produktivität im Dienstleistungssektor nicht beliebig durch Kapitaleinsatz steigern lässt, leiden arbeitsintensive Jobs in der Vermögensberatung, im Kundenservice oder in der Softwareinstallation besonders unter der Verteuerung der Arbeit und benötigen daher flexiblere Arbeitszeiten, andere Lohnmodelle und Formen der sozialen Sicherung.

---

119 Vgl. Stefan Fröhlich, Globalisierung und die Zukunft der transatlantischen Beziehungen, KAS-Arbeitspapier 98/2003, Sankt Augustin 2003.

120 Mancur Olson, The Rise and Decline of Nations: Economic Growth, Stagflation and Social Rigidities, New Haven 1982.

Gleiches gilt schließlich für die Umstellung auf und größere Investitionen in die Informationstechnologien.[121] Auch hier haben vor allem die mit solchen Umstrukturierungen in den betroffenen Ländern verbundenen hohen Kosten für die Unternehmen bzw. die geringere Bereitschaft der Regierungen zu mehr Investitionen in diesem Bereich bei gleichzeitiger Ankurbelung auf der Nachfrageseite mehr Flexibilität lange Jahre verhindert. Hinzu kommt in diesem Kontext, dass vor allem in der Eurozone, trotz schwächerer Binnennachfrage und jährlicher Überkapazitäten, die Verbraucherpreise zwischen 2001 und 2004 um durchschnittlich über 2 Prozent gestiegen waren – ein Zeichen für die Schwäche des Marktdrucks. An dieser Stelle aber versäumte die Politik eine konsequentere Deregulierung der Märkte.[122]

2.5.2 Perspektiven und Aufgaben für Europa – Die Bedeutung internationaler Wettbewerbsfähigkeit für die Rolle der Union in der Welt

Zu Beginn der zweiten Dekade des 21. Jahrhunderts sieht die Situation allerdings anders aus: Aus den südeuropäischen Hoffnungsträgern sind die Sorgenkinder der Union geworden, die skandinavischen Märkte sind trotz Eurokrise weitgehend robust, die britische Wirtschaft leidet zunehmend unter der Krise, Frankeich verzeichnet 2011 gerade einmal ein Wachstum von 0.4 Prozent und die Bundesrepublik gilt als neues Powerhouse Europas, nachdem der Economist sie zu Beginn des 21. Jahrhunderts noch als Europas „kranken Mann" bezeichnet hatte. Gleichzeitig bestätigt ein Blick auf die USA die seit langem unbestrittenen Gefahren für die Weltwirtschaft durch die amerikanische Wirtschaftspolitik: das chronische Zwillingsdefizit in der Leistungsbilanz und im Haushalt; die bisweilen zu großzügige Fiskalpolitik zur Überwindung von ökonomischen Schwächeperioden; die geringen Sparraten der privaten Haushalte.

Wie die USA in den nächsten Jahren aus der Krise herausfinden und ob sie zu alter Stärke finden, ist unbestimmt. Vieles deutet darauf hin, dass sich auch diesmal das chronische Leistungsbilanzdefizit am Ende als Ausdruck der Dynamik der amerikanischen Wirtschaft betrachten lässt. Der Saldo ist in erster Linie negativ, weil Investoren weltweit von dieser Dynamik profitieren wollen und ihr Kapital in den USA anlegen. Das wiederum führt zur Aufwertung des Dollars, die einen entsprechenden Güterstrom und Investitionen in die USA auslöst. Die Risiken

---

121 Die Kommission hat in den vergangenen Jahren wiederholt auf einen Arbeitskräftebedarf von 1,5-2 Prozent der gesamten Beschäftigten in der EU in diesem Bereich hingewiesen.

122 Vgl. auch Financial Times, 13, Januar 2005, 13 (Comment & Analysis: „Global Economy").

bestehen zum einen darin, dass Investoren das Vertrauen in die amerikanische Wirtschaft verlieren, und zum anderen, dass die amerikanische Notenbank die Kreditbremse zu abrupt anzieht und damit Spekulationen auf steigende Zinsen nährt, was wiederum zu Kursverlusten am Anleihemarkt und zu entsprechenden Verwerfungen an den Kapitalmärkten führt – mit allen negativen Konsequenzen für die Leistungsbilanz.

Europa hingegen, das heißt einige Mitgliedstaaten taten sich in der Vergangenheit schwer mit den dringend notwendigen Strukturreformen, insbesondere auf den Arbeitsmärkten, bei den sozialen Sicherungssystemen und bei den Investitionen in die wissensbasierten Industrie- und Dienstleistungszweige; vor allem auf diesen Feldern entscheidet sich aber seine künftige Wettbewerbsfähigkeit. Weniger entscheidend ist die Frage nach den geringeren Produktions- und Lohnkosten. Europa kann in den Bereichen mit dem größten Preisdruck auf den Weltmärkten nicht konkurrieren und muss daher in erster Linie die Innovationslücke gegenüber der angelsächsischen Welt durch konsequenten Ausbau und nachhaltige Entwicklung seines Humankapitals bzw. Förderung wissensbasierter Industrien und Arbeitsplätze schließen. Die USA und Großbritannien verdankten den hohen Beschäftigungszuwachs der vergangenen Jahre vor allem der ungleich größeren Innovationsdynamik und dem Aufbau staatlich unterstützter Leitmärkte bzw. der Schaffung neuer Arbeitsplätze – entgegen aller gegenteiligen Behauptungen – in den oberen Einkommenssegmenten. Der Forschungs- und Entwicklungsetat Washingtons entsprach in den vergangenen Jahren in etwa dem der sieben nächsten reichsten Nationen zusammengenommen. In Großbritannien beflügelte die bessere Ausbildung und Qualifikation der Beschäftigten das Pro-Kopf-Wachstum Jahr für Jahr um fast 1 Prozentpunkt. In der Bundesrepublik hingegen blieb der Qualifikationsstand der Beschäftigten in den neunziger Jahren nahezu konstant.[123]

Ein zweiter Punkt betrifft die Reform der Arbeitsmärkte. Flexible Arbeitszeitmodelle und Entlohnungsformen sind eine Sache. Die andere ist die Belastung des Faktors Arbeit, die in den angelsächsischen Ländern auch heute noch deutlich geringer ist als in den kontinentaleuropäischen. In den USA und Großbritannien liegen die Sozialbeiträge erheblich niedriger als in der Bundesrepublik oder in Frankreich. Das hat auch Auswirkungen auf die Beschäftigungsquoten in den Ländern. In aller Regel nämlich führen niedrigere Sozialabgaben nicht nur zu

123 Institut der deutschen Wirtschaft, Wirtschaftswachstum – Auch eine Frage der Bildung, 18. Juni 2003. http://www.stellenboresen.de/aktuelles/institut-der-deutschen-wirtschaft/030618iwkoe.

höherer Beschäftigung, sondern haben auch den Vorteil, dass sie eine bessere Zugangskontrolle zu allen Lohnersatzleistungen schaffen.

Eine solche Entwicklung ist auch der Einstieg in die notwendige Reform der sozialen Sicherungssysteme als dritter notwendiger Schritt. Erst die weitgehende Abschaffung, zumindest aber Reduzierung der Sozialbeiträge versetzt die Arbeitnehmer in die Lage zu einer deutlichen Aufstockung der privaten Alters- und Gesundheitsvorsorge. Gleichzeitig ermöglicht sie Unternehmen, wieder Einstellungen in größerem Umfang vorzunehmen.

Entsprechende Reformen sind, wie oben beschrieben, durch die Brüsseler Kommission schwer zu diktieren. Oder anders gewandt: Die Strategie 2020 lässt sich erst dann realisieren, wenn die Mitgliedstaaten die entsprechende Bereitschaft zu solch grundlegenden Reformschritten unternehmen. Insofern stimmten die Entwicklungen unmittelbar vor Ausbruch der durch die Immobilienkrise („subprime crisis") in den USA ausgelösten globalen Finanz- und Wirtschaftskrise zunächst positiv: Die wirtschaftliche Dynamik in Europa hatte sich insgesamt verstärkt. 2006 wies das Wachstum immerhin 2.8 Prozent aus. Die Arbeitslosenquote lag 2008 nur noch bei knapp 8 Prozent. Die Gründe für die Trendwende lagen u. a. in den strukturellen Veränderungen in Deutschland: Nach wirtschaftlich schwachen Jahren profitiert Europas größte Volkswirtschaft von teilweise schmerzhaften Restrukturierungsprozessen ihrer Exportunternehmen und den von der Politik angestoßenen Reformen, insbesondere im Finanzsystem, auch über die Krise hinaus.

Entscheidend für Europa wird daher in Zukunft sein, das richtige Maß zwischen Stabilitätskultur einerseits und gleichzeitiger Bereitschaft zur Nachfragestimulierung und Erleichterung der Finanzierungsbedingungen an den Märkten für die Krisenländer andererseits zu finden.[124] Dies gilt im globalen wie im europäischen Maßstab: Das Ziel einer engeren Fiskal- und Politischen Union in Europa ist nur zu erreichen, wenn die partielle Politik des „quantitative easing" gekoppelt wird an die unbedingte Bereitschaft der Krisenländer, zu akzeptieren, was die Hauptursache dieser Eurokrise ist – nämlich eine Leistungs- und vor allem Zahlungsbilanzkrise, welche in ihrer mangelnden Wettbewerbsfähigkeit begründet liegt.

Auf globaler Ebene kommt es darauf an, das in den vergangenen Jahren schnellere Wachstum der USA, Chinas und der Schwellenländer im Vergleich zu Europa (einschließlich der Bundesrepublik) und Japan zumindest teilweise auszutarieren. Kombiniert mit der amerikanischen fiskalischen Verschwendungs-

---

124 Schlüssel zur Lösung, Teil des Problems. Deutschland braucht eine bessere public diplomacy in der EU, DGAPstandpunkt (8. Februar 2012), Berlin: http://dgap.org

und der asiatischen Wechselkurspolitik führte es zum derzeitigen gigantischen Haushaltsdefizit der USA. Die USA müssen künftig einen kleineren Anteil der globalen Ersparnisse und Exporte absorbieren, Europa (insbesondere Deutschland als seine stärkste Volkswirtschaft) entweder noch schneller wachsen oder mehr importieren oder eine Kombination aus beidem leisten; dies wäre der entscheidende ordnungspolitische Beitrag auf globaler Ebene in der kommenden Dekade.

Ob deswegen das Wachstumspotential der BRIC-Staaten bzw. vor allem Asiens auf mittlere bis lange Sicht insgesamt dafür sorgen, dass die Bedeutung Europas (und auch der USA) für die Weltwirtschaft relativ abnehmen wird – nach Einschätzung der Fondsgesellschaft Goldman Sachs Asset Management werden die BRIC-Staaten (als Einheit) bereits 2020 größer sein als die USA – hängt nicht zuletzt davon ab, inwieweit Europa sich deren Investitionsbedarf in Zukunftstechnologien zur Energie- und Ressourceneffizienz und zur Verbesserung der Verkehrs-, Bau-, Informations- und Telekommunikationsinfrastruktur zunutze macht. Voraussetzung dafür sind stärkere Investitionen der EU ihrerseits in Humankapital – Voraussetzung wiederum für die Innovationsfähigkeit der europäischen Wirtschaft – und die richtigen Produkte im Angebot, um die zentralen globalen Herausforderungen Umweltschutz, Klimawandel und Energiegewinnung zu bewältigen; nachhaltiges Wirtschaftswachstum wird davon abhängig sein, wie sehr die Union dem vordringlichen Problem des künftigen Mangels an hoch qualifiziertem Fachpersonal insbesondere auch bei den produzierenden Industrien begegnet. Gelingt ihr das, sind auch die Chancen nicht schlecht, dass der Westen insgesamt seine bisherige technische und wirtschaftliche Leistungsfähigkeit und Überlegenheit gegenüber dem „Rest der Welt" erhält. Kreativität, Innovation und Partizipation in Verbindung mit verlässlichen Institutionen bleiben langfristig gesehen die wesentlichen Voraussetzungen für eine dynamische wirtschaftliche Entwicklung.

Wie wichtig eine solche wiederum auch für die Außenpolitik der Union bzw. das Gewicht der EU in der Welt (v. a. im Sinne ihrer „soft power") ist, wird an mehreren Punkten deutlich:[125] Erstens ist der Binnenmarkt ein entscheidender Magnet für die Nachbarschaft der Union und ein wirtschaftlicher Machtfaktor im globalen Rahmen. Zweitens kann die Perspektive einer Teilhabe am EU-Binnenmarkt den von der EU gesetzten Anreizen für wirtschaftliche Strukturreformen (Deregulierung, Privatisierung) größeres Gewicht verleihen, wenn

---

125 Ausführlicher zu diesen Überlegungen: Cornelius Adebahr, Wachstum für Weltgeltung. Die Bedeutung der Lissabonner Strategie für die Europäische Außenpolitik, DGAPanalyse, Berlin, November 2006.

die Mitgliedstaaten glaubwürdig signalisieren, diese auch selbst durchführen zu wollen. Drittens kann die EU im Bereich der Normsetzung bei Harmonisierung ihrer eigenen Binnenmarktregeln wesentlich größeren Einfluss in entsprechenden internationalen Regulierungsgremien ausüben und so die weltweite Verbreitung von EU-Standards im Sinne eines wirksamen Multilateralismus fördern. Viertens ist eine Verbesserung der europäischen Wettbewerbsfähigkeit insgesamt eine Voraussetzung dafür, den für die Union künftig stärker werdenden globalen „Kampf um Rohstoffe" (bedingt durch die Konkurrenz zu den neuen Aufsteigern wie China und Indien) aus europäischer Sicht durch eine geringere Abhängigkeit zu entschärfen. Fünftens kann die in der Strategie 2020 angeregte Förderung von Informations- und Kommunikationstechnologien ein Schlüssel sein für ein größeres Gewicht der EU bei der Vermittlung in der Diskussion um die „globale digitale Kluft" oder die Verwaltung bzw. Kontrolle des Internets. Im Übrigen liefert der Ausbau von Forschung und Entwicklung in diesem Kontext generell auch einen Beitrag zur Bekämpfung globaler Risiken wie Krankheiten (Aids), Klimawandel und Naturkatastrophen. Sechstens bietet das mit der Strategie 2020 gleichsam verbundene Ziel der Vollendung des Binnenmarktes ganz konkrete Perspektiven für die Außen- und Sicherheitspolitik der Union im Bereich der Rüstungspolitik. Die Möglichkeit der Öffnung der nationalen Rüstungsmärkte kann jedenfalls die Wettbewerbsfähigkeit der europäischen Industrien erhöhen und den Ausbau der militärischen Kapazitäten der Union im Rahmen der Europäischen Sicherheits- und Verteidigungspolitik befördern. Lässt die Union die Möglichkeiten für eine Verbesserung ihrer internationalen Wettbewerbsfähigkeit aus, verspielt sie gleichzeitig die Aussicht auf ein größeres außenpolitisches Gewicht in der Welt.

Die gemeinsame Außen- und Sicherheitspolitik der Europäischen Union **3**

3.1 Konstitutionelle Rahmenbedingungen und institutionelle Verfasstheit der GASP

Nach den Erfahrungen zweier Weltkriege war es von Beginn an Ziel des Integrationsprozesses, dass Europa auch außenpolitisch mit einer Stimme spricht, um neuen innereuropäischen Kriegen vorzubeugen. An Stelle nationalstaatlicher Machtpolitiken sollten europäische, staatenübergreifende Überzeugungen und Institutionen treten. Bereits 1950 unternahmen die Gründer der Europäischen Gemeinschaft für Kohle und Stahl (EGKS), ausgelöst durch die mit dem Ausbruch des Koreakrieges am 25. Juni des gleichen Jahres verbundene Notwendigkeit einer deutschen Wiederbewaffnung, zunächst den Versuch, der Montanunion eine Europäische Verteidigungsgemeinschaft (EVG) folgen zu lassen. Knapp zwei Jahre später, am 10. September 1952, erteilten die sechs Außenminister auf der konstituierenden Sitzung der Montanunion den Auftrag zur Errichtung einer europäischen Verfassung und Regierung über das ehrgeizige Projekt einer Europäischen Politischen Gemeinschaft (EPG), welche der Führung der europäischen Armee eine gemeinsame „politische Autorität" voranstellen sollte.[1] Erst als beide Projekte 1954 an französischen Souveränitätsvorbehalten scheiterten, wurde mit der Gründung der Europäischen Wirtschaftsgemeinschaft (EWG) wiederum die Wirtschaft zum Motor des Integrationsprozesses.

Ein ähnliches Schicksal ereilte die als Fouchet-Pläne zu Beginn der sechziger Jahre des 20. Jahrhunderts bekannt gewordenen französischen Überlegungen zu einer intergouvernementalen Zusammenarbeit der Mitglieder der Europäischen

---

1   Franz Knipping, Rom, 25. März 1957. Die Einigung Europas, München: dtv 2004, S. 79.

Gemeinschaften (EG) in der Außen- und Sicherheitspolitik. Der französische Diplomat Christian Fouchet erläuterte im Oktober 1961 in einem Studienausschuss von Regierungsvertretern seinen Kollegen den Vertragsentwurf über die Gründung einer Europäischen Politischen Union (Fouchet-Plan I), wonach eine konföderal strukturierte „Staatenunion" der sechs Gründerstaaten eine engere Zusammenarbeit auf diesen Gebieten anstreben sollte. Hinter diesen Plänen stand die Idee des französischen Staatspräsidenten de Gaulle, wonach zum einen, trotz aller Integrationserfolge in den fünfziger Jahren, die Nationalstaaten die eigentlichen Akteure der internationalen Politik waren, zum anderen Frankreich wegen seiner begrenzten Machtgrundlagen auf eine politische Zusammenarbeit mit den übrigen Mitgliedstaaten angewiesen war. Dementsprechend ermöglichte die zwischenstaatliche Zusammenarbeit zwar die Aufrechterhaltung nationaler Souveränitätsrechte, gleichzeitig aber auch die Sicherung und den Ausbaus der eigenen Machtposition als *primus inter pares* innerhalb Europas und gegenüber den USA im globalen Maßstab.[2]

Der Vorstoß Frankreichs wurde jedoch von den übrigen Mitgliedstaaten als zu weitgehend und integrationsfeindlich beurteilt. Kritisiert wurde vor allem das Fehlen supranationaler Elemente. Als de Gaulle den Entwurf gar verschärfte (Fouchet-Plan II), indem er die drei Gemeinschaften EGKS, EWG und EAG (Euratom-Gemeinschaft) zu abhängigen Hilfsagenturen der Politischen Union herabzustufen und gleichzeitig die Bande zu den USA weiter zu lockern suchte, kündigten die Partner jede weitere Diskussion um eine mögliche Revision der Pläne. Lediglich die Bundesrepublik setzte die Verhandlungen bilateral mit Frankreich fort und ebnete so den Weg zum Vertrag über die deutsch-französische Zusammenarbeit vom 22. Januar 1963, der letztlich das Ergebnis einer seit den fünfziger Jahren schrittweise vollzogenen strategisch-politischen Annäherung beider Seiten bedeutete und mit der Einführung regelmäßiger Konsultationen „vor jeder Entscheidung in allen wichtigen Fragen der Außenpolitik" zum Residuum der multilateralen Bemühungen um eine „Politische Union" wurde.

3.1.1 Von der EPZ zur GASP

Bis Anfang der siebziger Jahre blieben die Außenbeziehungen der Gemeinschaft von den Integrationsentwicklungen weitgehend ausgeklammert. Erst mit dem Treffen der EG-Staats- und Regierungschefs im Dezember 1969 in Den Haag erhielt der Einigungsprozess einen wichtigen Anstoß zur (außen-)politischen Ver-

---

2   Heinrich Siegler (Hg.), Europäische politische Einigung, Bd. I (1949-1968), Bonn u. a., 1968, Nr. 70. Zu den Vorläufern der EPZ und GASP vgl. Philippe de Schoutheete, La coopération politique européenne, Brüssel 1986, S. 11 ff.

tiefung. Auf Basis des Luxemburger Berichts der Außenminister (auch „Davignon"-Bericht) an die Staats- und Regierungschefs vom Oktober 1970 nahm die Idee einer engeren außenpolitischen Kooperation der Mitgliedstaaten daraufhin in der Europäischen Politischen Zusammenarbeit (EPZ) konkret Gestalt an.[3] Die Impulse dafür lieferten wachsende internationale Spannungen, insbesondere im Nahen Osten (verbunden mit der Ölkrise), und die Pläne für eine europäische Ost-West-Konferenz, die spätere Konferenz für Sicherheit und Zusammenarbeit in Europa (KSZE), vor dem Hintergrund der aufziehenden Entspannungsphase im Verhältnis der beiden Supermächte zueinander; Strukturen und Arbeitsweise der EPZ entwickelten sich nicht zuletzt als Reaktion auf diesen Prozess.

Mit der EPZ war allerdings keine neue Organisation entstanden. Die außenpolitische Zusammenarbeit sollte nach dem Willen der beteiligten Regierungen keinesfalls völkerrechtlich normiert sein, außerhalb der Verträge stattfinden und lediglich auf vage formalisierten intergouvernementalen Abstimmungsprozessen (gemeinsamen Erklärungen, aber keinen gemeinsamen Aktionen) beruhen, auch wenn „gemeinsames Handeln" das erklärte Ziel sowohl des Luxemburger wie auch der nachfolgenden Berichte (Kopenhagen 1973; London 1981) war.[4] Einstimmig gefasste Beschlüsse entsprachen somit lediglich politischen Absichtserklärungen, an die man sich mehr oder weniger gebunden fühlte, während widerstreitende Interessen nach Möglichkeit ausgeklammert wurden. Dem vagen Charakter dieses informellen Forums der Zusammenarbeit entsprachen seine Strukturen: Weder gab es ein festes Sekretariat noch einen Amtssitz oder irgendwelche Kommissionen. Europäisches Parlament, Kommission und der Ausschuss der Ständigen Vertreter (AStV bzw. COREPER) blieben ohne Befugnisse; die Kommission sollte lediglich zur Stellungnahme aufgefordert werden, sofern die Arbeiten der Minister Auswirkungen auf die Tätigkeit der Gemeinschaft hatten. So gerieten die vom Politischen Komitee[5] und dessen Arbeitsgruppen vorbereiteten halbjährlichen (seit den Kopenhagener Beschlüssen von 1973 viermal jährlich stattfindenden) Treffen der Außenminister eher zu lockeren privaten Zusammenkünften, bei denen man sich über die großen Probleme der internationalen Politik zu verständigen und wenn möglich einen gemeinsamen Stand-

---

3   Zur EPZ umfassend: Simon Nuttall, European Political Cooperation, Oxford 1992.

4   Vgl. Elfriede Regelsberger, Die Gemeinsame Außen- und Sicherheitspolitik der EU (GASP), Baden-Baden: Nomos 2004, S. 11.

5   Viermal im Jahr tagende Gruppe der „Politischen Direktoren" aus den nationalen Außenministerien, die zum entscheidenden Motor der EPZ in der Gründungsphase wurde.

punkt im Sinne der „Machtmultiplikation" gegenüber Drittstaaten (insbesondere USA) oder Regionen (Nahost) zu formulieren suchte. Die Bilanz dieser Zusammenarbeit in den siebziger Jahren fiel gemischt aus: Dem Erfolg im KSZE-Prozess stand die Zerrissenheit der Europäer u. a. im Nahost-Konflikt (besonders nach dem Ausbruch des Yom-Kippur-Krieges im Oktober 1973), in der Südafrika-Politik, im Verhältnis zu den USA (forciert vor allem durch die partikulären Sicherheitsinteressen Frankreichs gegenüber der NATO, aber auch in der Nahost-Frage) sowie schließlich in der Frage nach der künftigen währungspolitischen Zusammenarbeit gegenüber. Europa litt unter der ersten größeren Wirtschaftskrise nach einem nahezu ununterbrochenen Aufschwung seit Ende des Zweiten Weltkriegs. Nach Aufhebung der Goldbindung des Dollars durch den amerikanischen Präsidenten Nixon 1971 brach das Weltwährungssystem von Bretton Woods endgültig zusammen, mit erheblichen Konsequenzen für das Vorhaben einer Europäischen Wirtschafts- und Währungsunion. In der Gemeinschaft bewirkte beides die genau umgekehrte Tendenz zu einer mangelhaften Kooperation der Mitgliedstaaten und zur „Entgemeinschaftung". Gegen Ende der siebziger Jahre kam die EPZ somit beinahe zum Stillstand. Auf die große weltpolitische Herausforderung des sowjetischen Einmarsches in Afghanistan 1979 oder aber auf die Geiselnahme in der amerikanischen Botschaft in Teheran reagierte die Gemeinschaft nicht nur zögerlich, sondern in hohem Maße unkoordiniert, was schließlich, zumal vor dem Hintergrund der sich abzeichnenden Süderweiterung der EG um Spanien und Portugal, weitergehende Reformüberlegungen hinsichtlich einer vertraglichen Verankerung der EPZ auslöste.

Verwirklicht wurde diese nach erfolglosen Vorstößen im Londoner Bericht, durch die Genscher-Colombo-Initiative im Jahr 1981 sowie über die Feierliche Deklaration von Stuttgart (Juni 1983) endgültig mit der Unterzeichnung der Einheitlichen Europäischen Akte (EEA) 1986, als sich die zehn Mitgliedstaaten auf eine völkerrechtliche Vertragsfixierung der EPZ in Art. 30 der EEA verständigten.[6] In Titel III der EEA verpflichteten sich die Regierungen erstmals auf die Ausarbeitung und Verwirklichung einer koordinierten europäischen Außenpolitik (Art. 30, Abs. 1 EEA). Dabei fand neben den bekannten EPZ-Instrumenten der Unterrichtung, Konsultation und Abstimmung (Art. 30, Abs. 2b-d EEA) – deren Einhaltung den beteiligten Staaten weiterhin überlassen blieb – auch die Durchführung gemeinsamer Maßnahmen Eingang in den Vertragstext. Die Mitgliedstaaten verpflichten sich demnach in Art. 30, Abs. 3c ausdrücklich zur

---

6   Zur Einheitlichen Europäischen Akte vgl. Auswärtiges Amt (Hg.), Gemeinsame Außen- und Sicherheitspolitik der Europäischen Union (GASP), Bonn 1994 (10. Auflage), S. 78 ff.

Vermeidung von solchen Maßnahmen, die gemeinsames Handeln behinderten, und formulierten somit die spätere Klausel von der „konstruktiven Enthaltung" vor. Schließlich nahm der Vertragstext bereits eine der zentralen Maßgaben des späteren Maastrichter Vertrages und Schwächen in der außenpolitischen Praxis der Union vorweg, indem er die notwendige Annäherung von EPZ und EG im Sinne des Kohärenzgebots beider Politikfelder (Art. 30, Abs. 5 EEA) oder der Beteiligungsrechte der EG-Organe Kommission und EP in der intergouverne-mentalen EPZ zum Ausdruck brachte. So wurden die Außenministertreffen im Rahmen der EPZ durch die Anwesenheit eines Kommissionsmitglieds erweitert und dem Parlament erstmals eine „enge Beteiligung" an der EPZ durch angemessene Berücksichtigung seiner Stellungnahmen in Kernfragen eingeräumt.

3.1.2 Die Konstitutionalisierung der GASP

Für die anschließende Dynamisierung der europäischen Außen- und Sicherheitspolitik gab es verschiedene Gründe, die alle mit der großen Zäsur der Jahre 1989-1991 verbunden waren. Das Ende des Kalten Krieges, der Zerfall der Sowjetunion, die damit zusammenhängenden Transformationsprozesse in Mittel- und Osteuropa sowie die Sorge um einen möglichen Rückzug der einstigen Schutzmacht USA vom Kontinent, die deutsche Wiedervereinigung und nicht zuletzt die durch den Binnenmarkt und die WWU angestoßene EG-interne Dynamik, der ökonomischen schließlich die politische Vollendung der Union folgen zu lassen, verlangten von den Mitgliedstaaten zu Beginn der neunziger Jahre eine Weiterentwicklung ihrer außen- und sicherheitspolitischen Handlungsstrukturen, die weit über die bislang praktizierten Konsultations- und Kooperationsformen hinausging. Unmittelbaren Handlungszwang empfanden die Mitgliedstaaten nicht zuletzt auf Grund ihrer relativen Ohnmacht in dem mit der Kuwait-Krise verbundenen zweiten Golfkrieg 1991.

Die Idee einer qualitativ neuen „Gemeinsamen Außen- und Sicherheitspolitik" (GASP) wurde auf dem Europäischen Rat von Dublin im Juni 1990 geboren.[7] Schon während der im Dezember 1990 einberufenen Regierungskonferenz zur Weiterentwicklung der Gemeinschaft zur Europäischen Union wurde jedoch deutlich, dass die Entwicklung zu einer europäischen Außen- und Sicherheitspolitik anderen Gesetzmäßigkeiten folgte als die Europäische Wirtschaftsgemeinschaft, als sie letztlich eher eine indirekt verbesserte Kohärenz intergouvernementalen Handelns denn eine direkte Verbesserung der europäischen außenpolitischen

---

7   Schlussfolgerungen des Vorsitzes des Europäischen Rates von Dublin, 25/26. Juni 1990, Anlage I – Punkt I.35.

Zusammenarbeit bedeutete.[8] Organstruktur, Entscheidungsverfahren sowie das Prinzip der Intergouvernementalität wiesen darauf hin, dass es in der Außen- und Sicherheitspolitik zunächst um eine bessere Abstimmung der mitgliedstaatlichen Positionen und weniger um die Formulierung einer Politik der EU als einem einheitlichen Akteur ging. Zwar verpflichteten sich die Mitglieder in Art. J.2 des Maastrichter Vertrages auf gemeinsame Ziele wie die Wahrung gemeinsamer Werte, die Formulierung grundlegender Interessen, die Unabhängigkeit und Unversehrtheit der Union in Einklang mit den Grundsätzen der UN-Charta; Sicherheit der Union; Wahrung des Friedens und der internationalen Sicherheit; Förderung der internationalen Zusammenarbeit; Entwicklung von Demokratie und Rechtsstaatlichkeit, Achtung der Menschenrechte und Grundfreiheiten. Auch bekundeten sie ihren Willen, die Außen- und Sicherheitspolitik der Union „aktiv und vorbehaltlos im Geist der Loyalität und gegenseitigen Solidarität" zu unterstützen (Art. J.1 (4) EUV-Maastricht) und so die bisherige hohe Diskrepanz zwischen Rhetorik und Handeln aufzuheben. Die Ziele des aktiven Eintretens für Menschenrechte und Grundfreiheiten sowie der Verwirklichung von Demokratie und Rechtsstaatlichkeit lieferten dabei die entscheidende Legitimationsgrundlage für die spätere Eingliederung der so genannten „Petersberger Aufgaben" – die Übernahme humanitärer Aufgaben und Rettungseinsätze, friedenserhaltender Aufgaben sowie von Kampfeinsätzen bei der Friedensschaffung – in den Unionsvertrag in der Fassung von Amsterdam 1997 (Art. 17(2) EUV Amsterdam).[9]

Gleichzeitig aber bestand die Vision der GASP mitnichten in der Einebnung der außenpolitischen Divergenzen der Mitgliedstaaten, sondern vielmehr in der behutsamen Abgleichung von Interessen, um zumindest in unumstrittenen Fragen eine größere Handlungsfähigkeit zu erzielen. Allenfalls gelang es durch die institutionelle Neuerung der Troika, die sich aus den Außenministern des jeweiligen Ratsvorsitzes sowie dem jeweils vorhergehenden wie nachfolgenden Ratsvorsitz zusammensetzte, eine größere Kontinuität der gemeinsamen Außenpolitik herzustellen, die zudem durch die „volle Beteiligung der Kommission" gesichert wurde (Art. J.5(3) EUV Maastricht). Ansonsten aber gilt: Die Diskrepanz zwischen dem erklärten Willen zum gemeinschaftlichen Handeln im Sinne von Sup-

---

8   Zur Entwicklung: Anthony Forster/William Wallace, Common Foreign and Security Policy. From Shadow to Substance?, in: Wallace/Wallace (Hg.), Policy-Making in the EU, a.a.O., S. 461-491; Philippe de Schoutheete, The Creation of the Common Foreign and Security Policy, in: Regelsberger/Schoutheete/Wessels (Hg.), Foreign Policy of the EU. From EPC to CFSP and Beyond, Boulder, Col./London 1997, S. 41-63.

9   Bei der Petersberger Konferenz ging es zunächst um den Rang der WEU zwischen EU und NATO sowie um die Frage nach der Beteiligung der WEU an Maßnahmen zur Konfliktprävention und des Friedenserhalts.

ranationalität und mitgliedstaatlicher Autonomie im Sinne nationaler Kontrolle der Entscheidungsprozesse ist kennzeichnend für den Charakter der GASP und bleibt das entscheidende Paradigma bis in den Lissaboner Vertrag hinein.

Deutlich wurde dies von Beginn an mit Blick auf das zentrale Problem bei der Ausgestaltung der GASP: der Frage nach der Einbeziehung verteidigungspolitischer Aspekte bzw. einer militärischen Beistandsklausel analog zum WEU-Vertrag. Zwar dehnte der Maastrichter Vertrag erstmalig die Außen- und Sicherheitspolitik auf die Verteidigungspolitik aus (Art. J4 EUV Maastricht). Kein anderes Politikfeld aber ist bis heute enger mit der Ausübung nationalstaatlicher Souveränität verbunden als die Sicherheits- und Verteidigungspolitik. Insbesondere Frankreich und Großbritannien tun sich aus unterschiedlichen Motiven heraus besonders schwer mit einem Souveränitätstransfer auf die europäische Ebene und betrachten die Außen- und Sicherheitspolitik als eine „domaine réservée" der Nationalstaaten: Frankreich, da es eine zu starke Vereinnahmung europäischer Politik durch die USA verhindern will und weil es bei Abkehr vom Konsensprinzip und einer Einschränkung des nationalen Vetos um seine eigenständige Außenpolitik vor allem in den ehemaligen Kolonialgebieten (französische Afrika- und Mittelmeerpolitik) fürchtet – zum französischen Selbstverständnis gehört der nicht zuletzt über den Nuklearstaat-Status und den ständigen Sitz im Sicherheitsrat definierte Anspruch einer in ihren außenpolitischen Entscheidungen unabhängigen Mittelmacht mit globalen Ambitionen; Großbritannien, da es, ähnlich wie Dänemark, grundsätzlich einer politischen Vergemeinschaftung über den Binnenmarkt hinaus skeptisch gegenübersteht und weil es traditionell Bedenken hegt hinsichtlich einer möglichen Schwächung der transatlantischen Beziehungen im Allgemeinen und des NATO-Bündnisses im Speziellen durch eine eigene sicherheits- und verteidigungspolitische Komponente der EU – London, darin unterstützt von Portugal, plädiert daher für einen starken EU-Pfeiler innerhalb der Allianz. Zwischen beiden Positionen standen schließlich lange Zeit die Bundesrepublik (bei der seit Beginn des 21. Jahrhunderts doch ein deutlicher Paradigmenwechsel in Richtung Intergouvernementalität zu beobachten ist), Belgien und Italien, die für eine Vertiefung der außen- und sicherheitspolitischen Zusammenarbeit in den neunziger Jahren zumindest tendenziell offen waren.[10]

---

10 Zu den unterschiedlichen Positionen der „großen" Drei vgl. Wolfgang Wagner, Die Konstruktion einer europäischen Außenpolitik. Deutsche, französische und britische Ansätze im Vergleich, Frankfurt: Campus 2001; Christopher Hill (Hg.), The Actors in Europe's Foreign Policy, London/New York: Routledge 1996, S. 19-89.

Das Ergebnis dieser Divergenzen ist bis heute eine Parallelität von nationalen, koordinierten (bspw. im Rahmen internationaler Organisationen wie den UN) und gemeinsamen Außenpolitiken. Letztere wurden bis zum Lissaboner Vertrag nur von bestimmten Mitgliedstaaten der EU (Mittelmeerpolitik der südlichen EU-Staaten) oder aber von allen Mitgliedern in Form „Gemeinsamer Strategien", „Gemeinsamer Aktionen" oder „Gemeinsamer Standpunkte" als offizielle GASP-Instrumente durchgeführt und sollten Ausfluss der gemeinschaftlichen „Bestimmung der Grundsätze und der allgemeinen Leitlinien" bzw. der strategischen Interessen in der Außen- und Sicherheitspolitik durch den Europäischen Rat sein. Einzig im Fall „Gemeinsamer Aktionen" handelte die Union somit als einheitlicher Akteur, da die vom Rat beschlossenen Maßnahmen für alle Mitgliedstaaten bindend waren. Von gemeinschaftlicher Politik konnte jedoch auch hier nicht die Rede sein, da erstens die Umsetzung der Beschlüsse dezentral erfolgte, zweitens eine Einklagung selbiger jedoch nicht möglich war. Gleiches galt bei den „Gemeinsamen Standpunkten"; auch hier bestimmten die Mitgliedstaaten letztlich über die Anpassung ihrer nationalen Politik an die EU-Position.

Der Diskrepanz zwischen gemeinsam bekundetem Willen und nationalem Reflex entsprachen sowohl die Organstruktur wie auch die Entscheidungsmechanismen in der GASP, wie sie zunächst im Maastrichter Vertrag angelegt war. Die dortige Überführung in die so genannte zweite Säule (Titel V Art. J.1-J.18) war Ausdruck der bewussten Trennung der Außen- und Sicherheitspolitik vom einheitlichen Integrationsprojekt im Rahmen des ersten, vergemeinschafteten Pfeilers. Eben die Erkenntnis, einerseits der Europäischen Union auch eine außen- und sicherheitspolitische Dimension verleihen zu wollen, andererseits aber weiterhin mit unterschiedlichen Vorstellungen der Mitglieder leben zu müssen, erforderte von den Mitgliedern ein hohes Maß an Flexibilität und Kompromissbereitschaft. Das Ergebnis schuf die Grundlagen für die GASP der Union, deren Bestimmungen mit Blick auf die Kompetenzfrage nicht mehr waren als ein Minimalkonsens der Mitgliedstaaten, die sich im Laufe der neunziger Jahre als völlig unzureichend erwiesen, die außenpolitische Handlungsfähigkeit der EU entscheidend zu vergrößern. Nach dem Verlust der außenpolitischen „Unschuld"[11] und der Geburt der GASP in den Jahren 1990- 1992 folgten somit zunächst die Jahre der Stagnation, aber auch eines gleichzeitigen, von ersten Gehversuchen der Union begleiteten „Lernprozesses" (1993-1996):[12] Nationale Beharrungskräfte verhinderten eine zügige Umsetzung der neu geschaffenen Instrumente ebenso wie letztlich

---

11   Roy H. Ginsberg, The European Union in International Politics: Baptism by Fire, Lanham: Rowman and Littlefield 2001.

12   Forster/Wallace, a.a.O., S. 477.

unausgereifte Vorkehrungen hinsichtlich der Finanzierung der GASP, einer klaren Trennung zwischen „Gemeinsamen Standpunkten" und „Gemeinsamen Aktionen" (die sich zumeist in Wahlbeobachtung und technischen Hilfsmaßnahmen erschöpften) oder des problematischen Dualismus von WEU und GASP.[13] Schließlich war die Ohnmacht Europas, während des Krisenmanagements im ehemaligen Jugoslawien mit einer Stimme zu sprechen, der Auslöser dafür, dass die Mitgliedstaaten in der Regierungskonferenz 1996/97 von den im Maastrichter Vertrag (Art. J.4, Abs. 6 und J.10) vorsorglich verankerten Revisionsklauseln Gebrauch machten und wesentliche Neuerungen in diesem Politikbereich herbeiführten. Die EU erwies sich als unfähig, in das Geschehen auf dem Balkan einzugreifen – zumal ohne die Möglichkeit eines Rückgriffs auf NATO-Mittel –; UNO, NATO, OSZE, USA, Frankreich und Großbritannien waren stattdessen die entscheidenden Akteure.

In der Zielumschreibung nahm der Amsterdamer Vertrag zwar keine entscheidenden Änderungen vor – sieht man einmal davon ab, dass die Position der Union gegenüber den Mitgliedstaaten stärker hervorgehoben wurde: So war nunmehr explizit die Union (und nicht mehr die Union und die Mitgliedstaaten) für die Formulierung und Umsetzung der GASP verantwortlich, während die Mitgliedstaaten aufgefordert wurden, von jeder Handlung abzusehen, die „den Interessen der Union zuwiderläuft oder ihrer Wirksamkeit als kohärente Kraft in den internationalen Beziehungen schaden könnte" (Art. 11, Abs. 2 EUV Amsterdam – mit dem gleichen Wortlaut jetzt Art. 24 EUV). Diese Haltung entsprach auch dem in der Agenda 2000 von der Kommission formulierten Anspruch, wonach die EU ihre Einflussnahme in den internationalen Beziehungen schrittweise verstärken und die Fähigkeit erlangen sollte, außenpolitische Entscheidungen zu treffen, die auch mit dem Einsatz militärischer Mittel verbunden sind. Unterstützt von den 1995 zur Union hinzu gestoßenen „neutralen" Neumitgliedern Österreich, Schweden und Finnland setzten sich in Amsterdam allerdings die Gegner einer europäischen Verteidigungsidentität und damit einer umfassenden Überführung der WEU in die EU durch. Zwar gab es am Ende einen Konsens hinsichtlich der Präzisierung der EU-Aufgaben im Bereich von friedenserhaltenden und friedensschaffenden Maßnahmen und somit auch für die stufenweise Übernahme der Petersberg-Aufgaben der WEU in den Verantwortungsbereich der Union; damit wurde die in Maastricht noch auf unbestimmte Zeit verschobene Schaffung einer gemeinsamen Verteidigungspolitik explizit aufgehoben: „...alle Mitgliedstaaten können sich in vollem Umfang an den betreffenden Aufgaben (Petersberg-Spek-

---

13 Ausführlich behandelt bei Marc Gottschald, Die GASP von Maastricht bis Nizza, Baden-Baden: Nomos 2001.

trum) beteiligen" (Art. 17, Abs. 2 und Abs. 3.3 EUV Amsterdam). Die mögliche Überführung der der Verteidigungspolitik in die Kompetenz der EU wurde aber ebenso deutlich unter den Vorbehalt eines entsprechenden Beschlusses des Europäischen Rats gestellt (Art. 17, Abs. 1 EUV Amsterdam).

Mit Blick auf die Instrumente und Handlungsstrukturen aber brachte Amsterdam doch einen weiteren Schub in Richtung Vertiefung und effizientere Entscheidungsverfahren – auch wenn sich an den Konfliktlinien entlang der bekannten Grundpositionen der integrationsfreundlicheren Regierungen einerseits und der um Großbritannien gescharten Verfechter eines intergouvernementalen Ansatzes nichts wesentlich änderte. So galt nach beiden Verträgen als Grundprinzip, dass die wesentlichen Impulse im Rahmen der GASP unmittelbar vom Europäischen Rat (Staats- und Regierungschefs) bzw. Ministerrat (Außenminister), d. h. von den Mitgliedstaaten auszugehen hatten. Der Europäische Rat entschied über die Grundsätze und allgemeinen Leitlinien der GASP (Art. 13, Abs. 1 EUV Amsterdam), beschloss seit der Einführung durch den Amsterdamer Vertrag auf Empfehlung des Ministerrats „Gemeinsame Strategien"[14] und legte fest, ob und wie es zum Aufbau einer Gemeinsamen Verteidigungspolitik kommt; dabei galt das Prinzip der Einstimmigkeit der Beschlussfassung. Außerdem hatte er die institutionellen Beziehungen zur WEU zu fördern, auf die sich auch seine Leitlinienkompetenz erstreckte, wenn sich die EU zur Umsetzung der GASP der WEU bediente (Art. 13 und 17 EUV Amsterdam). Wurden die politischen Richtlinien durch einen vorangegangenen einstimmigen Beschluss festgelegt, konnten „Gemeinsame Aktionen" und andere Umsetzungsbeschlüsse vom Ministerrat auch mit qualifizierter Mehrheit verabschiedet und durchgeführt werden (wovon in der Praxis allerdings wenig Gebrauch gemacht wurde). Dabei betrafen „Gemeinsame Aktionen" „spezifische Situationen, in denen eine operative Aktion der Union für notwendig erachtet wird" (Art. 14 EUV Amsterdam), während „Gemeinsame Standpunkte" als strategisches Instrument zu verstehen waren, mit denen die Union „das Konzept ... für eine bestimmte Frage geographischer oder thematischer Art bestimmt" (Art. 15 EUV Amsterdam). Komplettiert wurde das Instrumentarium durch die Möglichkeit der Verhängung von Wirtschaftssanktionen auf Grund von GASP-Aktionen, wie es der angepasste Vertrag zur Gründung der Europäischen Wirtschaftsgemeinschaft vorsah (Art. 301 EGV – heute Art. 215 (1) AEUV).

---

14   Gemeinsame Strategien werden vom Europäischen Rat in den Bereichen beschlossen, in denen wichtige gemeinsame Interessen der Mitgliedstaaten bestehen. Der Vorschlag dazu wird vom Ministerrat unterbreitet, der auch für die Umsetzung zuständig ist (Art. 13, Abs. 2, 3 EUV Amsterdam).

Die Kommission war in „vollem Umfang" an den GASP-Arbeiten zu beteiligen (Art. 27 EUV Amsterdam). Der Kommissionspräsident wurde zu den Sitzungen des Europäischen Rats hinzugezogen und hatte das Recht, Fragen im Zusammenhang mit der GASP an den Europäischen Rat zu richten und diesem Vorschläge zu unterbreiten. Das Parlament spielte eine untergeordnete Rolle, als es lediglich über ein Anhörungsrecht verfügte und Anfragen oder Empfehlungen an den Ministerrat richten konnte. Es war von der Kommission und vom Vorsitz regelmäßig zu unterrichten und hatte über die Beteiligung am Haushaltsverfahren zumindest ein Mitspracherecht in Fragen der Finanzierung der GASP (Art. 28 EUV Amsterdam).[15]

Hinsichtlich der institutionellen Neuerungen sind besonders die Schaffung des Postens eines „Hohen Vertreters für die GASP" sowie die Einrichtung einer GASP- Strategieplanungs- und Frühwarneinheit zu erwähnen.[16] Nach französischem Verständnis sollte der Hohe Vertreter durch eine möglichst hochrangige politische Persönlichkeit bestellt werden, andere Mitgliedstaaten (darunter auch die Bundesrepublik) hingegen wollten das Amt durch einen Ministerialbeamten bzw. Zuarbeiter für die Präsidentschaft besetzt sehen. Die mit dem ersten Amtsinhaber Javier Solana im Juni 1999 getroffene Personalentscheidung entsprach zwar letzterer Vorstellung, da dessen Autorität ausdrücklich auf das Zuarbeiten für die Präsidentschaft und den Rat beschränkt wurde (Art. 18 und 26 EUV Amsterdam). Auf der anderen Seite aber verlieh die Tatsache, dass er gleichzeitig als Generalsekretär des Rats agierte (von dem er außerdem autorisiert werden konnte, mit Dritten politische Dialoge zu führen) und der neu zu schaffenden Planungszelle vorstehen sollte, dem Hohen Vertreter doch erhebliches bürokratisches Gewicht, das dieser durchaus nutzte und von den Mitgliedstaaten mit der Zeit durchaus gewollt war. So wurde er gleichzeitig als einer der drei Vertreter der „neuen Troika" eingesetzt, nachdem die alte trotz der Neuerungen von Maastricht nicht die gewünschte Kontinuität gebracht hatte. Nunmehr bestand die neue Troika aus dem Ratsvorsitz, dem für das Auswärtige zuständigen Kommissionsmitglied sowie eben dem Generalsekretär des Rates, also zumindest zwei Vertretern, die dem Einfluss einzelner Mitgliedstaaten nicht unmittelbar ausgesetzt waren. Da das neue Amt nicht an der Spitze der EU etabliert wurde,

---

15 Diese Ausgaben betreffen Verwaltungsausgaben sowie die operativen Ausgaben im Zusammenhang mit der Durchführung der Bestimmungen aus Titel V, mit Ausnahme der Ausgaben aufgrund von Maßnahmen mit militärischen oder verteidigungspolitischen Bezügen, die ausschließlich von den Mitgliedstaaten getragen werden.

16 Vgl. Elfriede Regelsberger/Matthias Jopp, Und sie bewegt sich doch! Die Gemeinsame Außen- und Sicherheitspolitik nach den Bestimmungen des Amsterdamer Vertrages, in: integration, 20, 4 (1997), S. 255-263.

schloss diese Konstruktion allerdings Kompetenzrangeleien untereinander nicht aus.

Die Strategieplanungs- und Frühwarneinheit sollte kontinuierlich internationale Vorgänge und Entwicklungen überwachen, analysieren und bewerten sowie Handlungsoptionen für den Rat erarbeiten. Sie unterstützte damit die Arbeit des Rates bzw. der Präsidentschaft, sollte aber auch „angemessen mit der Kommission zusammenarbeiten, um die vollständige Kohärenz mit der Außenwirtschafts- und Entwicklungspolitik der Union" zu gewährleisten. Bemerkenswert in diesem Kontext war der Anspruch, wonach der Planungsstab seine Aufgaben aus Unionsinteresse heraus formulieren sollte. Er signalisierte somit bewusst den Versuch, mitgliedstaatliche Partikularinteressen zu überwinden.

Alles in allem war die GASP somit nach beiden Verträgen zunächst ein intergouvernementales Unternehmen, dem die wesentlichen Elemente der Supranationalität, so die Möglichkeit zur Rechtsetzung mit Direktwirkung, weisungsunabhängige Organe mit umfassenden Handlungskompetenzen sowie Mehrheitsabstimmungen als Entscheidungsprinzip, fehlten. Weder waren Beschlüsse auf nationaler oder europäischer Ebene einklagbar, noch spielten Kommission und EP in der GASP wirklich eine entscheidende Rolle – sieht man einmal von dem Vorschlagsrecht der Kommission für alle Frage der GASP und der Tatsache, dass fortan der Ratsvorsitz als gemeinsame Vertretung der Regierungen die Verhandlungsführung bei internationalen Verträgen übernahm (Art. 24 EUV Amsterdam), ab. Zwar wiesen zwei wesentliche Neuerungen beim Abstimmungsmodus doch in Richtung einer gewissen Aufweichung des ansonsten strikt intergouvernementalen Charakters der GASP: Zum einen die Möglichkeit der „konstruktiven Enthaltung" (Art. 23 EUV Amsterdam – jetzt Art. 31 (1) EUV), nach der einzelne Mitgliedstaaten (maximal ein Drittel der gewogenen Stimmen) sich enthalten konnten, ohne dadurch dem Zustandekommen von Beschlüssen entgegenzustehen und an diese gebunden zu sein – machten mehrere Staaten, die insgesamt über mehr als ein Drittel der gewogenen Stimmen verfügten, von dieser Möglichkeit Gebrauch, kam der Beschluss jedoch nicht zustande; zum anderen das generelle Mehrheitsvotum für Durchführungsbeschlüsse (Art. 23, 2 EUV Amsterdam – jetzt Art 31 (2) EUV), welches wiederum eingeschränkt wurde durch das Vetorecht „aus wichtigen Gründen der nationalen Politik" im Sinne des Luxemburger Kompromiss von 1966. Allerdings fehlten in beiden Fällen die Zwänge, die gemeinschaftliche Politik auch tatsächlich umzusetzen, so dass Kritikern selbst eine Gemeinsame Außen- und Sicherheitspolitik mehr als Mythos denn als Realität erschien.[17] Für die Verteidigungspolitik galt dies umso mehr, als deren schrittweise Festlegung, die dereinst zu einer „gemeinsamen Verteidigung führen könnte", ohnehin von einem entsprechenden Beschluss des Europäischen Rates abhing. Damit aber blieb die Verteidigungspolitik weiterhin von der GASP ausgenommen. Ungeachtet der Ausdehnung der Leitlinienkompetenz des Europäischen Rates auf die WEU blieb letztere vorerst eine eigenständige Organisation (Art. 17, 1 EUV Amsterdam).

Auch Nizza (2000) brachte keinen gravierenden Kurswechsel. Abgesehen von der Ausdehnung der Klausel zur „verstärkten Zusammenarbeit" auf die GASP (Art. 27a-e EUV Nizza), der Einbeziehung wesentlicher Funktionen der WEU in die EU, der Möglichkeit der Ernennung von Sonderbeauftragten (Art. 23 EUV Nizza) und des Hohen Vertreters (Art. 207 EGV Nizza), sowie der mit einer Aufgabenerweiterung verbundenen Umbenennung des Politischen zum Politischen und Sicherheitspolitischen Komitee (PSK – Art. 25 EUV Nizza) gab es keine nennenswerten Beschlüsse zur Vertiefung im Bereich der GASP.[18] Der Beginn der Beitrittsverhandlungen, die gerade einmal einjährige Testphase der mit dem Amsterdamer Vertrag eingeführten Bestimmungen sowie der Wille der Mitgliedstaaten, zunächst der durch die Kehrtwende der britischen Politik angestoßenen „außervertraglichen" Gestaltung der europäischen Sicherheits- und Verteidigungspolitik größere Aufmerksamkeit zu widmen (vgl. dazu anschließendes Kapitel),[19] ließ die Debatte um weitere mögliche Vertragsänderungen während der Regierungskonferenz zunächst ruhen. In systematischer Hinsicht am wichtigsten war sicherlich die Einführung der verstärkten Zusammenarbeit bzw. deren Ausdehnung auf die GASP. Danach konnte eine Gruppe von mindestens acht Mitgliedstaaten (Art. 43 EUV Nizza) in eine solche Zusammenarbeit eintreten, wenn sie die „genannten Verträge und den einheitlichen Rahmen der Union beachtet" und wenn sie den „Besitzstand der Gemeinschaft und die nach Maßgabe der sonstigen Be-

---

17   John Peterson, Conclusion: The Myth of the CFSP?, in: Ders./Helene Sjursen (Hg.), A Common Foreign Policy for Europe? Competing visions of the CFSP, London: Routledge 1998, S. 169-185.

18   Elfriede Regelsberger, Die Gemeinsame Außen- und Sicherheitspolitik nach Nizza – begrenzter Reformeifer und außervertragliche Dynamik, in: Mathias Jopp/Barbara Lippert, Heinrich Schneider (Hg.), Das Vertragswerk von Nizza und die Zukunft der Europäischen Union, Bonn 2001, S. 112-122; Franco Algieri, Die Europäische Sicherheits- und Verteidigungspolitik – erweiterter Handlungsspielraum für die GASP, in: Werner Weidenfeld (Hg.), Nizza in der Analyse, Gütersloh 2001, S. 161-201.

19   Bei den entsprechenden Regierungskonferenzen (Köln, Juni 1999; Helsinki, Dezember 1999; Feira, Juni 2000; sowie Nizza, Dezember 2000) ging es vor allem darum, die Grundlagen für eine eigenständige Europäische Sicherheits- und Verteidigungspolitik zu legen.

stimmungen der genannten Verträge getroffenen Maßnahmen" dabei bewahrte. Damit sollte integrationswilligen Staaten ein vertragskonformes Voranschreiten im Bereich der Sicherheits- und Verteidigungspolitik und bei der Rüstungskooperation im Sinne so genannter „Koalitionen von Handlungswilligen" („coalitions of the willing") ermöglicht werden, ohne die nicht kooperationsbereiten Partner völlig auszuschließen – eine Idee, die nicht zuletzt auf dem Hintergrund einer prospektive um zehn Mitglieder erweiterten Union zustande kam.

In der Praxis war die Regelung seither eher von geringer Relevanz. Zu groß wiegt die Skepsis besonders der kleineren Mitgliedstaaten hinsichtlich einer möglichen Marginalisierung durch die „Großen" mittels derartiger „Avantgarde"-Ideen. Nahrung erhielten solche Bedenken beispielsweise durch die außerhalb des GASP-Rahmens agierende Bosnien-Kontaktgruppe, die Abstimmungen der „Großen" in der Kosovo-Krise oder etwa durch den zwischenzeitlichen Schulterschluss Frankreichs, Deutschlands sowie Belgiens und Luxemburgs beim so genannten Brüsseler „Pralinengipfel" nach Ende des Irak-Krieges.[20] Außerdem schloss die Regelung eine Ausweitung auf Fragen mit militärischen und verteidigungspolitischen Bezügen bis Lissabon aus. Immerhin aber brachte allein durch die vertragliche Verankerung des Prinzips zumindest eine gewisse Dynamisierung seiner Anwendung, gleichwohl sie in der Praxis bis heute immer wieder im latenten bis offenen Konflikt mit den in Art. 24 (3) EUV angesprochenen Prinzipien der Loyalität und Solidarität steht.

Von Bedeutung war schließlich die vertragliche Festlegung einer möglichen künftigen gemeinsamen Verteidigung, auch wenn diese ausdrücklich die bestehenden Verpflichtungen zur NATO nicht tangieren sollte (Art. 17 (1) EUV Nizza – heute Art. 42 (2) EUV). Mit der in Amsterdam angelegten und in Nizza bestätigten vertraglichen Absichtserklärung zu einer gemeinsamen Verteidigung konnten weitere Integrationsschritte in diesem Bereich schließlich vom Europäischen Rat beschlossen werden, ohne dass sie von den Mitgliedstaaten bzw. nationalen Parlamenten ratifiziert werden mussten. Dies erklärt die nach Amsterdam erfolgte Dynamisierung von Beschlüssen des Europäischen Rates zur Entwicklung einer autonomen Entscheidungs- und Handlungsfähigkeit im Bereich der Sicherheit und Verteidigung. Begleitet wurde diese Regelung von einer faktischen Auflösung der WEU und der institutionellen Überführung der Sicherheits- und Verteidigungspolitik in den Bereich der EU.

---

20   Philippe de Schoutheete, Closer Cooperation: Political Background and Issues in the Negotiation, in: Jörg Monar/Wolfgang Wessels (Hg.), The European Union after the Treaty of Amsterdam, London/New York 2001, S. 150-166.

Die Post-Nizza-Debatte stand insbesondere im Zeichen der Einfügung der im Zuge der Entwicklung der Europäischen Sicherheits- und Verteidigungspolitik (ESVP) entwickelten neuen Instrumente/Institutionen in das bestehende Gesamtgefüge und deren personelle Ausstattung. Die Mitgliedstaaten bemühten sich des Weiteren, unabhängig vom späten Zeitpunkt des Inkrafttretens des neuen Vertrages, um die Klärung von Detailfragen hinsichtlich der für 2003 avisierten Einsatzfähigkeit der Europäischen Krisenreaktionskräfte im Sinne der so genannten „Helsinki Headline Goals"[21], die Präzisierung der Aufgabenteilung zwischen dem Hohen Vertreter und dem für die GASP zuständigen EU-Kommissar sowie eine Belebung der Diskussion über die Ausrichtung der GASP im Zuge der Erweiterung im Allgemeinen und eine effizientere Nutzung des bestehenden GASP-Instrumentariums (insbesondere der „Gemeinsamen Strategien)[22] im Besonderen. Insgesamt galt es die durch die ESVP angestoßene außervertragliche Dynamik über den Laeken-Gipfel im Dezember 2001 hinaus aufrecht zu erhalten und der erweiterten Union die Instrumente und Mittel zur Verfügung zu stellen, die es ihr ermöglichten, eine aktive Rolle in der Weltpolitik spielen zu können.[23] Ausdrücklich bekundeten die Staats- und Regierungschefs auf dem Gipfel in Laeken (2001) den gemeinsamen Willen, den europäischen Aktionsplan zu den militärischen Fähigkeiten (ECAP) umzusetzen und die EU in die Lage zu versetzen, bestimmte Maßnahmen zur Krisenbewältigung durchzuführen.

Damit stand die GASP – unter Berücksichtigung der Entwicklungen im Bereich der ESVP (s. im folgenden Kapitel) – im Vorfeld des Anfang 2002 installierten Konvents zur Zukunft der Europäischen Union[24] an einem Punkt, an welchem sie zwar weiterhin primär intergouvernemental organisiert war, die Gemeinschaftsebene jedoch zunehmend eine größere Rolle spielte, die sich nicht zuletzt in der Beteiligung der Kommission, der – wenn auch begrenzten – Kontrollfunktion des Parlaments, der Rolle des zuständigen Kommissars in der reformierten Troika sowie an der Aufgabenerweiterung des Politischen und Sicherheitspolitischen Komitees und der damit verbundenen stärkeren Vernetzung mit den nationalen

---

21 European Council Helsinki, Presidency Conclusions, December 10/11 1999, SN 300/99, Annex IV, S. 19-29; des Weiteren die Erklärung zur Einsatzbereitschaft auf dem Gebiet der Gemeinsamen Sicherheits- und Verteidigungspolitik, Anlage II zu den Schlussfolgerungen des Vorsitzes des Europäischen Rates von Laeken v. 14/15. Dezember 2001.

22 Eine solche forderte vor allem der Hohe Vertreter, Javier Solana.

23 Die Zukunft der Europäischen Union – Erklärung von Laeken. Vgl.

24 Vgl. http://european-convention.eu.int. Vgl. des Weiteren: Stefan Fröhlich, Shaping the Issues. The Work of the Convention, in: The European Union Constitutional Treaty, Center for Transatlantic Relations (Hg.), Washington 2004, S. 3-35.

Ministerien abzeichnete. In diesem Zusammenhang war die Verbindlichkeit von „europäischen" Entscheidungen gestiegen und hatte insgesamt zu einem Prozess der „Brüsselisierung" beigetragen, die – bei aller Beibehaltung des intergouverne-mentalen Grundprinzips – nationale Ansprüche in nahezu allen Facetten der Außen- und Sicherheitspolitik doch zunehmend einschränkte. Jedenfalls war die oft konstatierte Nichteinigung und die damit verbundene Handlungsunfähigkeit der Gemeinschaft wie beispielsweise in den Krisen im ehemaligen Jugoslawien nicht nur Ausdruck der Unvereinbarkeit konträrer mitgliedstaatlicher Positionen, sondern umgekehrt auch der Grenzen der Durchsetzbarkeit nationaler Interessen in einem auch in der GASP zunehmend stärker verflochtenen Institutionengefüge. So oder so erhöhte sich damit der Druck auf die Mitgliedstaaten, einerseits zu mehr als nur „koordinierten" Vorgehensweisen zu kommen, andererseits – um wiederum dem Dilemma der zunehmenden Handlungsunfähigkeit in einer er-weiterten Union zu begegnen – eine größere Flexibilität auch in der GASP nicht nur theoretisch, sondern auch in der Praxis zuzulassen, wollte man dem An-spruch sowohl der Union wie der Mitgliedstaaten hinsichtlich der Übernahme einer globalen Rolle Europas gerecht werden.[25]

Eben dieser Zielvorgabe entsprachen auch die Überlegungen, die sich nach dem am Widerstand Frankreichs und der Niederlande gescheiterten Verfassungs-vertrag schließlich im Lissaboner Vertrag fanden. Schon im Verfassungsvertrag spiegelten die darin vorgesehenen Weiterentwicklungen im Bereich der GASP den Kompromiss zwischen einer vor dem Hintergrund der aktuellen sicher-heitspolitischen Herausforderungen als notwendig empfundenen vertieften Zu-sammenarbeit auf Brüsseler Ebene einerseits und den unverändert anhaltenden Souveränitätsvorbehalten der Mitgliedstaaten besonders in der Sicherheits- und Verteidigungspolitik andererseits wieder. Zwar nahmen die GASP/ESVP-re-levanten Bestimmungen insgesamt einen größeren Raum ein. Einen Quanten-sprung aber stellten die Bestimmungen sicherlich nicht dar. Bei aller Fortsetzung des Prozesses der „Brüsselisierung" schrieb der Text den intergouvernementalen Charakter der GASP/ESVP fort.

Dies gilt auch für den letzten Integrationsschritt in Richtung einer Stärkung der GASP, wie er mit dem Lissaboner Vertrag unternommen wurde. Die im EUV und AEUV festgeschriebenen Bestimmungen zur GASP und GSVP (vgl. folgendes Kapitel) markieren nicht wirklich eine substantielle Abweichung von den bis dahin gültigen institutionellen Gegebenheiten. Am Einstimmigkeits-prinzip wird abgesehen davon, dass der Vertrag bei Durchführungsmaßnahmen

---

25   Andrew Moravcsik, Striking a New Transatlantic Bargain, in: Foreign Affairs, 82, 4 (2003), S. 74- 89.

die Möglichkeit qualifizierter Mehrheitsentscheidungen vorsieht (Art. 31 (2) EUV), nicht gerüttelt. Es bleibt außerdem bei der Leitlinienfunktion des nunmehr mit Organstatus versehenen Europäischen Rates (Art. 26 EUV) und bei der generellen Zuständigkeit des Außenministerrates für die GASP. Ebenso ist das PSK unverändert für die Krisenbewältigung zuständig und kann vom Rat beauftragt werden, eigenmächtig Beschlüsse zu fassen (Art. 38 EUV). Das Parlament spielt unverändert eine eher untergeordnete Rolle, der Einfluss der Kommission auf die Außenbeziehungen droht abzunehmen, so dass insgesamt eher die intergouvernementale Komponente im Vertrag gestärkt wird.

Wichtigste institutionelle Neuerung ist die Einführung des Amts des Hohen Vertreters (HV) für die Außenpolitik im Sinn eines quasi-Außenministers, der für die geforderte Kohärenz der europäischen Außen- und Sicherheitspolitik zu sorgen hat (Art. 18 EUV). Er wird vom Europäischen Rat mit qualifizierter Mehrheit bestimmt und vom Kommissionspräsident ernannt, und ihm obliegt künftig gemeinsam mit dem gleichsam neu geschaffenen, auf 2.5 Jahre gewählten Präsidenten des Europäischen Rates (Art. 15 (6) EUV) und mit den Mitgliedstaaten die Außenvertretung, das Agenda-setting und die Durchführung der Außen- und Sicherheitspolitik in der Union. Als Vizepräsident der Kommission wird der HV mit ständigem Vorsitz im Rat für „Auswärtige Angelegenheiten" (Art 27 (1) EUV) und Initiativrecht zum außenpolitischen Scharnier zwischen Rat – dem er verantwortlich ist – und Kommission; im Rat für „Allgemeine Angelegenheiten" wie allen anderen Ratsformationen hingegen führt nach der Teilung wie bisher die rotierende Präsidentschaft den Vorsitz. Dadurch wird die lange Zeit beklagte Doppelstruktur mit dem Hohen Repräsentanten der GASP und dem für die Außenbeziehungen zuständigen Kommissar zugunsten eines „Doppelhuts" bzw. der Personalunion im Amt des HV zwar aufgehoben. Allerdings relativiert sich diese Neuregelung wiederum dadurch, dass sich der HV die Funktion der größeren außenpolitischen Sichtbarkeit und der Koordinierung der Räte im Sinne der Kontinuität ihrer Arbeit mit dem Präsidenten des Europäischen Rates (Art. 15 (4) EUV) teilt.

Zusätzliches Gewicht erhält der HV durch den im Lissaboner Vertrag nur vage umrissenen Auswärtigen Dienst, eine Einrichtung, die mit ihren 6000-8000 Mitarbeitern gleichsam zwischen Rat und Kommission angesiedelt wird.[26] Der EAD besteht aus den einschlägigen Abteilungen des Generalsekretariats des Rates und der Kommission sowie Personal der nationalen diplomatischen Dienste (Art. 42

---

26 Council of the European Union, Proposal for a Council Decision of…establishing the organization and functioning of the European External Action Service, Brussels, March 25, 2010.

EUV). Zu seinen Aufgaben zählen das Krisenmanagement und die strategische Planung der EU-Außenpolitik einschließlich der Sammlung und Evaluation von Geheimdienstinformationen und Frühwarnung sowie der Übernahme der geographischen und thematischen Referate aus dem Ratssekretariat und der Kommission (single-desk-Prinzip); die Kommission behält aber wie o.e. die Verantwortung für die Handels-, Entwicklungs- und Erweiterungspolitik. Schließlich sieht die Verfassung zur Steigerung der Effektivität im operationellen Bereich der GSVP die Verankerung des bereits etablierten „neuen" „Europäischen Amts für Rüstung, Forschung und militärische Fähigkeiten" (Europäische Verteidigungsagentur) vor, welches den operativen Bedarf der Union ermitteln und die mitgliedstaatlichen Anstrengungen bei der industriellen und technologischen Entwicklung des Verteidigungssektors koordinieren soll (Art. 42 (3) EUV). Die Mitarbeit an diesem Vorhaben erfolgt allerdings auf freiwilliger Basis, zudem ist das Amt nicht dem Außenminister, sondern dem Rat unterstellt.

Mit Blick auf die Entscheidungsmechanismen hat der Lissaboner Vertrag eine Reihe von Instrumenten geschaffen, die auf eine stärkere Flexibilisierung auch in der GASP/ESVP-GSVP hinweisen. Zentral in diesem Kontext ist die uneingeschränkte Ausdehnung der „verstärkten Zusammenarbeit" auf nunmehr beide Bereiche. Bestand die Möglichkeit zu einer solchen im Bereich der GASP schon zuvor,[27] so sieht der Lissaboner Vertrag nunmehr auch innerhalb der GSVP (zuvor ESVP) die Möglichkeit einer so genannten „ständigen strukturierten Zusammenarbeit" auf Basis eines qualifizierten Mehrheitsbeschlusses vor (Art. 46 (1)-(6) EUV): Stellen mindestens ein Drittel der Mitgliedstaaten, „die anspruchsvollere Kriterien in Bezug auf die militärischen Fähigkeiten erfüllen...", einen Antrag an den Ministerrat, so muss der „Außenminister" zunächst die Kohärenz der geplanten Maßnahme mit der sonstigen Außen- und Sicherheitspolitik der Union prüfen, bevor sie anschließend vom Rat gebilligt wird.

Die Mitgliedstaaten verzichteten allerdings bewusst auf eine unmittelbare Übertragung der „verstärkten Zusammenarbeit" auf die GSVP. Vielmehr schufen sie für den nunmehr eigenen, von der GASP bewusst getrennten Abschnitt der GSVP ein „eigenes" Instrument, eben das der „strukturierten Zusammenarbeit". Damit entsprachen sie dem Widerstand der Mitgliedstaaten, die eine pauschale Übertragung auf die GSVP abgelehnt hatten. Anders als bei der „verstärkten Zusammenarbeit" ist bei der „strukturierten Zusammenarbeit" eine Beteiligung der nicht-teilnehmenden und nicht-stimmberechtigten EU-Staaten zumindest nicht explizit vorgesehen – was Spannungen im Verhältnis beider Instrumente

---

27   Für die GASP gelten hierfür jedoch allerdings nach wie vor besondere Bestimmungen (vgl. Art. III-419 (2) VVE).

zueinander in der Praxis wohl unumgänglich macht; lediglich mögliche Auswege im Sinne einer späteren, beim Rat/HV anzumeldenden Teilnahme solcher Mitglieder werden in Art. 46 (23) EUV angedeutet.

Abgesehen von diesen Flexibilisierungsinstrumenten bleibt es ansonsten beim Regelfall der Einstimmigkeit in der GSVP. Beschlüsse, einschließlich solcher zur Einleitung einer Gemeinsamen Aktion bzw. Mission sowie der erweiterten Petersberg-Aufgaben (Art. 43 EUV), werden vom Rat einstimmig auf Vorschlag des Außenministers oder eines Mitgliedstaates erlassen (Art. 42 (4) EUV). Der HV kann gegebenenfalls gemeinsam mit der Kommission den Rückgriff auf einzelstaatliche Mittel sowie auf Instrumente der Union vorschlagen. Für das Europäische Parlament, welches regelmäßig über die Durchführung der GASP informiert und angehört werden muss, wird insbesondere die politische und haushaltspolitische Rolle betont, während sich für den EuGH nichts geändert hat.

Insgesamt bleibt festzuhalten, dass mit Blick auf die Bestimmungen zur GASP/GSVP der intergouvernementale Charakter gerade in den zentralen Fragen der militärischen Friedenssicherung bei allen graduellen Fortschritten vor allem mit Blick auf die Flexibilitätsklauseln bestehen bleibt. Auch künftig lassen sich tief greifende Divergenzen zwischen den Mitgliedstaaten und Brüssel allein institutionell nicht ohne weiteres überbrücken, so dass die *ex post* vertretene These, die Irak-Krise hätte innereuropäisch einen anderen Verlauf genommen, wären die GASP/GSVP-bezüglichen Lissaboner Vertragsregeln bereits in Kraft gewesen, zu bezweifeln ist.[28] .Zwar könnte der HV theoretisch den politischen Druck auf einzelne Mitgliedstaaten erhöhen, wenn er/sie die ihm/ihr zur Verfügung gestellten strukturellen Machtinstrumente gegenüber den Mitgliedstaaten entsprechend offensiv nutzte. Diese reichen aber auch nach Lissabon kaum dazu aus, alle Mitgliedstaaten auf eine gemeinsame europäische Perspektive zu verpflichten, zumal die Mitgliedstaaten mit der Wahl sowohl der HV wie auch des Präsidenten signalisiert haben, dass beide eher als verlängerter Arm der Staats- und Regierungschefs denn als deren Vorsitzende fungieren sollten. Hinzu kommt, dass die durch die Einführung des Amts des HV viel beschworene Kohärenz (im Sinne des „Doppelhuts") durch die in der Verfassung unpräzise Abgrenzung und in der Praxis auftretenden Überlappungen der Kompetenzen des HV und des Präsidenten des Europäischen Rates konterkariert wird. Sie zwingen den HV jedenfalls in eine „dreifache Koordinierungsfunktion: zwischen Rat und Europäischem Rat, zwischen Rat und Kommission und zwischen den Mitgliedstaaten". Gleiches

---

28 So vertreten von: Thomas Risse, Auf dem Weg zu einer gemeinsamen Außenpolitik? Der Verfassungsentwurf und die europäische Außen- und Sicherheitspolitik; in: integration, 26, 4 (2003), 564-574 (573).

zeichnet sich auch für den EAD ab: Zwar versprechen die Aufhebung der vollen Beteiligung der Kommission an der GASP zugunsten einer Vertretung durch den HV in diesem Bereich (Art. 22 (2) EUV) sowie die Zusammenführung der außenpolitischen Bürokratien von Kommission und Rat eine größere Kohärenz bei der Bestimmung gemeinsamer Positionen; ob dieser Dienst sich aber im Laufe der Jahre von den mitgliedstaatlichen Diensten emanzipieren kann, darf allein wegen der Verankerung nationalen Personals in diesem Dienst ebenso bezweifelt werden.[29]

Ob gerade die verteidigungs- und sicherheitspolitischen Bestimmungen von Lissabon Wirkung entfalten können, hängt somit unverändert am politischen Willen der Mitgliedstaaten. Die verschärften Koordinierungsverpflichtungen sowie die Flexibilisierung der Sicherheits- und Verteidigungspolitik über die Instrumente der „strukturierten Zusammenarbeit" bzw. die „verstärkte Zusammenarbeit" bilden durchaus Kernelemente zur weiteren Vertiefung im Bereich der GSVP – auch wenn die Zusammenführung beider Arten der flexiblen Zusammenarbeit sicherlich zu einer größeren Transparenz beigetragen hätte. Die vorgesehene Einschränkung, wonach die an der „strukturierten Zusammenarbeit" nicht teilnehmenden Staaten vom Stimmrecht explizit ausgeschlossen werden, mag zwar den Anpassungsdruck für diese Staaten verringern und damit die Gefahr einer Spaltung der Union in zwei Lager der Handlungswilligen und Handlungsunwilligen in sich bergen; auf der anderen Seite eröffnet sie die derzeit einzig realistische Option eines sicherheitspolitischen Kerneuropas mit gemeinsamer Verteidigungspolitik im Rahmen der NATO. Entsprechend sieht Art. 42 (5) EUV das Delegieren einer „Mission" im Rahmen der Union (auf Basis eines einstimmigen Beschlusses) an eine „Gruppe von Mitgliedstaaten" vor – theoretisch in Form multinationaler Streitkräfte oder einer EU-Kampfgruppe.

Beide Instrumente sind zudem deshalb von besonderer Bedeutung, weil ansonsten die ehemals erwogene Überwindung des Einstimmigkeitsprinzips im Bereich der GASP keinen Eingang in die Verfassung gefunden hat. Im Gegenteil, selbst im nicht-militärischen Bereich verzichtet der Lissaboner Vertrag auf die Einführung qualifizierter Mehrheitsbeschlüsse als Regelfall und verhindert somit den entscheidenden Durchbruch hin zu einer effektiveren europäischen Außenpolitik. Es bleibt beim bestehenden Prinzip, wonach der Europäische Rat die Anwendung qualifizierter Mehrheitsentscheidungen kontrolliert.

---

29 Niklas Helwig/Paul Ivan/ Hrant Kostanyan, The new EU foreign policy architecture: reviewing the first two years of the EEAS, CEPS, Brussels 2013: http://www.ceps.be/book/new-eu-foreign-policy-architecture-reviewing-first-two-years-eeas

Positiv ist gleichsam die Einführung einer allgemeinverbindlichen Beistands-klausel (Art. 42 (7) EUV) sowie einer Solidaritätsklausel (Art. 24 (3) EUV) zu bewerten. Mit Ersterer wird den „neutralen" Mitgliedstaaten der Zugang zur GSVP erleichtert, indem man eine mögliche Beteiligung nicht an besondere Ver-fahren oder Kriterien auf europäischer Ebene knüpft, vor allem aber, weil man die Bereitstellung militärische Mittel zur Unterstützung möglicher EU-Aktionen nicht von vornherein zur Bedingung macht. Mit Letzterer wird umgekehrt der Rückgriff auf militärische Mittel ausdrücklich als Handlungsoption nicht nur erwähnt, sondern explizit auch in seiner Anwendung bestimmt. Dies ist inso-fern relevant, als im Falle eines Beschlusses, der auch den Verteidigungsbereich tangiert, der Rat zwar einstimmig beschließt, dabei jedoch vom PSK unterstützt wird. Auf diese Weise erfahren die an sich ausschließlich im Rahmen der GSVP konzipierten Strukturen nicht nur in anderen Bereichen Anwendung, sondern werden darüber hinaus auch stärker an die Gesamtstruktur der Union gebunden.

3.2 Die Dynamisierung der GASP – auf dem Weg zur Gemeinsamen Europäischen Sicherheits- und Ver-teidigungspolitik (GSVP)

3.2.1 Entwicklungen seit dem Kosovo-Krieg – Institutionen und Fähigkeiten

Im Verlauf des Kosovo-Konflikts wurde offenbar, dass die Europäer bei der Be-wältigung einer größeren Krise weiterhin auf das Eingreifen der USA angewiesen sind: Mehr als 70 Prozent aller Einsätze wurden von den Amerikanern geflogen und mehr als 80 Prozent der verwandten Munition stammten von den USA. Seit Anfang der neunziger Jahre wurde die Zuständigkeit der EU im Bereich der Außen- und Sicherheitspolitik zwar systematisch ausgebaut, so dass Europa heute in mehr als 80 Prozent aller außenpolitisch relevanten Fragen routinemäßig mit einer Stimme spricht – dies gilt für die Außenwirtschaftspolitik über die inter-nationale Umweltpolitik sowie die Menschenrechts- und Entwicklungspolitik bis hin zu Fragen der nicht-militärischen Sicherheit. Außerdem eröffnete sich parallel zum Amsterdamer Vertrag in der NATO die Möglichkeit, die europäische Säule durch die Entwicklung einer Europäischen Sicherheits- und Verteidigungsidenti-tät zu stärken. Schließlich wurde von allen Mitgliedstaaten im Prinzip anerkannt, dass die Integration der Außen-, Sicherheits- und Verteidigungspolitik Voraus-setzung ist für die Schaffung einer Politischen Union, die Herausbildung einer globalen Ordnungsmacht und Gleichrangigkeit gegenüber den USA. Dennoch gelang es der EU bis heute nicht wirklich, den fehlenden militärischen Unterbau zur Umsetzung der ambitiösen Ziele der GASP einzurichten.

Bemerkenswerterweise ging die Initiative zur Schaffung geeigneter eigener Streitkräfte bzw. der Erweiterung des Handlungsspielraums für die GASP durch eine „Europäische Sicherheits- und Verteidigungspolitik" (ESVP – seit Lissabon GSVP) bereits vor dem Kosovo-Krieg ausgerechnet vom Regierungschef jenes Mitgliedslandes aus, das die engsten Bindungen zu den USA unterhält und traditionell auf die NATO als wichtigstes Instrument militärischer Sicherheit setzt.[30] Bei einem Treffen der Staats- und Regierungschefs der EU im Oktober 1998 im österreichischen Pörtschach sprach sich der britische Premierminister Tony Blair wenngleich sehr allgemein für eine Verstärkung der europäischen Sicherheits- und Verteidigungsidentität innerhalb der NATO und die Integration der WEU in die EU aus. Gemeinsam mit dem französischen Staatspräsidenten Chirac setzte Blair anschließend beim bilateralen Gipfeltreffen in Saint Malo im Dezember 1998 ein entscheidendes Signal in Richtung der Verwirklichung des zweiten europäischen „Großprojekts" nach der Wirtschafts- und Währungsunion.[31] Im Mittelpunkt der Erklärung von Saint Malo stand die Forderung nach der Fähigkeit der EU zu selbständigem, auf glaubwürdige militärische Kräfte gestütztem Handeln, den Mitteln zur Entscheidung über den Einsatz dieser Kräfte und der Bereitschaft dazu, um auf internationale Krisen reagieren zu können.[32] Dies schloss die Verantwortung des Europäischen Rates ein, über die schrittweise Verwirklichung einer gemeinsamen Verteidigungspolitik im Rahmen der GASP nachzudenken.

Beide Staaten blieben bei ihrem Vorstoß zwar beim intergouvernementalen Ansatz und betonten zudem, dass die Initiative keine Abwendung von der NATO bedeute. Dennoch war das Signal schon deswegen von großer Bedeutung, weil sich hier bezüglich der Entwicklung einer europäischen Sicherheits- und Ver-

---

30   Zur Entwicklung der ESVP: Antonio Missiroli, ESVP – wie sie funktioniert, in: Nicole Gnesotto (Hg.), Die Sicherheits- und Verteidigungspolitik der EU. Die ersten fünf Jahre (1999-2004), Institut für Sicherheitsstudien der EU, Paris 2004, S. 65-86; Franco Algieri, Die Europäische Sicherheits- und Verteidigungspolitik. Erweiterter Handlungsspielraum für die GASP, in: Werner Weidenfeld (Hg.), Nizza in der Analyse, Gütersloh 2001, S. 161-201; Christopher Hill, EU Foreign Policy since September 11, 2001, in: Journal of Common Market Studies, 42, 1 (2004), S. 143- 163; Elfriede Regelsberger, Die Gemeinsame Außen- und Sicherheitspolitik der EU (GASP). Konstitutionelle Angebote im Praxistest 1993-2003, Baden-Baden 2004; Werner Hoyer/Gerd Kaldrack (Hg.), Europäische Sicherheits- und Verteidigungspolitik, Baden-Baden 2002.

31   Alyson Bailes, European Defense: What are the Convergence Criteria?, in: RUSI Journal (June 1999), S. 60.

32   Erklärung von St. Malo und Pressekonferenz von Chirac, Jospin und Blair, S. Malo (4. Dezember 1998): http://www.fco.gov.uk.

teidigungspolitik erstmals zwei unterschiedliche Strategieansätze trafen. Während Frankreich traditionell eine von den USA unabhängigere europäische Sicherheits- und Verteidigungspolitik anstrebte, ging es Großbritannien vor allem um die Stärkung eines europäischen Pfeilers innerhalb der NATO. Im Juni des folgenden Jahres bekräftigten die 15 Mitgliedstaaten in Köln unter dem Druck des Krieges im Kosovo diese Aussage und steckten mit ihren Beschlüssen den institutionellen Rahmen für die Entwicklung der „Gemeinsamen Europäischen Sicherheits- und Verteidigungspolitik" (ESVP) ab. Gleichzeitig präzisierten sie in dem von ihnen angenommenen Bericht der deutschen Präsidentschaft als Ziel Krisenmanagement im Bereich der „Petersberg-Aufgaben" (humanitäre Aufgaben und Rettungseinsätze; friedenerhaltende Aufgaben sowie Kampfeinsätze bei der Krisenbewältigung einschließlich friedensschaffender Maßnahmen) mit oder ohne Rückgriff auf NATO-Ressourcen. Die Entwicklung einer Fähigkeit der EU zu militärischer Krisenbewältigung einschließlich der Verbesserung der Kooperation der europäischen Rüstungsindustrien und der Harmonisierung militärischer Erfordernisse und der Rüstungsplanung und -beschaffung wurde in den Rahmen der GASP eingeordnet und als Teil der schrittweisen Festlegung einer gemeinsamen Verteidigungspolitik gemäß Art. 17 des EUV-Amsterdam bezeichnet, die im Übrigen weiterhin nicht näher definiert blieb. Die Entwicklung der Grundlagen für die Herstellung militärischer und nicht-militärischer Fähigkeiten wurde so zum Impuls und anhaltenden Charakteristikum der sicherheitspolitischen Vertiefung des Integrationsprozesses. Gleichzeitig aber wurde die so genannte „irische Formel" wiederholt, nach der die Politik der Union auf diesem Gebiet den besonderen Charakter der Sicherheits- und Verteidigungspolitik bestimmter Mitgliedstaaten nicht berührt. Mit anderen Worten: Die 15 Staats- und Regierungschefs stellten klar, dass die Mitgliedstaaten unter allen Umständen Herren der Entscheidung darüber bleiben, ob und wann ihre nationalen Streitkräfte eingesetzt werden.[33]

Schon ein halbes Jahr später goss der Rat in Helsinki den Kölner Grundsatzbeschluss in konkrete Zahlen um:[34] Gemäß den „headline goals" sollten die Mitgliedstaaten auf Grundlage freiwilliger Zusammenarbeit bis zum Jahr 2003 in der Lage sein, innerhalb von 60 Tagen für die Dauer von mindestens einem Jahr eine Eingreiftruppe von 50 000 – 60 000 Mann für die Durchführung der gesamten Reichweite der Petersberg-Aufgaben zu dislozieren. Für die nicht-militärischen

---

33 European Council Cologne, Presidency Conclusions, 3 and 4 June 1999, SN 150/99: 2 and Annex III, S. 33-42.

34 European Council Helsinki, Presidency Conclusions, 10 and 11 December 1999, SN 300/99, Annex IV, S. 19-29.

Interventionen, d. h. die Übernahme von Polizeimissionen in Krisenregionen zur Stärkung des Rechtsstaats, der Zivilverwaltung und des Zivilschutzes, verpflichteten sich die Mitgliedstaaten auf dem Gipfel von Feira im Juni 2000, bis 2003 im Rahmen einer freiwilligen Zusammenarbeit ein Kontingent von 5000 Polizeibeamten bereitzustellen; davon sollten 1000 Beamte binnen 30 Tagen verlegbar sein.

Die Mitgliedstaaten gingen über diese Vereinbarung der Gesamtstärke einer Kriseneingreiftruppe hinaus sogar noch einen Schritt weiter. Das Konzept hätte schon daran scheitern können, dass die einzelnen Staaten mangels eines verbindlichen Aufteilungsschlüssels nicht bereit gewesen wären, „ausreichende" Kontingente zur Verfügung zu stellen. Im November 2000 aber sagten die Außen- und Verteidigungsminister auf der in Brüssel stattfindenden Beitragskonferenz („Capabilities Commitment Conference") insgesamt mehr als 100000 Soldaten (zusätzlich zu den Bodentruppen ca. 30.000 Marine- und Luftwaffensoldaten sowie etwa 450 Kampfflugzeuge und 100 Schiffe) zu.[35] Mit den erforderlichen Reserven bedeutete dies theoretisch die Verfügung der EU über eine Armee von 150000 Soldaten inklusive technischer und logistischer Ausrüstung. Aufgrund der Freiwilligkeit der Zusammenarbeit handelte es sich jedoch um eine Ad-hoc-Koalitionsstreitmacht, einen Pool nationaler Truppen, auf den die EU grundsätzlich zurückgreifen kann, wenn der Rat einstimmig die Anwendung militärischer Gewalt als Reaktion auf eine internationale Krise beschließt, und nicht um eine integrierte und ständige Armee der EU. Das Ratssekretariat hatte in Folge dieser Konferenz die konkreten Beiträge zwar als „ausreichend" bezeichnet, gleichzeitig die Mitgliedstaaten jedoch aufgerufen, die Höhe ihrer Beiträge zu überprüfen und bestehende qualitative Mängel auszugleichen. Dennoch stellten die EU-Verteidigungsminister auf der „Capability Improvement Conference" nur ein Jahr später, im November 2001, insgesamt nicht weniger als 42 Fähigkeitslücken der EU-Mitgliedstaaten fest. Dabei ging es vor allem darum, vor dem Hintergrund anstehender Strukturreformen der Streitkräfte in einigen Mitgliedsländern die unzureichende Leistungsfähigkeit auf dem Gebiet der Aufklärung, der Streitkräfteführung und des strategischen Luft- und Seetransports zu verbessern, gleichzeitig aber auch um eine größere Kohärenz mit Blick auf die im Rahmen der NATO-Verteidigungsplanung bestehenden Verpflichtungen, wie sie der Europäische Rat im Oktober 2002 bestätigte – danach bekräftigten die Mitgliedstaaten, bei ihren Aktionen und Beschlüssen im Rahmen der militärischen Krisenbewältigung

---

35 Council, General Affairs/Defence, Military Capabilities Commitment Declaration, Press Release, Brüssel, 20 November 2000, No.: 13427/2/00, S. 4f. http://www.ue.eu. int/pesc/military.

durch die EU „ihren Vertragspflichten als NATO- Bündnispartner stets in vollem Umfang nachzukommen".[36] Spätestens auf dem Europäischen Rat in Laeken im Dezember 2001 wollte man eine Entscheidung über die Einsatzfähigkeit der europäischen „Rapid Reaction Force" treffen.

Weiterhin beschloss der Europäische Rat in Helsinki für die „Europäische Sicherheits- und Verteidigungspolitik"(ESVP) einen institutionellen Rahmen:

- Der Rat für Allgemeine Angelegenheiten, gebildet durch die Außenminister, sollte künftig zum zuständigen Gremium für die ESVP werden; die Verteidigungsminister können gegebenenfalls zur Beratung hinzugezogen werden. Neben der Ratspräsidentschaft spielte auch der Hohe Vertreter für die GASP eine wichtige Rolle in Rat und PSK.
- Das „Politische und Sicherheitspolitische Komitee" (PSK) aus nationalen Vertretern (Botschafter und hohe Beamte) wurde zur entscheidenden Koordinierungsinstanz für alle Aspekte der GASP und ESVP. Es sollte in zwei Formationen tagen, einmal als „Brüsseler PSK" in der Regel zweimal wöchentlich mit den Botschaftern, zum anderen mit den Politischen Direktoren der nationalen Außenministerien in der „klassischen" Zusammensetzung des PK. Spätestens seit Ende 1999 hat sich damit eine personelle Ausdifferenzierung und Verlagerung des alten PK und heutigen PSK nach Brüssel vollzogen. Das PSK bereitet die Entscheidungen, sprich gemeinsamen Politiken und Maßnahmen des Rates im Rahmen GASP und ESVP/GSVP vor; dazu gehört auch die Entwicklung der militärischen Fähigkeiten. Unter der Verantwortung des Rates nimmt das PSK seither außerdem die politische Kontrolle und strategische Leitung von Operationen zur Krisenbewältigung wahr. Die rechtlich bindende Beschlussfassung verbleibt allerdings weiterhin beim Rat.
- Zur Koordinierung der Aktivitäten zum Ausbau der zivilen Krisenmanagementfähigkeiten der EU wurde der „Ausschuss für zivile Aspekte des Krisenmanagements" (CIVCOM) eingerichtet. Pfeilerübergreifend soll(te) er Empfehlungen zur Krisenprävention und Handlungsoptionen zur Krisenbewältigung mit zivilen Kräften der Mitgliedstaaten erarbeiten und dem PSK zur Entscheidung zuleiten. In ihm war auch die Kommission als Vertreterin vorgesehen.
- Wie in der NATO sollte sich künftig ein „Militärausschuss" der EU aus den Generalstabschefs der Mitgliedstaaten zusammensetzen, die durch ihre militärischen Delegierten in Brüssel ständig vertreten sind. Der Militärausschuss sollte fortan das höchste militärische Gremium im Rahmen des Rates bilden

---

36 Europäischer Rat, Schlussfolgerungen des Vorsitzes, Brüssel, 24 und 25. Oktober 2002. SN 300/ 02, S. 17

und die militärische Kontrolle aller militärischen Aktivitäten im Rahmen der EU wahrnehmen. Er berät das PSK, kann diesem gegenüber Empfehlungen abgeben und militärische Direktiven an den Militärstab der EU erteilen. Schließlich soll(te) er den Generalsekretär/Hohen Vertreter in allen militärischen Angelegenheiten beraten.

- Der „Militärstab" mit einer Personalstärke von ca. 130 Personen sollte direkt dem GS/HR zugeordnet und als Generaldirektion im Ratssekretariat der EU verankert werden. Der Stab befasst sich bis heute mit der Frühwarnung, der Lagebeurteilung und der strategischen Planung im Hinblick auf die Ausführung der Petersberg-Aufgaben.

Damit waren die Gremien auf politisch-strategischer Ebene vorgegeben, die zum 1. März 2000 zunächst als Interimsorgane ihre Arbeit in Brüssel aufnahmen.[37] Mit den o. e. Beschlüssen des Rates von Nizza wurden dann die institutionellen Voraussetzungen für den Übergang der ESVP in die Dauerstrukturen, so wie sie in Helsinki definiert worden waren, geschaffen, indem PSK, Militärausschuss und Militärstab nunmehr als permanente Gremien eingesetzt wurden. Schließlich wurden die in Art. 17 des EUV in der Amsterdamer Fassung in Aussicht genommene weitgehende Liquidierung der WEU und die Übernahme der operativen Kapazitäten des Bündnisses durch die EU (Combined Joined Task Forces (CJTF)-Konzept) in die Tat umgesetzt.[38] Damit war die EU mit Blick auf den Aufbau einer autonomen sicherheitspolitischen Entscheidungsstruktur relativ weit vorangekommen. Die vorhandenen Institutionen wurden so ergänzt und erweitert, dass genügend militärischer Sachverstand und operative Leitungskompetenz für ein von NATO-Strukturen weitgehend unabhängiges Krisenmanagement theoretisch zur Verfügung stehen.

Beim Europäischen Rat in Brüssel im Dezember 2003 ergänzten die Staats- und Regierungschefs den institutionellen Rahmen der ESVP durch detaillierte Vorschläge zur Weiterentwicklung der militärisch-strategischen und operativen Ebene. Dabei bezogen sie sich auf ein von der italienischen Präsidentschaft eingeführtes Papier „Europäische Verteidigung: NATO/EU Konsultationen, Planung und Operationen", welches wiederum auf eine Initiative Belgiens, Deutschlands,

---

37   David Allen/Michael Smith, External Policy Developments, in: Journal of Common Market Studies, 40, 2, supplement 3 (2002), S. 97-115.

38   EU Council, Presidency Report on the European Security and Defence Policy, 4 December 2000, Press Release No. 14056/2/00. http://www.ue.eu.int/newsroom.

Frankreichs und Luxemburgs zurückging.[39] Gemeinsam mit den o. e. Flexibili-
sierungsvorschlägen („strukturierte Zusammenarbeit" zur Verbesserung der militärischen Fähigkeiten auf der Grundlage fester Regeln, ohne dass andere EU-
Mitgliedstaaten ihre Zustimmung erteilen müssen) im Rahmen des Lissaboner
Vertrags bilden beide Dokumente die Grundlage für die Weiterentwicklung der
ESVP/GSVP sowie die strategische Partnerschaft zwischen NATO und EU. Dabei
geht es im Wesentlichen um zwei Ziele:

- Verbesserung der Vorbereitung von EU-Operationen unter Rückgriff auf
  NATO-Mittel und Fähigkeiten durch Einrichtung einer EU-Zelle beim
  NATO-Hauptquartier SHAPE und eines NATO-Verbindungselements beim
  EU-Militärstab. Damit soll(t)en die Kernelemente des „Berlin Plus"-Pakets
  bekräftigt und die Verbindungen zwischen NATO und EU im Hinblick auf
  Operationen mit Rückgriff auf NATO-Mittel und -Fähigkeiten gestärkt
  werden.[40]
- Stärkung der Fähigkeit der EU zur strategischen Planung für ein von der
  NATO unabhängiges Krisenmanagement durch Einrichtung einer zivil-
  militärischen Zelle im EU-Militärstab mit primär strategischen Planungs-
  aufgaben. Die Zelle soll(te) die nationalen Hauptquartiere bei autonomen
  Operationen verstärken und als Scharnier zwischen zivilem und militärischem
  Bereich wirken. Darüber hinaus hat sie die Aufgabe, nach entsprechendem
  Ratsbeschluss ein Operationszentrum mit bis zu 89 Personen (aus EU-Militärstab, Ratssekretariat und EU-Mitgliedstaaten) zur Planung und Führung von
  autonomen Operationen einzurichten. Dieses soll vor allem dann zum Einsatz
  kommen, wenn ein kombiniertes zivil-militärisches Vorgehen erforderlich
  und kein nationales Hauptquartier verfügbar ist.[41]

Was das Streitkräfteziel bzw. die Fähigkeiten betrifft, so war das in Helsinki
definierte Ziel 2003 quantitativ zwar erreicht, so dass die EU theoretische in der

---

39 Beschluss des Europäischen Rates vom 12/13 Dezember 2003 in Brüssel zum Papier
    „Europäische Verteidigung".
40 Die endgültige Formulierung der „Berlin Plus"-Vereinbarungen wurde auf dem
    Europäischen Rat in Kopenhagen am 12./13. Dezember 2002 erreicht. Sie sieht die
    Etablierung dauerhafter Beziehungen zwischen NATO und EU, einschließlich eines
    gesicherten und ständigen Zugangs der EU zu den Planungskapazitäten und der Ver-
    fügbarkeit vorab identifizierter Mittel und Fähigkeiten der NATO für EU-Operatio-
    nen, sowie Vorschläge für die Schaffung eines eigenen militärischen Führungsstabes
    der Europäer vor.
41 Europäischer Rat, Schlussfolgerungen des Vorsitzes, Brüssel, 1. Februar 2005 (03.02).
    16238/1/04 Rev. 1, Punkte 60-62.

Lage (gewesen) wäre, Operationen im ganzen Spektrum der „Petersberg-Aufgaben" durchzuführen.[42] Qualitativ blieben jedoch insbesondere in den Bereichen strategischer Transport, strategische Aufklärung und Führungsfähigkeiten, Verlege- und Durchhaltefähigkeit erhebliche Defizite bestehen: Europa fehlt es bis heute an den nötigen Mitteln zum Transport von Truppen und Ausrüstung über weite Distanzen, auch wenn vor allem im Bereich des strategischen Seetransports, aber auch bei den Beschaffungsprogrammen zum Ausbau der Lufttransportfähigkeiten (A400M) in der Vergangenheit Fortschritte erzielt wurden. Dadurch und nicht zuletzt auf Grund des Fehlens an militärischen Mitteln für einen effektiven Einsatz (dies betrifft v. a. präzisionsgesteuerte Waffen und Mittel zur elektronischen Kriegsführung – moderne Gefechtsfeldinformationssysteme in den Bereichen command, control, communications, computers, intelligence, surveillance and reconnaissance) ist auch die Durchhaltefähigkeit der Truppen bei Militäroperationen im Ausland empfindlich tangiert. Nach wie vor stehen zu wenige der insgesamt 1.8 Millionen Soldaten in der EU für militärische Operationen im Ausland zur Verfügung, auch wenn die Wehrpflicht mittlerweile in den meisten Mitgliedstaaten abgeschafft wurde oder ruht und auch Streitkräfte nicht mehr grundsätzlich auf die Territorialverteidigung ausgelegt sind.

Im „Fortschrittsbericht" zu den militärischen Fähigkeiten der EU im Mai 2004 hieß es entsprechend, dass der „Europäische Aktionsplan zur Verbesserung der Streitkräftefähigkeiten" (European Capabilities Action Plan – ECAP) zwar einige wenige Lücken habe schließen können, insgesamt aber nur „marginale Fortschritte" erzielt worden seien.[43] Im Lichte des Verfassungsvertrages und der Europäischen Sicherheitsstrategie definierte der Europäische Rat daher im Juni 2004 in Brüssel ein neues Streitkräfteziel (European „headline goals" 2010), zu dessen Realisierung bis 2010 der „Europäische Aktionsplan" sowie die Europäische Verteidigungsagentur beitragen sollten.[44] Auf der Grundlage koordinierter Zusammenarbeit zwischen den EU-Partnern sollten zahlreiche De-

---

42   Vgl. dazu Burkard Schmitt, Europas Fähigkeiten – wie viele Divisionen?, in: Nicole Gnesotto (Hg.), Die Sicherheits- und Verteidigungspolitik der EU. Die ersten fünf Jahre (1999-2004), Institut für Sicherheitsstudien (ISS), Paris 2005, S. 105-130 (112).

43   Vgl. www.regeringen.se/content/1/c6/02/53/43/5d8c6c8d.pdf für den „Capabilities Progress Report", Chart II 2004, Brüssel, 17. November 2004. Des Weiteren: EU Military Capability Commitment Conference, „Declaration on European military capabilities", Brüssel, 22. November 2004, „The evolution of ECAP 2001-04", para. 4, http://ue.eu.int/vedocs/cms_Data/Docs/press Data/eu/misc/32761.pdf.

44   Die Europäische Verteidigungsagentur wurde im Juli 2004 eingerichtet und soll in den Bereichen Forschung, Beschaffung und Rüstung zur Verbesserung der Fähigkeiten der Streitkräfte der Mitgliedstaaten der EU und damit zur Effizienzsteigerung der ESVP beitragen.

fizite nach Möglichkeit bereits bis 2008 behoben und durch Synergieeffekte im Sinne politischer und ökonomischer Arbeitsteilung und Rollenspezialisierung eine höhere Effizienz erreicht werden.[45]

Angestoßen durch einen deutsch-französisch-britischen Vorschlag beschloss der Rat in Brüssel außerdem die Aufstellung von EU-Gefechtsverbänden zur schnellen Krisenreaktion („EU battle groups") in einer Größenordnung von jeweils etwa 1500 Soldaten. Mindestens neun von insgesamt 13 geplanten Verbänden sollten nach Erlangung ihrer vollen Einsatzfähigkeit im Jahre 2007 innerhalb von 15 Tagen für maximal 30 Tage für Operationen zur Konfliktverhütung und zur Befriedung von Krisenregionen auf Ersuchen der Vereinten Nationen zur Verfügung stehen.[46] Gefechtsverbände können von einem Staat allein, von einer „Führungsnation" unter Einbringung von Nischenfähigkeiten durch andere Staaten oder von mehreren Staaten zu jeweils gleichen Teilen als multinationale Einheiten aufgestellt werden. Zwar betonten die EU-Verteidigungsminister, dass die geplanten „battle groups" die in Helsinki verabredeten Krisenreaktionskräfte nicht ersetzen sollten, Reichweite der Aufgaben und Verantwortlichkeiten der Gefechtsverbände signalisierten aber durchaus Duplizitäten und eine gewisse Kompensation für das bis dato eher schleppend vorangegangene Helsinki-Projekt.[47] Allerdings handelte es sich im Falle der geplanten Gefechtsverbände auf Grund der Größe, ihrer Flexibilität und Verfügbarkeit um eine den aktuellen Herausforderungen insgesamt besser angepasste Streitkräftekonzeption.

Parallel zum Ausbau der militärischen Fähigkeiten planten die Mitgliedstaaten auch die zivilen Fähigkeiten der EU weiter auszubauen.[48] Dazu sollten nicht zuletzt die Erfahrungen bei den post-Konflikt-Einsätzen von Polizei und zivilen Experten auf dem Balkan und in Afghanistan in den Bereichen Polizei, Rechtsstaat, Zivilverwaltung, Katastrophenschutz und „Monitoring" beitragen. In den Civilian Headline Goals 2008 forderten die Mitgliedstaaten zunächst eine

---

45 Council of the European Union, Capability Improvement Chart II/2004, Brüssel, 17. November 2004. Vgl. auch Gustav Lindstrom, The Headline Goal, EUISS online briefings, December 2004. http://www.iss-eu.org/esdp/05-gl.pdf. Desweiteren Fraser Cameron, Gerrard Quille, ESDP: The State of Play. EPC Working Paper No. 11, Brüssel: EPC 2004.

46 Mit dem UN-Bezug und dem ausdrücklichen Verweis auf so genannte „scheiternde Staaten" zeigt sich der deutliche Einfluss der Europäischen Sicherheitsstrategie auf die Entwicklung der militärischen Fähigkeiten der EU.

47 Declaration on European Military Capabilities, Brüssel, 22. November 2004, para. II.

48 Zur Entwicklung siehe Reinhart Rummel, Soft Power EU – Interventionspolitik mit zivilen Mitteln, in: Hans-Georg Ehrhart/Burkard Schmitt (Hg.), Die Sicherheitspolitik der EU im Werden, Baden-Baden: Nomos 2004, S. 259-279.

entsprechende Verbesserung der operativen Fähigkeiten mit dem Ziel, v.a. die konzeptionellen Arbeiten im Polizei- und im Rechtsstaatsbereich durch so genannte „substitution missions" (Maßnahmen zum Ersatz zusammengebrochener Strukturen) sowie „strengthening missions" (Maßnahmen zur Unterstützung funktionsfähiger lokaler Strukturen) weiter voranzutreiben.[49] Die ergänzenden Civilian Headline Goals 2010 wiederum betonten die „Bedeutung der simultanen Einsatzplanung, die Ausbildung des Personals und den multilateralen Austausch bewährter Praktiken".[50]

3.2.2   Die Europäische Sicherheitsstrategie und die ESVP/GSVP in der Praxis

Die mit den „headline goals 2010" verbundene vorläufige Aktualisierung der Fähigkeitsziele der EU war ebenso wie die im Lissaboner Vertrag getroffene Vereinbarung zur Weiterentwicklung von GASP und ESVP/GSVP nicht zuletzt das Ergebnis der im Juni 2003 vom Hohen Vertreter für die GASP vorgestellten und auf dem Brüsseler Gipfeltreffen im Dezember 2003 verabschiedeten EU-Sicherheitsstrategie (ESS).[51] Bei einem gemeinsamen Treffen im April 2003 in Brüssel beauftragten die Außenminister Deutschlands, Frankreichs und Großbritanniens den Hohen Vertreter zunächst mit der Ausarbeitung eines strategischen Konzepts für die EU. Aus dem so genannten Solana-Papier wurde schließlich die erste offizielle Sicherheitsdoktrin der Union. Mit ihr fasste die Union bereits eine zusätzliche Ausweitung des Einsatzspektrums über die ursprünglichen „Petersberg-Aufgaben" hinaus ins Auge.

Unmittelbarer Anlass für die ESS war die Zerstrittenheit der Europäer anlässlich des Irak-Krieges. Dahinter standen jedoch grundsätzliche Unterschiede in der Beurteilung der neuen Bedrohungslage seit den Anschlägen vom 11. September 2001 auf beiden Seiten des Atlantiks, wie sie am deutlichsten Robert Kagan in seiner plakativen und zugleich provokanten These von „Mars und Venus" zum Ausdruck gebracht hat.[52] Sie sollten einerseits mit der ESS wenn

---

49   Dazu: Paul Cornish/Geoffrey Edwards, The Strategic Culture of the EU: A Progress Report, in: International Affairs, 81, 4 (2005), S. 801-820 (806).

50   Center for Security Sudies (CSS), ETH Zürich, Analysen zur Sicherheitspolitik, Nr. 87 2011; Ziviles Krisenmanagement der EU: Eine Zwischenbilanz:http://www.css.ethz. ch/publications/pdfs/CSS-Analysen-87-DE.pdf

51   The European Institute for security Studies (Hg.), A Secure Europe in a Better World. European security Strategy, Paris 2003 (ESS). Vefügbar unter http://europa-eu-un. org/articles/lt/article_ 2449_lt.htm.

52   Robert Kagan, Power and Weakness, Policy Review No. 113 (Juni/Juli 2002) – www. policy review.org/JUN02/kagan.html. Ausführlicher sein ein Jahr später erschie-

nicht ausgeräumt, so doch zumindest überbrückt werden; andererseits sollte das
Dokument auch bewusst eine eigenständige europäische Position gegenüber den
USA darstellen.[53] Schließlich sollte mit der ESS jenes seit Jahren beklagte Missverhältnis zwischen respektablem politisch-institutionellen Fortschritt einerseits
und der Vernachlässigung strategisch-konzeptioneller und inhaltlicher Unter-
fütterung andererseits ausgeräumt werden. Zwar verfügte die ESVP mittlerweile sowohl über den erforderlichen institutionellen Rahmen wie auch über
ausreichende militärische Fähigkeiten. Mitte 2003 aber, da die Union bereits
militärische und polizeiliche Missionen auf dem Kontinent durchgeführt hatte,
ihren ersten außereuropäischen Einsatz im Kongo („Artemis") vorbereitete und
sich anschickte, ihre Missionen kontinuierlich auszuweiten, fehlte der Union noch
immer eine klare Vorstellung über ihren möglichen geostrategischen Aktionsradius sowie die normativen Leitbilder für mögliche kollektive Einsätze. Ohne
eine solche Vorstellung aber lässt sich auch die Öffentlichkeit nicht für die notwendigen Aufgaben der Sicherheit und Verteidigung mobilisieren. Mit der ESS
wurde zumindest erstmals der Versuch unternommen, das Leitbild einer solchen
Politik zu thematisieren.

Die ESS geht insofern deutlich über den Rahmen des Lissaboner Vertrages
hinaus, als sie das Phänomen des Konflikts an sich, aber auch in Verbindung
zu den „neuen Bedrohungen" transnationalen Charakters erstmals explizit als
Herausforderung für die EU benennt. Zu diesen gehören die Proliferation von
Massenvernichtungswaffen, regionale Konflikte und der Terrorismus, das damit
verbundene Scheitern von Staaten (failing states) und organisierte Kriminalität.
Damit entspricht die EU in ihrer Bedrohungsanalyse weitgehend der amerikanischen Strategie, wie sie vor allem in der heute gültigen Version (NSS 2010) zum

---

nenes Buch „Paradise and Power: America and Europe in the New World Order".
Dazu auch Lothar Rühl, Das Reich des Guten. Machtpolitik und globale Strategie
Amerikas, Stuttgart: Klett-Cotta 2005; Stefan Fröhlich, USA – Die einzig verbliebene
Supermacht, in: Michael Piazolo (Hg.), Macht und Mächte in einer multipolaren Welt,
Wiesbaden 2006, S. 53-78.

53   Vgl. Dieter Mahncke, Die neue Sicherheitsstrategie der EU, in: Thomas Bruha/Carsten
     Nowak (Hg.), Die Europäische Union: Innere Verfasstheit und globale Handlungsfä-
     higkeit, Schriftenreihe des Europa-Kollegs Hamburg zur Integrationsforschung (Bd.
     47), Baden-Baden: Nomos 2006, S. 213-219; des Weiteren: Alyson Bailes, The Euro-
     pean Security Strategy: An Evolutionary History, SIPRI Policy Paper No. 10, Februar
     2005. Abrufbar unter: http://www.sipri.org/contents/ publications/Policypaper10.
     html; Erich Reiter, Die Sicherheitsstrategie der EU, in: APuZ, B 3-4 (2004), abgeru-
     fen unter: www.bpb.de/publikationen/IS3XME,0,0Die_Sicherheitsstrategie_der_
     EU.html; Karin von Hippel, Europe confronts Terrorism, Palgrave-Macmillan 2005.

Ausdruck kommt.[54] Allerdings werden das Scheitern von Staaten und die Proliferation von Massenvernichtungswaffen als eigenständige Probleme gesehen und nicht wie in der unter dem unmittelbaren Einfluss der Terroranschläge vom 11. September formulierten NSS (NSS 2002) in direkter Verbindung mit Terrorismus und „Schurkenstaaten". Aus diesem Grund spricht die ESS auch nicht von „Schurkenstaaten", sondern lediglich von solchen Staaten, die sich „von der internationalen Staatengemeinschaft abgekehrt", dafür allerdings den Preis einer Verschlechterung ihrer Beziehungen zu den EU zu zahlen haben. Die EU signalisiert damit ihre Bereitschaft, gegebenenfalls auch Konsequenzen in Form konkreter Handlungen zu ziehen. Dies schließt ein mögliches militärisches Engagement ein, auch wenn der Einsatz von Gewalt nur als letztes Mittel vorgesehen ist. Vielmehr verweist die ESS an verschiedenen Stellen sowohl was den übergreifenden Handlungsrahmen als auch den Modus betrifft auf einen „effektiven Multilateralismus" unter Führung der Vereinten Nationen als entscheidende Legitimationsquelle. Insgesamt liefert das Dokument so zunächst einen gemeinsamen strategischen Orientierungsrahmen, in dem Sicherheit nicht verengt, sondern umfassend verstanden wird.

Über die Bedrohungsanalyse hinaus bietet das Dokument im zweiten Teil jedoch auch konkrete politische Strategien, Instrumente und Handlungsoptionen zur Bewältigung der Herausforderungen und Bedrohungen an, nicht im Sinne eines konkreten Programms oder einer umsetzbaren Doktrin, wie im Falle der Nationalen Sicherheitsstrategie der USA vom September 2002, sondern eher als eine Art Manifest. Mehr war schon deshalb nicht möglich, weil es weder die rechtliche Grundlage für bestimmte Handlungen liefert noch die hierfür notwendigen Ressourcen bereitstellt. Zunächst betont die EU die Notwendigkeit, die sozialen, ökonomischen und psychologischen Ursachen dieser Bedrohungen zu bekämpfen, zum einen, weil sie auch im Innern unmittelbar von diesen Wirkungszusammenhängen (Migration, Asyl, Innere Sicherheit) betroffen ist, zum anderen, da ihre Stärken auf Grund der wirtschaftlichen und politischen Ressourcen vor allem im Bereich des präventiven Krisenmanagements liegen; in diesem Kontext verweist die ESS explizit auf die Wirksamkeit ziviler, strafrechtlicher, polizeilicher und wirtschaftlicher Instrumente im Rahmen mehrdimensionaler Lösungsansätze sowohl bei der Bekämpfung des Terrorismus als auch bei der Bewältigung regionaler Konflikte und dem Wiederaufbau schwacher oder gescheiterter Staaten. Das ist nicht neu, eher allgemein und EU-spezifisch. Darüber hinaus aber liefert die ESS interessante Aussagen bezüglich ihres künftigen Aktionsradius.

---

54   US White House, National Security Strategy (May 2010): www.whitehouse.gov/sites/
      default/.../national_security_strategy.pdf

Zunächst hält das Dokument fest, dass sich die Sicherheitspolitik der EU nicht allein auf Europa beschränken dürfe – „im Zeitalter der Globalisierung können ferne Bedrohungen ebenso ein Grund zur Besorgnis sein wie näher gelegene". Zwar schränkt die EU die Anwendung ihrer Instrumente und Fähigkeiten insofern ein, als sie an anderer Stelle von der Sicherung des geographischen Umfeldes der Union durch die Schaffung eines Ringes „verantwortungsvoll regierter Staaten" östlich der EU und an den Mittelmeergrenzen spricht. In diesem Kontext erwähnt die Union konkret die Probleme des Balkans und des Südkaukasus ebenso wie den israelisch-arabischen Konflikt und den gesamten Mittelmeerraum. Mit dem Hinweis auf den Willen zur Beförderung einer „geregelten Weltordnung", in der „das Recht mit Entwicklungen wie Proliferation, Terrorismus und globaler Erwärmung Schritt hält", dem Bekenntnis zum Ausbau internationaler Institutionen und zur Verbesserung bestehender Rüstungskontrollregelungen, sowie der expliziten Nennung Japans, Chinas und Indiens als strategische Partner der EU neben den USA deutet die Union aber an, dass sich ihr geostrategischer Radius über die Nachbarschaftsregionen hinaus global ausdehnt. Viel entscheidender aber: Sie erkennt gleichzeitig nicht nur ihre eigenen Sicherheitsinteressen, die Bedeutung des Erweiterungsprozesses sowie ihre globale wirtschaftliche Leistungsfähigkeit als Mittel zur Umsetzung von sicherheitspolitischen Zielen an, sondern auch die Notwendigkeit pro-aktiver, notfalls militärischer Sicherheitseinsätze. Das dabei angestrebte Aufgabenspektrum umfasst humanitäre Aufgaben und Rettungseinsätze, friedenserhaltende Aufgaben sowie Kampfeinsätze einschließlich friedenschaffender Maßnahmen oder die Unterstützung von Drittstaaten bei der Terrorismusbekämpfung, letztere wohl gemerkt mit ausdrücklichem Verweis auf eine notwendige Mandatierung durch den UN-Sicherheitsrat, allerdings ohne Festlegung der geographischen Reichweite (die Ausführungen des Dokuments legen es zwar nahe, dass mögliche Aktionen zunächst auf die Nachbarschaftsgebiete beschränkt sind, allerdings signalisierte der EU-Einsatz „Artemis" im Kongo erstmalig auch die globale Einsatzfähigkeit der Europäer).

Weniger revolutionär sind demgegenüber sicherlich die Ausführungen zum „präventiven Krisenmanagement" der EU. Die ESS betont die notwendige Bereitschaft der Europäer, „vor Ausbruch einer Krise zu handeln. Konflikten und Bedrohungen kann nicht früh genug vorgebeugt werden". Die europäische Erwiderung auf das amerikanische Konzept der Präemption aus dem Jahr 2002 (mittlerweile durch die NSS 2010 aufgehoben) dürfte auf Grund der eher vagen Formulierung jedoch kaum als Aufforderung an die Mitgliedstaaten zu einem präemptiven militärischen Vorgehen zu verstehen sein. Vielmehr impliziert sie nach europäischem Selbstverständnis allgemeine Krisenprävention, d. h. rechtzeitiges Handeln im Vorfeld eines sich abzeichnenden Konflikts durch die oben aufgeführten, langfristig angelegten Maßnahmen und Instrumente. Diese wiederum lassen sich am besten auf der Grundlage eines „wirksamen Multilateralismus" umsetzen, bei dem vor allem den Vereinten Nationen bzw. deren Sicherheitsrat die „Hauptverantwortung für die Wahrung des Weltfriedens und der internationalen Sicherheit" obliege. Allerdings macht die ESS an dieser Stelle die Einschränkung – wohl in Erinnerung an die Auseinandersetzungen im Sicherheitsrat vor dem Irak-Krieg –, dass die Europäer künftig bereit sein müssten, bei entsprechenden Verstößen gegen UN-Resolutionen zu handeln. Auch damit signalisiert die Union die Erkenntnis, dass Stabilität und Frieden nicht länger allein mit den Mitteln der Zivilmacht (soft power) erhalten werden können, sondern gegebenenfalls auch des Einsatzes militärischer Macht bedürfen.

Das Echo auf die ESS fiel bzw. fällt bis heute sehr unterschiedlich aus: Viele sehen in ihr zumindest einen ersten entscheidenden Schritt hin zu einem Orientierungsrahmen, innerhalb dessen zum einen die strategische Ausrichtung der Union und ihrer Mitgliedstaaten verknüpft werden, zum anderen die Mitgliedstaaten nunmehr Gemeinsamkeiten suchen und auch ihre Politiken begründen müssen. Vor dem Hintergrund des aktiven Krisenmanagements der Union – Mazedonien, Bosnien, Kongo – in der vergangenen Dekade ist sie zudem die logische und überfällige Konsequenz aus dem gestiegenen Anforderungsprofil an die EU.[55] Andere vermissen vor allem klare Aussagen bezüglich der „Bündelung" der verschiedenen Instrumente und Fähigkeiten unter einer einheitlichen Leitung und beklagen die nach wie vor offene Auseinandersetzung zwischen Anhängern des Zivilmachtkonzepts auf der einen und des „Militärmachtkonzepts" auf der anderen Seite. So sei das Papier nicht mehr als ein Grundlagendokument, welches die entscheidenden Fragen nach einer endgültigen Festlegung des geographischen Raumes, der Bestandsaufnahme der zivilen und militärischen Mittel, über welche die EU verfügt bzw. die sie benötigt, vor allem aber nach der Bestimmung der europäischen Interessen, der Festlegung der Prioritäten einer gemeinsamen Außen- und Sicherheitspolitik und der Kriterien, unter denen sich die Union bei zivilem und militärischem Krisenmanagement aktiv engagiert oder nicht (eine Forderung, die allerdings nicht mal die NSS bzw. die USA erfüllen, wo die Diskussion um die so genannte „exit-Strategie" auch eher selektiv, d. h. an der jeweiligen Krisensituation ausgerichtet erfolgt), unbeantwortet ließe.[56]

---

55   Mahncke, Die neue Sicherheitsstrategie der EU, a.a.O., S. 218 f.

56   Erich Reiter, Die Sicherheitsstrategie der EU, in: Aus Politik und Zeitgeschichte (APuZ), B 3-4 (2004), S. 26-31 (30); zur Bilanz: Swedish Institute of International Affairs, Center for Security Studies, The European Security Strategy: Reinvigorate, Revise or Reinvent? Occasional Papers, 7 (2011).

Die Forderung nach einer spezifischen militärischen oder strategischen „Doktrin" für die ESVP/GSVP hätte aber gleichsam – was nicht leistbar war/ist – einer Präzisierung der in der ESS im Kontext der inneren und äußeren EU-Sicherheitspolitik erwähnten Instrumente, Verfahren und Problemfelder bedurft. Eine besondere Hervorhebung der ESVP wäre aber schon auf Grund der starken Relativierung des Einsatzes militärischer Macht in der ESS problematisch gewesen. Insgesamt ist das Dokument somit als Ausfluss der verstärkten Anstrengungen der Union im Verlauf des Jahres 2003 zu werten, nach dem Irak-Krieg die politische Einigkeit der Union wiederherzustellen, ihre operativen Fähigkeiten durch eine Reihe von Maßnahmen zu verbessern und ersten Erfolgen bei Operationen einen verlässlichen und kohärenten strategischen Rahmen zur Seite zu stellen:

- bereits im Januar 2003 übernahm die EU in Bosnien-Herzegowina eine Polizeimission, die zunächst bis Ende 2005 angesetzt war und deren Aufgabe es war, die Polizeikräfte im Lande zu überwachen, zu beraten und zu kontrollieren;[57]
- nur drei Monate später, im März 2003, startete die EU-Militäroperation „Concordia" in Mazedonien im Anschluss an die NATO-Operation „Allied Harmony". Ziel der Operation war es, die Umsetzung des Rahmenabkommens von Ohrid vom August 2001 durch Stabilisierung des Umfelds zu befördern. Für die im Dezember 2003 erfolgreich abgeschlossene Mission (ca. 350 Mann) nahm die EU nach dem „Berlin Plus"-Abkommen Planungskapazitäten sowie die Kommandostruktur der NATO in Anspruch, deren Streitkräfte für den Notfall zur Evakuierung bereitstanden;[58]
- im Juni 2003 verabschiedete der Europäische Rat die Grundprinzipien und den Aktionsplan für eine EU-Strategie gegen die Verbreitung von Massenvernichtungswaffen, den zugehörigen Text der Strategie verabschiedete er dann im Dezember 2003;[59]

---

57   Zu den einzelnen Missionen im Überblick: Gustav Lindstrom, Im Einsatzgebiet: ESVP-Operationen, in: Nicole Gnesotto (Hg.), Die Sicherheits- und Verteidigungspolitik der EU. Die ersten fünf Jahre (1999-2004), Paris 2004, S. 131-154.

58   Zur Mission in Mazedonien ausführlicher: Hans-Georg Ehrhart, Die EU als militärischer Akteur in Mazedonien: Lehren und Herausforderungen für die ESVP, in: Johannes Varwick (Hg.), Die Beziehungen zwischen NATO und EU. Partnerschaft, Konkurrenz, Rivalität?, Opladen 2005, S. 169-184.

59   Europäischer Rat, Basic Principles for an EU Strategy against Proliferation of Weapons of Mass Destruction, Dok 10352/03, Brüssel, 10. Juni 2003 – http://register. consilium.eu.int/pdf/en/03/ st10/st10352en03.pdf; Europäischer Rat, Action Plan for the Implementation of the Basic Principles for an EU Strategy against Proliferation of Weapons of Mass Destruction, Dok 10354/03, Brüssel, 10. Juni 2003 – http://register. consilium.eu.int/pdf/en/03/st10/st10354en03.pdf; Europäischer Rat, EU strategy

- zwischen Juni und September 2003 führte die EU auf Ersuchen des Generalsekretärs der Vereinten Nationen, Kofi Annan, und auf Grundlage der Sicher-
heitsrats-Resolution 1484 ihre erste selbständige militärische Operation („Artemis") in der Demokratischen Republik Kongo durch. Ziel der Operation war
die Stabilisierung sowie Verbesserung der humanitären Lage in Bunia (Ost-
kongo) als Voraussetzung für einen fortgesetzten Einsatz einer UN-Blauhelm-
Mission. Der Sicherheitsrat ermächtigte die EU in diesem Fall ausdrücklich
zum Einsatz von Zwangsmitteln gemäß Kapitel VII der VN-Charta. Die Operation wurde von der EU als so genannte „autonome" Operation durchgeführt,
d. h. ohne Rückgriff auf NATO-Mittel und Fähigkeiten.[60]
- im Rahmen der ESVP wurden die Planungszelle sowie die Europäische Verteidigungsagentur eingerichtet;
- im Dezember 2003 startete in Mazedonien die Polizeimission „Proxima" als
Folgeoperation der Mission „Concordia" mit dem Ziel, insbesondere einen
Beitrag zur Bekämpfung der Organisierten Kriminalität zu leisten und die
mazedonischen Behörden an europäische Standards heranzuführen;
- schließlich waren die Erwartungen an die Wirkung des in Aussicht gestellten
Verfassungsentwurfs mit seinen Bestimmungen zur Schaffung eines Präsidenten des Europäischen Rates mit längerer Amtszeit und eines Europäischen
Außenministers sowie der Zusammenführung der Ressourcen für außenpolitisches Handeln in der Zweiten Säule zum damaligen Zeitpunkt entsprechend
groß.

Im Dezember 2003 gab der Europäische Rat somit exakt jene vier Schwerpunkt-
bereiche der ESS bekannt, in denen die EU teilweise bereits im Laufe des vor-
ausgegangenen Jahres ihre Handlungsfähigkeit bewiesen hatte, dann aber auch
2004 tätig werden musste – Terrorismus, „effektiver Multilateralismus" im Rahmen von „out of area"-Einsätzen (Kongo), Konfliktmanagement im ehemaligen
Jugoslawien, und der Nahe Osten. Und so wie die Entstehung der ESS von den
Entwicklungen im Jahr 2003 getragen wurde, so erleichterte sie wiederum das
Finden von Kompromissen der Mitgliedstaaten bei anstehenden Entscheidungen
im Jahr 2004 – eben beim umfangreichen „Anti-Terror-Paket" einschließlich seiner bereits im Konventsentwurf enthaltenen „Solidaritätsklausel" im Zuge der

---

against Proliferation of Weapons of Mass Destruction, Brüssel, 12. Dezember 2003 –
http://www.eu.int/comm/external_relations/reform/document/com04_630_de.pdf

60   Vgl. Lindstrom, Im Einsatzgebiet, a.a.O.

Bombenanschläge von Madrid;[61] bei Vereinbarungen zwischen der EU und den Vereinten Nationen im Rahmen des „effektiven Multilateralismus"; oder aber bei der neuen Strategie für Bosnien-Herzegowina, wo die EU mit der militärischen Operation „Althea" (seit Dezember 2004) die Nachfolge der SFOR-Operation mit dem Ziel antrat, die politischen Verhältnisse im Lande zu stabilisieren und die Einhaltung der Friedensregelung und die Implementierung der militärischen Aspekte des Dayton-Abkommens sicherzustellen.[62] Dies zeigte sich im Übrigen auch bei der Verständigung der Mitgliedstaaten über gemeinsame Positionen bezüglich der künftigen Rolle der Union beim Wiederaufbau des Iraks – gleichwohl der Irak-Krieg oder eventuelle Nachfolgepläne nicht Gegenstand der ESS sind.

3.2.2.1 Zwischenbilanz

Die ESS war weder als konkreter Handlungsplan noch als politischer Leitfaden für die Union gedacht, sondern vor allem als erster Ansatz für eine sich allmählich verwirklichende strategische Identität und künftige Einigkeit Europas. Es bleibt abzuwarten, wie beide sich entwickeln und schließlich in Gemeinschaftshandeln übersetzen lassen. Auch künftig werden sich die zahlreichen Einflussfaktoren politischer und ökonomischer Interaktion der Mitgliedstaaten der letztendlichen Kontrolle durch die EU entziehen. In einer erweiterten Union ist die politisch-strategische Entscheidungsfindung zwangsläufig komplexer geworden. Zudem dürfte die innere Entwicklung der Union, geprägt durch die ökonomischen Anstrengungen zur Verbesserung der globalen Wettbewerbsfähigkeit im Zuge der Wirtschafts- und Finanzkrise und die zunehmend zum Problem werdende „strategische Ambivalenz" der Mitgliedstaaten in sicherheitspolitischen Fragen (die ihr in der Vergangenheit durchaus ein hohes Maß an Flexibilität gewährte und damit zur Dynamisierung der GSVP seit den Erfahrungen auf dem Balkan beitrug), diesen Trend noch verstärken.[63] Insofern entspricht die ESS von ihrem Inhalt her offenkundig mehr dem Verlangen nach einer möglichst konsens-

---

61 Europäischer Rat, Declaration on Combating Terrorism, Brüssel, 25. März 2004 – http://ue.eu. int/ueDocs/cmsUpload/79635.pdf.

62 Auch bei der Operation „Althea" kann die EU auf NATO-Mittel im Rahmen von „Berlin Plus" zurückgreifen. Dies ist nicht nur von praktischer Bedeutung für die EU, sondern schafft auch Vertrauen in das NATO-Krisenmanagement auf dem Balkan bzw. in die Verlässlichkeit und Dauerhaftigkeit der Vereinbarungen zwischen beiden Institutionen im Sinne des propagierten Leitbildes von der „Strategischen Partnerschaft".

63 Ronja Kempin/Nicolai von Ondarza/Marco Overhaus, Strategische Ambivalenz überwinden: Szenarien für die Weiterentwicklung der Gemeinsamen Sicherheits- und Verteidigungspolitik, in: Entwicklungsperspektiven der EU, SWP-Paper (Juli 2011), a.a.O., S. 70-80.

fähigen Agenda für die weitere Politikgestaltung als der Überzeugung aller Mitgliedstaaten; der gemeinsame Nenner besteht dabei in dem unvermindert gültigen Anspruch der EU als eine dem Multilateralismus und dem geltenden Völkerrecht verbundene Gemeinschaft.

Die EU hält an beiden Grundprinzipien für ihr außen- und sicherheitspolitisches Handeln fest, was deutlich macht, wie schwer sie sich nach wie vor mit der Erkenntnis tut, dass sich die entscheidenden Konflikte heute nicht mehr zwischen funktionierenden Staaten abspielen. Zwar anerkennt man, dass die Herausforderungen anderer Natur sind und man hält teilweise auch durchaus die richtigen Antworten auf diese parat. Andererseits aber scheut sich die Union nach wie vor, die Konsequenzen aus den nicht zuletzt auch mit der Erweiterung der Union verbundenen neuen äußeren Einflüssen und Bedrohungen zu ziehen und zunächst „die grundlegenden Fragen" zu stellen.[64]

Dabei geht es nicht allein um die von den USA seinerzeit zu Recht geforderte Diskussion über die Frage, inwieweit es einem Land erlaubt sein muss, einem unmittelbar bevorstehenden und durch diplomatische Mittel oder Sanktionen nicht mehr zu vermeidenden Angriff mit Massenvernichtungswaffen durch den Einsatz angemessener militärischer Mittel zuvorzukommen; dieser hat sich die EU in der ESS ohnehin entzogen und sie liegt ganz offensichtlich auch fernab jeder politischen Vorstellungskraft in Brüssel wie in den meisten Metropolen. So wurde der in der ursprünglichen Fassung (Solana-Papier) noch vorgesehene Passus zur Päemption in der endgültigen, von den Staats- und Regierungschefs auf dem Gipfel vom Dezember 2003 verabschiedeten Version schließlich gestrichen.[65] Es geht zunächst vielmehr um die ganz banale Frage, wann, wo und unter welchen Umständen die EU bereit ist, sich im Rahmen des im Lissabon-Vertrag definierten Operationsfeldes (Art. 43 EUV) – d.h. des die Petersberg-Aufgaben

---

64   So Sven Bernhard Gareis, Sicherheitspolitik zwischen „Mars und Venus"? Die Sicherheitsstrategien der USA und der EU im Vergleich, in: Johannes Varwick, Die Beziehungen zwischen NATO und EU, a.a.O., S. 81-96 (92).

65   Dabei ist das Recht auf präemptive Selbstverteidigung (vgl. auch folgendes Kapitel) seit langem Bestandteil des Völkergewohnheitsrechts. Ganz abgesehen davon legt es die auch nach Ende des Ost-West-Konflikts fortschreitende Geschichte der Selbstblockaden im dringend reformbedürftigen UN-Sicherheitsrat nahe, sich nicht in jedem Fall so eng an dessen Entscheidungen zu binden – ohne seine höchste Autorität in Fragen von Krieg und Frieden in Zweifel ziehen zu wollen; auf diese Weise nämlich beraubt sich die EU jener politischen Flexibilität, die sie bereits im Kosovo-Krieg 1999 unter Beweis gestellt hat. Schließlich bestand für die EU zumal zum damaligen Zeitpunkt kein Grund, dieser Diskussion auszuweichen, da die USA mit Sicherheit teilweise falsche, zumindest aber unangemessene Antworten auf die grundlegenden Fragen gaben.

umfassenden Spektrums von „gemeinsamen Abrüstungsmaßnahmen" bis hin zu
Kampfeinsätzen – zu engagieren. Ähnlich wie im Fall der im Dezember 2008 verabschiedeten „Erklärung zur Stärkung der Fähigkeiten" („Level of Ambition"), in
der die Mittgliedstaaten das Helsinki Headline Goal aufgriffen und ihre Absicht
erklärten, das Potential zu entwickeln, mehrere Missionen und Operationen im
zivilen und militärischen Bereich parallel planen und durchführen zu können,[66]
blieb die EU auch im Fall der ESS bislang hinter den Erwartungen zurück. Mit
Blick auf die Schließung der Fähigkeitslücke bedeutet dies, dass die Mitgliedstaaten die zur Erreichung der Ziele notwendigen Implementierungsschritte
höchst unterschiedlich interpretieren; hinsichtlich der ESS heißt dies konkret,
dass die bereits 2008 angeregte Neufassung des Dokuments aufgrund unterschiedlicher sicherheitspolitischer Prioritäten der Mitgliedstaaten auch 2013 noch
aussteht. Den Mitgliedstaaten fehlt schlicht das Einvernehmen über Ziele, Reichweite und mögliche Intensität operativen Krisenmanagements, was nicht zuletzt
auch dadurch dokumentiert wird, dass die Zahl der EU-Missionen seit 2009, also
paradoxerweise seit Bestehen des neuen Vertrages, im Vergleich zum Engagement
der Jahre 2003-2008 abgenommen hat.

Die Bilanz ist daher mit Blick auf die Entwicklung von Fähigkeiten wie eines
klaren (geo)strategischen Profils der Union gemischt. Die ESS mag dazu beitragen,
dass die neuen Herausforderungen, Risiken, aber auch Belastungen und Ver-
antwortungsbereiche sichtbarer geworden sind und damit auch das strategische
Bewusstsein in der Union gefördert wurde, darauf ernsthaft zu reagieren. Und
auch sonst sprechen andere Faktoren für eine wachsende Einigkeit der Union:

- die Irak-Krise hat sicherlich den Willen der Mitgliedstaaten verstärkt, eine
  Wiederholung im Falle ähnlicher Konflikte künftig möglichst zu verhindern.
  Auch erlauben die o. g. rasanten Fortschritte der ESVP/GSVP, den politischen
  Willen vorausgesetzt, grundsätzlich eine schnellere Reaktionsfähigkeit und
  eine bessere Ressourcenausstattung.
- Die ESS offenbart einerseits den grundlegend reaktiven Charakter
  europäischer Außen- und Sicherheitspolitik, zeigt aber andererseits, welche
  enorme Eigendynamik externe Faktoren in der Union entfalten können. Nach
  jedem Rückschlag, nach jeder Sinnkrise der Gemeinschaft schaffen Herausforderungen von der Dimension des Irak-Krieges die Voraussetzung für neue
  Impulse durch ihre Mitglieder. Auf die Konflikte in Bosnien und Kosovo
  folgten erstmalig das offene Eingeständnis in die Unzulänglichkeit und

---

66 Council of the European Union, Declaration on Strengthening Capabilities, Brussels
    (December 11, 2008): www.consilium.europa.eu/ueDocs/cms_Data/docs/pressData/
    en/esdp/104676.pdf.

Schwäche der eigenen Militärkapazitäten und der Anstoß für das Projekt der
ESVP durch das britisch-französische Signal von Saint Malo. Der Irak-Krieg,
wie gesagt, paralysierte vorübergehend die GASP durch den in zahlreichen
Metropolen der Mitgliedstaaten praktizierten Unilateralismus, gleichzeitig
gelang es der EU aber zunehmend, das Instrumentarium für internationales
Krisenmanagement zu verbessern und zur Anwendung zu bringen – so in den
mit zivilen wie militärischen Mitteln geführten o. g. Einsätzen in Bosnien-
Herzegowina, Mazedonien oder im Kongo in den Jahren 2003 und 2004. Nur
neun Monate nach Ende des Krieges im Irak verabschiedeten die Staats- und
Regierungschefs der Mitgliedstaaten in Brüssel die ESS. Der Konvent zur Vorbereitung einer Verfassung für Europa begriff darüber hinaus den Krieg als
Anstoß zur Reform der bestehenden Verfahren und Institutionen in GASP und
ESVP, indem er schon damals vor allem die „Doppelhut"-Konstruktion (Ämter
des Kommissars für Auswärtige Beziehungen und des Hohen Vertreters für
die GASP) in Personalunion vorsah, das Amt eines EU-Außenministers vorschlug sowie neue Flexibilisierungsinstrumente in die Sicherheits- und Verteidigungspolitik integrierte. Beide Vorschläge fanden schließlich auch in den
Lissaboner Vertrag Eingang.

• Auch die zunehmende Entspannung im transatlantischen Verhältnis kann
nicht über grundlegende politisch-strategische Differenzen hinwegtäuschen.
Die derzeitige amerikanische Administration trägt sicherlich als weiterer externer Faktor mit dazu bei, dass sich die Europäer zunehmend eigener Ziel-
vorstellungen vergewissern, nicht im Sinne der Gegenmacht, sondern der
Abgrenzung und der eigenen Profilbildung; auch dies kann die strategische
Einigkeit der Union befördern. Dies gilt im Übrigen auch auf globaler Ebene
gegenüber den aufstrebenden Regionen Ost-, Südost- und Südasien.

• Dies kann schließlich auch zu einer Profilschärfung der EU innerhalb der
NATO führen. Das Ende 2002 endlich zu Stande gekommene „Berlin-Plus"-
Abkommen und der damit verbundene Zugang zu NATO-Mitteln für EU-
Einsätze haben den Charakter des Bündnisses bereits grundlegend verändert.
Heutige Aufgabenfelder und Herausforderungen für die Entwicklungsfähig-
keit der NATO – globale Interventionen, militärtechnologische Entwicklung,
transatlantisches Verhältnis – sollten sowohl mit dem notwendigen Verände-
rungs- und Anpassungswillen wie auch mit einem genuin europäischen Stra-
tegieansatz, der sich an den eigenen Interessen, den spezifischen Vorteilen und
den besonderen Bedingungen der Union orientiert, angegangen werden.

Auf der anderen Seite bleiben die beiden zentralen Defizite bestehen. Weder
gibt es Einvernehmen über die geostrategische Reichweite bzw. den potentiellen

Einsatzradius der Union, noch haben die Mitgliedstaaten bis heute die dafür dringend benötigten und in den o.e. Dokumenten angestrebten militärischen und zivilen Fähigkeiten entwickelt. Seit dem Kosovo-Krieg ringt die Union mit dem Ziel, künftig in der Lage zu sein, auch ohne amerikanische Unterstützung aktives Krisenmanagement über die untersten Ebenen des Petersberg-Spektrums hinaus betreiben zu können. Der Grund ist einfach: Die Umsetzung sämtlicher bisheriger Zielvereinbarungen beruht auf dem Prinzip der Freiwilligkeit, nur eine kleine Zahl von Mitgliedstaaten aber bringt tatsächlich den politischen Willen auf, zusätzliche Mittel für notwendige Investitionen bereitzustellen – ein Problem, das sich vor dem Hintergrund der Eurokrise und damit verbundener sinkender Verteidigungsetats zusätzlich verstärkt hat. Im Ergebnis entsprechen daher die formal gemeldeten Ressourcen der Mitgliedstaaten im Einsatzfall selten den tatsächlich zur Verfügung stehenden Mitteln. Gleiches gilt schließlich auch für den Aufbau von Planungs- und Entscheidungsstrukturen: Die mangelnden Ressourcen bringen es mit sich, dass die Union nach wie vor nicht in der Lage ist, militärische Operationen selbständig planen und leiten zu können; auch hier gehen die Meinungen der Mitgliedstaaten seit Jahren auseinander, ob die EU ein permanentes militärisches oder zivil-militärisches Hauptquartier einrichten soll – eine Frage, die eng mit dem Verhältnis der Union zur NATO zusammenhängt (vgl. folgendes Kapitel). Die Konsequenz ist, dass die Union unverändert auf das NATO-Hauptquartier SHAPE oder auf eines von fünf nationalen, jeweils „europäisierten" Hauptquartiers zurückgreifen muss (so bspw. beim EUFOR-Einsatz im Kongo 2006).

In der EU klafft somit unverändert eine Lücke zwischen operativen Einsatzwillen einerseits und Entwicklung von Fähigkeiten andererseits. In ihrer Lageeinschätzung und Positionsbestimmung haben Mitgliedstaaten wie Union den für die neunziger Jahre gültigen „Europäisierungsdrang" im Sinne der Öffnung für Neumitglieder zwar zugunsten eines realistischeren, pro-aktiveren Ansatzes aufgegeben: Spätestens seit den Anschlägen vom 11. September anerkennt auch die EU insgesamt, dass innere und äußere Sicherheit nicht mehr voneinander zu trennen und ihre Außengrenzen insgesamt instabiler geworden sind: Die Bandbreite in der unmittelbaren Nachbarschaft der EU reicht von solchen im Transformationsprozess bislang gescheiterten Staaten wie Belarus (direkter Nachbar Polens) über die Ukraine (direkter Nachbar Polens, der Slowakei und Ungarns) mit seinem ambivalenten Verhältnis zur EU und die autoritäre, semidemokratische Großmacht Russland (direkter Nachbar der baltischen Staaten mit der besonderen Situation der Exklave Kaliningrad) bis hin zu Ländern mit erfolgreicherem Aufhol- und Demokratisierungsprozess wie Kroatien (mittlerweile EU-Mitglied) oder Ländern/Regionen wie Bosnien-Herzegowina und das

Kosovo, die auf Grund von andauernden internen Spannungen und Instabilitäten oder ungeklärter Statusfrage bis heute einer ausländischen Präsenz bedürfen. Die potentiellen Bedrohungen, die von dieser Nachbarschaft ausgehen, werden wegen ihrer unmittelbaren Auswirkungen von den neuen EU-Mitgliedstaaten als Außengrenzen der EU besonders stark wahrgenommen. Längst ist daher die Kooperation in der Innen- und Justizpolitik nicht nur zu einem zentralen Punkt des politischen Dialogs und der bilateralen Beziehungen mit jenen Staaten im Rahmen der „Neuen Nachbarschaftspolitik" der EU,[67] sondern auch zur Voraussetzung einer effektiven Außen- und Sicherheitspolitik der EU im Kampf gegen die unmittelbaren Sicherheitsbedrohungen an ihrer künftigen Peripherie mit all den Konsequenzen für eine effiziente Koordinierung der Aktivitäten im Rahmen der GASP und der vergemeinschafteten Felder im Bereich Innere Sicherheit und Justiz geworden.

Auch ist die EU mittlerweile mit mehr als 20 zivilen und militärischen Operationen auf dem Balkan, im Kaukasus (Georgien 2008), in Afrika oder vor der Küste Somalias durchaus als Krisenmanager auch über die Grenzen der Union hinaus unterwegs und sieht sich selbst in einer immer wichtigeren Rolle in der Krisen- und Konfliktbewältigung.[68] Der Anspruch, militärische Operationen auch höherer und höchster Intensität mit bis zu 60 000 Soldaten durchzuführen, ist ebenso unbestritten wie die Bereitschaft, wenigstens zwei multinationale EU-Battlegroups binnen weniger Tage in Krisengebiete entsenden zu können. Bei fast 75 % aller Einsätze aber betrug der Umfang der zur Verfügung gestellten Truppen gerade einmal knapp 500 Soldaten und zivile Kräfte und war somit, nüchtern betrachtet, eher symbolischer Natur. Und selbst in diesen Fällen dauerte es jeweils Monate, die ad hoc zusammengestellten Truppen zu entsenden.[69] Mittlere Einsätze, wie etwa der bislang größte autonome militärische Einsatz der Union im Tschad/Zentralafrikanischen Republik in den Jahren 2008/09 mit rund 3.700 Soldaten, konnten nur bewerkstelligt werden, weil Frankreich allein mehr als die Hälfte der Truppen stellte, während größere Kampfeinsätze (KFOR oder ISAF) ohnehin der NATO überlassen bleiben.

---

67 Commission of the European Communities COM(2003) 104 final „Communication from the Commission to the Council and the European Parliament: Wider Europe – Neighbourhood: A Framework for Relations with our Eastern and Southern Neighbours", Brussels, March 11, 2003.

68 So im Umsetzungsbericht zur Europäischen Sicherheitsstrategie vom 11. Dezember 2008: www.consilium.europa.eu/ueDocs/.../104634.pdf.

69 Nicolai von Ondarza, Europa sucht nach Handlungsfähigkeit. Die GSVP jenseits von Symbolpolitik, in: Internationale Politik, 3 (Mai/Juni 2010), S. 100-105.

Was der Union somit auch nach Lissabon unverändert fehlt, ist ein umfassendes Strategiekonzept, welches Bedrohungen nicht nur realistisch beurteilt, sondern auch annähernd klar benennt, wo, unter welchen Umständen und mit welchen Mitteln die EU zu kollektivem Handeln bereit ist. Andernfalls birgt der augenblickliche Ansatz, wonach sich europäische Interessen an sicherheitspolitischen Zielen orientieren, anstatt umgekehrt, die Gefahr, dass die Union immer wieder mit einem Glaubwürdigkeitsdilemma konfrontiert wird – und zwar selbst dort, wo ihre vermeintliche Stärke liegt, nämlich auf dem zivilen Sektor. Afghanistan ist das prominenteste Beispiel dafür, dass ausgerechnet im Rahmen ziviler Operationen oftmals die Fähigkeiten für angemessenes Krisenmanagement fehlen, weil gerade hier Einsatzkräfte nicht in eine Konfliktregion befohlen werden können. Die Union beteiligte sich zwar von Beginn an finanziell am Wiederaufbau (zwischen 2002 und 2006 stellte Brüssel als zweitgrößter Geber hinter den USA gemeinsam mit den Mitgliedstaaten insgesamt 3.7 Milliarden Euro zur Verfügung; für 2007-2010 wurde das Budget auf ca. 4.6 Milliarden Euro aufgestockt, so dass sich die Gesamtsumme der EU-Unterstützung im gesamten Zeitraum auf etwa 8 Milliarden Euro beläuft).[70] Die Europäische Polizeimission EUPOL aber, die als „gemeinsame Aktion" seit 2007 zumindest nach Wortlaut des Mandats auf ganz Afghanistan ausgedehnt wurde (zur Zeit wird sie in 16 Provinzen mit ca.300 Polizeiexperten im Einsatz durchgeführt), vermochte es bis ein Jahr vor dem geplanten Abzugstermin aus dem Land (2014) nicht einmal, die avisierte Sollstärke von 400 Polizisten zu erreichen

Das Signal, das die Union damit aussandte, ist fatal: Nicht etwa weil es zeigt, dass ein von zivilen und entwicklungshilfepolitischen Aspekten geleitetes Krisenmanagement, welches den Einsatz militärischer Macht allenfalls zu Verteidigungszwecken zulässt, nach wie vor die zentrale Prämisse europäischer Außen- und Sicherheitspolitik darstellt. Vielmehr, weil die Mitgliedstaaten es von Beginn an versäumten, plausibel zu erläutern, welche geostrategische Bedeutung Afghanistan auch dann noch besaß, als der islamistische Terrorismus schon längst nicht mehr am Hindukusch seine Hauptfront hatte, sondern im Jemen, Sudan oder Somalia; dabei liegt die Relevanz von Afghanistan nicht zuletzt in seiner Nachbarschaft zu und zentralen Bedeutung für Pakistan, dessen innere Entwicklung (Rolle der Nuklearwaffen, Kaschmir-Konflikt) zentral bleibt für die westliche Sicherheit. Und weil sie es von Anfang an versäumte, eine angemessene Beurteilung der für einen solchen Einsatz erforderlichen zivilen wie militärischen Fähigkeiten vorzunehmen. Sollte der Schwerpunkt bei einem Einsatz explizit auf der zivilen

---

70 European Commission, Multiannual Indicative Programme 2007-2010: Islamic Republic of Afghanistan, Brussels (October 2007).

Komponente liegen, dann sollten auch die materiellen wie personellen Ressourcen in angemessener Weise zur Verfügung gestellt werden. Auf keinen Fall dürfen die Obergrenzen dann für die Mandate zu knapp bemessen werden; andernfalls riskiert Brüssel umso mehr eine dauerhafte Solidaritätsdebatte im Innern wie auch im Bündnis.[71]

Insofern ist auch die ESS keine Strategie im Wortsinn; dazu müsste sie nicht nur eine Definition des Sicherheitsbegriffs und des geografischen Raumes, in dem die Union aktiv sein will, vornehmen, sondern auch Instrumente und Kriterien benennen, mit denen sie die Sicherheit des EU-Raumes gewährleisten bzw. unter denen sich die Union bei zivilem und militärischem Krisenmanagement aktiv engagiert oder nicht. Schließlich ist die Klärung der zukünftigen Aufgabenteilung zwischen der EU einerseits und der NATO und den USA andererseits unerlässlich. Allemal aber hat das Dokument zumindest zweierlei bewirkt: Erstens verfügt die EU mit ihm erstmals über eine gute Grundlage für weiterführende Strategien und Konzepte. Zweitens ist klar, dass sich die EU nach diesem Papier nicht mehr als eine ausschließlich zivile Macht versteht, sondern auch zur militärischen Reaktion bereit ist.

3.2.3   Auswirkungen der Erweiterung auf die GASP/GSVP und die NATO

Die Erweiterung von NATO und EU um die Länder aus Mittel- und Osteuropa in Richtung Osten sowie um Malta und Zypern in den Mittelmeerraum im Mai 2004 war von Anfang an durch politische und geostrategische Interessen motiviert gewesen und war damit ein zentrales Instrument der europäischen Außen- und Sicherheitspolitik gegenüber den unmittelbaren Nachbarn. Andererseits hatte sie wegen der Zahl, Lage und außenpolitischen Orientierungen der Neumitglieder weit reichende Konsequenzen nicht nur für die GASP/GSVP der EU, sondern auch für die künftige Rolle der NATO. Umso erstaunlicher ist die Tatsache, dass die geostrategischen Implikationen auch im wissenschaftlichen Diskurs lange eher wenig Beachtung gefunden haben. Sicherlich ist zutreffend, dass dies im Wesentlichen auf das traditionelle Rollenverständnis der EU zurückzuführen ist, wonach Außen- und Sicherheitspolitik zunächst im Stile der Zivilmacht entwickelt, betrieben und bewertet und damit von den Vorstellungen einer zu Machtprojektion und Einflusssicherung willigen und befähigten Regional- oder

---

71   Vgl. dazu Stefan Fröhlich, Deutschlands Rolle in der EU und NATO beim Konfliktmanagement in Afghanistan, in: Ders./Klaus Brummer, Zehn Jahre Deutschland in Afghanistan, Zeitschrift für Außen- und Sicherheitspolitik, Sonderheft 3, Wiesbaden 2011, S. 31-44.

gar Großmacht abgegrenzt wurde.[72] Die Erweiterung und die mit ihr verbundenen Herausforderungen an der neuen Peripherie der EU, die gleichermaßen das
NATO-Bündnis betreffen, hat jedoch neben den im vorangegangenen Kapitel
genannten Gründen entscheidend zu einer Aufhebung dieser Sichtweise beigetragen, nicht zuletzt auf Grund der außenpolitischen Grundorientierungen der
neuen Mitgliedstaaten.

Für die Neumitglieder sowohl der EU wie auch der NATO hat der Beitritt
neben der o. e. Aufhebung der Trennlinien von innerer und äußerer Sicherheit im
Wesentlichen vier weitere Implikationen:

1. Alle Neumitglieder haben bis heute ein eher ambivalentes Verhältnis zur
   „euro-atlantischen" (NATO-EU) Sicherheitspartnerschaft. Aus der historischen Erfahrung der Mittellage und der durch hegemoniale Vielvölkerstaaten
   hergestellten regionalen Stabilität betrachte(te)n sie die NATO- und EU-Mitgliedschaft und die gleichberechtigte Mitwirkung in beiden Organisationen
   zwar als Schlusspunkt dieser langen Geschichte; nichts hat dies deutlicher gemacht als die Reaktion der Beitrittskandidaten im „Brief der Acht" auf ihre
   Nichteinbeziehung in den Gemeinsamen Standpunkt der EU vom 27. Januar
   2003 zum Irak.[73] Mit ihr dokumentierten die Neumitglieder zunächst nichts
   anderes als ihre Zugehörigkeit zum Westen. Die identische Mitgliedschaft
   nutzen die Neumitglieder aber bislang eher zur Herausbildung eines europäischen NATO-Pfeilers als zur Fortentwicklung der GSVP; letztere war für die
   Kandidaten während der Beitrittsverhandlungen von begrenztem Interesse.
   Ihre nationale wie die Sicherheit in Europa und darüber hinaus aber legen sie
   unverändert eher in die Hände der NATO unter amerikanischer Führung.
   Eben ihre prekäre Lage veranlasst sie zu einer deutlichen Anlehnung an
   Washington, das nach ihrer Einschätzung allein die militärische Sicherheitsgarantie zu geben vermag und darüber hinaus die eigene Position gegenüber
   den EU-Mitgliedern Frankreich und Deutschland und natürlich auch gegenüber Russland entscheidend stärkt.[74] Aus diesem Grund hegen fast alle Neumitglieder die Befürchtung, dass der weitere Ausbau der GSVP mittelfristig

---

72 Matthias Jopp/Barbara Lippert/Elfriede Regelsberger, Europäische Außen- und
    Sicherheitspolitik nach der Erweiterung – politische und institutionelle Heraus-
    forderungen und Lösungsansätze, in: Lippert (Hg.), Bilanz- und Folgeprobleme der
    EU-Erweiterung, Baden-Baden 2004, 241-260 (242).

73 Rat der Europäischen Union, Schlussfolgerungen des Rates. 2482. Tagung des Rates
    Außenbeziehungen am 27. Januar 2003 in Brüssel.

74 Zu erwähnen sind nicht zuletzt die engen Bande durch amerikanische Bürger mittel-
    und osteuropäischer Abstammung.

zu einem Rückzug der USA aus Europa führen könnte. Andererseits werden die Entwicklungen in Washington genau beobachtet. Der über ein Jahrzehnt währende, auch über den US-Truppenabzug hinaus schwelende Konflikt im Irak und auch in Afghanistan führten nach dem engen Schulterschluss mit Washington im Vorfeld und während der amerikanischen Intervention sehr rasch zu einem Umdenken des „neuen Europas" (Rumsfeld) und ließ Zweifel an der Richtigkeit der uneingeschränkten Solidarität mit Washington aufkommen. Die politischen Kosten, wie sie sich durch den Stimmenverlust der regierenden Parteien in diesen Ländern zugunsten der Opposition nach dem Irak-Krieg in Umfragen zeigten, haben Ungarn und Polen bereits frühzeitig veranlasst, über den Rückzug ihrer Truppen nachzudenken und sich stattdessen innerhalb der Union Gedanken über den politischen Wiederaufbauprozess zu machen. Ohnehin begreift man die EU mit Blick auf ein erweitertes Sicherheitsverständnis weit mehr als zentralen Akteur als die USA. Insofern unterstützen die Neumitglieder bis heute ohne Vorbehalte alle Anstrengungen etwa bei der Bekämpfung des internationalen Terrorismus und der organisierten Kriminalität. Ebenso wird jede Veränderung im Verhältnis zur NATO wohl registriert. Zumal vor dem Hintergrund eines weiteren amerikanischen Truppenabbaus in Europa und der Hinwendung Richtung Asien („pivoting towards Asia") unter der Obama-Administration (ein Trend, der im Grunde schon 2006 unter Bush einsetzte) bleibt die GSVP in jedem Fall als Rückfallbecken, um den aus ihrer Sicht schlimmsten aller Fälle zu verhindern: eine Renationalisierung der Verteidigung. Im Übrigen lehren alle bisherigen Erweiterungsrunden, dass mit der Mitgliedschaft die Nähe zu den Altmitgliedern eher gewachsen ist.

2. Die Neumitglieder bringen zunächst vor allem spezielle Interessen an ihren direkten Nachbarschaftsregionen ein, weniger hingegen ausgeprägte globale Ambitionen, Verbindungen und Expertise.[75] Abgesehen von Polen und Ungarn verfügen sie nur über ein geringes außenpolitisches Profil und Potenzial, haben keine koloniale Vergangenheit und traditionell nie eine globale Außenpolitik betrieben. Die diplomatischen Netzwerke sind in nahezu allen kleinen Staaten relativ klein und haben erst über die vergangenen zehn Jahre an Erfahrung gewonnen. Die besonderen Beziehungen der Neumitglieder zur Ukraine, zu Belarus und vor allem Russland haben diese seit dem Beitritt

---

75   Antonio Missiroli, Enlarging CFSP/ESDP: The Central Europeans between the EU and NATO, in: Andreas Maurer/Kai-Olaf Lang/Eugene Whitlock (Hg.), New Stimulus or Integration Backlash? EU Enlargement and Transatlantic Relations, SWP, Berlin, July 2004, 47-56.

allerdings verstärkt zum Anlass genommen, die „Altmitglieder" von der Notwendigkeit einer Ausweitung der GASP und GSVP sowohl in östliche wie auch
in westliche Richtung zu überzeugen.[76] Schon lange vor der Osterweiterung
haben einige Neumitglieder, insbesondere Polen, im Hinblick auf die Partnerschaft zu diesen Ländern eine aktive Rolle eingenommen. Dem hatte die
Kommission mit ihrem im März 2003 veröffentlichten Strategiepapier „Wider
Europe – Neighbourhood" schließlich entsprochen; mit ihm erhöhte die Union
seither nicht nur ihre Flexibilität gegenüber ihrer Außenwelt, sondern verfolgte
gleichsam eine auf den Instrumenten der „soft power" basierende rationale
Strategie als Reaktion auf die gewachsenen Herausforderungen an ihrer Peripherie. Insofern gibt es einen Zusammenhang zwischen der geographischen
Erweiterung der EU und der Erweiterung ihres (geo-)strategischen Bewusstseins. Dies deckt sich mit ihrem generellen Interesse an der Zugehörigkeit zu
einem kollektiven außen- und sicherheitspolitischen Handlungssystem, dass
es ihnen auf Grund der geringen eigenständigen außenpolitischen Tradition
ermöglicht, international dennoch präsent zu sein. Den seit der Unterzeichnung der Beitrittsakte im April 2003 möglichen direkten Zugang zu allen
Tagungen im Rahmen der GASP haben die Neumitglieder genutzt, um sich als
gleichberechtigte Partner mehr als zuvor Gehör zu verschaffen und direkten
Einfluss auf die Entwicklung der GASP zu nehmen. Der Erweiterung des geostrategischen Bewusstseins steht allerdings bis heute ein durch die räumliche
Erweiterung induziertes Spannungsverhältnis zu Russland gegenüber, was
sich wiederum problematisch auf die Entwicklung der GASP/GSVP auswirkt.
Dem von Russland nach wie vor erhobenen Anspruch auf eine besondere Verantwortung gegenüber dem „nahem Ausland", der sich mit der sich durch das
europäische Instrument zur Einbindung der Peripherie (ENP) noch verstärkt
hat, begegnen die Neumitglieder mit großem Misstrauen, was sich wiederum
an Deutschlands und Frankreichs Bemühungen stößt, Moskau zu einem Eck-
pfeiler einer multipolaren Weltordnung aufzuwerten.
3. Die Neumitglieder sind zumindest theoretisch besser für radikale Veränderungen in Richtung eines „Poolens" der militärischen Fähigkeiten geeignet.
Zwar schließen sie angesichts ihrer transatlantischen Bindungen eine gaul-
listische Option für Europa ebenso aus wie eine strukturelle Kernbildung
für eine europäische Armee. Einer Stärkung des europäischen Pfeilers der
NATO im Sinne größerer Spezialisierung, multinationaler Komplementari-

---

76 Grundsätzlich wird die Bedeutung der europäischen Nachbarschaft im Osten von
Alt- und Neumitgliedern durchaus noch unterschiedlich bewertet; dies zeigen die
verschiedenen GASP-Erklärungen zu Russland und Belarus.

tät der Streitkräfte oder der Entwicklung gemeinsamer Beschaffungsprojekte stehen sie aber durchaus aufgeschlossen gegenüber. Insofern hat sich die lang anhaltende Voreingenommenheit gegenüber der Entwicklung eigenständiger militärischer Fähigkeiten der EU mittlerweile zugunsten einer qualifizierten Akzeptanz und praktischen Beteiligung an der GSVP abgeschwächt. Die Neumitglieder stellen nicht nur eigene Truppen im Rahmen der Umsetzung des o.e. europäischen „headline goal", sondern beteiligten sich auch an den ersten Krisenmanagement-Operationen der EU in Bosnien-Herzegowina und Mazedonien.[77] Damit tragen sie nicht unerheblich zum Ausbau der militärischen Fähigkeiten sowohl im Rahmen der EU-Eingreiftruppe und der NATO Response Force als auch der bi-, tri- und multinationalen militärischen Integration bei. Allerdings fehlen ihnen nach wie vor die Mittel, ihre Verteidigungsbudgets aufzustocken und die Streitkräfte den neuen Erfordernissen des globalen Krisenmanagements und der friedenschaffenden militärischen Maßnahmen im Zeitalter des internationalen Terrorismus anzupassen und damit das gesamte Spektrum der so genannten Petersberg-Aufgaben abzudecken.[78] Gerade vor dem Hintergrund der Eurokrise haben einige der Neumitglieder (mit Ausnahme Polens) ihre Verteidigungsbudgets zum Teil drastisch gesenkt (bspw. Litauen: 36% (2010); Tschechien: 10% (2011)) – was allerdings auch für die größeren Altmitglieder gilt (die ihre Verteidigungsetats zwischen 2011 und 2015 im Schnitt um ca. 8% reduzieren wollen). Insgesamt ist davon auszugehen, dass somit zwischen 2006 und 2014 die Verteidigungsausgaben der EU-Mitgliedstaaten um ca. 30% gesunken sein werden.[79]

4. Die meisten der Neumitglieder haben sich bei aller Bereitschaft zur Weiterentwicklung der GASP/GSVP in Bezug auf alle Vorschläge im Vorfeld des Lissaboner Vertrags aus Gründen der Gleichberechtigung nicht nur klar gegen die Abschaffung des Rotationsprinzips im Vorsitz des Europäischen Rates und des Ministerrates ausgesprochen, sondern waren aus Gründen der nationalen Souveränität gemeinsam mit Großbritannien auch gegen Mehrheitsentscheidungen in der GASP/GSVP und gegen die Ausweitung der verstärkten Zusammenarbeit, da sie befürchteten, damit der Entstehung eines „directoires"

---

77 Antonio Missiroli (Hg.), Bigger EU, Wider CFSP, Stronger ESDP? Occasional Papers, No. 34, Paris 2002, S. 60ff.

78 Michael Quinlan, ESDP and EU Enlargement, in: Esther Brimmer (Hg.), The EU's Search for a Strategic Role: ESDP and Its Implications for Transatlantic Relations, Center for Transatlantic Relations, SAIS, Washington, DC 2002, S. 23-34.

79 Bertelsmann Foundation, Field Manual to Europe. Ten memos for the new US administration, Washington 2013, S. 27: www.bfna.org

der größeren Mitgliedstaaten in der EU, insbesondere Frankreichs und der Bundesrepublik, Vorschub zu leisten.[80] Sie signalisierten damit, dass sie zwar bereit waren, Druck auszuüben auf die alten Mitgliedstaaten im Hinblick auf die Entwicklung einer insgesamt effizienteren GSVP, dass diese sich jedoch gleichzeitig intergouvernemental und pro-atlantisch entwickeln sollte. Damit stell(t)en sie sich bewusst gegen deutsch-französische Überlegungen, die GSVP nicht nur flexibler zu gestalten (durch eine Generalisierung von qualifizierten Mehrheitsentscheidungen, die Erleichterung und Ausdehnung der Möglichkeiten der verstärkten Zusammenarbeit und die Schaffung eines HV), sondern in bestimmten Situationen optional auch als Korrektiv oder gar Gegenmacht zu den USA auftreten zu lassen.[81] Während die Generalisierung von qualifizierten Mehrheitsentscheidungen nicht nur am Widerstand der Neumitglieder tatsächlich scheiterte, konnte sich die Idee einer größeren Flexibilität durch Ausweitung der verstärkten Zusammenarbeit auch auf die Rüstungs- und Militärkooperation allerdings durchsetzen.

Alles in allem laufen die Positionen der Neumitglieder somit auf eine mit Nachdruck vertretene „sowohl als auch"-Politik hinaus, bei der man sich der Fortentwicklung der GSVP und einem bestimmten Grad europäischer Selbstbehauptung im Bündnis nicht verschließt, die aber die globale Führungsrolle der USA und die amerikanische Militärpräsenz in Europa für unverzichtbar hält und die kollektive Sicherheit weniger durch die UN und das Völkerrecht als vielmehr durch eine auch zu unilateralem Handeln bereite amerikanische Supermacht garantiert sehen (wollen). Dies entspricht nicht zuletzt der Einschätzung, wonach die Neumitglieder ihre wieder gewonnene nationale Souveränität in außen- und sicherheitspolitischen Fragen gleichermaßen nicht einer zentralen oder supranationalen Instanz unterzuordnen bereit wären. Dennoch haben Herausforderungen wie der Irak-Krieg gezeigt, dass die durchaus unterschiedlichen Positionen innerhalb der EU auch als Katalysator von Lernprozessen dienen und die Bereitschaft zu einer stärkeren Gemeinschaftsorientierung in GASP und GSVP befördern können.

---

80 Michael Attalides/Peter Balazs/Henning Christophersen/Hannes Farleitner/Lena Hjelm-Wallén/ Sandra Kalniete/Jan Kohout/Ivan Korcok/Maglena Kuneva/Ernani Lopes/Rytis Martikonis/Lennart Meri/Dichk Roche/Dimitri Rupel/Peter Serracino-Inglott/Teija Tiilikkainen, Reforming the Institutions: Principles and Premises, CONTRIB 288, CONV 646/03, Brüssel, 28. März 2003.

81 Gisela Müller-Brandeck-Bovquet (Hg.), The Future of the European Foreign, Security and Defence Policy after Enlargement, Baden-Baden: Nomos 2006; Martin Koopmann/Hans Stark, Quel avenir? Relations franco-allemandes et PESD, DGAP-Analyse, Nr. 27, Berlin, Januar 2004.

3.2.3.1 Das Verhältnis zwischen NATO und EU

Die NATO hat ihre Rolle und politische Agenda in den vergangenen zwei Dekaden einem tief greifenden Wandel unterzogen und sich von einem Bündnis kollektiver Verteidigung zu einem Bündnis der kollektiven Sicherheit transformiert. Gleichzeitig stellte sie sich den gewaltigen Herausforderungen ihrer Erweiterung und der langfristigen Neubewertung ihrer Beziehungen zu Russland, bewies bei ihren Einsätzen in Bosnien und im Kosovo sowie in Afghanistan ihre militärische Funktionsfähigkeit und erklärte schließlich auch den Kampf gegen den Terrorismus und die Proliferation von Massenvernichtungswaffen zum offiziellen Bündnisziel.

Bereits auf dem NATO-Gipfel im November 2002 beschlossen die Bündnismitglieder ein ambitioniertes umfangreiches Programm der „Transformation der NATO",[82] das neben der Schaffung der NATO Response Force (NRF) und der Verabschiedung des „Prague Capabilities Commitment" (PCC) auch eine Veränderung der Kommandostrukturen beinhaltete. Die Umsetzung einiger der Beschlüsse litt aber zunächst unter der transatlantischen Krise im Zuge des Irak-Krieges, so dass es auf dem informellen Treffen der NATO-Verteidigungsminister im Oktober 2003 lediglich zu einer Präzisierung der Prager Ziele und dem öffentlichen Appell an die Mitgliedsländer zu deren Umsetzung kam, ohne dass der Gipfel konkrete Ergebnisse brachte.[83] Erst mit dem Gipfel in Lissabon im Juni 2004 gewann das Bündnis seine Handlungsfähigkeit zumindest teilweise zurück: So beschlossen die Staats- und Regierungschefs u. a. eine Erweiterung der NATO-Mission in Afghanistan, eine Vertiefung des Mittelmeer-Dialoges, die Erweiterung der Partnerschaften mit Russland, der Ukraine, dem Kaukasus und Zentralasien sowie Unterstützungsmaßnahmen der neuen irakischen Regierung u. a. durch Ausbildung irakischer Sicherheitskräfte.[84] Darüber hinaus bekräftigte die NATO beim Istanbuler Gipfel 2004 das gewandelte Selbstverständnis der Allianz zum kollektiven Sicherheitsbündnis mit weiter reichenden (globalen) Zielen und einem über das Bündnisgebiet hinaus (out of area) ausgeweiteten Aktionsradius.

Die Veränderung der strategischen Neuausrichtung beruht dabei auf der Instrumentalisierung der im Herbst 2006 mit 21.000 Soldaten kompletten und dann voll einsatzfähigen NATO Response Force sowie auf der Aufstellung und

---

82   Paul Cornish, NATO: The Practice and Politics of Transformation, in: International Affairs, 1 (2004), S. 63-74.

83   Jeffrey Simon, Partnership for Peace: Charting a Course for a new Era, in: Strategic Forum, 206, (March/April 2004), S. 6.

84   http://www.nato.int/docu/comm/2004/06-istanbul/about.htm.

Operationalisierung einer „NATO Stabilization and Reconstruction Force" (SRF), die die NRF durch Aufgaben der Nachkriegs-Stationierung etwa in Afghanistan und im Irak ergänzen soll(te).[85] Damit signalisierte die Allianz, dass die politische Transformation nicht nur in einer Neudefinition der gemeinsamen transatlantischen Bedrohungsperzeptionen und in ihrer Konsequenz festgelegter gemeinsamer Ziele und Strategien für die Anwendung militärischer Gewalt bestand, sondern auch in der Bestimmung neuer Entscheidungsprozeduren („Koalitionen der Handlungswilligen") innerhalb der NATO, der Vorbereitung des Bündnisses auf künftige peacekeeping-, Stabilisierungs- und Wiederaufbau-missionen insbesondere im „Greater Middle East" sowie dem systematischen Ausbau von Partnerschaftsabkommen der NATO mit Staaten in der Region unterhalb der Schwelle einer Mitgliedschaft.

Die Erweiterung der Allianz um weitere sieben Staaten (die drei baltischen, Slowenien, die Slowakei, Rumänien und Bulgarien) im April 2004 war in diesem Kontext in mehrfacher Hinsicht von erheblicher Bedeutung. Neben der symbolischen und stabilitätspolitischen im Sinne der schrittweisen Einigung des Kontinents bzw. der Einbindung potenziell instabiler Gesellschaften liegt die (geo-)strategische Relevanz der letzten Erweiterungsrunde zum einen im unmittelbaren Heranrücken der NATO an die Grenze Russlands (durch Aufnahme der baltischen Staaten), zum anderen in der Schließung der Landbrücke von Ungarn zur Türkei durch die Aufnahme Bulgariens und Rumäniens. Damit rückt das Bündnis bis an das Schwarze Meer und das Kaspische Becken vor, wo Rumänien mit einem strategischen Stützpunkt bereits zu einem der wichtigsten Verbündeten Washingtons in Afghanistan geworden ist.

Die USA drängen seit dem Washingtoner Jubiläums-Gipfel der NATO 1999 auf eine globale Rolle des Bündnisses. Aus diesem Grund betrachtete man bereits die erste Erweiterung um Polen, Ungarn und Tschechien als strategischen Gewinn; die Nichtberücksichtigung Rumäniens und Bulgariens, für die sich insbesondere Frankreich stark machte, stieß in Washington hingegen damals aus Sorge vor möglichen Konsequenzen für die innere Stabilität des Bündnisses noch auf deutlichen Widerstand. Mit den Anschlägen vom 11. September 2001 hatte sich die Haltung Washingtons hinsichtlich einer zweiten Osterweiterung der Allianz radikal gewandelt. Nicht nur sah man in den Neumitgliedern seither zunächst wichtige strategische Verbündete und Vorposten im Kampf gegen den Terrorismus in Zentralasien und im Nahen Osten. Auch wenn die Neumitglieder in aller Regel auf Grund knapper Ressourcen und einer eher unzureichender

---

85 Hans Binnendijk/Richard Kugler, Transform NATO. Don't End It, in: The National Interest, 75 (2004), S. 72-76.

Konversion der Streitkräfte im operativen Bereich nur wenig beisteuern können, so leisten sie doch einen wichtigen Beitrag durch Bereitstellung ihres Territoriums und ihres Luftraums.[86] Darüber hinaus haben sie in den vergangenen Jahren ihren Willen zur Unterstützung der Allianz durch die Teilnahme an den „peacekeeping"-Missionen in Bosnien, im Kosovo und in Afghanistan nachdrücklich unterstrichen. Gerade beim Aufbau der NATO Response Force haben die Neumitglieder durch Beiträge mit hoch spezialisierten Eliteeinheiten und den Ausbau von Nischenfähigkeiten an Gewicht und Bedeutung im Bündnis gewonnen.

Für die amerikanische Regierung bedeutet dies zunächst einmal, dass sich mit der Erweiterung ihr politischer Einfluss – zum Leidwesen Frankreichs – in Europa grundsätzlich vergrößert hat, da amerikanische Positionen fortan tendenziell auf breitere Zustimmung im Bündnis treffen. Damit erhöht sich für Washington auch der Spielraum, sich aus dem „Werkzeugkasten" der NATO von Fall zu Fall jeweils neue „Koalitionen von Handlungswilligen" für militärische Interventionen außerhalb Europas zu formen. Auf der anderen Seite aber ist die vordergründige „Amerikanisierung" des Bündnisses durch die Neumitglieder keinesfalls verbunden mit einem automatisch erhöhten Druck auf die EU, den eigenen geostrategischen Aktionsradius über die neue Peripherie hinaus zu erweitern und ein mit den USA kompatibles globales Rollenverständnis für das Bündnis zu entwickeln – dazu sind diese wiederum viel zu wenig an einer globalen NATO interessiert, sondern vielmehr an einem klaren Bekenntnis zur klassischen Verteidigung nach Art. V des Bündnisvertrages. Ein solcher Druck entwickelt sich vor allem aus dem ernsthaften Interesse am Bündnis als der nach wie vor zentralen transatlantischen Sicherheitsklammer heraus und dem Anspruch, globale Ordnungsaufgaben übernehmen zu können.

Damit aber sind die Grundprobleme im Verhältnis zwischen NATO und EU jenseits aller Implikationen durch die Erweiterung angesprochen, wie sie sich auch im neuen Strategischen Konzept von 2010 wiederspiegeln.[87] Unabhängig von der Gefahr einer zunehmenden Marginalisierung der europäischen Mitgliedstaaten als bloße Hilfstruppen der USA – eine solche ist die zwangsläufige Folge der nach wie vor ausgeprägten Zurückhaltung der Mehrheit der Europäer, sich militärisch

---

86 Helga Haftendorn, Eine neue NATO? Der Beitritt der sieben mitteleuropäischen Staaten zum Bündnis, in: SWP-Aktuell, Berlin, 16. April 2004, S. 8. Zu den aktuellen Verteidigungsausgaben siehe NATO Press-Release: Financial and Economic Data Relating to NATO Defence (April 2012), v.a. S. 5. http://www.nato.int/nato_static/assets/pdf/pdf_2012_04/20120413_PR_CP_2012_047_rev1.pdf

87 NATO, Strategic Concept for the Defence and Security of the members of the North Atlantic Treaty Organization, Lisbon (November 2010): www.nato.int/strategic-concept/index.html

zu engagieren, so dass wie im Fall der GSVP flexible „Koalitionen von Hand-
lungswilligen" bzw. ad-hoc-Koalitionen mit einem, zwei oder auch mehreren
Partnern künftig die einzig realistische Option für das Krisenmanagement des
Bündnisses darstellt – geht es tatsächlich zunächst einmal ganz konkret um die
Frage, wo, wann und unterwelchen Umständen sich auch die NATO engagiert.
Und das heißt konkret vor allem die Frage, inwieweit die Europäer bereit sind,
neben dem Bekenntnis zu Art. V auch „Missionen in strategischer Entfernung",
wie es im neuen Strategiekonzept steht, durchzuführen, oder ob es bei einer
eher regionalen Selbstbeschränkung auf die eigene Peripherie bleibt. Tendenziell
sehen die Europäer eine derartige Transformation des Bündnisses mehrheitlich
mit Skepsis; einzig Frankreich und Großbritannien sind in der Lage und willens,
neben der traditionellen Aufgabe der Aufrechterhaltung der europäischen Sicherheit auch globales Konfliktmanagement zu betreiben. Mit anderen Worten: Da
das Selbstverständnis Washingtons das einer globalen Macht USA ist, ist der Zu-
sammenprall zwischen Amerikas daraus abgeleiteten Bedürfnissen auf der einen
und den europäischen Interessen auf der anderen Seite auch in Zukunft geradezu
unvermeidlich. Der Irak war in dieser Perspektive lediglich der Präzedenzfall.

Auf der anderen Seite aber berühren potentielle Konfliktherde vom Baltikum
bis zum Schwarzen Meer Brüssel viel unmittelbarer als Washington, dessen langes
Zögern auf dem Balkan der Union bereits signalisiert hat, dass es für die Sicher-
heit des Alten Kontinents keinen Garantieschein mehr durch den amerikanischen
Schutzschirm gibt. Die EU kommt deshalb an den oben skizzierten strukturellen
Reformen zur Umsetzung der in ihrer Sicherheitsstrategie formulierten (geo)
strategischen Ambitionen nicht vorbei. Die Allianz ist längst kein Instrument
mehr für die europäische Verteidigungsintegration, sondern heute auch der
Mechanismus zur Integration Amerikas in Europa. Daraus ergeben sich für die
EU drei Optionen:

1. Sie kann über das Bündnis hinaus denken und sich auf ihre Kapazitäten und
   ihr Potential besinnen, welche ihr Selbstvertrauen und den bis dato gezeigten
   politischen Willen bei weitem übertreffen; eine „Europe puissance" zur Aufrechterhaltung der Stabilität des Kontinents, zur Teilnahme an peacekeeping-
   Operationen sowie zur Machtprojektion auch über die Peripherie hinaus liegt
   durchaus im Machbaren für die Union.
2. Sie kann an die USA appellieren, weiterhin einen erheblichen Teil der Kosten
   für die Sicherheit Europas zu übernehmen; dies wäre der klassische Fall von
   Wohlfahrtsabhängigkeit.
3. Sie tritt für eine neue Form des „burden-sharing" in einer dann gleich-
   berechtigten transatlantischen Partnerschaft ein, die einzig das Bündnis am

Leben erhält; eine solche erforderte mehr Autonomie und Verantwortung bei der Durchführung von Operationen im Sinne eines von Washington ernstzunehmenden „Europäischen Pfeilers" innerhalb der NATO.

Keine der in Bezug auf die erste Option zu erfüllenden Aufgaben erforderte die globalen Luft-, Transport- und Militärkapazitäten im Umfang des amerikanischen Ausrüstungsstands. Alle benötigen vielmehr das Selbstvertrauen und die Bereitschaft der Europäer, in ihren bisherigen Anstrengungen auf dem Weg zu flexibleren, mobilen Einsatzkräften fortzufahren, ohne ständig auf Anweisungen und Ermahnungen Washingtons zu warten. Ein solcher Prozess käme in der Tat einer Teilemanzipation von den USA gleich, was heute in Washington erstmals durchaus gewünscht wird. Das Problem einer solchen Entwicklung läge in der Aufgabe eines transatlantischen Forums in den Fällen, in denen amerikanische und europäische Interessen weitgehend konvergieren, so etwa im Kampf gegen den internationalen Terrorismus. Ganz abgesehen davon aber ist es, wie oben bereits angedeutet, kaum vorstellbar, dass die EU dazu den politischen Willen in dieser von wirtschaftlicher Stagnation und sinkenden Verteidigungsbudgets bestimmten Zeit aufbringt.

Die zweite Option ist in der Zeit nach Ende des Kalten Krieges genauso undenkbar und entspricht schon längst nicht mehr den neuen Realitäten. Die EU-28 ist mit ihren über 500 Millionen Bürgerinnen und Bürgern die größte Wirtschaftsmacht und verfügt mit dem nach wie vor größten in Kaufkraft gemessenen Binnenmarkt nicht nur über die Mittel; immerhin geben die Mitgliedstaaten fast die Hälfte dessen für die Verteidigung aus, was die USA aufwenden – ohne allerdings nur annähernd einen vergleichbaren militärischen Output zu erhalten.[88] Europa hat zudem eine hinlängliche politische wie militärische Erfahrung für eine größere sicherheitspolitische Unabhängigkeit von den USA. Die GSVP scheitert bislang nicht an dem Mangel an Ressourcen oder Erfahrung, sondern schlicht am politischen Willen und den unterschiedlichen Interessen und Prioritäten der Mitgliedstaaten.

Bleibt die dritte Option: Sie erfordert ein ähnlich radikales strategisches Umdenken der Union, ist aber der beste Garant zur Aufrechterhaltung der

---

88 Dies hängt wesentlich mit dem hohen Anteil der Personalkosten an den Wehretats, aber auch mit der Tatsache zusammen, dass die USA etwa das Vierfache für die militärische Forschung und Entwicklung ausgeben wie die EU-Staaten, die dies zudem nicht konzentriert und effizient, sondern jeder seinen Teil für sich investieren – vgl. hierzu EU Institute for Security Studies (EUISS), Enabling the future. European military capabilities 2013 – 2025: Challenges and avenues (Ed. by Antonio Missiroli). Report No. 16 (May 2013), Paris.

transatlantischen Liaison. Wie die erste Variante hat sie jedoch wenigsten drei Implikationen für eine neue Europäische Sicherheitsstrategie.

1. Wie erwähnt, geht der Ehrgeiz der neuen Europäischen Sicherheitsstrategie erstmals deutlich über die Ziele eines europäischen Krisenmanagements auf der untersten Ebene des so genannten Petersberg-Spektrums hinaus. Das theoretische Bekenntnis sagt allerdings noch nichts darüber aus, ab welchem Zeitpunkt und wo die Union grundsätzlich zum Handeln bereit wäre, um ihre geostrategischen Interessen zu verteidigen. Zwar heißt es in dem Dokument, dass die Union eine Strategiekultur entwickeln müsse, die ein rasches und wenn nötig robustes Eingreifen fördert; dies gelte für die gesamte Palette der zur Verfügung stehenden Mittel der Krisenbewältigung und Konflikt-verhütung, einschließlich der Maßnahmen im politischen, diplomatischen, zivilen und militärischen Bereich. Es wird aber nicht präzisiert, unter welchen Bedingungen die EU vor allem bereit ist, militärische Mittel einzusetzen, so dass entsprechende Absichtsbekundungen mehrdeutig sind und unver-ändert auf einen Konsensmangel innerhalb der Union hindeuten. Die globalen Ambitionen der EU bedürfen aber nun mal einer klaren Definition der vitalen Interessenzonen Europas sowohl innerhalb der NATO als auch in der Union. Die 2007 erfolgte Erweiterung der Union um Bulgarien ist unter solchen geo-politischen Gesichtspunkten sicherlich unproblematisch gewesen. Gleiches gilt für den zeitgleichen Beitritt Rumäniens, der die Union zwar mit dem Problem Moldau und den ungeklärten Grenzfragen und Machtkämpfen im Südosten der Region der Neuen Unabhängigen Staaten (NUS) konfrontiert, sie aber wohl kaum der Gefahr direkter Interventionen aussetzt. Heikel würde die Sache im Falle der Türkei, deren vorerst wohl in Ferne gerückte Beitritt die EU in eine strategisch exponierte und sicherheitspolitisch krisennahe (Süd-kaukasus, Iran, Irak sowie Syrien als dann direkte Nachbarn) Lage bringen würde, mit absehbaren Konsequenzen für ihre künftige Nahostpolitik. Jeden-falls stellt sich bereits mit dem Heranrücken der EU an die Türkei nicht nur die Frage nach den Grenzen der Erweiterung bzw. der Definition der Außen-grenzen der EU, sondern auch nach den Folgen für die GSVP ganz unmittel-bar.[89] Die „Neue Nachbarschaftspolitik" der EU, die ausdrücklich nicht auf dem Erweiterungsartikel 49 EUV gründet und somit erstmals nicht auf eine „Europäisierung" der Nachbarn hinausläuft, ist daher der Versuch, eine differenzierte Strategie für das „größere Europa" zu entwickeln, die mit dem

---

89 Heinz Kramer, Die Gemeinsame Außen- und Sicherheitspolitik der Europäischen Union und die Türkei, in: integration, 1-2 (2004), 44-55.

Angebot privilegierter Beziehungen unterhalb der Schwelle der EU-Mitgliedschaft dem Dilemma zwischen Sicherheits- und Integrationsparadigma zu entkommen sucht. Wie weit aber soll dann der Aktionsradius der Union reichen? Sollen sich EU-Interventionen in aller Regel auf EU-Territorium, möglichst ausschließlich mit NATO-Mitteln (CJTF-Konzept), beschränken, so dass Einsätze wie im Kongo oder Tschad eher die Ausnahme bleiben? Oder sollen Europäische Krisenreaktionskräfte auch global als Partner im Rahmen von NATO/US-geführten Allianzen wie im Golfkrieg, in Afghanistan oder in möglichen anderen Konfliktszenarien im Nahen und Mittleren Osten, Maghreb, Kaukasus oder in Zentralasien operieren? Wo ist die Union bereit, selbst die Führungsrolle zu übernehmen? Und in welchen Fällen schließlich ist die EU bereit, wie im Kosovo-Konflikt ohne ausdrückliches Mandat des UN-Sicherheitsrates tätig zu werden?

Die Antwort auf diese Fragen liegt sicherlich weniger in den mit Lissabon verbundenen, oben genannten Reformschritten zur Stärkung der außenpolitischen Handlungsfähigkeit der EU. Viel entscheidender ist, dass sich die Mitgliedstaaten unterhalb der strategisch zentralen Frage ihrer unterschiedlichen Haltungen gegenüber Washington in spezifischen globalen Konfliktsituationen auf eine gemeinsame europäische Position einigen können. Während Großbritannien, Frankreich und Italien seit Begründung der ESVP an beinahe allen kollektiven friedenserhaltenden und friedensschaffenden Aktionen beteiligt waren, hielten sich die neutralen, präziser gesagt „nicht-gebundenen" Staaten vor allem bei letzteren vornehmlich zurück. Die generelle Zustimmung zu irgendwelchen Aktionen impliziert innerhalb der Union längst keinen Beistandsautomatismus im Sinne konkreten Handelns; eben dies ist in der Möglichkeit der „konstruktiven Enthaltung" angelegt. Ebenso verlangt das in der ESS generell geforderte Mandat durch den UN-Sicherheitsrat nicht grundsätzlich eine Teilnahme aller Mitgliedstaaten. Die Differenzen zwischen diesen beiden Polen in der Union sind in den letzten Jahren allerdings zusehends aufgehoben worden. Mittlerweile gibt es eine Tendenz in Richtung breiterer europäischer Koalitionen im Rahmen des so genannten „robusten" Peacekeeping wie etwa auf dem Balkan. Die nicht-gebundenen Staaten beteilig(t)en sich an der KFOR- Mission im Kosovo, kaum eine traditionelle Blauhelmaktion. Während der Luftangriffe im Kosovo 1999 waren die meisten europäischen NATO-Mitglieder trotz fehlenden UN-Mandats in Kampfhandlungen verwickelt, so Großbritannien, Frankreich, die Niederlande, Italien und Deutschland. Allein 2002 intervenierten europäische Streitkräfte (sprich der Mitgliedstaaten) in Afghanistan, Ruanda, Sierra Leone, der Elfenbeinküste, Kuwait, Georgien, Tadschikistan, Bosnien, Kosovo, Mazedonien und im Irak. Und 2003 wurden weitere Truppen in den Kongo verlegt, so dass sich insgesamt nahezu 100 000 Soldaten der EU bereits vor zehn Jahren in „out-of-area"-Einsätzen befanden. Erst mit dem NATO-Einsatz in Libyen 2011 hat sich die bis dato zunehmend einheitlichere Position der Europäer bei gemeinsamen Aktionen wieder aufgehoben, nachdem Frankreich und Großbritannien sich zuvor nicht auf einen EU-Einsatz einigen konnten und insbesondere die Bundesrepublik signalisierte, dass sie einem solchen nicht zustimmen würde. Die EU spielte jedenfalls bei diesem Einsatz keine Rolle, die Mitgliedstaaten waren nicht in der Lage, sich auf eine gemeinsame Position zu einigen. Grundsätzlich ist somit die Zustimmung zum Einsatz militärischer Mittel gewachsen, was sich auch in der NATO bemerkbar macht. Auch wenn die EU einer globalen NATO noch so skeptisch begegnen mag, so haben die europäischen NATO-Mitglieder auch nicht verhindern können, dass das Bündnis heute längst als Instrument für weltweite Kriseninterventionen über das gesamte Spektrum der Petersberg-Aufgaben hinweg fungiert. Tatsächlich ist die NATO mit ihren Missionen auf dem Balkan, in Afghanistan oder vor der Küste Somalias global unterwegs und hat seine Agenda um neue Aufgaben (cyber-Attacken, Energiesicherheit und humanitäre Einsätze in scheiternden oder gescheiterten Staaten) erweitert. Da dies aber nichts an der mangelnden Bereitschaft ändert, etwa im Falle einer ernsthaften Krise am Golf oder in Zentralasien auch im Rahmen des oberen Endes des Petersberg-Spektrums militärische (Mit-)Verantwortung zu übernehmen, haben nicht zuletzt die europäischen NATO-Mitglieder darauf gepocht, dass das NATO-Strategiekonzept Interventionsentscheidungen von „Fall zu Fall" und nur unter besonderer Berücksichtigung bestimmter Einsatzkriterien (Grad der Gefährdung für die Mitglieder; Vereinbarkeit der Mission mit dem Völkerrecht, wenn auch ohne expliziten UN-Vorbehalt; politische Lösung des Konflikts bzw. Zeitperspektive für den Einsatz; strategisches Interesse bzw. sicherheitspolitische Bedrohung) vorsieht. Und dort, wo die Union bislang autonom größere militärische Einsätze durchgeführt hat (wie etwa beim EUFOR-Einsatz Tschad/Zentralafrikanische Republik mit ca. 3700 Soldaten), war dies am Ende nur mit Unterstützung ukrainischer Transportflugzeuge und russischer Hubschrauber möglich, und weil Frankreich mehr als die Hälfte der Truppen stellte.

2. Eng mit diesem Punkt verbunden ist die Frage nach dem jeweiligen Zuschnitt der EU-Operationen in Konfliktsituationen. Mit den erwähnten „headline goals" zeichnet sich zwar in etwa die gewünschte Palette ab, allerdings erlauben die bisherigen Anstrengungen wie erwähnt in keinem Fall die Übernahme alleiniger Verantwortung durch die EU in Krisensituationen am oberen

Ende des Petersberg-Spektrums. In zahlreichen Fällen war die Stationierung dieser Truppen von NATO-Ressourcen vor allem in den Bereichen Logistik, Transport und Kommunikation abhängig, so dass die Fähigkeit zu autonomen Handeln der EU doch erheblich eingeschränkt blieb. Gewisse Fortschritte sind bis heute allenfalls beim Schließen der militärischen Fähigkeitslücke und der Infrastruktur zu verzeichnen, insgesamt aber blieben die bisherigen Anstrengungen im Aufholprozess nicht zuletzt aufgrund der unzureichenden Verteidigungsbudgets der meisten Mitgliedsländer weit hinter den ursprünglichen Erwartungen zurück. Mit der Erweiterung aber nahm der virtuelle Aktionsradius der EU für militärische Krisenmanagement-Operationen um etwa 2 500 Meilen auf 6 200 Meilen von Brüssel aus zu. Dies hat erhebliche Konsequenzen für die Streitkräfteplanung der EU und erfordert ein radikales Umstellen auf die rasche Verlegbarkeit kleinerer, hochmobiler und flexibler Eingreiftruppen. Die Entwicklung in den Militärtechnologien hat in den USA die Kriegsführung in den letzten Jahren geradezu revolutioniert; beispielhaft für diese Transformation waren die Konflikte in Afghanistan und im Irak. Die EU kann und muss nicht über die gleichen Mittel verfügen wie Washington, die Transformation ihrer Streitkräfte in diese Richtung ist aber sicherlich Voraussetzung für eine größere Unabhängigkeit von den USA.

3. Die Bereitschaft zur Entwicklung einer größeren Autonomie muss allerdings zwei wesentliche Punkte klären: Erstens die damit ganz zwangsläufig einhergehenden und sich verschärfenden Differenzen mit Washington. Die Analyse der ESS ergibt zwar eine weitgehende Deckungsgleichheit mit der NSS 2010 bei der Benennung der Bedrohungen und der Definition der sicherheitspolitischen und geostrategischen Interessen; dies galt aber sogar mit Blick auf die NSS 2002. In der Frage nach den angemessenen Mitteln als Antwort auf diese Herausforderungen gehen die Meinungen in Washington und Brüssel bei aller Annäherung seit der Übernahme der politischen Verantwortung durch die Obama-Administration aber nach wie vor auseinander, auch wenn man auf beiden Seiten des Atlantiks mittlerweile vorzugsweise von der Notwendigkeit eines „komplexen" militärisch-zivilen Krisenmanagements im 21. Jahrhundert spricht. Zweitens benötigt die EU in ihren Entscheidungsprozessen dringend ein ausgewogeneres Verhältnis zwischen mehr Flexibilität auf der einen und Legitimation auf der anderen Seite. Die Einstimmigkeitsregel bringt es mit sich, dass es in der jetzigen EU-28 auch künftig zu noch schwierigeren und ermüdenden Entscheidungsprozessen auf sehr schmaler gemeinsamer Basis kommen wird. Umso mehr wird es darauf ankommen, dass Mitgliedstaaten einerseits auf ihre Veto-Option verzichten und auf die Möglichkeit der konstruktiven Enthaltung zurückgreifen, andererseits verstärkt Gebrauch

machen von der Option der „verstärkten" bzw. „strukturierten Zusammenarbeit" in der GASP/GSVP und den damit verbundenen Möglichkeiten der
Entwicklung von horizontaler Rollenspezialisierung insbesondere im Bereich
der Verteidigung. Sollten die Mitgliedstaaten in der Lage sein, künftig ihre
Streitkräfte effektiver zu bündeln und gemeinsame Beschaffungsprogramme
zur Rationalisierung ihrer Verteidigungsanstrengungen zu entwickeln, dann
besteht auch die Möglichkeit zu einer Veränderung der transatlantischen
Kommandostrukturen im Sinne einer größeren Gleichberechtigung im
Rahmen der NATO.

Eine Erfolgsprognose dafür lässt sich allerdings derzeit nur schwer stellen. Auf der
einen Seite gilt, dass es mit 28 Mitgliedstaaten ungleich schwieriger ist, das zu erreichen, was schon mit 15 Mitgliedern nicht erreicht werden konnte: die wirksame
Einbringung einer gemeinsamen Stimme in der internationalen Politik. Auf der
anderen Seite steht auch fest, dass die Ausprägung der EU zu einem effektiveren
globalen Akteur in den letzten Jahren weniger trotz als vielmehr wegen der Erweiterung über die in der neuen Sicherheitsstrategie angestellten Überlegungen
entscheidend vorangetrieben wurde. Die EU unterstreicht damit zumindest ihr
gewachsenes Akteursbewusstsein als Grundvoraussetzung für eine effektive
Gestaltung ihrer Nachbarschaftspolitik und Antwort auf die neuen sicherheitspolitischen Herausforderungen durch Terrorismus und Verbreitung von Massenvernichtungswaffen. Damit werden die neuen Grenzen von EU und NATO aber
gleichzeitig zum Testfall für die Glaubwürdigkeit und Effektivität ihrer außenpolitischen Rolle(n) sowie für die eigene künftige Sicherheit.

3.3 Systemimmanente Schwächen und Perspektiven von GASP und GSVP

Unter dem Strich hat die Institutionalisierung der GSVP die Rolle der Mitgliedstaaten in der GASP zumindest nicht signifikant geschwächt. Für alle Beschlüsse
mit militärischen und verteidigungspolitischen Bezügen gilt im Grundsatz unverändert die Einstimmigkeit als Entscheidungsregel. Damit wurde das „intergouvernementale" Prinzip im Rahmen der GASP weiter ausgebaut. Auch nach
Lissabon ist die EU, trotz neuer, „integrationsdynamischer Strukturen" im Ent-
scheidungssystem der GASP/GSVP, von dem erklärten Ziel, auf der internationalen Bühne autonom und einheitlich agieren und Krisen eigenverantwortlich
einzudämmen, nach wie vor einiges entfernt. Nicht zu vergessen ist, dass im Lissaboner Vertrag mit dem HV und dem Ratspräsidenten vor allem die dem zwei-

ten, sprich zwischenstaatlich organisierten Pfeiler zugeordneten Institutionen gestärkt wurden.

Auf der anderen Seite verfügt die Union im Rahmen der GASP/GSVP heute theoretisch über das gesamte Spektrum außenpolitischer Instrumente – ziviler wie militärischer. Dies ist das Ergebnis sowohl eines gewachsenen Handlungszwangs in einem veränderten internationalen Umfeld mit neuen außen- wie sicherheitspolitischen Herausforderungen als auch einer Entwicklungslogik der Geschichte des Integrationsprozesses, wonach die Erweiterung des Aufgabenspektrums der Union im Bereich der GASP/GSVP nicht nur ein quasi naturwüchsiger Prozess hin zu einer immer engeren Zusammenarbeit ist, sondern auch die Entsprechung der im Inneren verwirklichten Werte (Demokratie, Rechtsstaatlichkeit, Menschenrechtsschutz) nach außen darstellt. Die Entwicklung der GASP/ESVP verlief nun mal keineswegs kontinuierlich linear, sondern in Schüben: Immer dann, wenn die Mitgliedstaaten die Erfahrung machen mussten, dass eine Umsetzung ihrer GASP-Ziele allein unter Rückgriff auf zivile Mittel nicht möglich war, erzielten sie entsprechende Fortschritte.

Dennoch bleiben auf dem Weg zu einer effizienten GASP im Allgemeinen und einer schlagkräftigen Kriseneingreiftruppe der EU im speziellen drei gravierende Schwierigkeiten bestehen: die nach wie vor nur begrenzte Bereitschaft der Mitgliedstaaten zur Preisgabe ihrer außen- und sicherheitspolitischen Kernsouveränität bzw. der mangelnde politische Wille zur Kooperation; die nach wie vor mangelnde Effizienz und Kohärenz bzw. das Problem der überlappenden Zuständigkeiten; und schließlich die damit zusammenhängende Frage nach Flexibilisierung und konsortialer Führung.

Auf die Schwierigkeit, innerhalb der GASP einen gemeinsamen politischen Willen zu entwickeln, d. h. die Außenpolitik zu vergemeinschaften, wurde bereits eingangs hingewiesen. Sie ist vor allem das Ergebnis der nach wie vor nur begrenzten Bereitschaft der Mitgliedstaaten zur Preisgabe ihrer außen- und sicherheitspolitischen Kernsouveränität – nicht zuletzt, da militärische Interventionen in viel höherem Maße der politischen Legitimierung durch die Bevölkerungen bedürfen, oder anders ausgedrückt, weil ein gemeinsames Leitbild europäischer Außen- und Sicherheitspolitik bzw. eine europäische strategische Kultur nach wie vor fehlt.[90] Eng mit dieser Frage verbunden ist das Problem der mangelnden Bereitschaft einiger Mitgliedstaaten zu angemessenen Verteidigungshaushalten,

---

90   Vgl. Claudia Major, Viele Europäische Soldaten, aber keine Europäische Armee, Genshagener Papiere, Nr. 10, Dezember 2012; Hans-Georg Ehrhart, Die EU als zivil-militärischer Krisenmanager: zwischen Anspruch und Wirklichkeit, in: integration, 28, 3 (Juli 2005), S. 217-232 (232).

verstärkter Rüstungs- und Ausrüstungskooperation sowie dem Ausbau zu einer „Europäischen Sicherheits- und Verteidigungsunion" mit gemeinsamer Verteidigungspolitik (vgl. folgendes Kapitel). Der Grund hierfür liegt wiederum in der Präferenz der Mitgliedstaaten für eine norm- und werteorientierte Außenpolitik, die sich an den Grundprinzipien der Binnenstruktur der Union orientieren. Den meisten EU-Staaten erscheint das Instrumentarium einer Zivilmacht nach wie vor angemessener, da sich Kooperation, Multilateralismus, Handel und gegenseitige Hilfe auch im Integrationsprozess bewährt und die Union (vgl. Kapitel Außenbeziehungen in der Praxis) heute weltweit zum Muster institutionalisierter Kooperation und Partnerschaft gemacht haben. Insofern lässt sich für die GASP/ GSVP durchaus von einer konstruktivistischen Variante der „Innen-Außen-Analogie"[91] sprechen, wonach sich die EU in ihrer Außenpolitik vornehmlich an den drei für den Integrationsprozess klassischen liberalen Friedensstrategien „Demokratie", „Interdependenz" und „Internationale Institutionen" orientiert.[92] Anders formuliert, die Politik des integrativen Gleichgewichts innerhalb der EU korrespondiert mit der Politik der kooperativen Balance in einer multipolaren Welt. Dies schließt Alleingänge der Union weitgehend aus und impliziert wohl auch künftig die Praxis informeller gemeinsamer Führung von Fall zu Fall bzw. die gelegentliche Zusammenarbeit mit den USA und mit anderen großen Mächten.

Nach wie vor gilt daher, dass die Betonung des Zivilmachtgedankens, trotz oder gerade wegen der Zunahme des militärischen Engagements der EU, am besten geeignet ist, den europäischen Kooperationsverbund zu stärken. Immerhin wurde die öffentliche Zustimmung im Kosovo-Konflikt vor allem mit der Losung von der „humanitären Intervention" und der Durchsetzung universaler Rechte legitimiert, also exakt mit jenem ordnungspolitischen und normativen Denken, nach dem die EU sich von ihrem traditionellen Selbstverständnis her aufgerufen sieht, „die Verrechtlichung und Verregelung der internationalen Beziehungen voranzutreiben".[93] Zwar deutet sich mittlerweile eine allmähliche Ausweitung der GSVP-Aufgaben auch über das Petersberg-Spektrum hinaus an – Option der kollektiven Verteidigung; ESS mit Erweiterung des Einzugsbereichs

---

91 Dazu Katharina Holzinger/Christoph Knill/Dirk Peters/Berthold Rittberger/Frank Schimmelfennig/Wolfgang Wagner, Die Europäische Union. Theorien und Analysekonzepte, Paderborn/ München 2005, S. 251 f.

92 John Oneal/Bruce Russet, Triangulating Peace. Democracy, Interdependence and International Organizations, New York/London 2001.

93 Beate Kohler-Koch/Thomas Conzelmann/Michèle Knodt (Hg.), Europäische Integration – Europäisches Regieren, Wiesbaden 2004, S. 296.

der EU-Sicherheitspolitik; Zunahme der operativen Aufgaben der EU –, die es angebracht erscheinen lässt, von einer „Zivilmacht mit militärischen Zähnen" zu sprechen.[94] Grundsätzlich aber lehnen mit Ausnahme von Frankreich und Großbritannien die meisten EU-Staaten den Einsatz militärischer Macht („hard power") entweder grundsätzlich ab oder nehmen ihn allenfalls als *ultima ratio* hin und konzentrieren ihre auswärtigen Aktivitäten auf die Instrumente der Zivilmacht („soft power").

3.3.1 Die involvierten Organe – das Problem des Mangels an Kohärenz und Konsistenz

Dem Problem der mangelnden horizontalen Identität steht auf der vertikalen Ebene nach wie vor das bereits erwähnte Problem der Abgrenzung praktisch paralleler Außenpolitiken gegenüber. Zwar bekunden die Mitgliedstaaten im Lissaboner Vertrag (wie allerdings bereits der Nizza-Vertrag) ihren Willen zu konvergentem Handeln und gegenseitiger Konsultation (Art. 32 EUV) auch und gerade in internationalen Organisationen, insbesondere im UN-Sicherheitsrat. Dies hindert die Staaten aber nicht an unilateralen Vorstößen. Auch nach Lissabon bleibt daher eine weitere Effektivierung und Flexibilisierung der GASP/GSVP-Strukturen erforderlich, um den gegenläufigen Tendenzen (zumal in einer erweiterten Union) zu verstärkten innergemeinschaftlichen Blockbildungen einerseits und den Handlungszwängen im Rahmen internationaler Organisationen zu begegnen. Die Verbesserung der inter- und intrainstitutionellen Kohärenz bleibt eine zentrale Herausforderung, insbesondere die Zweiteilung des außenpolitischen Handelns müsste zu Gunsten einer verstärkten Vernetzung zwischen Kommission und der GASP überwunden werden, ohne dass dies zu einer weiteren Überfrachtung und Segmentierung führt. Im Interesse der EU und ihrer Außenwahrnehmung müssten gerade die Stärken ihrer auswärtigen Aktivitäten, Handels- und Entwicklungspolitik, aufgewertet und zu einem politikfeldübergreifenden strategischen Ansatz gebündelt werden. Der Dualismus aus supranational und intergouvernemental gestalteten Außenbeziehungen, also die Trennung zwischen den wirtschaftlichen Aspekten der EU-Außenbeziehungen unter dem supranational organisierten und den politischen Aspekten unter dem intergouvernemental organisierten Dach der GASP bleibt jedoch auch im Lissaboner Vertrag de facto bestehen, so dass es weiterhin ein Problem ist, wenn im Rahmen der GASP Beschlüsse gefasst werden, die eigentlich ein Tätigwerden der Union erforderlich machen.

---

94   Vgl. hierzu Michael Piazolo, Die EU als internationaler Machtfaktor, in: Ders. (Hg.), Macht und Mächte in einer multipolaren Welt, Wiesbaden 2006, S. 209-247.

Mit Blick auf den HV, dem nach Vertrag eine explizite Verantwortung für die Abstimmung der 28 Mitgliedstaaten zufällt, gilt entsprechend, dass dieser nunmehr zwar auch Verantwortung für die Einhaltung der Grundsätze der GASP trägt (Art. 24 (3) EUV). Die überragende Rolle des Rates aber bleibt unangetastet, so dass das politische Gewicht des HV sich wohl vor allem auf das „Agendasetting" und die Entscheidungsvorbereitung im Sinne kohärenter GASP-Beschlüsse (Art. 26 (2) EUV) reduzieren wird. Hinsichtlich des horizontalen Kohärenzgebots, sprich der Abstimmung der GASP-Inhalte mit anderen Politikfeldern, aber bleibt es bei der erwähnten Hauptverantwortung von Rat und Kommission.

3.3.2 Flexibilisierung und differenzierte Integration

Der Lissaboner Vertrag sieht zwar eine deutliche Ausweitung der Optionen für ein differenziertes Vorgehen im Bereich der GASP/GSVP vor. Dies umfasst wie erwähnt einerseits die Einführung neuer Strukturen und Instrumente, andererseits die Modifizierung bereits vorhandener Bestimmungen. Ob diese Neuerungen allerdings ausreichen, um die beiden Bereiche wirklich entscheidend vorankommen zu lassen, bleibt fraglich. Immerhin wird die Einführung der „Verstärkten Zusammenarbeit" in den gesamten Bereich der GASP nunmehr dadurch erleichtert, dass die notwendige Einstimmigkeit sich lediglich auf die an ihr beteiligten Mitgliedstaaten beschränkt (Art. 20 (3) EUV). Mit anderen Worten, alle Mitglieder des Rates können zwar an den Beratungen teilnehmen, aber nur die an der „Verstärkten Zusammenarbeit" beteiligten Mitgliedstaaten nehmen an der Abstimmung teil. Die „Ständige Strukturierte Zusammenarbeit" (SSZ) im Verteidigungsbereich ermöglicht gleichsam flexiblere Entscheidungen, da sie nicht an eine Mindestzahl von teilnehmenden Staaten gebunden ist, sondern durch eine Ratsentscheidung mit qualifizierter Mehrheit eingeführt werden kann (Art. 46 (1) EUV). Allerdings ließ die Regelung zunächst verschiedene Fragen offen. So war nicht klar, ob es sich im Falle der SSZ nur um eine Initiative im Sinne des Kerneuropa-Gedanken handeln soll oder um mehrere, parallele Projekte – die derzeit fast 80 Kooperationsprojekte im Sinne von „pooling" und „sharing" (wohlgemerkt noch außerhalb des EU-Rahmens) bestätigen allerdings eindeutig letzteren Trend. Ebenso sind die qualitativen Voraussetzungen für die Teilnahme an der SSZ nicht geklärt, obwohl der Vertrag die Grundidee von qualitativ anspruchsvollen Kriterien als eben diese bzw. den Anreiz zur Entwicklung entsprechender Fähigkeiten formuliert. Dies zeigt sich schon mit Blick auf den Anspruch, wenigstens zwei Prozent des BNP für Verteidigung auszugeben – ein Kriterium, das derzeit nahezu kein EU-Mitgliedstaat erfüllt. Schließlich ist zu bedenken, ob die nunmehr vorgesehene Ausgrenzung der Kommission in beiden

Fällen nicht zu grundsätzlichen Konflikten zwischen den Mitgliedstaaten und der Kommission führt.

Ebenso ambivalent ist das Bild mit Blick auf den Aufbau des EAD unter dem/ der HV. Zwar bringt die Neuregelung, wonach die HV, Catherine Ashton, künftig von der Initiative bis zur Durchführung einer GSVP-Operation die strategische Leitung innehat, theoretisch mehr Flexibilität im Sinne eines strafferen Krisenmanagements und klarerer Zuordnung. Diese nutzt aber nichts, wenn die dafür notwendige Integration der entsprechenden Strukturen (EU-Lagezentrum, Militärstab, Direktion für die Planung von Krisenmanagementoperationen und Stab für die Planung und Durchführung ziviler EU-Operationen) in den EAD nicht erfolgt, die Mitgliedstaaten ihre Souveränitätsvorbehalte bezüglich der Entwicklung gemeinsamer Fähigkeiten nicht aufgeben und die notwenige Schaffung eines EU-Hauptquartiers am Ende am Widerstand Großbritanniens scheitert, weil London darin unverändert eine Bedrohung für die NATO sieht. Die derzeitigen multinationalen Streitkräfteprojekte könnten ein Schritt sein, diese Barrieren zumindest in Teilen zu durchbrechen, wenn sie im EU-Rahmen über die SSZ organisiert würden und damit die EU-battle groups zu stehenden Verbänden aufwerteten.

Die zentrale Aufgabe bleibt also unverändert, die flexible Kooperation für die zunächst nicht beteiligten Staaten offen sowie wenn möglich generell innerhalb des institutionellen Rahmens der EU zu halten. Dies war und ist besonders relevant für die Zusammenarbeit auf der militärischen Ebene zur Überwindung oder zumindest zur Reduzierung der Mängel der Europäer im Rüstungsbereich, der eben nur in geringem Maße europäisiert ist. Der Lissaboner Vertrag bietet insofern erstmals eben diese Optionen und schafft die Voraussetzung, der zunehmenden Neigung einiger Mitgliedstaaten zu Arrangements außerhalb des EU-Rahmens konkrete erweiterte Angebote zu einem flexiblen Voranschreiten innerhalb der Union gegenüberzustellen, deren Nutzung freilich unverändert von dem Willen der Mitgliedstaaten abhängt.

Eng mit der Frage der Flexibilisierung verbunden ist daher das Problem der Führungsfrage innerhalb der EU im Bereich der GASP. Sicherlich bleibt die Abkehr von der Einstimmigkeit hin zu Entscheidungen mit qualifizierter Mehrheit zumal in der erweiterten Union das probateste Mittel zur Überwindung des immer wieder zitierten Problems der mangelnden Effizienz in der GASP/ GSVP. Der Einstimmigkeitszwang bei den meisten Entscheidungen im ohnehin komplizierten Mehrebenensystem EU erlaubt nun mal keine Flexibilität im Sinne eines raschen Reagierens auf unvorhergesehene Ereignisse. Schon das Zustandekommen einer auf Einstimmigkeit basierenden Erklärung, die schriftlich ausgearbeitet wird, benötigt erfahrungsgemäß ein bis zwei Tage. Abgesehen davon aber, dass dies ohnehin eine politisch unrealistische Option bleibt, ist generell zu vermuten, dass die Anwendung von Mehrheitsentscheidungen wohl nur selten zur Überstimmung einzelner Mitgliedstaaten führen würde. Die praktische Erfahrung zeigt, dass Mitgliedstaaten im Falle von Mehrheitsbeschlüssen weit eher dazu neigen, nach Kompromissen zu suchen anstelle Vetopositionen aufzubauen; in aller Regel kommt es selten zur tatsächlichen Abstimmung, vielmehr wird bereits im Vorfeld ein Konsens herausgebildet.

Aus diesen Gründen kann der Ausweg aus diesem Dilemma auch nach Lissabon nur in einer weiteren Forcierung der differenzierten Integration bestehen. In der praktischen Politik der Union haben Deutschland und Frankreich als eine Art Avantgarde-Duo lange Zeit auch gegen hinhaltenden Widerstand eine weitgehend eigenständige, wenn auch – zumindest im deutschen Fall – nicht vollständig unabhängige Außen- und Sicherheitspolitik angestrebt. Dies galt, obwohl, oder besser gerade weil beide traditionell unterschiedliche Kurse verfolgten: Deutschland eine Politik des Sowohl-als-auch, die im Zweifelsfall für die amerikanische Position votierte – eine Ausnahme bildete die Gründung des Eurokorps gegen den Widerstand Washingtons; Frankreich eine auf Autonomie ausgerichtete europäische Sicherheitspolitik, nicht etwa, um die NATO obsolet zu machen, sondern um so die Voraussetzung zu schaffen, dass das hegemonial geprägte Bündnis in eine ausbalancierte transatlantische Sicherheitsgemeinschaft („kooperative Balance") transformiert werden konnte.[95] Mit Großbritannien, so die Hoffnung in jüngster Vergangenheit, insbesondere nach dem Signal von Saint Malo zum Ausbau des ESVP, ließe sich dieses Duopol zu einem Führungsdreieck umformen, welches die Mängel des intergouvernementalen Ansatzes der GASP/GSVP zumindest abschwächen könnte. London aber setzt ungeachtet dessen bis heute eher auf die NATO-Karte.

Nur für einen Moment lang sah es tatsächlich so aus, als wandelte sich die britische Position – trotz oder gerade über den Irak-Krieg – hin zu der des Maklers zwischen beiden Lagern und nähme die Bundesrepublik verstärkt Kurs auf eine insgesamt eigenständigere europäische Außen- und Sicherheitspolitik im Sinne Frankreichs, so dass die Zeichen nicht schlecht schienen für ein außen- und sicherheitspolitisches Direktorium, welches die Entwicklung der europäischen Kapazitäten weiter vorantreibt. Gleichwohl, nicht zuletzt auch vor dem Hintergrund des Widerstands gegen ein solches Direktorium aus dem Lager der mittel- und osteuropäischen Mitgliedsländer, die an Russland grenzen und schon deshalb der amerikanischen Sicherheitsgarantie Priorität einräumen, wich die Begeisterung

---

95   Vgl. Werner Link, Auf dem Weg zu einem neuen Europa. Herausforderungen und neue Antworten, Baden-Baden 2006, S. 71.

sehr schnell wieder größerer Ernüchterung vor allem auf Seiten Londons. Das Konzept der „battle groups", welches auf eine Initiative Großbritanniens und Frankreichs zurückging, der sich dann auch Deutschland anschloss und das nach seiner Einbringung in den europäischen Rahmen schließlich auch die Zustimmung der übrigen Mitgliedstaaten erhielt, war der vorerst letzte größere Vorstoß der „drei Großen". Derzeit aber ist die Vision einer solchen Kooperation als Basis für eine europäische Armee wieder eher in weite Ferne gerückt: Deutschland spricht von ihr, aber scheut unverändert die Übernahme einer Führungsrolle in der GSVP – die angesichts seiner robusten Wirtschaft gefordert wird. Frankreichs Interesse geht eher in Richtung bi- oder multinationaler Kooperation außerhalb des EU-Rahmens. Und Großbritannien, erstmals auch zu drastischen Sparmaßnahmen im Verteidigungsbereich gezwungen, sucht solche allenfalls durch eine neuerliche verstärkte militärische Zusammenarbeit mit Frankreich zu kompensieren. Bleibt als möglicher weiterer Partner derzeit Polen, das sich zu einem Unterstützen der GSVP gewandelt hat – nicht zuletzt aufgrund der für Warschau enttäuschenden Abkehr der Obama-Administration von der Raketenabwehr.

3.4   Praktische Konsequenzen für die Politik

Wie bei anderen Integrationsprojekten wird auch bei der GASP gerne auf die im vorangegangenen Kapitel beschriebenen Besonderheiten der politisch-institutionellen Konstruktion bzw. der Entscheidungsstrukturen als Grund für die unzureichende praktische Ausgestaltung verwiesen. Das o. b. System einer nur schwer zu harmonisierenden und in der Regel konkurrierenden Akteursvielfalt gilt als Ursache für die Schwierigkeiten bei der konsequenten Umsetzung einer GASP mit ökonomischen, politisch- diplomatischen und militärischen Komponenten. Das institutionelle Gefüge ist aber das Ergebnis einer europapolitischen Debatte in der Außenpolitik, bei der die Diskussionslinien traditionell entlang der alten gemeinschaftsorientierten oder intergouvernemental ausgerichteten Leitbilder der Mitgliedstaaten verlaufen. Es ging daher auch im Lissaboner Vertrag im Bereich der GASP um die Identifizierung der „größtmöglichen Schnittmenge", die es bei aller Unterschiedlichkeit der Grundverständnisse und Interessen erlaubt, die außen- und sicherheitspolitische Handlungsfähigkeit der Union zu stärken. Dass sich dieser Prozess nur in kleinen Schritten vollzieht, liegt daran, dass der politische Wille zur Umsetzung einer alle Komponenten umfassenden Strategie in der Union unverändert fehlt. Dies hat ganz praktische Auswirkungen sowohl in der politischen als auch militärischen und budgetären Dimension der GASP.

3.4.1 Streitkräfteplanung

Für die künftige Entwicklung der GSVP ist die Stärkung der zivilen Komponente von Konfliktprävention und Krisenmanagement sicherlich ein wesentlicher Aspekt. Hier gehen die Meinungen in den Mitgliedstaaten bezüglich einer Überarbeitung des zivilen „Headline Goal" („Civilian Headline Goal 2008")[96] auch nicht weit auseinander; es ist nicht verwunderlich, dass die drei jüngsten EU-Missionen 2012 daher auch zivile waren (Somalia, Südsudan und Niger). Entscheidender für die Symbolkraft der GSVP dürfte vielmehr die Frage sein, ob die „Headline Goals" für das militärische Krisenmanagement („European Capabilities Action Plan" – ECAP seit Ende der 1990er Jahre; „Headline Goal 2010"; Ghent-Initiative)[97] irgendwann vollständig erreicht werden und somit die Union die Fähigkeit erlangt, wirklich alle Aufgaben der Krisenbewältigung (auch im „oberen Bereich" der Petersberg-Aufgaben) auszuführen. Hier sind auf Grund der oben beschriebenen fortbestehender Defizite nach wie vor große Zweifel angebracht. Noch immer ist die Auflage immer neuer Prozesse und Programme notwendig, da die Fähigkeitslücken in den grundlegenden Feldern sicherheitspolitischer Fertigkeiten nicht geschlossen wurden.[98] Seit Ende der 1990er Jahre werden im Rahmen des ECAP-Prozesses Verbesserungen vor allem in fünf Bereichen diskutiert, in denen die EU den Anschluss an die USA längst verloren hat:

- *Strategische (Satelliten-)Aufklärung*, d. h. Früherkennung, elektronische Gefechtsfeldaufklärung und Strategiebildung bei Kriseneinsätzen: Um effektives Handeln zu gewährleisten, bedarf es der Stärkung in allen Phasen des Krisenmanagements; hier ist die EU unverändert in hohem Maße von den Dienstleistungen der NATO abhängig.
- *Militärische Kommando- und Kontrollstrukturen*, d. h. die qualitative Abhängigkeit der EU-Krisenreaktionskräfte von NATO-Kapazitäten in Bezug auf die bei solchen Einsätzen unverzichtbare Interoperabilität bei C3+1 (Command, Control, Communication and Intelligence), Lufttransportkapazitäten und Logistik: Die größten Defizite liegen bei der schnellen Führungsfähigkeit bzw. Anwendung modernster Informationstechnologien beim Streitkräfteeinsatz. In diesem Zusammenhang geht es vor allem auch um die Kommunikationslücke zwischen EU-Krisenreaktionskräften und amerikanischen NATO-Verbänden.

---

96 Vgl. Civilian Headline Goal, in: EU Security and Defence. Core Documents 2004, Chaillot Papers (Hg. ISS), 75 (2005), S. 111-116.

97 Ebd., S. 359-363.

98 Nick Witney, Where does CSDP fit in EU Foreign Policy? European Council on Foreign Relations, Policy Paper, 64 (February 13, 2013)

- *Kampfflugzeuge und Präzisionswaffen:* Bereits zum Zeitpunkt der Verkündung der „Headline Goals 2010" verfügte die amerikanische Luftwaffe über etwa 1400 Kampfflugzeuge, von denen alle für die Luftunterstützung vorgesehenen Maschinen wiederum über Präzisions- und Abstandswaffen verfügen. Das heißt, sie können Ziele am Boden aus sicherer Höhe und mit großer Genauigkeit treffen, weil Bomben oder Raketen mit Hilfe von Laserstrahlen oder Koordinaten des Satellitennavigationssystem GPS ins Ziel gelenkt werden. Von den rund 2900 Kampfflugzeugen der übrigen Bündnispartner verfügte 2005 nur eine verschwindend kleine Anzahl über solche Fähigkeiten, wobei bei diesen Waffensystemen noch die eigentlich schon überholte, extrem witterungsabhängige Lasertechnik zur Anwendung kommt. Bis heute hat sich an diesem Missverhältnis kaum etwas geändert.
- *Mobilität, Verlegbarkeit und Ausdauer:* Hierbei geht es um die Verbesserung der Fähigkeit, Truppen unter Nutzung von See- und Luftstreitkräften möglichst rasch in Krisenregionen zu verlegen und sie inklusive logistischer Unterstützung für einen möglichst langen Zeitraum in Operationen fern ihrer Heimatbasen dort zu halten. Bei den Großraumtransportflugzeugen – eine Lücke, die durch das Projekt des Airbus A-400 M geschlossen werden soll(t)e – konnten die amerikanischen Streitkräfte zum selben Zeitpunkt auf mehr als 250 Stück zurückgreifen, während die übrigen Bündnispartner über insgesamt elf verfügten. Den etwa 550 amerikanischen Flugzeugen zur Betankung in der Luft standen bei den Europäern etwa 70 gegenüber. Bei jedem Einsatz über Afghanistan war jedoch eine Betankung in der Luft nötig gewesen. Auch hier hat sich bis heute kaum etwas verschoben, auch wenn sich die Schlagkraft der EU insgesamt ein wenig erhöht hat.[99]
- *Überlebensfähigkeit,* d. h. Schutz der eigenen Truppe und der dazugehörigen Infrastruktur vor Angriffen vor allem mit biologischen, chemischen und nuklearen Waffen.[100]

In allen Bereichen ist die EU auch 2013 auf die Unterstützungsbereitschaft der USA und anderer Nichtmitglieder der EU im Rahmen der NATO angewiesen. Für die meisten Mitgliedstaaten scheint die Beseitigung dieser Defizite aus heutiger

---

99   Strength in Numbers? Comparing military capabilities in 2009 with 1999, ISS Policy Brief (December 2009)
100 Dazu Bertelsmann Foundation, Why the World Needs a Strong Europe ... And Europe Needs to be Strong, Gütersloh 2005, S. 12 ff.; Burkard Schmitt, Europas Fähigkeiten, a.a.O.

Sicht nach wie vor eine schier unlösbare Aufgabe. In den Schlüsselbereichen konnten bisher kaum Fortschritte erzielt werden.

Abgesehen vom mangelnden politischen Willen und den daraus resultierenden Budgets ist dies auch den ständig wechselnden Prioritäten auf Grund wechselnder Präsidentschaften zuzuschreiben. Kontinuität und langfristige Planung sind so nur schwer möglich. Aus diesem Grund sind die europäischen Streitkräfte nach derzeitigem Entwicklungsstand im europäischen Kontext nach wie vor allenfalls für bescheidene Operationen wie Katastrophenhilfe, Überwachungs- oder Evakuierungseinsätze geeignet. Und obwohl im EU-Militärstab die Auffassung vertreten wird, dass zum oberen Spektrum der Petersberg-Aufgaben auch Anti-Terror-Operationen gehören könnten, liegt der Schwerpunkt der EU nach wie vor auf „Peacekeeping-Operationen". Intensivere Einsätze im Rahmen der Petersberger Einsatzmöglichkeiten bleiben daher unrealistisch, so lange die Mitgliedstaaten nicht den Willen aufbringen, die beschriebenen Defizite zu beseitigen, d. h. endlich tatsächlich an kostenintensivere Projekte wie die Anschaffung von hoch entwickelten Jagdflugzeugen, Marschflugkörpern mit größerer Reichweite, Transportflugzeugen und Helikoptern ernsthaft heranzugehen. Sieht man einmal von der allmählich Gestalt annehmenden gemeinsamen Lufttransportkapazität ab, so ist man in den meisten Bereichen allerdings nach wie vor von einer echten militärischen Integration noch weit entfernt.

Schließlich benötigt die EU deutlich mehr einsatzfähige zivile wie militärische Kräfte, um die militärische Dimension von gescheiterten Staaten und regionalen Konflikten annähernd bewältigen zu können. Eine oder auch mehrere „battle groups" von je 1500 Mann können in Flächenstaaten Afrikas wie dem Kongo oder dem Sudan nur herzlich wenig ausrichten. Und selbst die auf dem Papier mittlerweile bestehenden, in der Praxis jedoch bislang nicht eingesetzten Europäischen Streitkräfte (European Rapid Reaction Forces) von 60 000 Mann dürften in Extremfällen wirkungslos bleiben. Längst zeichnet sich eine personelle Überdehnung in den verschiedenen Missionen ab. Die EU verfügt über zu wenig in Krisengebieten weltweit einsatzfähige Kräfte (etwa 10% der Gesamtstreitkräfte von ca. 1.6 Millionen Soldaten). Verschärft wird dieses Problem durch zweierlei: Erstens vergrößert die in einigen Mitgliedstaaten geltende Zuweisung von Truppenteilen sowohl zur EU-Einsatztruppe als auch für andere Zwecke – beispielsweise für peace-keeping-Operationen der UNO – den Widerspruch zwischen politischer Zusage und tatsächlicher Verfügbarkeit. Zweitens handelt es sich bei der Kriseneingreifstreitmacht weder um eine ständige stehende europäische Armee noch um neu aufzustellende Streitkräfte (s. o.). Vielmehr ist für jeden Einsatz je nach Bedarf durch einen zu ernennenden Befehlshaber aus den verfügbaren Verbänden eine den gestellten Aufgaben entsprechende Truppe zusammenzustellen. Dies kann jeweils zu erheblichen Zeitverzögerungen beim Aufbau einer Krisenstreitmacht führen.

In diesem Zusammenhang besteht eine der zentralen Herausforderungen für das EU-Krisenmanagement wie oben erwähnt in der besseren Verzahnung der jeweils notwendigen zivilen und militärischen Mittel (Stichwort „zivilmilitärische Koordinierung" – CMCO-Konzept), wie sie erstmals 2001 unter schwedischer Präsidentschaft angedacht wurde. Diese sollte jedoch nicht nur die EU-interne Koordinierung des Krisenmanagements über den EAD umfassen, sondern auch die Abstimmung mit anderen externen Akteuren in Krisensituationen – bspw. NGOs, internationalen Organisationen etc. Derzeit ist das so genannte „Krisenmanagementkonzept" das wichtigste Koordinierungsinstrument der Union. Dabei handelt es sich um ein ausführliches und flexibles Dokument, welches den übergreifenden Ansatz der jeweiligen Operation detailliert beschreibt, jedoch keine verpflichtende Vorgabe ist, sondern lediglich als Referenzrahmen dient.[101] Auf der Basis einer ausführlichen Lage- und Risikoanalyse werden die Einsatzoptionen und -instrumente benannt sowie die Abstimmungsmodalitäten zwischen gemeinschaftlichen und zwischenstaatlichen Instrumenten beschrieben. Die Probleme dieser zivil-militärischen Koordination bestehen nicht nur in der bekannten Rivalität zwischen Kommission und Rat, sondern auch innerhalb der GASP-Strukturen zwischen zivilen und militärischen Akteuren aufgrund der unterschiedlichen politischen Kulturen/Sozialisationen, aber auch der personellen Schieflage beim zivilen Krisenstab, welcher mit ein paar Dutzend Ratsbeamten nicht in der Lage ist, das auf allen Ebenen notwendige Verbindungspersonal zur Verfügung zu stellen. Schließlich ist auf das Problem paralleler Befehlsketten hinzuweisen, die nicht zuletzt durch die spätere Einbettung des zivilen Operationsleiters in die Planung bedingt ist. Schon früh ist auf den Bedarf und die Bedeutung eines starken Koordinators am Beispiel der ersten Militäroperation der Union in Mazedonien (Operation Concordia) hingewiesen worden. Jedenfalls bedürfte es erweiterter Kompetenzen bereits im Bereich der Vor-Ort-Koordinierung, wie sie am besten durch die HV vorgenommen werden sollte.

Von einer besseren Koordinierung des Krisenmanagements hängt wiederum auch die Frage nach der künftigen permanenten Kommandostruktur der EU ab. Dabei ist es zwar nach wie vor umstritten, inwieweit es militärisch sinnvoll bzw. politisch wünschenswert wäre, in der EU Parallelstrukturen zur integrierten Führungsstruktur der NATO aufzubauen. Aus diesem Grund greift die EU im konkreten Fall nicht auf NATO-Fähigkeiten und -Mittel einschließlich NATO-

---

101   Dazu ausführlich Hans-Georg Ehrhart, Die EU als zivil-militärischer Krisenmanager: zwischen Anspruch und Wirklichkeit, in: integration, 28, 3 (Juli 2005), S. 217-232.

Hauptquartiere zurück, sondern bedient sich über die größeren Mitgliedstaaten nationaler Hauptquartiere – zusätzlich verstärkt durch Personal der an der Operation beteiligten Nationen.

Letzten Endes aber führt an einem ständigen EU-Hauptquartier kein Weg vorbei, will die Union die im Rahmen der GSVP formulierten Ansprüche beim Krisenmanagement erfüllen.

Damit ist schließlich das Problem einer einheitlichen europäischen Rüstungs-industrie, die es mit der amerikanischen Konkurrenz annähernd aufnehmen könnte, angesprochen.[102] Europa ist nach wie vor weit davon entfernt, seine sicherheits- und verteidigungspolitischen Ambitionen auf eine gemeinsame rüstungstechnologische und -industrielle Basis zu stellen. Bevor es über eine gemeinsame Armee und die Aufgabe nationaler Einsatzregeln zugunsten einer einheitlichen Interpretation einschlägiger Völkerrechtsaspekte nachdenkt, sollte es zunächst darüber Einigkeit erzielen, wie dieses Politikfeld integriert und zu-dem unter die für den Binnenmarkt geltenden Wettbewerbsregeln gestellt werden kann. Solange diese nicht der Fall ist, sind Parallelstrukturen und Dopplungen die Folge und damit vor allem eine geringe Effizienz des europäischen Rüstungs-sektors. Die EU leidet weniger unter mangelnder Zusammenarbeit im ge-meinsamen Einsatz oder ungenügender Austauschbarkeit ihrer Truppenteile im Rahmen von EU- und NATO-Operationen („single set of forces"). Sie leidet auch nicht wirklich an zu geringen Rüstungsausgaben, sondern zunächst darunter, dass die aufgebrachten Mittel nicht optimal eingesetzt werden.

Die Verbesserung muss daher bei einer umfassenden transnationalen Restruk-turierung und Arbeitsteilung ansetzen, da angesichts der politischen Bedenken wohl nur ökonomische, d. h. betriebswirtschaftliche Zwänge der Rüstungsindus-trie ein Hebel für eine effektivere Zusammenarbeit sein können. Dies gilt umso mehr, als die Verteidigungshaushalte (vgl. folgendes Kapitel) künftig wohl weiter sinken werden. Artikel 346 (2) AEUV, der die Rüstungsproduktion und Waf-fenexporte wegen „wesentlicher Sicherheitsinteressen" eines Mitgliedstaates aus dem Geltungsbereich des Binnenmarktes ausschließt, ist, davon unbenommen, schon jetzt überholt. Die Europäische Verteidigungsagentur (EVA) zur Koordi-nation und Steuerung von Beschaffungsprogrammen ist sicherlich ein richtiger Schritt, um Verschwendung und Duplizitäten im Rüstungsbereich zu beenden, die genannten Defizite bei den militärischen Kapazitäten abzubauen und das in fragmentierten Märkten vorhandene technologische Know-how zu bündeln. Auf Grund der intergouvernementalen Ausrichtung aber wird entscheidend sein, ob

---

102 Dazu Daniel Keohane, Europe's New Defence Agency. Centre for European Reform Policy Brief, London 2004.

die Mitgliedstaaten den Willen zur aktiven Teilnahme an der Arbeit der Agentur tatsächlich aufbringen und ihrer in Art 42 (3) EUV eingegangenen „Verpflichtung", ihre militärischen Fähigkeiten schrittweise zu bündeln und zu verbessern, entsprechen.

Erste kleinere Erfolge in diese Richtung haben die Rationalisierungsanstrengungen der Union schon erzielt. Es geht um die intensivierte Zusammenarbeit von der Beschaffung bis zur Nutzung militärischen Geräts. „Pooling and Sharing" heißt die Zauberformel in der EU, in der NATO „smart defense". In beiden Fällen sollen durch Priorisierung und Spezialisierung sowie gemeinsame Anschaffung und Nutzung von militärischem Gerät, sprich Streitkräfteintegration, Kosten eingespart und so die notwendigen Einsparungen in den Verteidigungshaushalten der Mitgliedstaaten kompensiert werden.[103] Derzeit blockieren unterschiedliche nationale Ausrüstungsprogramme in allen Teilstreitkräften zudem die Interoperabilität in Kriseneinsätzen und eine bessere Ausgangsposition auf den globalen Rüstungsmärkten. Erste Schritte in Richtung eines gemeinsamen europäischen Rüstungsmarkts sind mit zwei 2011 in Kraft getretenen Direktiven der Kommission 2011 angestoßen worden: sie sehen eine Harmonisierung der rechtlichen Rahmenbedingungen für Beschaffung und Handel von militärischen Gütern vor.[104] Seit Beginn des Jahres 2013 loten außerdem insgesamt 24 multinationale Kooperationsprogramme die Möglichkeiten des „pooling and sharing" aus; Projekte reichen von einer weitreichenden Zusammenarbeit im Bereich Forschung und Entwicklung über Initiativen zur gemeinsamen Nutzung von Präzisionswaffen, Seeaufklärungsflugzeugen und Sanitätsversorgung bis hin zur konkreten Entwicklung gemeinsamer nuklearer Fähigkeiten (wie im Fall des französisch-britischen Vertrages von 2010). Alle Projekte aber sind unzureichend europäisch koordiniert, obgleich eben dies die Aufgabe der EVA ist. Es bleibt zudem ein Desiderat, dass sie stärker in einen größeren europäischen sicherheitspolitischen Rahmen integriert werden. An diesen Punkten entscheidet sich, ob die Mitgliedstaaten tatsächlich zum Souveränitätsverzicht bereit sind.

3.4.2   Das Problem sinkender Verteidigungshaushalte

Die Finanzkrise hat sicherlich die Notwendigkeit zur rüstungspolitischen Kooperation unterstrichen. Will die EU einigermaßen handlungsfähig bleiben, ist dies derzeit die einzig realistische Option. In einer Zeit stagnierender oder sinkender

---

103 Christian Mölling, Pooling and Sharing in EU and NATO, SWP-Aktuell, Berlin (Mai 2012)

104 Directive 2009/81/EC oft he European Parliament and oft he Council, July 31, 2009; Directive 2009/43/EC oft he European Parliament and oft he Council, May 6, 2009.

Verteidigungshaushalte in Europa und der nach wie vor verbreiteten Erwartung einer „Friedensdividende" ist dies dennoch alles andere als eine leichte Aufgabe. Nicht nur haben die Mitgliedsländer in Bezug auf Zusammensetzung, Bewaffnung und Ausbildung einen trotz der o.e. Entwicklungen im Bereich des „pooling and sharing" nach wie vor nicht unerheblichen Anpassungsbedarf; hinzu kommt, dass fast alle Mitgliedsländer seit 1989/90 ihre relativen Verteidigungsausgaben drastisch gesenkt haben und deswegen mit Blick auf moderne, den asymmetrischen Bedrohungen angepasste Ausrüstung und Bewaffnung völlig unterfinanziert sind. Die anhaltende wirtschaftliche Krise dürfte dazu führen, dass die Militärausgaben der EU-Mitgliedstaaten allein zwischen 2006 und 2014 um rund ein Drittel abgenommen haben werden.[105] Schließlich sind viele der relativ kostenintensiveren Reformen sowie die für die neuen Herausforderungen notwendigen Beschaffungen längst nicht abgeschlossen bzw. finanziell nicht ausreichend abgesichert. Dies hat Konsequenzen auch für die NATO, wo die USA mittlerweile ohnehin ca. 75% der Bündniskosten tragen.

Die USA geben etwa doppelt so viel für die Verteidigung aus wie die EU-28. Abgesehen von der Türkei und Griechenland überschreitet kein NATO-Mitglied mehr die zwei Prozent-Hürde (des BIP), die die Vereinigten Staaten dafür aufwenden. Frankreich und Großbritannien erfüllten die Voraussetzungen in der Vergangenheit annähernd, sind aber im Begriff gleichsam empfindliche Kürzungen ihrer Verteidigungshaushalte vorzunehmen. Großbritannien will bis 2017 ca. 7.5% einsparen, Frankreich dürfte aufgrund der angespannten Wirtschafts- und Haushaltslage ebenfalls Einsparungen vornehmen. Alle übrigen europäischen NATO-Staaten gaben in der Vergangenheit im Schnitt zwei Prozent ihres BIP für die Verteidigung aus, die Bundesrepublik gerade einmal knapp 1.7 Prozent, planen aber mittlerweile (insbesondere die mittleren und kleinen Staaten wie Litauen, Bulgarien und Tschechien) Einschnitte von 10-30%.[106] Unverändert ist somit die Abhängigkeit der Europäer von den Fähigkeiten der USA groß, ja könnte sich sogar verstärken – selbst dort, wo die USA nicht mehr gewillt sind, als militärische Führungsmacht aufzutreten und quasi aus der „zweiten Reihe" operieren (wie zuletzt in Libyen oder in Mali), hätten die europäischen Staaten, d.h. selbst Frankreich und Großbritannien, ihre Einsätze ohne US-Unterstützung

---

105 Clara Marina O'Donnell, Are Europeans a better transatlantic security partner than meets the eye? Brookings Institution (Opinion), Washington (July 6, 2012). http://www.brookings.edu/reserach/opinions/2012/07/06-security-partner-odonnell.

106 Christian Mölling/Sophie-Charlotte Brune, The impact oft he financial crisis on European defence, Brussels: Euroepan Parliament, Subcommittee on Security and Defence (April 2011): www.europarl.europa.eu/.../20110623ATT2240.

in den Bereichen Aufklärung, Zielbestimmung und Präzisionsmunition nicht durchführen können. Auch Washington aber ist dabei, seinen Verteidigungsetat erheblich runterzufahren, und das hat Auswirkungen auf die europäische Sicherheit und verlangt von den Europäern mehr eigene Anstrengungen in einer denkbar kritischen Phase. In den kommenden zehn Jahren wird das Verteidigungsbudget in den USA um mindestens 487 Milliarden Dollar gekürzt.[107] Damit verschieben sich auch die geostrategischen Prioritäten in den USA – und dies ist das eigentliche Dilemma für die euro-atlantische Sicherheit.

Unter der Losung „pivoting toward Asia" vollziehen die USA eine politische, ökonomische und vor allem sicherheitspolitische Hinwendung in Richtung Asien bzw. Pazifik. Zwar betont die US-Administration, dass dies keine völlige Abwendung von Europa und seiner Peripherie bedeutet. Ein Zusammenstoß zwischen den USA und Iran beispielsweise in der Strasse von Hormuz würde sehr rasch wieder zu einer entsprechenden Rückverlagerung führen. Grundsätzlich aber wird der alte Kontinent als stabile Region gesehen und verliert daher in Washington weiterhin an strategischer Relevanz; alle zentralen Strategiedokumente wie die NSS 2010, die Quadrennial Defence Review 2010 oder die National Military Strategy 2011 verdeutlichen diesen Trend. Schon unter der Bush-Administration befasste sich Washington mit dieser strategischen Schwerpunktverlagerung. Mittlerweile ist ihre Umsetzung in vollem Gang, so dass derzeit bereits sechs Flugzeugträger und rund 60% der U-Boote dem Pazifikkommando, dem größten US-Regionalkommando zugeordnet sind. Bis 2020 sollen schließlich auch 60% der US-Kriegsschiffe im Pazifik stationiert sein.[108] Parallel werden weitere 25% der US-Truppen in Europa abgebaut. Diese Entwicklungen müssen geradezu zwangsläufig zur Übernahme von mehr Verantwortung durch Europa an seiner geopolitischen Peripherie führen – ob die Union will oder nicht.

Schließlich wird dieses Dilemma zusätzlich dadurch verschärft, dass die ohnehin unzureichenden militärischen Kapazitäten in Europa vergleichsweise viel zu hohe Kosten aufweisen. Die nationalen Haushalte der EU-Mitgliedstaaten betragen zusammen genommen zwar im Schnitt etwa 60 Prozent des US-Haushalts, die EU verfügt aber über weniger als 20 Prozent der operativen Fähigkeiten der US-Streitkräfte. Mit anderen Worten: Deutschland, Frankreich, Belgien, Griechenland, Italien, Polen, Portugal und Spanien geben zwischen 60 und 80 Prozent für Personal aus, während Großbritannien (40 Prozent) oder die Vereinigten

---

107 Andrew Krepinevich, Strategy in a time of Austerity, in: Foreign Affairs, 91, 6 (2012), S. 58-69.

108 Leon Panetta, Speech at the 11th IISS Asia Security Summit in Singapore, Shangri-La-Dialogue (June 2, 2012). www.iiss.org.

Staaten (36 Prozent) gerade einmal die Hälfte dafür aufwenden. Eine konsequente Umschichtung überhöhter Personalausgaben hin zur Anschaffung moderner Ausrüstung könnte somit bereits die Schlagkraft der europäischen Streitkräfte nicht unbeträchtlich erhöhen. Dies wird umso dringlicher, als sich die Zahl der Missionen und damit der Bedarf an einsatzbereiten Streitkräften in den letzten Jahren dramatisch erhöht haben. Der Zwang, die Mitgliedstaaten zu bitten, jährlich mehr als zwei Drittel der finanziellen Mittel für die Durchführung von GASP-Aktivitäten aufzubringen, wird sich damit für den Hohen Vertreter noch erhöhen. Umgekehrt werden die Mitgliedstaaten vor dem Hintergrund leerer Kassen darauf drängen, die operativen Kosten über den Gemeinschaftshaushalt zu decken. Ob sich dieses Dilemma mit dem erklärten Ziel von militärischem Krisenmanagement durch die EU auf allen Ebenen auflösen lässt, bleibt abzuwarten. Jedenfalls müsste wesentlich stärker die Initialzündung für militärische Einsätze über Gemeinschaftsmittel entgegen des jetzigen Wortlauts von Art. 41 (1-3) EUV möglich sein. Davon hängt entscheidend die von den USA gegenüber Brüssel stets eingeforderte raschere Reaktionsfähigkeit der EU in Krisensituationen ab.

3.4.3 Die konzeptionellen Schwierigkeit bei der Definition und räumlichen Eingrenzung der Petersberg-Aufgaben

Auch im konzeptionellen Bereich besteht hinsichtlich der Definition und der Frage nach der räumlichen Eingrenzung der Petersberg-Aufgaben in der Union nach wie vor Handlungsbedarf. Es geht dabei nicht lediglich um die übliche Gegenüberstellung der Leitbilder Zivilmacht versus Militärmacht; diese ist ebenso allgemein wie die normalerweise für die nach wie vor unfertige GASP/GSVP als Begründung angeführte These vom Fehlen eines politischen Willens auf Grund differierender Interessenlagen, Weltsichten oder Rollendefinitionen. Es geht vielmehr um die in den vertraglichen Grundlagen der EU angelegte Idee einer „Friedensmacht" mit einem abgestuften Eskalationsinstrumentarium, welches konsequent eine Politik der Konfliktprävention, sei es in Form von gemeinsamen Standpunkten und Aktionen, verbindet mit den aus den negativen Erfahrungen auf dem Balkan in den neunziger Jahren resultierenden Beschlüssen zur Schaffung militärischer und nicht-militärischer Instrumente im Rahmen der GSVP.

Eine Definition sollte für die Rettungs- und humanitären Einsätze nicht schwer fallen. Aber bereits der Begriff „friedenserhaltende Operationen" ist unscharf, um so den Mitgliedstaaten bewusst genügend Manövrierfähigkeit bei der Formulierung des Mandats einzuräumen. Soll sich die Union auf die „erste Generation" von „peace-keeping" beschränken – d. h. Aufträge zur Beobachtung von Waffenstillstandsabkommen oder Trennung der Konfliktparteien einer solchen Vereinbarung durch zwischen ihren Streitkräften stationierte Puffereinheiten? Für eine derartige Mission kooperativer Sicherheit ist die Einwilligung aller Beteiligten erforderlich, sowohl der Staaten, die Truppen entsenden, als auch sämtlicher Parteien des Konflikts. Die im Übrigen nur leicht bewaffneten Friedenstruppen dürfen bei solchen Missionen (Kap. VI, UN-Charta) von ihren Waffen nur in Notwehr Gebrauch machen. Bei den „Operationen der zweiten Generation" (Kap. „VI $\frac{1}{2}$", UN-Charta) enthalten die Mandate hingegen auch politische Aufträge, wie die Vorbereitung und Durchführung demokratischer Wahlen oder humanitärer Hilfe, und insbesondere auch nicht bloß defensive militärische Aufgaben, z. B. den Schutz von Sicherheitszonen oder die Durchsetzung von Flugverboten. Unklar ist auch, ob die Aufträge für „peace keeping" durch die Krisenstreitkräfte der EU nur durch den UN-Sicherheitsrat oder auch durch die OSZE und die Union selbst erteilt werden sollen.

Am problematischsten ist jedoch das Konzept „friedensschaffender" (peace-enforcing) Operationen (Kap. VII, UN-Charta). Dabei geht es ausdrücklich um den Einsatz von Kampftruppen und damit auch um die Anwendung massiver Waffengewalt nicht bloß zu defensiven Zwecken. In diesem Zusammenhang stellt sich unweigerlich die Frage der Ermächtigung dazu durch den Sicherheitsrat. Ohne dessen Erteilung ist nämlich Gewaltanwendung, die nicht zur Selbstverteidigung erfolgt, nach geltendem Völkerrecht rechtswidrig. Ein Eigenmandat der EU, aber auch die Ermächtigung durch andere Organisationen als die UN würde für die Rechtmäßigkeit einer Offensivoperation nicht genügen, auch wenn diese humanitären Zwecken dienen soll. Mit anderen Worten: Soll die beabsichtigte Friedensschaffung dem Vorbild der durch den Sicherheitsrat autorisierten „Operation Desert Storm" gegen den Irak 1991 folgen oder auch das Modell der ohne Zustimmung des Sicherheitsrates durchgeführten „Operation Allied Force" der NATO zum Schutz der Albaner im Kosovo vor Greultaten der serbischen Seite umfassen?

Abgesehen davon, dass angesichts der neuen Kapazitäten der EU deren Verhältnis zu den UN als Regionalorganisation gemäß Kapitel VIII der Satzung der Weltorganisation in jedem Fall zu überdenken ist, verband die beteiligten europäischen Mitliedstaaten im zweiten Fall nicht allein die Idee des „humanitären Einsatzes", sondern sicherlich auch das durch die räumliche Nähe zur EU bedingte unmittelbare geostrategische Interesse an einer Lösung des Konflikts und einer Stabilisierung der Region. Aus diesem Grund konzentrierten sich die Aktivitäten unmittelbar nach Ende der Kampfhandlungen darauf, den Balkan-Stabilitätspakt, gestützt auf das im Falle der MOE-Staaten („Kopenhagener Kriterien") erfolgreiche angewandte Prinzip der „Konditionalität", als politisch-wirtschaftliches Konzept zur langfristigen Integration der postjugoslawischen

Bevölkerungen zu entwickeln.[109] Die Frage aber ist, wie die Union ihre Interessen außerhalb Europas definiert, wo eine derartige Politik der „Konditionalität" nicht mehr möglich ist und die EU somit nur bedingt Anreize mobilisieren kann, um auf Konfliktparteien einzuwirken, sprich „soft power" effektiv einsetzen zu können. Der erhebliche Mittel-Einsatz zur Entwicklung der Palästinensischen Autonomiegebiete und die im Großen und Ganzen guten Beziehungen zu Israel haben es in den neunziger Jahren des vergangenen Jahrhunderts nicht vermocht, das Scheitern des Friedensprozesses im Jahre 2000 wie den darauf folgenden Ausbruch der Zweiten Intifada zu verhindern, da sich die „EU-Politik der ‚Belohnungen und Anreize' als zu schwach" erwies; und ähnliche „Begrenzungen für das Handeln der EU dürften auch in anderen außereuropäischen Krisenregionen vorliegen".[110]

Die durch die ESS und die ENP (s. o.; vgl. auch Kapitel Außenbeziehungen) implizierte räumliche Ausweitung eines möglichen Aktionsradius der EU in Folge der o. g. neuen Herausforderungen stellt die Union somit jedenfalls vor ein Dilemma: Erstens nehmen ihre Möglichkeiten der Einflussnahme rapide ab, je weiter sie über die unmittelbare Peripherie hinausschaut. Zweitens wird sie, wenn sie den in der ESS formulierten Anspruch, zu verhindern, dass der transnationale Konflikt durch die Verbindung der Terror-Netzwerke mit staatlicher Macht neue zwischenstaatliche Konflikte entwickelt, gerecht werden will, unweigerlich in Aktivitäten hineingezogen, die in den Mitgliedstaaten jeweils größere Debatten bezüglich einer eventuellen Beteiligung auslösen (werden) und damit allenfalls ein selektives Ad-hoc-Krisenmanagement auf der Basis von „Koalitionen von Handlungswilligen" nach sich ziehen. Am bisherigen Afghanistan-Engagement der Europäer wird diese Ambivalenz sehr deutlich: Zwar beteiligten sich zahlreiche Mitgliedstaaten militärisch an der von den USA geführten Intervention „Operation Enduring Freedom"; sie wirkten aber weniger an den Kampfhandlungen zum Sturz des Taliban-Regimes mit, sondern schufen mit ihrem Einsatz vielmehr die Voraussetzung für das post-Konflikt-Management im Lande. Seither aber nahm der Druck der USA auf die beteiligten EU-Staaten zu, in Afghanistan auch eine größere militärische Rolle zu übernehmen. Ähnliches gilt im Übrigen für die Beteiligung der Europäer am Wiederaufbau des Irak, die letztendlich auch der in der ESS formulierten Wahrnehmung der neuen Gefahrenlage und des gemeinsamen Interesses Amerikas und Europas an der Verhinderung

---

109 Dazu ausführlich Rafael Biermann, Lehrjahre im Kosovo. Das Scheitern der internationalen Krisenprävention vor Kriegsausbruch, Paderborn 2006.

110 Helmut Hubel, Weltpolitische Konflikte. Eine Einführung, Baden-Baden 2005, S. 221.

einer weiteren Eskalation in der Region geschuldet war – und nicht nur der Idee eines Ausbalancierens der amerikanischen Hegemonialmacht.

Noch viel unmittelbarer aber zeigt sich die Wirkung der nicht zuletzt durch die beiden o. g. Dokumente ausgelösten Eigendynamik bezüglich der räumlichen Ausweitung europäischen Engagements im Falle der Türkei. Sie stellt als islamisch geprägtes Land nicht nur mit Blick auf die europäische Antwort auf die islamistische Bedrohung ein Problem dar, sondern ist auch für die GASP/GSVP eine geopolitische Herausforderung ersten Ranges.[111] Europäische Befürworter eines Beitritts, die in diesem Zusammenhang von einer „neuen strategischen Dimension" sprechen, konzentrieren dabei ihre Aufmerksamkeit auf den möglichen Beweis der Versöhnung zwischen westlicher Demokratie und dem Islam im Sinne einer integrativen Konfliktlösung und verkennen dabei nicht nur die realpolitische Wirkung einer solchen Politik auf die muslimische Welt, speziell den Mittleren und Nahen Osten, sondern auch die Gestaltungsmacht der Union. Solche Visionen einer neuen europäischen Weltordnung stoßen in der Realität sehr rasch an ihre Grenzen: Nicht nur bestünde die Gefahr, dass die Türkei ihre eigene Sicherheitsagenda und ihre ungelösten nationalen wie regionalen Probleme in die Gemeinschaft hineinträgt. Darüber hinaus verfügt die Union derzeit nach wie vor weder über die Mittel noch den politischen Willen, die an die Türkei grenzenden Krisenregionen des so genannten „Greater Middle East" in ihrem Sinne zu ordnen, „so dass das Land eher als strategischer Puffer für die Sicherheit Europas förderlich wäre".[112] Dies haben zuletzt die Entwicklungen im Zusammenhang mit dem „Arabischen Frühling" gezeigt.

Die EU steht mithin vor einem Dilemma: Die räumliche Dimension der Petersberg-Missionen hängt einerseits von der Reichweite der Transportkapazität der europäischen Streitkräfte ab; hier sind die technischen Fähigkeitslücken nach wie vor eklatant. Andererseits zwingt die räumliche Ausweitung des Aktionsradius der EU ihre Mitgliedstaaten zunehmend zu Entscheidungen, bei denen – so etwa im Kongo-Einsatz, im Fall des Libanon-Krieges bzw. der Umsetzung der Resolution 1701 des UN-Sicherheitsrats zu dessen Beendigung oder zuletzt im Fall Libyens – die jeweils bevorstehende Aufgabe oftmals im krassen Missverhältnis zu ihrer politischen Beurteilung steht. Die beschönigende Situationsbeschreibung

---

111 Dazu Henri Barkey/Anne-Marie Gloannec, The Strategic Implications of Turkey's Integration in the EU, in: Esther Brimmer/Stefan Fröhlich (Hg.), The Strategic Implications of European Union Enlargement, Washington 2005, S. 127-150.

112 Link, a.a.O., S. 94. Des Weiteren Huseyin Bagci, The Greater Middle East Project and Turkey's Attitude towards it, in: Andreas Marchetti (Hg.), The CSCE as a Model to Transform Western Relations with the Greater Middle East, ZEI Discussion Paper C137 (2004), S. 83-100.

beispielsweise durch die europäische Schutztruppe Eufor im Kongo im Zusammenhang mit der Überwachung der dortigen Wahlen im Oktober 2006 zeigt, wie rasch sich die Einsatzbedingungen in solchen Konflikten ändern können. Als im August Kämpfe zwischen der Präsidentengarde und der Leibwache seines Herausforderers ausbrachen, bestätigte dies nur das böse Wort von der „Demokratie ohne Demokraten". Die sich abzeichnende Eskalation zeigte, wie wenig die für einen Ernstfall zahlenmäßig völlig unterbesetzte Eingreiftruppe im Falle einer Ausweitung der Straßenkämpfe hätte ausrichten können. Und sie zeigte, wie wichtig es ist, im Vorfeld solcher Missionen eventuelle Einsatzszenarien konsequent durchzuspielen und zu klären. In diesem Fall wäre es ein klares Mandat für Eufor gewesen, bei entsprechenden Zusammenstößen beide Seiten konsequent zu entwaffnen und die Spitzenkandidaten unter neutralen Schutz zu stellen.

Es geht also schon längst nicht mehr um die generelle Frage, welche Rolle die Union letztlich in weltweiten Angelegenheiten zu spielen gedenkt. Die Frage nach der Begrenzung von Einsätzen auf Europa (einschließlich eventuell noch des südlichen Kaukasus) oder der Einbeziehung des sicherheitspolitischen „nahen Auslands", d. h. des Nahen Ostens und Nordafrikas hat Europa im Grunde bereits hinter sich gelassen. Und dies ist so auch konsequent: Wer die Stabilisierung einer für Europa eminent wichtigen Region wie den Nahen und Mittleren Osten verlangt, angefangen von der Beruhigung des Palästina-Konflikts bis hin zur Eindämmung der Proliferation von Massenvernichtungswaffen, der muss auch Verantwortung übernehmen, um glaubwürdig zu bleiben. Dies muss allerdings auf der Basis nüchterner Risikoabwägung und eigener Interessenbestimmung geschehen (nichts anderes impliziert im Grunde das Wort von der Risikogemeinschaft), denn Wirkung auf die GASP/GSVP erzielt jede Koalition von Handlungswilligen, und darum handelte es sich auch im Libanon-Konflikt, nur dann, wenn sie Erfolg hat. Europa muss daher in jedem einzelnen Fall für sich die Frage klären, ob der Einsatz eine solche Wirkung entfalten kann. Dabei mag die oftmals geforderte strikte Unterscheidung des Aktionsradius nach den einzelnen Petersberg-Aufgaben – danach könnten Rettungs- und humanitäre Einsätze sowie allenfalls auch friedenserhaltende Operationen weltweit angeboten werden, dagegen bliebe Friedensschaffung auf Europa und dessen Umfeld begrenzt – zwar nicht mehr zweckmäßig sein. Andererseits darf dies die EU nicht dazu verleiten, ihren Integrationsehrgeiz mit überzogenen Ansprüchen ausgerechnet an einem Schauplatz wie dem Nahen Osten befriedigen zu wollen, wo die Auffassungen der (großen) europäischen Mittelmächte vom adäquaten Krisenmanagement nach wie vor unterschiedlich sind.

Dieses zentrale Problem ist auch im Verhältnis zu den USA klärungsbedürftig. Die US-Regierung hat schon auf dem Washingtoner Gipfel 1999 angestrebt, die

Allianz künftig auch als Instrument für Aufgaben außerhalb Europas auszurichten. Die damalige Verständigung auf die „Peripherie Europas" stellte lediglich einen vagen Reichweitenkompromiss im neuen Strategischen Konzept der NATO dar. Auch auf dem Prager NATO-Gipfel im November 2002 versuchte Washington der EU einmal mehr deutlich zu machen, dass europäische Interessen auch im Nahen Osten und Persischen Golf, im Kaukasus und Zentralasien, oder im erweiterten Mittelmeerraum zumal im Zeitalter globaler Bedrohungen durch den internationalen Terrorismus tangiert sind. Die Europäer sind Washington auf diesem Weg mittlerweile gefolgt. Sie unterstreichen bei allem Bekenntnis zur klassischen Verteidigung im NATO-Strategiekonzept von 2010 auch den Anspruch, Missionen bzw. Kriseneinsätze in strategischer Entfernung zu führen, da die Entwicklungen in Afrika, Zentralasien, Russland oder im Nahen und Mittleren Osten ihre Sicherheitsinteressen tangieren. Und sie akzeptieren, dass eine strikte funktionelle Arbeitsteilung mit der NATO in der Gestalt, dass die Allianz unter Führung der USA die „schweren Einsätze" (Kampfeinsätze) übernimmt, während sich die EU mit den militärisch und politisch „leichteren" beiden Typen von Petersberg-Operationen begnügt, so künftig nicht aufrechtzuerhalten ist. Dennoch werden sie noch auf längere Sicht nicht in der Lage sein, Krisenmanagement in größerem Umfang durchzuführen. Nunmehr geht es also vielmehr um eine Präzisierung der vitalen Interessenzonen, die nüchterne Abwägung der Risiken und des politisch Machbaren, sowie Fragen einer gerechteren Lastenteilung, möglicher Doppelgleisigkeiten in Bezug auf Ressourcen und Aufgabenfelder und der institutionellen Rangordnung.

Dass diese Präzisierung – und im transatlantischen Kontext Harmonisierung – der Interessen zunehmend problematischer wird, liegt auf der Hand. Je geringer die Aussicht, den jeweiligen Konflikt einer dauerhaften Lösung zuzuführen, desto größer wird die Neigung unter den europäischen Mitgliedstaaten (und zusehends auch in den USA) sein, die jeweilige politische Entscheidung eben nicht allein auf Beschlüsse der Vereinten Nationen, ja nicht einmal die Absichten und Vorhaben der europäischen Partner zu gründen. Vor allem aber wird es nicht nur für Europäer zusehends schwerer, auf die unweigerlich zu stellende Frage nach den Interessen ausschließlich mit dem korrekten Hinweis auf die humanitäre Hilfe und politische Stabilitätssicherung zu reagieren. Das mag gut klingen, in nahezu allen Fällen aber waren Interessen wenigstens so wichtig wie alle guten Absichten. Der Hinweis auf Forderungen der Vereinten Nationen oder auf die Verpflichtungen der Union im Sinne „humanitärer Interventionen" oder der seit 2005 bestehenden Selbstverpflichtung zur internationalen Schutzverantwortung („responsibility to protect") entbindet die Mitgliedstaaten jedenfalls nicht vom eigenständigen politischen Willen.

Vor diesem Hintergrund wird die Union auf absehbare Zeit keinen direkten Anspruch auf eine globale sicherheitspolitische Führungsrolle erheben. In Asien, Lateinamerika oder auch auf dem afrikanischen Kontinent wird das Engagement entweder gleich null oder aber allenfalls begrenzt und selektiv sein. Größeres geostrategisches Interesse wird man weiterhin in Richtung östliche wie auch südliche Peripherie der EU zeigen. Als zentraler strategischer Partner für Russland wie auch potentieller Antagonist Moskaus bei der Frage nach der künftigen Ausrichtung der östlichen Nachbarländer der Union wird die EU dabei über die Instrumente der Europäischen Nachbarschaftspolitik (ENP) und der „Östlichen Partnerschaft" (deren maßgeblicher Protagonist Berlin war) eine zentrale Rolle in der Region zukommen. Zu einer Politik des Ausgleichs mit Moskau bei gleichzeitig klarem Bekenntnis zur Heranführung an die EU in Richtung Adressatenländer wird dabei auch die Bereitschaft zur Übernahme einer europäischen Führungsrolle bei der Behandlung der so genannten „eingefrorenen Konflikte" – Abchasien und Südossetien (Georgien), Nagorno-Karabach (Armenien-Aserbaidschan) und Transnistrien (Moldova) – gehören, die auch direkte Verhandlungen mit den Sezessionsregionen erfordern.[113]

Die zweite zentrale strategische Hauptfront stellen der Nahe und Mittlere Osten und Nordafrika dar. Für die EU wird neben den beiden zentralen Regionalkonflikten – der israelisch-palästinensischen Auseinandersetzung und dem schiitisch-sunnitischen Konflikt um die Vormachtstellung am Persischen Golf zwischen Iran, künftig vielleicht flankiert vom schiitisch regierten Irak und, je nach Ausgang des Machtkampfes, Syrien auf der einen, und Saudia-Arabien und den Golfstaaten auf der anderen Seite – die weitere Entwicklung des politischen Umbruchs im Maghreb und in der Levante zur dritten zentralen sicherheitspolitischen Herausforderung in der Großregion. In diesem Kontext werden dem derzeit von den Muslimbrüdern politisch dominierten Ägypten und der Türkei als Modell für eine Demokratie unter islamischer Führung in der Region als strategische Partner besondere Bedeutung zukommen; beide anerkennen vorerst den Friedensvertrag Ägyptens mit Israel, drängen aber unter diesen Vorzeichen auch auf eine Lösung der israelisch-palästinensischen Frage. Die Unterstützung der Transition in Richtung Demokratie (Ägypten und Tunesien), aber auch der Stabilisierungs- und Reformprozesse in den liberalen Monarchien (Marokko und Jordanien), bei gleichzeitig unmissverständlicher Opposition gegenüber den repressiven Diktaturen (wie zuletzt Libyen und derzeit Syrien) wird dabei ein hohes Maß an politischer Flexibilität erfordern – nicht zuletzt vor dem Hinter-

---

113 Sabine Fischer, Erwan Lannon, The ENP Strategic Review: The EU and its neighbourhood at the crossroads, ISS Analysis, Paris (May 2011).

grund der Tatsache, dass Israel und Iran aus dieser Entwicklung auf mittlere bis lange Sicht als die politischen Verlierer hervorgehen könnten. Israel wird schon bis 2020 nicht mehr die einzige demokratische Bastion in der Region sein. Es wird sich nicht mehr wie in der Vergangenheit auf die Allianz mit arabischen Diktatoren verlassen können, sondern sich mit demokratisch gewählten und vom Volk legitimierten Führungen arrangieren müssen. Auf lange Sicht ist die Anerkennung der palästinensischen Staatlichkeit unausweichlich und nur zum Preis der politischen Isolation aufrechtzuerhalten. Iran droht beim Verlust Syriens als zentralen Verbündeten das gleiche Schicksal – der Sturz Assads wird dazu führen, dass seine politischen Gegner Teheran auf lange Sicht die militärische Unterstützung des Regimes gegen die Opposition kaum vergessen dürften. Schließlich werden auch der Libanon, der 2008 noch vor einem größeren Bürgerkrieg stand und latent gefährdet bleibt, sowie der Jemen, Sudan und Somalia, deren Abwärtsentwicklungen geradezu unaufhaltsam scheinen, die europäische Außenpolitik im Nahen und Mittleren Osten beschäftigen.

Primäres Interesse muss es dabei sein, die ökonomische Dimension im Auge zu behalten. Will man die Energieabhängigkeit von Russland, die selbstverständlich keine Einbahnstraße im politischen Verhältnis zu Moskau bedeutet, verringern, so bleibt zumal Nordafrika aus geostrategischen Gesichtspunkten zentral – die EU-28 bezieht neben Russland vor allem aus diesem Teil der Großregion den Großteil ihrer Energieimporte; Saudi-Arabien hingegen ist als Energielieferant weniger bedeutsam (ca. 6%).[114] Gerade vor dem Hintergrund einer Klima- und Energiepolitik, die bis 2050 praktisch ausschließlich auf erneuerbare Energien setzen will, erhalten Zukunftskonzepte, die auf das enorme Solarpotential des Maghreb setzen, erhebliche Bedeutung. Zusätzlich zu der energiepolitischen Komponente werden Migration und Flüchtlinge aus der Region der EU vielfältige, vor allem sicherheitspolitische Probleme bereiten (Terrorismus, organisierte Kriminalität). Für die europäische Politik wird daher neben dem primären energie- und wirtschaftspolitischen Interesse an der Region die Stabilität im Sinne der Vermeidung von Bürgerkriegen und Staatszerfall im Vordergrund stehen, da diese in der Regel die genannten Folgeprobleme schaffen (Irak, Libanon und der Jemen sind seit einigen Jahren prominente Beispiele dafür). Eine friedliche Lösung des Nuklearkonflikts mit Iran ist gleichsam ein vordringliches europäisches Interesse, auch wenn der unmittelbare Einfluss der EU auf Teheran wohl begrenzt ist.

---

114 Guido Steinberg, Kirsten Westphal, Zapfhahn zu: Saudi-Arabiens Öllieferungen fallen aus, in: SWP-Studie: Ungeplant ist der Normalfall, Berlin (November 2011), S. 7-10.

Gerade in diesem Fall bestätigt sich die Grundprämisse, wonach die EU auch in Zukunft ihren internationalen Einfluss primär über die Zusammenarbeit mit anderen Akteuren, allen voran den USA und dem NATO-Bündnis ausüben wird – insbesondere je stärker sie sich vom südlichen Mittelmeerraum einschließlich der Levante östlich in Richtung Golf und darüber hinaus bewegt. Unabhängig vom Afghanistan-Einsatz dürften aber die Anforderungen an die Union bzw. die die GASP/GSVP tragenden europäischen Mitgliedstaaten beim internationalen Krisenmanagement dennoch wachsen; dies haben die jüngsten Missionen in Libyen und Mali gezeigt. Entscheidend wird dabei sein, in möglichen Krisenszenarien von Beginn an auch die geostrategische Relevanz eines Einsatzes plausibel zu machen. In Afghanistan hat die Union zu keinem Zeitpunkt ernsthaft auf die geostrategische Relevanz des Landes in seiner Nachbarschaft und vor allem für Pakistan, dessen innere Entwicklung (Rolle der Nuklearwaffen, Kaschmir-Konflikt) wiederum zentral ist für die westliche Sicherheit und den Weltfrieden, hingewiesen.

In der Libyen-Krise kam zu diesem Versäumnis und dem grundsätzlichen Dilemma der Lücke zwischen Anspruch und Bereitstellung notwendiger Ressourcen in der europäischen Außen- und Sicherheitspolitik noch hinzu, dass einige Mitgliedstaaten (so die Bundesrepublik) ihr normatives Selbstverständnis praktisch über Bord warfen und ohne Not nicht nur ihre Bündnissolidarität aufkündigten, sondern sich auch jeder internationalen Verantwortung entzogen. Während im Falle des Irak-Krieges das „Nein" der meisten Europäer seine Rechtfertigung dadurch erhielt, dass die Intervention fundamental gegen völkerrechtliche Prinzipien und die außenpolitischen Grundparameter europäischer Außen- und Sicherheitspolitik verstieß, und die Beteiligung am Afghanistan-Einsatz nicht zuletzt durch die internationalen Sachzwänge des „war on terror" bestimmt war, wurden Mitgliedstaaten wie die Bundesrepublik in der Libyen-Krise darüber hinaus auch noch zur unberechenbaren Größe, die selbst bei Erfüllung aller Kriterien für die Übernahme internationaler Verantwortung („responsibility to protect") ihren Beistand versagten. Damit entstand der fatale Eindruck, dass man sich somit über die Betonung der Zivilmachttradition hinaus am Ende eben doch nicht zu angemessenen konkreten Beiträgen durchringen kann.

Nachdem die Frage nach dem künftigen europäischen Einsatzradius somit in der Praxis längst zugunsten einer extensiven, sprich globalen Auslegung entschieden worden ist, können solche Eindrücke künftig daher nur entschärft werden, wenn in jedem einzelnen Fall die unterschiedlichen Interessen für eine Interventionsentscheidung nicht nur national, sondern auch untereinander und im Einklang mit den Motiven (Schutzverantwortung) abgewogen werden. Eine verbindliche europäische Antwort auf die vielfältigen globalen Herausforderungen und

Konflikte dürfte es dabei auch in absehbarer Zeit kaum geben. Eine gemeinsame europäische Außenpolitik ist nun einmal nicht mit einer einzigen europäischen Außenpolitik zu verwechseln, solange die Mitgliedstaaten auf ihre Prärogative im diplomatischen Geschäft achten.

3.5   Völkerrecht und der präventive Einsatz militärischer Gewalt – die Auswirkungen des Irak-Krieges auf die europäische Diskussion um die Weiterentwicklung der GASP/GSVP

Zusätzlich erschwert werden solche Entscheidungsprozesse in der EU künftig sicherlich dadurch, dass die internationale Staatenwelt insgesamt bislang keine „verbindliche" Antwort auf die neuen Konflikte gefunden hat. Die UN-Charta ist jedenfalls nach wie vor zu starr an der Gefahr von Konflikten zwischen Staaten ausgerichtet. Die heutigen Bedrohungen – innerstaatliche, interethnische Konflikte; asymmetrische Bedrohung durch nicht-staatliche Akteure (Terrorismus); extrem kurze Reaktionszeiten im Falle erfolgter Angriffe – werden nicht erfasst. Gerade aber weil das Völkerrecht hier ergänzungsbedürftig ist, hat sich die NATO, geführt von den USA, mit dem Beginn ihrer Luftangriffe im Kosovo über die enge Auslegung der UN-Charta hinweggesetzt und die Militäraktion ohne ein Mandat des UN-Sicherheitsrates durchgeführt.

Nach dem Ende des Zweiten Weltkrieges führte die Charta der Vereinten Nationen im Bewusstsein der verheerenden Wirkungen des Krieges durch moderne Massenvernichtungswaffen und um „künftige Geschlechter vor der Geißel des Krieges zu bewahren", zunächst ein universelles Gewaltverbot ein (Präambel UN-Charta). Ausnahmen von dem völkerrechtlich anerkannten universellen Gewaltverbot im Sinne der Anwendung von Präventivmaßnahmen einschließlich militärischer Gewalt kennen wir indes aus der Nachkriegszeit in zahlreichen Fällen. Dabei beruft man sich auf die Praxis des Völkergewohnheitsrechts, wonach die Staatenwelt ihre Entscheidungen an objektive Kriterien bindet und so die Voraussetzungen für einseitige Militäreinsätze ohne den Sicherheitsrat entsubjektiviert. Hierzu gehören vor allem zwei Parameter: die Evidenz der Bedrohung oder der „Notstand" (necessity), sowie die „Angemessenheit" bzw. „Verhältnismäßigkeit" (proportionality) der Reaktion.[115]

---

115 Die beiden Prinzipien gehen zurück auf den klassischen Caroline-Fall aus dem Jahre 1837. In diesem Jahr unterstützten amerikanische Freiwillige kanadische Rebellen bei einem Aufstand gegen die britische Regierung, indem sie ihnen über das amerikanische Schiff Caroline den Nachschub von den amerikanischen auf die kanadische

Grundsätzlich ist zunächst festzuhalten, dass das Völkergewohnheitsrecht voraussetzt, dass Staaten es in der Praxis beachten und eine gemeinsame
Rechtsüberzeugung von dessen Geltung haben. Das heißt aber, vorausgesetzt
die Charta ist in der Beantwortung der Frage nach dem Einsatz von Präventivmaßnahmen wie nachweisbar bewusst offen und das Prinzip der „antizipierten
Selbstverteidigung" war bereits vor Entwicklung der UN-Charta Bestandteil
des Völkergewohnheitsrechts, dass es überflüssig ist, die Charta im Sinne einer
völkerrechtlichen Norm fortzuentwickeln, die Staaten das Recht auf Präventivmaßnahmen garantiert. Vielmehr erforderte die Praxis die Festschreibung einer
Norm, die eben explizit ausschließt, dass es eine Regel gibt, die diesen Einsatz verbietet. Wenn Staaten souverän sind, besitzen sie Wahlfreiheit in ihrem Handeln,
solange sie nicht übereingekommen sind, dieses durch freiwillige Abgabe von
Kompetenzen rechtlich zu beschränken. Vor diesem Hintergrund ist der Einsatz
von Präventivmaßnahmen zu bewerten, wie er in der Nachkriegszeit vor allem in
drei prominenten Fällen erfolgte, die auch vor dem Sicherheitsrat erörtert wurden.

Während der Kuba-Krise (1962) setzte die Kennedy-Administration in Erwartung eines möglichen sowjetischen oder kubanischen Raketenangriffs durch
eine Seeblockade Kubas und durch ein gezieltes politisch-militärisch abgestuftes
Krisenmanagement gegenüber Chruschtschow den Abzug der sowjetischen
Raketenbasen durch und beendete so eine der gefährlichsten Konfrontationen
der Nachkriegszeit. Der UN-Sicherheitsrat, wohl wissend, dass die amerikanische
Regierung in dieser Krise auch ohne UN-Mandat den Einsatz militärischer Gewalt erwog, beschäftigte sich intensiv mit der amerikanischen Seeblockade als
Präventivmaßnahme zur möglichen Verhinderung oder aber Beschleunigung
einer weiteren Eskalation der Krise. Er schloss dabei den Einsatz von Präventivmaßnahmen als Akt der Selbstverteidigung ausdrücklich nicht aus, vielmehr
unterstützten Delegierte, wie die UN-Dokumente zeigen, die Idee der „antizipierten Selbstverteidigung". Allerdings stellten sie mehrheitlich einen solchen
Einsatz unter den Vorbehalt, dass hierfür das Kriterium des „Notstands"
(necessity) erfüllt sein müsse; einen solchen wiederum sahen die wenigsten als ge-

---

Seite des gemeinsamen Grenzflusses Niagara sicherten. Britische Soldaten griffen darauf hin das Schiff an und trieben es über die Niagarafälle. Die britische Regierung
rechtfertigte den Angriff als Akt der Selbstverteidigung gegen ein amerikanisches
Privatschiff. Der amerikanische Außenminister Daniel Webster jedoch kritisierte die
Unangemessenheit des militärischen Vorgehens; zwar räumte er ein, dass die Anwendung von militärischer Gewalt durch das Selbstverteidigungsrecht gerechtfertigt sein
könnte, in diesem Fall aber sei es nicht erforderlich gewesen. So einigten sich beide
Seiten im Verlaufe des diplomatischen Disputes auf die Anerkennung zweier wesentlicher Kriterien zur Rechtfertigung von Selbstverteidigung – einschließlich von Präventivmaßnahmen: „Notstand" (necessity) und „Angemessenheit" (proportionality).

geben, da der Offensivcharakter der Raketenstationierung nicht zwingend nachweisbar war.[116]

Von anderer Qualität war der Militäreinsatz Israels gegen seine arabischen Nachbarn im Sechstagekrieg (1967). Nach israelischer Lesart konnte dem Aufmarsch ägyptischer Streitkräfte auf dem Sinai, dem Ultimatum an die UNEF, den Sinai zu verlassen, der Blockade von Akaba sowie der Mobilmachung der arabischen Streitkräfte nur ein Präventivschlag begegnen; ein Angriff galt als sicher. Der Sicherheitsrat hat in diesem Fall, ungeachtet der zu erwartenden politischen Frontverläufe im Laufe der Erörterung des israelischen Vorgehens im Sicherheitsrat, zwar mehrheitlich eine kritischere Haltung bezüglich der präventiven Intervention Israels im Sinne „antizipierter Selbstverteidigung" eingenommen. Auch hier jedoch stellte er die Doktrin nicht grundsätzlich in Frage.[117] Unter Völkerrechtlern entwickelte sich vielmehr weitgehend die Auffassung, dass kein Staat verpflichtet sei, auf den Abschuss von Raketen oder das Aufsteigen von Kampfflugzeugen zu warten. Wenn plausible Anhaltspunkte dafür gegeben sind, dass ein gewaltsamer Einsatz gegen das Staatsgebiet bevorsteht, können Abwehrmaßnahmen beginnen.

Wiederum Israel hat 1981 durch einen gezielten Luftschlag den im Bau befindlichen irakischen Atomreaktor Osirak zerstört, nachdem man der Auffassung war, dass der Irak sich die Voraussetzungen für einen atomaren Schlag gegen Israel schaffen wolle. Durch die Bombardierung wurde die Fertigstellung des Reaktors verhindert. Auch damals hat es eine höchst brisante Debatte im Sicherheitsrat gegeben, in der der israelische UN-Botschafter Yehuda Blum Israels auf einen Extremfall hin erfolgten präventiven Verteidigungsschlag unter Hinweis auf eine beachtliche Zahl von Stimmen in der Völkerrechtslehre und Art. 51 der Charta zu rechtfertigen suchte.[118] Selbst die USA verurteilten damals die israelische Reaktion, obwohl Israel anhand einer Vielzahl von Indizien irakische Pläne zur Vorbereitung eines Nuklearschlages plausibel darlegte. Mit Unterstützung auswärtiger Fachleute wurden jedenfalls genaue technische und naturwissenschaftliche Analysen zur Erhärtung des Verdachts vorgelegt.

Vor diesem Hintergrund kam es zwar zur politischen Verurteilung der Aktion, grundsätzlich aber kristallisierte sich doch ein Konsens darüber heraus, dass ein Staat, vorausgesetzt die Caroline-Prinzipien sind erfüllt und er kann plausibel darlegen, dass ein bewaffneter Angriff auf ihn bevorsteht, nicht abwarten kann, bis dieser Angriff erfolgt ist. Andernfalls riskierte er, je nach Größe, sein Existenz-

---

116 UN Doc. No. S/PV.1024:51 1962.

117 Anthony Clark Arend, International Law and the Preemptive Use of Military Force, in: The Washington Quarterly, 26, 2 (Spring 2003), S. 89-103.

118 UN Doc. No. S/PV.2280 1981, S. 16.

recht. Voraussetzung einer solchen Abwehr-/Präventivmaßnahme aber ist, nochmals, dass im Sicherheitsrat die Gefährdung plausibel nachgewiesen werden kann. Exakt diese Voraussetzung fehlte aber nach Meinung vieler Beobachter im Falle Irak, wo die Gefahr eines Einsatzes von Massenvernichtungswaffen in den Diskussionen des Sicherheitsrates eine zentrale Rolle spielte – ungeachtet ob diese von der Regierung eines Staates ausgeht oder von einer terroristischen Gruppe, die ungehindert auf dem Staatsgebiet derartige Vorbereitungen trifft. Eine offenkundige Angriffsituation, die allein den antizipierten Militärschlag der USA und Großbritanniens hätte rechtfertigen können, sahen Kritiker als nicht gegeben.

Alle drei Fälle machen somit zweierlei deutlich: Erstens gibt es ganz offensichtlich keinen Konsens hinsichtlich eines allseits anerkannten rechtlichen Verbots von Präventivmaßnahmen einschließlich militärischer Gewalt im Sinne von „antizipierter Selbstverteidigung"; eher deutet die völkerrechtlich hochrelevante Debatte im Nachgang zum Präzedenzfall des irakischen Reaktors darauf hin, dass diese Doktrin mittlerweile unter Völkerrechtlern eine größere Unterstützung findet. Zweitens jedoch beschränkt sich diese Unterstützung auf solche Fälle, in denen der Staat die Caroline-Kriterien vom „Notstand" (necessity) und der Verhältnismäßigkeit/Angemessenheit seiner Maßnahmen berücksichtigt. Dass die Beurteilung der Erfüllung dieser Kriterien im Scharnier zwischen Verteidigung, Abschreckung und präventiver Intervention einschließlich militärischer Gewalt politisch höchst problematisch und widersprüchlich ausfallen kann, machte der Disput zwischen Europa und den USA über den Irak-Krieg ebenso deutlich wie die aktuelle Diskussion über einen möglichen Präventivschlag Israels gegen Iran im Zusammenhang mit dessen nuklearen Ambitionen.

3.5.1 „Pax Americana" oder Missbrauch des globalen Führungsanspruchs als zentrale Herausforderung für Europa

Die Irak-Intervention führte jedenfalls zu den größten Spannungen im transatlantischen Verhältnis im speziellen und den Unmut der Weltöffentlichkeit in Bezug auf das amerikanische Vorgehen im Allgemeinen. Einmal ungeachtet der mutmaßlichen Unvereinbarkeit der amerikanischen Intervention im Irak mit der UN-Charta, die wohl zentrale Frage in diesem Kontext lautete nicht nur für Europa zunächst, inwieweit die durch die NSS vom September 2002 bereits implizierte und schließlich durch das Vorgehen gegen den Irak dokumentierte Aufweichung der beiden wesentlichen Caroline-Kriterien nicht dazu beigetragen hatte, das alte Faustrecht des Stärkeren zurück in die internationalen Beziehungen zu tragen. Anders gewendet: Konnte die Weltordnung auf Dauer auf einer politischen Doktrin beruhen, nach der Prävention durch Intervention und vorbeugende militärische Gewaltanwendung den Krieg auf eigene Initiative mit einer Konzeption der grenzenlos ausgeweiteten Selbstverteidigung als Mittel der Politik nutzt? Diese Frage steht unverändert solange im Raum, wie Staaten wie die USA und Israel sich vorbehalten, unter bestimmten Umständen nicht nur unilateral, sondern gegebenenfalls auch präventiv zu handeln. Unter der Obama-Administration ist diese Option zwar nicht mehr explizit in der gültigen NSS 2010 zu finden; gleichwohl hat die Administration mehrfach deutlich zum Ausdruck gebracht, dass mit Blick auf Iran oder auch Syrien alle Optionen, und damit eben auch die eines Präemptivschlags, unverändert „auf dem Tisch" seien. In diesem Zusammenhang sind auch die unautorisierten Drohnenangriffe Washingtons über pakistanischem Territorium unter Völkerrechtlern zumindest umstritten und zielen in eben diese Richtung.

Die amerikanische Sicherheitsstrategie 2002 verlangte eine Anpassung des „Konzepts von der immanenten Bedrohung" an die Fähigkeiten und Ziele der Feinde von heute: „Je größer die Bedrohung, desto größer das Risiko der Tatenlosigkeit – und desto zwingender sind vorbeugende Maßnahmen zur Verteidigung der eigenen Sicherheit, selbst wenn Zeit und Ort des feindlichen Angriffs ungewiss sind."[119] Für die Bush-Administration erforderten die räumliche wie zeitliche Unkalkulierbarkeit terroristischer Anschläge oder Angriffe durch Massenvernichtungswaffen asymmetrische Antworten. In beiden Fällen war eine Abstufung der Bedrohungslage im Sinne einer Definition angemessener Eskalations- bzw. Reaktionsstufen gar nicht erst möglich; vielmehr stellten sie eine ständige immanente Bedrohung dar, die präventives Vorgehen bereits im Vorfeld eines eventuellen Angriffs rechtfertigte.

Auch wenn man die Sicherheitsdoktrin der Bush-Administration in ihrer Bedeutung für das Völkerrecht auch aus damaliger nicht dramatisieren sollte, so war die vage Infragestellung der völkerrechtlichen Regelung, dass eine bewaffnete Abwehr an eine unmittelbare Bedrohung gebunden ist, doch unbefriedigend. Vielmehr ging und geht es auch heute um die Frage, unter welchen Umständen und Voraussetzungen von Massenvernichtungswaffen in der Hand von Terroristen oder „Schurkenstaaten" tatsächlich eine unmittelbare Bedrohung ausgeht. In diesem Kontext sind zwei Überlegungen bezüglich der Natur des bestehenden Völkerrechts relevant: Erstens impliziert es – zumindest bei restriktiver Auslegung –, dass die Gefahren durch Massenvernichtungswaffen und Terrorismus von ähnlicher Qualität sind wie die durch herkömmliche Bedrohungen, vor deren Hintergrund sich die Grundprinzipien für „antizipierte Selbstverteidigung" entwickelt haben. Zweitens nimmt es an, dass die UN-Charta den allein verbind-

---

119 The National Security Strategy of the United States (September 2002) S. 14 f. Abrufbar unter: http:/www.whitehouse.gov/nsc/nss.html.

lichen rechtlichen Rahmen für die Anwendung von Gewalt darstellt. Beide An-
nahmen sind in hohem Maße problematisch.

Sicherlich kann bei terroristischen Organisationen kein Zweifel daran bestehen, dass der Besitz von Massenvernichtungswaffen immer als eine unmittelbare Bedrohung anzusehen ist. Man sollte aber auch nicht bezweifeln, dass aus
dem Verhalten von Staaten bei Herstellung und Erwerb von Massenvernichtungswaffen gleichsam der Schluss einer unmittelbar vorliegenden Bedrohung gezogen
werden kann, die Maßnahmen des Sicherheitsrates nach Kapitel VII der UN-
Charta, unter Umständen auch Selbstverteidigungsmaßnahmen rechtfertigen
könnte. Genau um diese Frage geht es auch im Nuklearpoker der internationalen
Staatenwelt mit Iran oder Nordkorea.

Grundsätzlich gilt, dass die heutigen Bedrohungen durch Massenvernichtungswaffen und Terrorismus von anderer Qualität sind als die durch die herkömmlichen Akteure, auf die die Charta zugeschnitten wurde: die Staaten. Art. 2
(4) der Charta verbietet ausdrücklich die Androhung und Anwendung von Gewalt
von Staaten gegen Staaten und Art. 51 anerkennt das Recht auf Selbstverteidigung
im Fall eines bewaffneten Angriffs. Bedrohungen durch Massenvernichtungswaffen – sei es in chemischer, biologischer oder nuklearer Form – sowie Terroristen
standen jedoch nicht auf dem Plan der Gründungsväter der Charta. Die Frage ist,
inwieweit Abwehrmaßnahmen gegen beide Bedrohungen daher nicht einer Fortentwicklung des Völkerrechts bedürfen. Die Reaktion des Sicherheitsrates auf den
Terroranschlag gegen die USA am 11. September 2001 hat bereits eindrucksvoll
die Anpassungsfähigkeit des Völkerrechts an die neuen Gefahren gezeigt. Der
Sicherheitsrat hat unmittelbar nach den Anschlägen in den Resolutionen 1368
und 1373 festgestellt, dass die USA gegen einen terroristischen Angriff das Recht
der Selbstverteidigung nach Art. 51 der Charta ableiten bzw. in Anspruch nehmen können.[120] Es geht also vielmehr um die besondere Frage, unter welchen Voraussetzungen ein Staat militärisch gegen Terroristen vorgehen kann, die sich
auf anderem Staatsgebiet aufhalten, oder womöglich auch gegen Staaten, die im
Begriff einer Nuklearisierung möglicherweise auch zu militärischen Zwecken
sind. Im ersten Fall bezweifelte niemand im Sicherheitsrat die Zulässigkeit der
amerikanischen Aktion gegen Al Qaida und das Taliban-Regime in Afghanistan.
Die Sicherheitsratsmitglieder haben gezeigt, dass sie derartige Selbstverteidigungsmaßnahmen dann für völkerrechtlich zulässig halten, wenn der Staat, auf dessen
Territorium die Terroristen ihre Angriffe planen und vorbereiten, nicht selbst in
der Lage oder bereit ist, gegen diese vorzugehen. Voraussetzung war in diesem

---

120 Thomas Weiss, The Illusion of UN Security Council Reform, 26, 4 (Autumn 2003), S.
     147-161 (157 f.).

Falle allerdings, dass es schon sehr bald keinen Zweifel daran geben konnte, dass Al Qaida die Terrorangriffe durchgeführt hatte und weitere Aktionen im Sinne der hohen Plausibilität einer unmittelbaren Bedrohung zu befürchten waren. In dieser Situation war das naturgegebene Recht auf Selbstverteidigung gegeben.

3.5.1.1 Der Einmarsch im Irak – illegal oder politisch unklug?

Die Verhandlungen um die Sicherheitsratsresolution 1441 im November 2002 und der anschließende Krieg gegen den Irak indes zeigten, dass die Bush-Administration in ihrer Beurteilung der Frage danach, ab welchem (Zeit-)Punkt ein solcher Präventiveinsatz gerechtfertigt ist, bereit war, noch einen Schritt weiter zu gehen als die Mehrheit der Sicherheitsratsmitglieder, indem sie die Staatenverantwortlichkeit im Falle von Notstand (necessity), Angemessenheit (proportionality) und möglichst großer Gewissheit (certainty) eines bevorstehenden Angriffs im Zeitalter des Terrorismus und der Massenvernichtungswaffen bewusst ignorierte. Von einer unmittelbaren Bedrohung konnte im Irak-Fall nicht die Rede sein. Allein die laufenden UN-Inspektionen machten einen unmittelbar bevorstehenden militärischen Angriff des Iraks auf die USA und/oder Großbritannien sehr unwahrscheinlich. Hinzu kam, dass bei aller generellen Friedensbedrohung durch angebliche Massenvernichtungswaffen im Irak für dessen Nachbarn und die übrige Welt, deren Existenz in einem für die USA die eigene Sicherheit bedrohenden Umfang nicht nachweisbar war. Insofern bedeutete der Angriff zumindest einen Verstoß gegen diese Caroline-Regeln im Sinne des Völkergewohnheitsrechts.

Nun hatte der Sicherheitsrat in den vergangenen Jahren mehrfach festgestellt, dass der Irak UN-Resolutionen verletzt habe und dass diese Verletzungen den Weltfrieden und die internationale Sicherheit gefährdeten (so in UN-Res. 687). Die nach wie vor relevante Frage ist aber, ob die Feststellung einer Rechtsverfehlung durch den Sicherheitsrat bereits Anlass für einen Staat sein kann, einseitig mit militärischer Gewalt gegen den Rechtsbrecher vorzugehen, oder ob dieses auch in einem solchen Fall nicht dem Sicherheitsrat vorbehalten bleibt.

Grundsätzlich gilt, dass die Ahndung von Rechtsverletzungen durch entsprechende Maßnahmen dem Sicherheitsrat obliegt. Die Staaten haben diesen Grundsatz in der Praxis zunächst zu beachten und müssen von seiner Geltung rechtlich überzeugt sein. Zwar kann das Recht der UN-Charta als Völkervertragsrecht durch ständige Abweichung in der Praxis derogiert werden. Dies gilt allerdings nur in Ausnahmefällen und setzt außerdem voraus, dass nicht nur ein oder zwei, sondern die Mehrheit der Staaten durch ihr Verhalten und verbindliche Erklärungen ein solches abweichendes Verhalten akzeptieren und die Bindung damit praktisch aufheben. Auf diese Weise kann ein Rechtsordnungsvertrag seine Geltung verlieren. Diese Voraussetzung war im Falle des Irak-Krieges nicht gegeben, vielmehr erfolgte die außer Kraftsetzung einseitig durch eine Minderheit von Staaten, allen voran die USA.

So gesehen mag zwar für die USA der „Ausnahmezustand" (Carl Schmitt) mit den Anschlägen vom 11. September 2001 eingetreten sein; die politisch relevante und völkerrechtlich brisante Ausnahmeregel wurde jedoch erst mit dem Irak-Krieg begründet. Ob der Verstoß gegen die Caroline-Regeln nach dem Völkergewohnheitsrecht jedoch gleichbedeutend ist mit einer Verletzung gegen den Wortlaut der UN-Charta, ist zumindest umstritten. Denn wie immer man die amerikanische Außenpolitik seit den Anschlägen ansonsten beurteilen mag, unabhängig davon gilt: Verstöße gegen das universelle Gewaltverbot der UN-Charta sind nichts Neues, der Unterschied zu vorangegangenen Interventionen oder Präventivmaßnahmen mag allenfalls darin liegen, dass sowohl im Falle des Iraks wie auch der Anschläge vom 11. September Krieg offen erklärt und geführt wurde – jeweils in Form von Ultimaten. Die Liste der unilateralen Verletzungen gegen das in der UN-Charta festgelegte universelle Gewaltverbot ist ansonsten lang: der sowjetische Einmarsch in die Tschechoslowakei (1948); der Angriff von Nord- auf Südkorea (1950); die US-Aktionen in Guatemala (1954); Israels, Frankreichs und Großbritanniens Invasion Ägyptens (1956); der Einmarsch der Sowjetunion in Ungarn (1956); die von Washington unterstützte Schweinebucht-Invasion (1961); Indiens Überfall auf Goa (1961); die amerikanische Invasion der Dominikanischen Republik (1965); der abermalige sowjetische Einfall in die Tschechoslowakei (1968); die arabisch-israelischen Kriege von 1967 und 1973; der Vietnamkrieg (1960-1975); die vietnamesische Invasion Kambodschas (1979); der sowjetische Einmarsch in Afghanistan (1979); der Angriff Tansanias gegen Uganda (1979); die argentinische Invasion der Falkland-Inseln (1982); der Einmarsch der USA in Grenada (1983); die US-Invasion Panamas (1989); der irakische Angriff auf Kuwait (1990); der Kosovo-Krieg (1999) – alle Interventionen liefen ohne UN-Mandat und passten in kein völkerrechtlich relevantes Selbstverteidigungsschema.

Die Staatenpraxis widerlegt also die These vom UN-Gewaltverbot einschließlich präventiver Maßnahmen als einer Regel, die dem Völkergewohnheitsrecht in der Staatenpraxis entspricht. Staaten wenden von jeher Gewalt in verschiedensten Formen und Situationen an, so dass von einer Gewalt einschränkenden gewohnheitsrechtlichen Norm in der Praxis nicht die Rede sein kann – allenfalls bezüglich Eroberungskriegen zum Zwecke territorialer Arrondierung wie im Falle des irakischen Überfalls auf Kuwait 1990. Diese minimale Einschränkung deckt sich jedoch keinesfalls mit der bewusst weit gefassten Gewaltverbotsdefinition der Charta in Art. 2 (4). Insofern scheint aus Washingtoner Sicht die UN-Charta in diesem Punkt überholt; sie wird die USA deshalb auch künftig nicht davon abhalten, wenn nötig, eigene Interessen auch ohne UN-Mandat im Sinne auch der neuen NSS durchzusetzen.

Dennoch haben im Übrigen weder die USA noch Großbritannien die Bindungswirkung der Charta in Frage gestellt. Im Gegenteil, beide hatten in ihren Erklärungen gegenüber dem Sicherheitsrat die Aktion durch ausdrückliche Hinweise auf die Resolutionen des Sicherheitsrates gerechtfertigt, die nach ihrer Auffassung bei einem Verstoß des Iraks gegen seine Abrüstungsverpflichtungen auch einen militärischen Einsatz zuließen. Nicht nur wurde auf die Resolutionen 678 zur Befreiung Kuwaits und 687 zur Abrüstungsverpflichtung des Iraks hingewiesen, sondern auch auf Resolution 1441 aus dem Jahr 2002, die von der Weitergeltung dieser Ermächtigungen ausgeht. Diese Begründung mag zwar problematisch sein, da die Waffenstillstandsresolution 687 eindeutig besagt, dass nur der Sicherheitsrat eine neue bewaffnete Aktion gegen den Irak erwirken konnte; sie hat aber gewisse Plausibilität insofern, als die USA seither mehrfach glaubhaft irakische Vertragsverstöße angemahnt hatten, die im Grunde zur Wiederaufnahme von Kampfhandlungen berechtigten.[121] Konsequenterweise haben sie sich bei ihrem Angriff auf den Irak auch nicht explizit auf das Selbstverteidigungsrecht nach Art. 51 berufen – auch wenn die Aktion als ein notwendiger Schritt zur Verteidigung der USA und der internationalen Gemeinschaft gegen die irakische Bedrohung dargestellt wurde –, sondern den Einsatz in den Zusammenhang der Friedenserhaltung im Sinne der UN-Satzung gestellt. So gesehen bewegte sich die Begründung innerhalb des Systems der UN-Charta und der Einsatz wurde nicht als Akt der Selbstverteidigung in Form von Prävention oder Präemption gerechtfertigt, sondern auf der Basis der UN-Resolutionen.

3.5.2   Das politische Schisma – Amerikanische vs. UN-Autorität

Ungeachtet der Legitimationsfrage aber geht es im transatlantischen Kontext nach wie vor um die Frage, unter welchen Bedingungen Europa im speziellen und der Sicherheitsrat im Allgemeinen den Einsatz amerikanischer Macht unterstützt und Washington davon zu überzeugen ist, dass multilaterales Handeln mittel- bis langfristig auch im amerikanischen Interesse liegt. Momentan sind die Aussichten dafür sicherlich günstiger als in der Vergangenheit. Washington ist vor dem Hintergrund der eigenen Haushalts- und Wirtschaftsprobleme weder an militärischen Alleingängen noch an größeren Einsätzen generell interessiert. Keinesfalls sollte man sich aber der Illusion hingeben, dass sich ein absoluter Einklang der Interessen je herstellen lässt und Washington sein traditionell auch instrumen-

---

121 William Donahier/Ross DeBlois, Is the Current UN and US Policy Toward Iraq Effective?, in: Parameters, 31, 4 (Winter 2001/02), S. 112-125.

telles Verhältnis zur Weltorganisation aufgibt.[122] Eine Verschmelzung von Recht und Moral als Erwartung an die Politik ist utopisch.

Im Vorfeld des Irak-Krieges wurde den UN nicht nur die ausschließliche Legitimation, sondern auch die Handlungsfähigkeit zugesprochen, den Frieden ausschließlich mit friedlichen Mitteln herbeizuführen. Den Beweis blieben sie jedoch schuldig, weil die USA auf eigene Rechnung und unter Verletzung von Völkerrechtsprinzipien handelten. Ob diese Art von Moralpolitik die Herausforderungen von Machtpolitik zu verhindern vermag, wurde dabei kaum erwogen. Ebenso wenig wurde bislang die moralische Integrität der von den UN repräsentierten Politik hinterfragt, die in der Vergangenheit immer wieder die Augen vor Verstößen gegen die eigene Charta verschlossen hat. Srebrenica war bis zu dem Massaker an 8000 Bosniern ein von niederländischen Blauhelm-Soldaten unbeschützter Schauplatz für Greueltaten der serbischen Soldateska.

Die UN somit nach wie vor als eine Art Weltregierung zu betrachten, entspricht Wunschdenken. Die Weltöffentlichkeit ignoriert die Tatsache, dass diese „Weltregierung" in ihrer Mehrheit aus Diktaturen und so genannten failed states (versagenden Staaten) besteht, die dem Sicherheitsrat und dem Apparat des Generalsekretärs allenfalls ein Minimum an Handlungsfähigkeit geben. Dass Libyen lange Zeit den Unterausschuss für Menschenrechte leitete, der Irak den für die Unterdrückung von Massenvernichtungswaffen, musste eigentlich wie ein Hohn auf die Charta der UN wirken. Es wurde aber akzeptiert, weil die Völkergemeinschaft ihr eigener Richter ist und im Unterschied zur Politik der Staaten für ihr Handeln nicht zur Rechenschaft gezogen wird. So aber straft sie ihre Prinzipien durch eigenes Nichthandeln Lügen.

Auch die Zusammensetzung des UN-Sicherheitsrates entspricht spätestens seit Ende des Ost-West-Konflikts nicht mehr der politischen Realität. Außer China hat die Welt jenseits des Westens überhaupt keine permanente Stimme mit Vetorecht; weder Brasilien noch Indien haben bislang Aussicht auf einen Platz, trotz wiederholter eigener Bekenntnisse des Sicherheitsrates zu entsprechenden Reformen.

Abgesehen von solchen Legitimationsproblemen der UN bleibt das eklatante Problem der Handlungsunfähigkeit in Krisensituationen, die den glaubhaften Einsatz von militärischen Mitteln erfordern. Im Vorfeld des Irak-Krieges suggerierten die UN die Fähigkeit zur Übernahme einer Mission, die weit über ihre realen Möglichkeiten ging, gerieten jedoch auf Grund des unilateralen Handelns der USA gar nicht erst in Verlegenheit, womöglich einen neuerlichen politischen Offenbarungseid leisten zu müssen. Die Handlungsfähigkeit aber

---

122 Rosemary Foot/Neill MacFarlane/Michael Mastanduno, The United States and Multilateral Organizations, Oxford/New York 2003.

werden die UN niemals erlangen, schon gar nicht, wenn sie auch aus Mitgliedern besteht, die ihren Prinzipien nachweislich nicht zu folgen bereit sind. Der Irak-Krieg hat gezeigt, dass es selbst im „alten Europa" zwei konkurrierende und miteinander unvereinbare Auffassungen von Politik gibt, über die jedoch nicht einmal in den UN offen debattiert wird: Die von der herkömmlichen Politik, die den Krieg aus Machtgründen als Mittel der Politik betrachtet, einerseits und die von der Verbindung von Diplomatie und humanitärem Anspruch auf der anderen Seite, die den Krieg allenfalls als humanitäre Aktion oder kollektive Strafaktion der Völkergemeinschaft toleriert.

Dieser politische Gegensatz kann auch nicht gänzlich dadurch aufgehoben werden, dass mit dem Instrument der „humanitären Intervention" im Balkan-Krieg (Kosovo) und der Schutzverantwortungsklausel („responsibility to protect") mittlerweile die UN die Verstrickung von kollektiver Friedens(sicherungs-) und Machtpolitik akzeptiert hat, wenn auch – und hier liegt der entscheidende Unterschied zum Irak-Krieg – in der Form der Vermeidung eines machtpolitischen Vorgehens im Sinne eines Präventivschlages. Denn die NATO wurde im Kosovo erst aktiv, als es im Grunde bereits zu spät war. So aber konnte man ruhigen Gewissens einen Krieg für eine gerechte Sache führen ohne ein politisches Interesse. Die grausame Logik dieses Vorgehens aber ist kaum humaner als die Realitäten der Machtpolitik. Als humanitär konnte der Westen sein Handeln nur deshalb einstufen, weil er sich die zivilen Opfer der Aktion nicht zurechnete. Ähnlich wogen die Argumente im Irak: Abgesehen von den USA und Großbritannien sprach im Vorfeld des Krieges niemand von der Zahl der Opfer des zwei Jahrzehnte während Regimeterrors, geschweige denn von den Opfern der UN-Embargomaßnahmen, deren Zahl im Irak in die Hunderttausende gegangen sein soll. Das Handeln der UN vollzog sich vielmehr nach den inneren Gesetzen der Machtpolitik, wonach der Zweck die Mittel heiligt. Über Jahre tolerierte man die Schwächung des Regimes über wirtschaftliche Mittel, als der Ernstfall aber nahte, schwang man sich zum Verteidiger der staatlichen Souveränität auf.

Ebenso wenig bewirkt hat bislang die Grundsatzdebatte in den UN darüber, wie ihre Rolle in der internationalen Friedenssicherung wirkungsvoller gemacht werden könnte. Seit Anfang der neunziger Jahre prüfen die UN Möglichkeiten zur Aufstellung einer stehenden UN-Truppe nach Art. 43 der Charta. Die von Boutros-Ghali in seiner „Agenda für den Frieden" unterbreiteten Vorschläge sahen vor, die friedensschaffende Funktion der UN auf eine verbindliche Grundlage zu stellen und damit die Abhängigkeit von Ad-hoc-Entscheidungen insbesondere der USA zu verringern (Agenda for Peace 1992). Die damalige US-Administration unter Bush sen. reagierte auf diese Vorschläge ebenso zögerlich bis ablehnend wie die unter Bush jun. auf die Empfehlungen des im Auftrag von Generalsekretär Annan verfassten Brahimi-Berichts, der die Fähigkeiten der UN-Friedenssicherung u. a. durch die Benennung konkreter Beiträge zu Operationen durch die Mitgliedstaaten verbessern wollte.[123] In beiden Fällen wurde der amerikanische Anspruch auf die volle nationale Verfügungsgewalt betont. Das schließt nicht aus, dass unter bestimmten Umständen (so 1993 in Somalia) die UN das Oberkommando über amerikanische Soldaten übernehmen, wenn Washington dies für sinnvoll erachtet. Grundsätzlich aber gilt auch unter der jetzigen Obama-Administration das Prinzip amerikanischer Außenpolitik, demzufolge nationale Truppen nicht unter internationale Kontrolle gestellt werden. Noch weniger aussichtsreich war und ist in diesem Kontext die gleichsam vom damaligen Generalsekretär vorgetragene Idee, nach der auch bei Operationen zur militärischen Durchsetzung von UN-Beschlüssen amerikanische Truppen den UN und dem Kommando des Generalsekretärs unterstellt werden sollten.

Trotz der Annäherung beider Auffassungen bleibt also eine Asymmetrie bestehen, die sich zunächst aus dem moralischen Überlegenheitsanspruch beider Seiten heraus speist und weniger aus ihrem tatsächlichen Handeln. Ob sich die Kluft zwischen Moral- und Machtpolitik daher durch eine Reform der UN verringern lässt, ist zweifelhaft. Die UN sind offensichtlich nicht der Platz für eine neutrale Debatte um diesen Grunddissens. Gibt es somit überhaupt Optionen für eine weitere sinnvolle Anpassung beider Positionen?

3.5.3   Optionen für eine Neuanpassung des Völkerrechts

Die UN haben sich in der vergangenen Dekade bei allen Grenzen hinsichtlich der Anpassung an die globalen Herausforderungen als entwicklungsfähige und flexible Organisation präsentiert. Das zunächst als Improvisationsverfahren entwickelte Peacekeeping ist heute eines der wichtigsten Instrumente der UN-Sicherheitspolitik. Dass dieser Anpassungsprozess nicht Ergebnis „vorausschauender konzeptioneller Überlegungen und Planungen", sondern reaktiv angelegt war, ist ähnlich wie im Fall der EU von nachrangiger Bedeutung.[124] Fest steht, dass der Sicherheitsrat auf Grund der Zunahme innerstaatlicher Konflikte in Krisenregionen wie Zentralafrika, dem Nahen Osten, Südosteuropa und Zentralasien ein verändertes Verständnis von Sicherheitspolitik entwickelt hat.

Das Problem ist aber, dass die neuen Aufgaben nicht in der Charta geregelt sind und UN-Operationen somit in einer völkerrechtlichen Grauzone durchgeführt werden, die die USA in der Vergangenheit durchaus eher zu schließen

---

123 Brahimi Report, Report of the Panel on United Nations Peace Operations (August 23, 2000). U.N. Doc. A/55/305-S/2000/809.

124 Sven Gareis, Johannes Varwick, Die Vereinten Nationen, Opladen 2002, S. 255 f.

bereit waren (zumindest unter der Bush-Administration) als die Europäer und die VN selbst. So betrachten beide massive Menschenrechtsverletzungen in einem Staat heute zwar als Bedrohung für den internationalen Frieden. Die Frage jedoch, wann zur Verhinderung von Völkermord und ähnlichen Tatbeständen Gewalt angewendet werden darf, wird weder von der Charta noch von der EU eindeutig beantwortet. Dabei hätte eine „Legalisierung" entsprechender Operationen den Vorteil, dass die Einsatzbereiche der UN-Truppen wie die Verantwortung der einzelnen Mitgliedstaaten zur Unterstützung der Mission durch verbindliche Richtlinien und Kriterien genauer definiert wären und somit rascheres und flexibleres Krisenmanagement ermöglicht würde. Eine entsprechende Änderung der Charta setzte allerdings von Seiten der Mitglieder, allen voran Washingtons, auch eine Anerkennung der unbedingt in die Charta aufzunehmenden Caroline-Prinzipien vom „Notstand" und der „Verhältnismäßigkeit/Angemessenheit" im Falle der Ausübung antizipierter Selbstverteidigung voraus.

Diese Option wäre völkerrechtlich betrachtet am wenigsten kontrovers, setzte aber wie gesagt voraus, dass die Politik Präventivmaßnahmen nur im Falle einer „immanenten Bedrohung" durch einen Staat oder nicht-staatlichen Akteur erwägt. Die Alternative wäre, dass sich die Völkergemeinschaft darauf verständigt, dass Massenvernichtungswaffen und Terrorismus eine neue Art der „asymmetrischen" Bedrohung für die Welt darstellen, auf die nur mit einer Aufweichung dieses Grundprinzips reagiert werden kann. Diese Option entspräche wiederum der früheren Auffassung der Bush-Administration, birgt allerdings die Gefahr, dass damit der Proliferation von Präzedenzfällen wie im Irak durch andere Staaten Vorschub geleistet würde. Einschränkend ist hinzuzufügen, dass diese Gefahr bis heute bewusst dramatisiert wird, da den meisten potentiellen Störenfrieden schlichtweg die politischen, ökonomischen wie vor allem militärischen Mittel dafür fehlen.

Begünstigt werden könnte dies Entwicklung durch eine Aufweichung des Vetorechts im Sicherheitsrat, indem die Ständigen Mitglieder sich freiwillig einer Selbstbeschränkung unterwerfen und von ihrem Veto nur in solchen Fällen Gebrauch machen, in denen die Umsetzung von Beschlüssen den Einsatz von militärischen Mitteln nach Kap. VII der Charta vorsieht.[125] Im Falle humanitärer und auch präventiver Einsätze aber sollten die Mitgliedstaaten dort auf ihr Vetorecht verzichten, wo ihre nationalen Interessen nicht unmittelbar tangiert sind – wie beispielsweise im aktuellen Fall Syriens durch Russland oder China. Dies bedeutete zwar die Aufgabe eines immanenten Vertragsrechts durch die Staaten

---

125 Bruce Russet/Barry O'Neill/James Sutterlin, Breaking the Security Council Logjam, in: Global Governance, 2, 1 (January-April 1996), S. 65-79.

und alternativ die Bildung von politischen Koalitionen außerhalb des Sicherheitsrates zur moralischen Legitimierung von Einsätzen. Die Kosovo-Kommission
aber hat deutlich gemacht, dass dies künftig vielleicht der einzig gangbare Weg
ist, um den heutigen Bedrohungen für die Staatenwelt angemessen zu begegnen,
indem sie den NATO-Einsatz im Kosovo zwar für „illegitim", politisch aber „gerechtfertigt" hielt.[126] In die gleiche Richtung weist der im Zusammenhang mit
dem Irak-Krieg gemachte Vorschlag, in besonderen Fällen, d. h. im Schmitt'schen
Ausnahmezustand – ohne Änderung der Verträge – bewusst einen Vertragsbruch
(„exceptional illegality") hinzunehmen.[127]

Bleibt eine dritte Option, wie sie die Staatenwelt in der politischen Praxis
im Grunde längst hingenommen hat: die Aufhebung der Verbindlichkeit
und politischen Kontrollfunktion der UN-Charta. Dies wäre so gesehen der
konsequenteste Schritt vor dem Hintergrund der Staatenpraxis, wird aber von der
überwältigenden Mehrheit der Staatenwelt nicht gewünscht und würde das Ende
des Multilateralismus bedeuten – mit der womöglich ernsthaften Konsequenz des
Endes der atlantischen Allianz.

Was also kann die Staatengemeinschaft tun? Obwohl die UN-Charta ganz offensichtlich nicht adäquat das derzeitige Völkerrecht in Bezug auf die Anwendung
militärischer Gewalt beschreibt, sollten sich die Staaten, allen voran die USA und
die europäischen Mitgliedstaaten, doch auf deren Revision in wenigstens drei
Punkten hin verständigen: Erstens sollte militärische Gewalt in präventiver
Selbstverteidigung unilateral nur dann angewendet werden, wenn die Caroline-
Kriterien erfüllt sind. Ganz unabhängig vom derzeitigen Völkerrechtsstatus in
dieser Frage würde eine solche Politik weniger destabilisierend wirken und könnte die Rückkehr zu einem stärker regelbewährten Rechtsregime befördern. Zweitens sollte die internationale Staatenwelt den Einsatz präventiver Gewalt für den
Fall, dass eine unmittelbare Bedrohung nicht nachzuweisen ist, ausschließlich
mit Billigung des Sicherheitsrates vorsehen. Eine solche Politik würde die multilaterale Unterstützung durch die Staatenwelt garantieren und zudem Präventiv-
einsätzen durch andere Staaten vorbeugen. Drittens wäre eine generelle Akzeptanz der Staaten wünschenswert, dass das bestehende Völkerrecht bezüglich des
universellen Gewaltverbots höchst problematisch ist und deswegen durch den
Sicherheitsrat in Richtung eines verbindlich anerkannten Rechts- und Kontroll-
regimes weiterentwickelt werden sollte. Den USA mag dies als überflüssiger Akt

---

126 Independent International Commission on Kosovo, Kosovo Report: Conflict, Inter-
      national Response, Lessons Learned, Oxford/New York 2000, S. 4.

127 Michael Byers, Letting the Exception Prove the Rule, in: Ethics and International Af-
      fairs, 17, 1 (2003), S. 15.

erscheinen, als einzige Weltordnungsmacht im internationalen System fällt ihnen aber wohl die Führungsaufgabe zu, nicht nur auf die Schwächen des bestehenden Systems, sondern auch auf dessen Möglichkeiten zur Weiterentwicklung hinzuweisen. Für Europäer wiederum erfordert eine solche Weiterentwicklung wohl die endgültige Erkenntnis, dass es letztlich auch im Irak nicht um die Wünschbarkeit, sondern um die Möglichkeit des Friedens und seine Bedingungen ging. Der Friede unterliegt nun mal einer widersprüchlichen Logik. Er ist nicht gottgegeben, sondern muss erkämpft und behütet werden. Dazu ist Moralpolitik allein nicht immer ein ausreichendes Mittel. Es braucht gegebenenfalls auch den Einsatz militärischer Mittel oder, vorzugsweise, die glaubhafte Drohung damit. Kants Wort, wonach der Friede gestiftet werden muss, gilt unabänderlich. Die UN allein sind dazu nicht in der Lage.

3.6   Fazit

Die Anforderungen an eine sich weiter entwickelnde GASP/GSVP lassen sich unschwer aus diesem Kapitel ableiten:

- *Praktische Schritte*: erhöhte Verteidigungsbudgets der Mitgliedstaaten und Aufstockung des GASP/GSVP-Budgets; Umschichtung der Rüstungsausgaben zugunsten kleinerer und mobilerer Eingreiftruppen in den Mitgliedstaaten; besser koordinierte Rüstungspolitik innerhalb der EU;
- *Institutionelle Schritte*: konsequente Weiterentwicklung des Instruments der „verstärkten Zusammenarbeit" und „Ständigen Strukturierten Zusammenarbeit" zur Unterstützung so genannter „Koalitionen von Handlungswilligen" im Sicherheits- und Verteidigungsbereich möglichst innerhalb des Gemeinschaftsrahmens; Klärung der Verteilung von Kompetenzen zwischen HV und Ratspräsidenten sowie Reform der Rolle der Kommission im außenpolitischen Bereich im Sinne der langfristig notwendigen Rückführung der Funktion des HV in die Kommission; Schaffung eines gemeinsamen Planungsstabs von Kommission und Rat, der auch gemeinsame Positionen der EU gegenüber/in anderen internationalen Organisationen vorformuliert. Sinnvoll wäre auch eine Entlastung des Rates für Allgemeine Angelegenheiten, also der Außenminister, dergestalt, dass der Rat entweder in einen Exekutiv- und Legislativrat aufgeteilt oder aber die – zur Zeit sicherlich unrealistische – so genannte Senatslösung irgendwann herbeigeführt wird, wodurch die an einen Europaministerrat abgegebenen Kompetenzen durch eine verstärkte Rolle der Außen- und Verteidigungsminister bei der GASP/GSVP kompensiert würden.

Sicherlich nicht der Weisheit letzter Schluss hingegen und ohnehin derzeit nicht vorstellbar dürfte die Idee der konsequenten Umsetzung qualifizierter Mehrheitsbeschlüsse sein;

- *Qualitative Schritte*: Bereitschaft der Mitgliedstaaten, den mit der ESS vollzogenen Sprung in der militärischen Struktur weg von der reinen Zivilmacht konsequent weiterzuentwickeln und zum Ausgangspunkt einer echten Strategie- und Interessendebatte zu machen; aktive Unterstützung internationaler Organisationen im Sinne eines „effektiven Multilateralismus", nicht zuletzt durch Stärkung der transatlantischen Beziehungen und strategischer Partnerschaften vor allem mit Japan, China, Russland und Indien.

Dennoch: Die mit solchen Schritten verbundene Ablösung der nationalen Diplomatien durch eine echte, supranational ausgeübte Europäische Außen- und Sicherheitspolitik erscheint aus genannten Gründen vorerst unrealistisch. Trotz aller bemerkenswerten Fortschritte gerade im Bereich der GSVP wird man wohl auch künftig den Mangel an Geschlossenheit und gemeinsamem Willen als Haupthindernis bei den Bemühungen der EU um eine ihrer wirtschaftlichen Bedeutung entsprechende außenpolitische und militärische Rolle zu beklagen haben. Viele Beobachter der internationalen Politik haben bereits die Frage gestellt, ob es eines besonderen Schockerlebnisses bedürfe, um die Regierungen der Mitgliedstaaten zu geschlossenem Handeln aufzurütteln. Der 11. September 2001 dürfte bereits als ein solches Schockerlebnis auch für die EU in die Geschichte eingegangen sein – mit weit reichenden Konsequenzen auch für die GASP bzw. GSVP. Militärische Macht aber, das hat schon der Einsatz auf dem Balkan gezeigt – und dies gilt im Übrigen auch für das NATO-Bündnis – wird von wechselnden Koalitionen der Staaten auf- und angeboten und nicht von einem einheitlich global handelnden EU-Akteur. Aus diesem Grund ist die Öffnung gegenüber den Reformanstrengungen des NATO-Bündnisses für die europäischen Mitgliedstaaten so essentiell. Das Konzept der NATO Response Force ist keinesfalls eine Duplizierung der europäischen Krisenreaktionskräfte, die sich aus den gleichen Verbänden je nach Einsatzvariante zusammensetzen und es Europäern ermöglichen sollen, eigene Einsätze, unabhängig von den USA/NATO, in Europa durchzuführen;[128] dies wird angesichts der o.b. Entwicklungen künftig ohnehin notwendig sein. Es ist die Chance für die Europäer, die bislang aus europäischer Sicht nicht gelöste Frage, wie man künftig mit Krisen außerhalb Europas um-

---

128 Major, Claudia/ Möllig, Christian: EU- Battlegroups; Bilanz und Optionen zur Weiterentwicklung europäischer Krisenreaktionskräfte. SWP-Studie S22 (08/2010), Berlin.

zugehen gedenkt, gemeinsam mit den USA zu beantworten. Ob Entscheidungen wie diese ausreichen, die zunehmende politische Kluft zu überbrücken, die sich in der atlantischen Gemeinschaft auftut, weil die USA sich ihrer einzigartigen Führungsrolle in der Welt bewusst sind und ihre militärische Überlegenheit notfalls auch ohne die Europäer einsetzen, ist fraglich. Es dürfte aber den Europäern leichter fallen, ihre Interessen zu erkennen und klar zu benennen, wenn sie dies tatsächlich im Sinne des von ihnen geforderten „effektiven Multilateralismus" tun.

Damit ist ein letzter wesentlicher Punkt angesprochen, der im folgenden Kapitel ausgeführt werden soll. Handlungsbereitschaft auf der politischen und Handlungsfähigkeit auf der militärischen Ebene sind zwar Voraussetzung für erfolgreiches Vorgehen auf der Weltbühne, bleiben aber wirkungslos, wenn sie nicht ergänzt werden durch die Bereitschaft zur engen Kooperation mit internationalen Organisationen und den maßgeblichen staatlichen Akteuren.

Außenbeziehungen in der Praxis

4

4.1 Das Verhältnis zu anderen internationalen Organisationen

Von zentraler Bedeutung für die Gestaltung der europäischen Außen- und Sicherheitspolitik ist das Verhältnis der EU zu anderen internationalen Organisationen. Auf die Rolle der Union in den für die Wirtschaft und Finanzen zuständigen Institutionen WTO und IWF/Weltbank wurde bereits ausführlich in Kapitel 2 eingegangen; dabei wurde vor allem deutlich, dass im Zuge deren Übernahme von Aufgaben bei der Konfliktprävention und im Krisenmanagement die Frage nach der Stärkung der europäischen Vertretung in beiden Organisationen zunehmend relevanter wird. Für die außen- und sicherheitspolitische Ausrichtung der Union bleiben die Vereinten Nationen der entscheidende Parameter, auch wenn deren Bedeutung bei der Lösung globaler Fragen im Allgemeinen (wie u.a. der Klimaschutzpolitik) nicht zuletzt durch das Gewicht der Gruppe der G-20-Staaten abzunehmen droht.[1] Indem Brüssel dem Sicherheitsrat die „Hauptverantwortung für die Wahrung des Weltfriedens und der internationalen Sicherheit" zuweist, unterstreicht die Union nicht nur ihre enge Bindung an die VN, sondern unterwirft ihr eigenes globales Handeln zudem einem politischen Legitimationszwang durch deren zentrales Gremium, den Sicherheitsrat. Wie sehr dabei von einem wechselseitigen Interesse ausgegangen werden kann, zeigt sich in den gemeinsamen Bedrohungsanalysen und Strategien, wie sie bereits der im Auftrag des damaligen VN-Generalsekretärs Kofi Annan erstellte Bericht durch das High Level Panel (HLP) zur Frage der „Bedrohungen des Weltfriedens und der internationalen Sicherheit"

---

1   Council of the European Union, EU Priorities for the 67th UN General Assembly, Doc. 9820/1/12 (July 23, 2012).

zum Ausdruck bringt.[2] Dieser ähnelt sowohl vom Titel als auch von den Inhalten her der Europäischen Sicherheitsstrategie; in beiden Dokumenten werden innerstaatliche Konflikte, Terrorismus und organisierte Kriminalität, Massenvernichtungswaffen sowie das Problem von „zerfallenden Staaten" als die wesentlichen globalen Sicherheitsbedrohungen angesehen, in beiden Dokumenten liegt der Schwerpunkt auf dem zivilen Krisenmanagement und der Konfliktprävention durch Bekämpfung wirtschaftlicher und sozialen Missstände im Rahmen multilateraler Anstrengungen.

Grundsätzlich gibt es also zunächst eine wachsende inhaltliche und auch normative Kongruenz zwischen beiden Organisationen. Diese ist vor allem das Ergebnis der seit Anfang der neunziger Jahre zunehmend weiteren Auslegung des Begriffs der „Friedensbedrohung" (Art. 39) durch die VN, wonach seither auch schwere Menschenrechtsverletzungen, die Verbreitung von Massenvernichtungswaffen und der „Wiederaufbau von Staatlichkeit nach Konflikten" (so der frühere Generalsekretär Boutros-Boutros-Ghali in der „Agenda for Peace" (1992)) zum Aufgabenkatalog der VN zählen. Der inhaltlichen und normativen Kongruenz, deren legitimatorische Funktion sicherlich nicht zu unterschätzen ist, steht aber das grundsätzliche Problem bei der Zusammenarbeit mit den Vereinten Nationen – wie auch anderen internationalen Organisationen – gegenüber, welches in ihrer doch merklich eingeschränkten Handlungsfähigkeit besteht, die wiederum das Glaubwürdigkeitsdilemma der Union hinsichtlich der eigenen Handlungsfähigkeit in Krisensituationen zusätzlich verschärft. Gerade im zentralen Bereich der Friedenssicherung verfügen die Vereinten Nationen weder über die entsprechenden militärischen und wirtschaftlichen Ressourcen, noch über die notwendige politische Geschlossenheit im zunehmend mit dieser Aufgabe beschäftigten Sicherheitsrat (auf Grund des Vetorechts der Mitglieder), um notwendige Aktionen überhaupt durchführen zu können.[3] Ähnlich wie für die NATO gilt somit auch die VN, dass sie heute als Krisenmanager zwar mehr denn je global unterwegs sind (seit 1989 mandatierte der Sicherheitsrat mehr als 50 von insgesamt 67 Friedensmissionen). Und richtig ist auch, dass die militärischen EU-Missionen in aller Regel durch die VN mandatiert sind (so bspw. EUFOR Althea in Bosnien seit 2004, EU NAVFOR Somalia (ATALANTA) zur Bekämpfung der Piraterie am Horn oder EUTM Somalia zur Ausbildung somalischer Sicher-

2   UN-Dokument A/59/565. Eine sichere Welt: Unsere Gemeinsame Verantwortung. Bericht der Hochrangigen Gruppe für Bedrohungen, Herausforderungen und Wandel, New York 2004.

3   Hierzu ausführlicher Klaus Dicke, Die Zukunft der Vereinten Nationen. Entwicklungen und Perspektiven seit 1990, in: Die politische Meinung, 412, 3 (März 2004), S. 43-50.

heitskräfte). Anders als im Falle des Bündnisses jedoch fällt die diesbezügliche politische Bilanz der vergangenen zwei Jahrzehnte ernüchternd aus: Jugoslawien, Somalia und Ruanda zeigen nicht nur, dass Friedenstruppen nur dann effektiv eingesetzt werden können, wenn alle Konfliktparteien zur Zusammenarbeit bereit sind, sondern auch die Problematik der „Selektivität" politischen Handelns und des damit verbundenen Vorwurfs „doppelter Standards", welcher die Legitimation der Organisation zusätzlich unterminiert und sie quasi zum verlängerten Arm staatlicher Interessenpolitik degradiert.[4] Schließlich unterstreichen alle Konflikte die Abhängigkeit der VN von anderen Organisationen, allen voran dem NATO-Bündnis, bzw. die Notwendigkeit der Abklärung von Zuständigkeiten im Vorfeld im Sinne der „interlocking institutions". In diesem Zusammenhang kristallisiert sich zusehends eine Arbeitsteilung heraus, nach der (vgl. Afghanistan) sich die Rolle der Vereinten Nationen weitgehend auf multidimensionales peacekeeping (unterstützende humanitäre und technische Hilfe, Aufbau demokratischer Institutionen, Überwachung von Wahlen, Rückführung von Flüchtlingen) beschränkt, also zivile und politische Missionen, während andere Organisationen wie die NATO oder auch die EU die eigentliche Aufgabe der Konfliktregulierung übernehmen. Dennoch haben die VN aus dem Scheitern früherer Missionen die Konsequenz gezogen und gestatten nunmehr zur Verteidigung des Mandats auch den Einsatz militärischer Gewalt (robustes Mandat), so dass die Anforderungen an Friedensmissionen mittlerweile sehr hoch sind.

Gerade aus diesem Grund ist die Bereitschaft vor allem ihrer ständigen Mitglieder, sich unter Führung des Sicherheitsrates in bestimmten Konflikten zu engagieren, für die Handlungsfähigkeit der VN von entscheidender Bedeutung. Großbritannien und Frankreich als die einzigen zu robustem Krisenmanagement fähigen EU-Mitgliedstaaten sind in diesem Kontext eigentlich gehalten, die Union über ihre jeweils eigenen Positionen zu unterrichten, mit ihr abzustimmen und die Meinung der übrigen Mitgliedstaaten zu berücksichtigen. Obwohl die Koordinierung unter den Mitgliedstaaten in den VN in den letzten Jahren insgesamt zugenommen hat und sich auch in einem einheitlicheren Abstimmungsverhalten widerspiegelt, steht jedoch unverändert der Vorwurf im Raum, gerade Frankreich und Großbritannien verfolgten in New York eher eigene denn EU-Interessen. Mit Verabschiedung der Resolution 65/276 ("Teilnahme der Europäischen Union an der Arbeit der VN") durch die VN-Generalversammlung am 3. Mai 2011 ist der bisherige Beobachterstatus der EU in den VN zwar erheblich aufgewertet worden; eine Teilnahme der in der Resolution ausdrücklich genannten EU-Vertreter (Präsident der Europäischen Rats, Hoher Vertreter, Europäische Kommission und

---

4   Helmut Hubel, Weltpolitische Konflikte, Baden-Baden 2005, S. 176.

EU-Delegation) als Beobachter an den Tagungen und an der Arbeit der Generalversammlung, ihren Ausschüssen und Arbeitsgruppen wurde darin festgelegt. Es
bleibt aber dabei, dass die EU-Vertreter weder das Stimmrecht noch das Recht
haben, Resolutions- oder Beschlussentwürfe mit einzubringen. Die EU-Mitgliedstaaten bleiben somit die zentralen Akteure in den VN.

Abgesehen von der Uneinigkeit der Union in der Frage nach institutionellen
Neuerungen aber unterstützte die Gemeinschaft den vom High Level-Bericht und
Kofi Annans darauf folgenden Brief an die Generalversammlung ausgehenden
Reformdruck bezüglich des künftigen gemeinsamen Krisenmanagements ansonsten mit Nachdruck. Der Rat für Allgemeine Angelegenheiten unterstrich auf
seiner Sitzung am 17/18 Mai 2004 unter Bezugnahme auf die ESS nochmals die
Notwendigkeit einer engen Zusammenarbeit mit den VN zur Bewältigung der
aktuellen Herausforderungen und das unbedingte VN-Primat bei der Lösung
von Konflikten. Beim VN-Millenniumsgipfel im September 2005 begrüßte die
damalige EU-Kommissarin Ferrero-Waldner den Vorschlag einer neu einzu-
richtenden, wenngleich mittellosen und in ihren Empfehlungen nicht bindenden
„Peacebuilding Commission" und stellte deren aktive Unterstützung durch die
„Konfliktverhütungs- und Krisenmanagement"-Einheit der Kommission und das
„Lagezentrum" des Rates der Union in Aussicht.[5]

Das Problem beim gemeinsamen Krisenmanagement liegt dennoch nicht
nur in dem aus Sicht der VN größten Hindernis, nämlich in den permanenten
Blockaden im Sicherheitsrat; dies wurde einmal mehr zuletzt im schwelenden
Syrien-Konflikt deutlich. Es liegt auch in zahlreichen, bereits an anderer Stelle angesprochenen konzeptionellen Hindernissen, wie die im engen Zusammenhang
stehenden Konflikte in Afghanistan, Nordkorea, im Iran und Irak gezeigt haben
und wie sie bis dato nicht beseitigt wurden. Dazu zählen:

- der erwähnte Widerspruch zwischen dem in Art. 2.4 der UN-Charter formulierten Gewaltverbot auf der einen und der zunehmenden Militarisierung des
  VN-Konflikt- und Krisenmanagements bzw. der Verwicklung der VN in innerstaatliche Konflikte auf der anderen Seite;
- die Relativierung des Prinzips von der Anerkennung „gewählter" Regierungen,
  wie sie durch den nicht autorisierten, präemptiven Regimesturz im Irak im
  April 2003 erfolgte – immerhin wurde das Regime trotz seines Gebrauchs von

---

5   Dazu Fraser Cameron, The EU and International Organizations: Partners in Crisis
     Management. European Policy Centre (EPC), Issue Paper, 41 (October 2005), Brus-
     sels.

Massenvernichtungswaffen bis dato seit gut zwei Jahrzehnten von den VN anerkannt;

- die Aufkündigung des in Art. 27.3 der Charter festgelegten Konsensprinzips für die 5 Ständigen Mitglieder des Sicherheitsrates durch die britische Philosophie des „unbegründeten Veto" (unreasonable veto), wie es die Regierung Blair gleichsam im Zusammenhang mit der Irak-Krise formulierte;[6]
- die mit zahlreichen Sicherheitsratsbeschlüssen zur „zwangsweisen und selektiven Entwaffnung" verbundene Infragestellung des Rechts von Staaten auf den Besitz von Waffen zur Selbstverteidigung, und schließlich;[7]
- die fragwürdige Interpretation der neuen Doktrin von der „Verantwortung zum Schutz von Bürgern" („responsibility to protect") im Falle von Staatsversagen dahingehend, dass der internationalen Gemeinschaft bei wiederkehrenden Menschenrechtsverletzungen und Nichthandeln der Regierungen die Verantwortung zufällt, auch mit militärischen Mitteln einzugreifen.[8] Zuletzt im Fall Libyens, oder aber auch im Fall Sudans, wo in den letzten Jahren Verbrechen begangen wurden, deren Systematik den Tatbestand des Völkermords erfüllt, stellte und stellt sich einmal mehr die generelle Frage, ob eine so genannte humanitäre Intervention das vorgegebene Ziel erreichen kann und wie groß das Interesse potenzieller Truppensteller an der Beruhigung solcher Krisenregionen eigentlich ist. Auch hier bringt die Ausweitung des geostrategischen Aktionsradius unter dieser Losung viele Mitgliedstaaten zunehmend in die Verlegenheit, inwieweit man sich in Regionen engagieren soll, von denen die eigene Sicherheit nicht unmittelbar abhängt.

In allen Punkten bestehen zum Teil erhebliche Meinungsunterschiede zwischen den EU-Mitgliedern. Ein annähernder Konsens herrscht allenfalls in der Frage der Proliferationsproblematik, schon bei der „responsibility to protect"-Doktrin aber gehen die Meinungen zeitweise auseinander: Gleichwohl die Entscheidung für eine „humanitäre Intervention" im Falle des Kosovos eindeutig ausfiel, war sie im Falle Ruandas bereits umstritten und im Fall Libyens 2011 schließlich nicht

---

6   Die Regierung Blair hatte im Zusammenhang mit dem von französischer und deutscher Seite aus angedrohten Veto für den Fall eines Gewalt legitimierenden Resolutionsentwurfes durch den Sicherheitsrat von einem „unbegründeten" Veto gesprochen.

7   So im Falle des Beschlusses vom April 1991 gegen den Irak oder bei der Verweigerung des Nuklearwaffenstatus für Indien und Pakistan im Mai 1998.

8   „The Responsibility to Protect", Report of the International Commission on Intervention and State Sovereignty, International Development Research Centre (Hg.), Ottawa, December 2001.

mehr konsensfähig; im Falle des Syrienkonflikts wiederum lagen die Mitgliedstaaten bislang weitgehend auf einer Linie. Fragen des Regimesturzes, der Veto-
Theorie im Sicherheitsrat und vor allem der „preemptive strike"-Doktrin sorgen
schließlich unverändert für Konfliktstoff unter den EU-Mitgliedern.

Das Ergebnis dieser Differenzen ist ein insgesamt ambivalentes Erscheinungs-
bild der EU bei den VN. Einerseits hat der Entwicklungsprozess der GSVP in
den vergangenen Jahren dazu geführt, dass die Vereinten Nationen heute beim
aktiven Krisenmanagement in weit größerem Maße auf die EU als „regionale Agentur" nach Kap. VIII, Artikel 52 der VN-Charter, zurückgreifen. Dies ist
zum einen bedingt durch den gestiegenen Koordinationsbedarf an sich, der den
Generalsekretär zunehmende organisatorische Aufgaben abverlangt – dies zeigt
sich an den zahlreichen Kontakten, die der Generalsekretär zu den verschiedenen
EU-Haupteinsatzquartieren und vor allem zum HV der Union unterhält, zum
anderen aber auch durch die enge institutionellen Verzahnung, wie sie vor allem
von der EU vorangetrieben und in die Praxis umgesetzt wurde. Bereits im Juni
2001 einigten sich die EU-Außenminister auf eine gemeinsame Agenda zur „vertieften Zusammenarbeit" mit der Weltorganisation auf vier Ebenen: regelmäßige
Treffen der EU-Troika mit dem Generalsekretär; Dialog zwischen dem Hohen
Repräsentanten und dem Kommissar für Außenbeziehungen auf der einen und
dem Generalsekretär und seinem Stellvertreter auf der anderen Seite; Treffen des
EU-PSK mit dem Stellvertretenden Generalsekretär; engere Kontakte zwischen
Ratssekretariat und Kommission auf der einen und UN-Sekretariat auf der an-
deren Seite.[9] Das Ergebnis dieser Verzahnung sind eine neue gemeinsame Einheit
für friedenserhaltende Operationen (Department of Peace-Keeping Operations
– DPKO), jährliche Missionen einer größeren Delegation unter Führung des Stell-
vertretenden Generalsekretärs nach Brüssel, gemeinsame Arbeitsgruppen zur
Koordinierung von und Ausbildung für Polizei- und Militäreinsätze(n), eine enge
Kooperation zwischen der Politischen Einheit der EU (EU Policy Unit) und der
VN-Abteilung für Politische Angelegenheiten (Europagruppe) sowie der Ausbau
von Verbindungsbüros in Brüssel und New York.

Auf der anderen Seite bleibt ein krasses Missverhältnis bestehen zwischen den
Beiträgen der EU (ca. 40 Prozent) zum Peace-Keeping-Budget der VN insgesamt
und dem Truppenanteil (ca. 7 Prozent) an den weltweiten VN-Missionen.[10] Zwar

---

9   Dazu Chantal de Jonge Oudraat, A Larger EU: A More Effective Actor in the United
       Nations?, in: Brimmer/Fröhlich (Hg.), The Strategic Implications of European Union
       Enlargement, a.a.O., S. 241-272.
10   About the EU at the UN Overview: the European Union at the United Nations: www.
       eu-un.europa.eu/articles/articleslist_s88_en

relativiert sich dieses, wenn man die Truppenkontingente einrechnet, die die europäischen NATO-Mitglieder im Rahmen von Einsätzen des Bündnisses beitragen, erheblich. Dennoch signalisiert die Diskrepanz zwischen politischem Willen einerseits und tatsächlichem Beitrag andererseits, dass sich das EU-Engagement, ähnlich wie das der VN im Übrigen, doch unverändert vornehmlich eher an langfristigen zivilen Präventivmaßnahmen (in Form von Entwicklungspolitik, ökonomischer und technischer Hilfe, politischem Dialog etc.) sowie kurzfristigen und weniger personalintensiven Überbrückungsmissionen (notfalls auch mit militärischer Komponente) festmachen lässt als an größeren friedensschaffenden Einsätzen mit einem robustem Mandat – die konsequente Umsetzung bzw. Weiterentwicklung des „battle groups"-Konzepts könnte diesbezüglich erhebliche Auswirkungen auf die „Präferenzen" und damit auch die Präsenz der EU bedeuten.[11] Mitgliedstaaten beider Organisationen zögern aber im Grunde unverändert, wenn es darum geht, vor allem kurzfristige Krisenmanagement-Operationen mit den notwendigen militärischen Mitteln zu flankieren; sowohl die Mission Artemis im Kongo wie auch der Einsatz in Mazedonien (Concordia) zeigten dies deutlich: Beides waren im Umfang kleinere Missionen (Concordia mit etwa 350, Artemis mit 1800 Mann), bei beiden Missionen verließen sich die Organisationen auf die Mittel anderer Akteure (im Fall Concordia auf die der NATO, im Fall Artemis auf die Frankreichs) und waren zudem zutiefst über den Grad der militärischen Komponente gespalten. Vor allem das personelle Problem könnte sich dabei in Zukunft eher noch in dem Maße verschärfen, wie die Zunahme der Missionen unter europäischer Flagge den ohnehin geringen Pool „europäischer" Soldaten in UN-geführten Operationen reduziert.

Es bleibt somit abzuwarten, wie die weitere Entwicklung der GSVP und vor allem die Umsetzung der Headline Goals 2010 die EU tatsächlich zu einem effektiven Partner beim globalen Konfliktmanagement der VN macht. So lange jedenfalls die beschriebenen Defizite – bei allen Fortschritten in der institutionellen Verzahnung und bei aller Interessenkongruenz – nicht behoben sind, ergibt sich für die Union, abgesehen von der wirkmächtigen ideellen und normativen Legitimation für ihr Handeln, kein nennenswerter Einflusszuwachs auf internationaler Bühne, zumal wenn man die insgesamt ernüchternde politische Bilanz der VN selbst bei der Friedenssicherung in den vergangenen Jahren betrachtet. Das Dilemma aber ist: Immer öfter wird zwar die Entsendung von Friedenstruppen gefordert; rar sind aber die Fälle, in denen solche Truppen ihren Auftrag zu vertretbaren Kosten in überschaubarer Zeit erfüllen können. Dies gilt auch für das

---

11 Vgl. Communication from the Commission, Conflict Prevention, COM (2001) 211, Brussels, April 11, 2001.

Verhältnis der Union zu der OSZE, auf dies an dieser Stelle nur kurz hingewiesen sei.

Die OSZE versteht sich per se als eine Organisation, deren Beiträge zur Beilegung internationaler Konflikte nahezu ausschließlich politischer Natur sind. Da die OSZE bis heute nicht auf einer völkervertraglichen Grundlage steht, wurden die Ergebnisse ihrer Konferenzdiplomatie auch nicht entsprechend verankert. Im Gesamtgefüge der europäischen Sicherheitsarchitektur übernimmt die OSZE unverändert die Aufgaben der klassischen friedlichen Streitbeilegung durch präventive Diplomatie und politische Vermittlung.[12] In diesem Bereich hat sie mit zahlreichen Missionen zur Regulierung von Minderheitenproblemen oder Beobachtung und Überwachung von Wahlen vor allem im ehemaligen Jugoslawien (maßgeblichen Anteil hatte die OSZE u. a. am Zustandekommen des Ohrid-Abkommens in Mazedonien) und im postsowjetischen Raum in der Vergangenheit durchaus beachtliche Erfolge aufzuweisen. Das Problem aber besteht in dem Anspruch, als Kern eines gesamteuropäischen kollektiven Sicherheitssystems jeweils die umfassende Beteiligung aller Staaten einer Region zu erwirken, was in vielen Fällen nicht nur grundsätzlich an dem fehlenden Willen der Konfliktparteien scheitert, überhaupt eine politische Intervention von außen zuzulassen, sondern oftmals auch daran, dass eigene Mitglieder in die Konfliktsituation involviert sind. Daran hat auch der zeitweise Ausschluss von Konfliktparteien („consensus minus one") nichts Wesentliches geändert. Schon aus diesem Grund vermag die Organisation keine Rolle bei der Bekämpfung akuter Bedrohungen zu spielen; hier sind „exklusive" Bündnisse oder Ad-hoc-Koalitionen wesentlich effektiver.

Aus Sicht der Organisation viel schwerer wiegt jedoch die Tatsache, dass in den vergangenen Jahren gerade im Bereich der Konfliktvorbeugung die EU zunehmend aktiver geworden ist und somit Aufgaben übernommen hat, die traditionell eine Domäne der OSZE darstellten. Die diplomatische Vermittlung in Konflikten gehört heute zu den Hauptaufgaben des HV der GASP, ohne dass das Verhältnis zwischen beiden Organisationen in diesem Bereich rechtlich bestimmt ist. So regelt Art. 21 (2) EUV nur allgemein, dass die Mitgliedstaaten der EU die außen- und sicherheitspolitischen Ziele unter Wahrung der Grundsätze der Schlussakte von Helsinki und entsprechend den Prinzipien der Charta von Paris verfolgen, also sich innerhalb des von der KSZE/OSZE gesteckten, politischen Rahmens halten. In der Praxis gibt es somit lediglich politische Absprachen zwischen EU und OSZE zur Bewältigung konkreter Krisensituationen, bei denen die EU in der Regel allein auf Grund ihrer starken Vertretung in der Organisation (fast die

---

12   Zur OSZE allgemein: Dieter Lutz/Kurt Tudyka (Hg.), Perspektiven und Defizite der OSZE, Baden-Baden 1999/2000.

Hälfte aller Mitglieder der OSZE sind EU-Mitgliedstaaten und die EU leistet nicht nur den größten finanziellen Beitrag zum OSZE-Budget, sondern stellt auch den größten Teil des Personals in Feldmissionen der Organisation) erheblichen Einfluss auf deren Agenda nimmt. Allerdings gilt auch hier das Problem, dass EU-Positionen häufig von solchen der Mitgliedstaaten konterkariert werden.

Nicht selten kommt es dadurch auch zu unnötigen Doppelungen bei den Einsätzen beider Organisationen. Die Polizeimission in Bosnien und verschiedene Wahlbeobachtungsmissionen haben in der Vergangenheit den Eindruck verstärkt, dass EU und OSZE weniger kooperieren denn um die Erfolge wetteifern. Besonders von OSZE-Seite wird dabei moniert, dass die Union sich stärker im militärischen Krisenmanagement (so etwa in der Kosovo-Krise) engagieren, während die OSZE sich vor allem um so genannte „eingefrorene" Konflikte im postsowjetischen Raum (den GUS-Republiken) kümmern sollte. Allerdings räumen Vertreter beider Organisationen ein, dass die gemeinsame Agenda gerade in diesem Zusammenhang um zentrale Themen wie Energiesicherheit, Sicherung der Grenzen, „good governance" und den Aufbau von Institutionen ergänzt werden müsse.[13] Raum für solche Zusammenarbeit auf strategischer wie operationeller Ebene bietet sich aus Sicht von Brüssel schon auf Grund der neuen geostrategischen Ausrichtung der Union in Richtung Osteuropa über das Instrument der ENP. Für die Umsetzung der so genannten Aktionspläne mit den einzelnen Ländern könnte der Rückgriff auf die Expertise der OSZE in der Region von großem Vorteil sein. Umgekehrt stärkten verschiedene Stabilisierungsmaßnahmen der Union in den einzelnen Konfliktregionen auch die Arbeit der OSZE: so das „Rehabilitationsprojekt" in Südossetien, der Wiederaufbau des Guri-Damms an der georgisch-abschasischen Grenze, das TRACECA-Brückenprojekt zwischen Armenien und Aserbaidschan oder die Unterstützung des INOGATE-Pipelineprojekts unter Einschluss der kaukasischen und zentralasiatischen Staaten sowie Moldawiens, Russlands, der Türkei und Ukraine.

Langfristig gesehen könnte jedoch das verstärkte Engagement der Union im Bereich der Konfliktverhütung dazu führen, dass die Rolle der OSZE weiter an Bedeutung verliert, es sei denn, beide Organisationen verständigen sich auf eine klarere Arbeitsteilung im Sinne des von der Union propagierten „effektiven Multilateralismus". Die Marginalisierung der Organisation wird zudem durch eine andere Entwicklung forciert: Seit Ende des Ost-West-Konflikts sind vor allem die Staaten des südlichen Kaukasus und Zentralasiens in den besonderen Fokus der OSZE geraten. Dies hat einerseits deren wie auch Russlands Unmut über die

---

13 So die EU-Kommissarin Ferrero-Waldner bei einer Rede in Sofia am 6. Dezember 2004.

vermeintlich einseitige geostrategische Ausrichtung der Organisation hervorgerufen und gar Forderungen nach ihrer Auflösung laut werden lassen; andererseits hemmt es wiederum – aus Rücksicht vor allem auf Moskau – besonders die NATO-Staaten in der OSZE, größeren Druck auf die örtlichen Konfliktparteien auszuüben. Mehr als ein vorsichtiges „Eingrenzen" solcher Konflikte ist der OSZE daher in den meisten Fällen nicht möglich.

Ähnlich wie im Falle der VN legt auch hier die begrenzte Handlungsfähigkeit der Organisation bei der Bewältigung von akuten Bedrohungen den Schluss nahe, dass es für die EU bei ihrem Streben nach einem effektiven Multilateralismus entscheidender ist, ihr Krisenmanagement mit exklusiven Sicherheitsinstitutionen wie der NATO und mit den mächtigeren staatlichen Akteuren, allen voran den USA und den beiden regionalen Vormächten China und Russland zu koordinieren. Das Verhältnis zur NATO steht und fällt dabei mit den Beziehzungen zu den USA und wird daher auch in diesem Kontext im Folgenden behandelt.

4.2 Geopolitische Veränderungen im transatlantischen Verhältnis

Die Ereignisse des 11. September 2001 und die daraus resultierenden militärischen Interventionen in Afghanistan und im Irak haben die USA viel tief greifender verändert als es Europa bisweilen wahrhaben wollte/will und damit auch zu einem Paradigmenwechsel in den transatlantischen Beziehungen geführt, dessen Ursachen allerdings bereits in den Umbrüchen der Jahre 1989-1991 begründet liegen. Mit dem unangefochtenen Deutungsrahmen des „Krieges gegen den Terror" erhielt Präsident Bush nahezu über zwei Amtszeiten hinweg den permanenten Ausnahmezustand am Leben, der nicht nur die Rechtfertigung lieferte für den fundamentalsten sicherheitspolitischen Strategiewandel in der amerikanischen Außen- und Sicherheitspolitik seit Kennans „containment"-Strategie, sondern den er auch bis zuletzt zur Stärkung der institutionellen Macht seines Amtes einsetzte. Zwar mehrten sich bereits in der zweiten Amtszeit die kritischen Stimmen im Land bezüglich der amerikanischen Mission im Nahen und Mittleren Osten, die von der amerikanischen Regierung ausgegebene Losung von der „Freiheit für alle", die mit allen Mitteln gegen die „Tyrannei" zu verteidigen sei, fand jedoch von der Idee her unverändert ihre Unterstützung und wirkt bis heute auch unter der Obama-Administration nach. Jedenfalls wurden der Krieg im Irak und die Präsenz in Afghanistan zum integralen Bestandteil des Epochenkrieges gegen den Terrorismus und so zum Ausgangspunkt für den größten Dissens im transatlantischen Verhältnis in den beiden vergangenen Dekaden.

Die Tatsache, dass die US-Administration Menschenrechte und Demokratie gegebenenfalls auch mit Gewalt durchzusetzen bereit war und somit die liberale Tradition nicht selten als Rechtfertigung einer Interessen- und Machtpolitik diente, die das Ziel des Schutzes der inneren Freiheit lediglich zum Zweck der Stärkung der äußeren Macht des Staates instrumentalisierte, werteten Europäer als Aufkündigung der viel beschworenen gemeinsamen liberalen Grundlage vom Rechtsprimat und von der Kooperation auch mit Nichtdemokraten sowie als Ausdruck einer tief greifenden Wertedifferenz. Die religiöse Überhöhung amerikanischer Außenpolitik und der bisweilen selbst anmaßende Glaube/Anspruch der „exceptional nation" (Seymour Martin Lipset) an die eigene Ausgewähltheit, an den Gottesauftrag, die Mission zur Verbreitung des Guten und der Freiheit in der Welt war Europäern keinesfalls fremd. Mit der Bush-Administration aber wurde dieses Credo auf die Spitze getrieben und das, was der amerikanische Historiker Walter Russel Mead in diesem Zusammenhang als „nationalen Messiaskomplex" bezeichnet hatte, erstmals als Bedrohung empfunden.

Gemeint war mit dieser Einordnung nicht zuletzt die unter Bush erfolgte kühne Auflösung des das politische Alltagsgeschäft prägenden Gegensatzes zwischen nationalen Interessen auf der einen und „amerikanischen Grundüberzeugungen" auf der anderen Seite (die Symbiose von Realpolitik und Idealismus) – so als bestimmten die Menschenrechte das außenpolitische Handeln in gleichem Maße wie realistische und geostrategischen Interessen das außenpolitischen Handeln Amerikas. Europäer glauben bis dato daran nur bedingt: Kompromisse und Widersprüche zwischen Rhetorik und Handeln werden in ihren Augen auch künftig bleiben: im Verhältnis zu den „Verbündeten" mit autoritärer Führung; in Regionen, in denen man Regierungen unterstützt, die Menschenrechte und Demokratie für naiven westlichen Luxus halten; in der Abwägung von Zielen und Interessen – ob gegenüber Russland, China, Saudi-Arabien oder Iran.

Vor diesem Hintergrund waren für die Zeit nach dem Ende der Bush-Ära zunächst zwei gegensätzliche Szenarien für die Zukunft der transatlantischen denkbar: Erstens, grundlegende Kontinuität, ja vielleicht gar eine Radikalisierung der amerikanischen Außenpolitik und damit weitere Belastungen für die Beziehungen bis hin zu einem Ende des Atlantizismus. Vertreter dieser Sichtweise gingen davon aus, dass die Veränderungen im transatlantischen Verhältnis struktureller Art sind und vor allem das Ergebnis des seit Ende des Kalten Krieges unaufhaltsam wachsenden Machtanspruchs der Amerikaner einerseits sowie – in Reaktion darauf – europäischer Emanzipations- und bisweilen Gegenmachtbildungen (so die neorealistische These) andererseits. Die grundlegend unterschiedliche machtpolitische Ausgangslage, die sich zum Ende des Kalten Krieges noch einmal gesteigert habe, würde auch künftig zu einer unterschiedlichen strategischen Ausrichtung und schlussendlich auch zu einem Ende der Wertegemeinschaft führen (so Robert Kagans These von „Mars und Venus" schon 2003).[14] Hinzu komme schließlich, dass ein latent immer vorhandener Wertedissens im transatlantischen Verhältnis heute mangels eines klar identifizierbaren Feindes viel vehementer auf die politischen Beziehungen durchschlage als in der Vergangenheit.

Das andere Szenario ging von einer Hinwendung zu einer moderateren pragmatischen Politik Washingtons aus – nicht zuletzt aus Gründen der Alternativlosigkeit des engen transatlantischen Verhältnisses –, die es beiden Seiten erlaube zu einer gedeihlichen Zusammenarbeit in den zentralen Fragen der Weltpolitik zurückzukehren.[15] Die transatlantische Sicherheitsgemeinschaft war danach nach wie vor von einer starken wechselseitigen Interdependenz (europäisch-amerikanische Wirtschaftsbeziehungen; Zusammenarbeit auf dem Balkan und in Afghanistan), einem hohen Maß an kollektiver Identität und gemeinsamen Werten (Amerikaner wie Europäer bevorzugen mehrheitlich multilaterale Lösungen; Wahrnehmung der größten Bedrohungen; offene liberale Kultur) und einem dichten Geflecht an Institutionen und Normen (insbesondere NATO) geprägt. Vertreter dieser Option sahen Bush mit seiner Ausrichtung auf Präventivkrieg, Unilateralismus und der Idee der Demokratisierung des Nahen und Mittleren Ostens im Zuge einer erfolgreichen Mission im Irak gescheitert. Die Grenzen amerikanischer Macht, einschließlich militärischer Machtentfaltung, erzwängen so gesehen eine Kurskorrektur. Eine imperiale Politik ohne arbeitsteilige, substantielle Mitwirkung verbündeter Staaten in Europa sei nicht länger möglich, vielmehr bedürfe es einer neuen, auf einer angemessenen militärisch-zivilen Aufgabenteilung beruhenden transatlantischen Partnerschaft, die dem wachsenden Gewicht Europas in der Welt im Allgemeinen und der rasanten Entwicklung der GASP/GSVP im Speziellen Rechnung trägt.

Tatsächlich sind der außenpolitische Kurs Amerikas und die transatlantischen Beziehungen unter Obama zwischen diesen beiden Polen anzusiedeln. Die bisherige Amtszeit Obamas zeigt jedenfalls, dass die Spannungen und Differenzen im transatlantischen Verhältnis in der jüngsten Vergangenheit keinesfalls allein auf die Politik der Bush-Administration zurückzuführen, sondern die logische Konsequenz insbesondere aus den strukturellen Veränderungen der Weltpolitik seit dem Ende des Kalten Krieges sind. Der geostrategische Fokus in Washington

---

14   Robert Kagan, Of Paradise and Power: America and Europe in the New World Order, New York 2003.

15   James Steinberg, An Elective Partnership: Salvaging Transatlantic Relations, in: Survival, 2 (2003), S. 113-146; Ron Asmus, Rebuilding the Atlantic Alliance, in: Foreign Affairs, 5 (2003), S. 20-31.

hat sich seither verschoben, zunächst in Richtung Naher und Mittlerer Osten, nunmehr zusehends nach Asien bzw. in den Pazifik ("pivoting toward Asia"). Europa hingegen gilt nicht nur als befriedet, sondern hat insgesamt an Bedeutung verloren. Insofern macht es auch nur bedingt etwas aus, wer in Washington regiert; diese Einschätzung teilen Republikaner und Demokraten weitgehend.

Das Ergebnis ist, dass sich das transatlantische Verhältnis in den beiden vergangenen Dekaden sukzessive von einer Werte- zu einer Interessengemeinschaft entwickelt hat, die unverändert mehr gemein haben mag als jede andere bilaterale Partnerschaft, die aber gleichzeitig anerkennt, dass jede künftige Agenda von beiden Seiten mehr Pragmatismus erfordert.[16] In vielen Punkten gibt es nicht unüberbrückbare, aber doch deutliche Differenzen, die auch mit unterschiedlichen Wertvorstellungen (zumindest aber unterschiedlichen Priorisierungen bestimmter Normen) zu tun haben. Die Allianz wird also gleichsam zunehmend zu einem strategischen Bündnis, welches vor allem durch selektive Entscheidungen und ad hoc-Koalitionen von Handlungswilligen bzw. Bilateralismen geprägt sein wird. Libyen war wie oben erwähnt ein Indiz für diesen Trend.

Für die EU heißt das, dass das Verhältnis zu Amerika in Washington vor allem an seinen konkreten Politikergebnissen gemessen wird. Die USA werden, gleich unter welchem Präsidenten, künftig eine "gerechtere" Lastenteilung und mehr globales Engagement beim Konflikt- und Krisenmanagement fordern, als es Europäern bisweilen lieb ist. Das Mindeste, was man in Washington erwartet, ist, dass die Union in der Lage ist, ihre eigene Peripherie zu stabilisieren. Schon diesen Erwartungen in vollem Umfang zu entsprechen, wird für die Union nicht leicht. Zu der Machtasymmetrie und den unterschiedlichen Ordnungsvorstellungen kommt aus Washingtoner Sicht erschwerend hinzu, dass die EU auch nach dem Lissaboner Vertrag unverändert weit von einer einheitlichen außenpolitischen Ausrichtung entfernt ist. Konsensentscheidungen erscheinen somit oftmals als Ergebnis langwieriger Verhandlungsprozesse und eines kleinsten gemeinsamen Nenners, der die Schnittmenge transatlantischer Interessen erheblich reduziert. Die USA wissen allerdings angesichts der Notwendigkeit einer restriktiven Haushaltspolitik und ungeachtet ihres nach wie vor überragenden Machtpotentials und globalen Gestaltungswillens auch, dass zur Aufrechterhaltung ihres Führungsanspruches nicht allein ihre Machtressourcen ausreichen, sondern die Unterstützung ihrer transatlantischen Partner notwendig ist. Die politischen Realitäten erfordern auch für die nach wie vor einzige globale Supermacht ein Zurückfahren ihres weltweiten Engagements. Amerikanische Außenpolitik dürfte demnach in

---

16   Dazu ausführlich: Stefan Fröhlich, The New Geopolitics of Transatlantic Relations. Different answers to Common Dangers, Washington 2012.

Zukunft eine Mischung aus kraftvollem Auftreten nach außen (welches sich nicht vor Konsequenzen der Übernahme von Verantwortung durch die Führungsmacht scheut) einerseits und vorsichtigerer Diplomatie, die sich vor allem der politisch-psychologischen (weniger vielleicht der materiellen) Grenzen bewusst ist, andererseits sein. Zwei einander bedingende Punkte sprechen im Wesentlichen dafür – das amerikanische außenpolitische Selbstverständnis auf der einen, und die trotz des Aufstiegs Chinas und anderer Schellenländer sowie des Wiedererstarkens Russlands nach wie vor überragende Machtposition Amerikas auf der anderen Seite.

Für Europa gilt es, einen solchen Kurs zu unterstützen, weil er im Grunde ohne Alternative ist: Es geht seit 1989/90 weder um eine völlige Anpassung („bandwagoning") an die amerikanische Außenpolitik noch um Gegenmachtbildung im französischen Sinne. Für die Union ist es vielmehr zentral, eine gemeinsame Agenda mit den USA zu formulieren; dies entscheidet darüber, welchen Stellenwert Europa in den USA behält. Effektives multilaterales Vorgehen, wie in der ESS gefordert, ist in den meisten Fällen nicht ohne und schon gar nicht gegen den mächtigsten Staat der Welt möglich. Im Übrigen teil man nach wie vor Werte und Interessen in weitaus stärkerem Maße als mit anderen regionalen Vormächten. Schließlich hat das Versagen der EU auf dem Balkan die unveränderte sicherheitspolitische Abhängigkeit des Kontinents von Amerika gezeigt. Zwar beförderte es den Ausbau der GSVP, mitnichten aber im Sinne der Gegenmachtbildung zu den USA, sondern mehrheitlich eben doch komplementär, da die Kosten einer solchen Entwicklung den aus der Anerkennung der Ordnung stiftenden Supermacht abgeleiteten Nutzen für die Union bei weitem übersteigen würden.

4.2.1 Ordnung gestalten als Ausfluss von Macht – einige theoretische Überlegungen zur einzigartigen Stellung Amerikas in der Welt und deren Auswirkungen auf das transatlantische Verhältnis

Begreift man Macht als Ausdruck von „Ressourcenansammlung" zur Durchsetzung des eigenen Willen im Sinne Max Webers und damit verbunden als Mittel zur autonomen Gestaltung innerer wie äußerer Ordnung (Karl Deutsch),[17] dann waren die USA in den beiden vergangenen Dekaden mächtiger denn je, „die erste Weltmacht der Geschichte im Weltmaßstab".[18] Seit Ende des Kalten Krieges do-

---

17   Max Weber, Wirtschaft und Gesellschaft, Tübingen 1972 (5. Auflage), S. 28; Karl W. Deutsch, Politische Kybernetik. Modelle und Perspektiven, Freiburg 1970, Kap. 7.

18   Lothar Rühl, Das Reich des Guten. Machtpolitik und globale Strategie Amerikas, Stuttgart 2005, S. 28.

minieren die USA die Weltpolitik mit einer beispiellosen Kombination aus politischem Führungswillen, militärischer Stärke, Wirtschaftskraft und kultureller Meinungsführerschaft, letztere nicht zuletzt als Ergebnis der technologischen Revolution und der damit verbundenen (ökonomischen) Globalisierung. Für viele Beobachter steht dabei fest, dass beide Entwicklungen zwar den Austausch von Kulturen und Gütern befördern, dieser Prozess aber vor allem bis zum Irak-Krieg und dem Platzen der ersten größeren Blase in den USA zur Einbahnstraße geworden war: Diversität war sozusagen zugunsten von Uniformität im Sinne von „Amerikanisierung" aufgehoben. Noch weit mehr als die amerikanische Wirtschaftsphilosophie der „new economy" und des Neoliberalismus provozierte die kulturelle Hegemonie der USA als Bestandteil der „weichen Macht" Amerikas weltweit nicht nur Ablehnung, sondern auch Anziehung und Faszination. Neben den Technologiezentren von der Ostküste bis nach Kalifornien, der gewaltigen Luft- und Raumfahrtindustrie sowie der Ölindustrie zwischen Texas und Alaska, Megakonzernen wie „Microsoft" oder „Intel" war es die amerikanische Medienmacht von Film und Fernsehen sowie der sich weltweit ausbreitende „American way of Life", der auch in Europa zunehmend als Verheißung wie Bedrohung zugleich wahrgenommen wurde.

Amerikas Ausnahmestellung in der jüngsten Vergangenheit ist die logische Konsequenz des Umbruchs der Jahre 1989-1991, der die USA als einzig global handlungsfähige Weltmacht hinterließ und Washington die Chance gab, die Welt nach seinen Vorstellungen zu gestalten – frei von „überseeischen Verstrickungen" (bisweilen auch im Jeffersonschen Sinne der internationalen Selbstbeschränkung zur Bewahrung der amerikanischen Demokratie) und mit der Perspektive des weltweiten Friedens (im Sinne des Wilsonschen moralischen Rigorismus, der Demokratie als Ideologie in die Welt trägt), aber jederzeit fähig zur globalen Machtprojektion, wenn die nationalen Interessen (freihändlerische im Sinne Alexander Hamiltons oder sicherheitspolitische im Sinne des Jacksonischen Interventionismus) es nahe legten.[19] Das Ende des Ost-West-Konflikts schuf eine neue Ordnung, die auch die Rahmenbedingungen für die transatlantischen Beziehungen nachhaltig veränderte: Mit dem Wegfall der sowjetischen Bedrohung entfiel der über jede systeminterne Krise erhabene Zwang zur Zusammenarbeit, nachdem das weitgehend befriedete Europa für die USA an Stellenwert zugunsten des „Größeren Mittleren Ostens" („Broader Middle East") und aktuell Asiens an Bedeutung verlor bzw. Europa sich anschickte, durch die Entwicklung der GASP/GSVP sein Gewicht in der Welt zu verstärken, zumindest einen bestimmten Grad

---

19   Walter Russell Mead, Special Providence: American Foreign Policy and How It Changed the World. New York: Routledge, 2002.

an Unabhängigkeit von Washington zu erzielen oder gar von einer Politik der Gegenmachtbildung träumte, der zufolge auch das NATO-Bündnis in die Bedeutungslosigkeit zu versinken drohte.

Die Ausnahmestellung Washingtons und die bestehenden amerikanisch-europäischen Machtasymmetrien nach dem Ende der Bipolarität wurden durch die Ohnmacht der Europäer jenseits aller Lippenbekenntnisse und institutionellen Vorkehrungen in der politischen Praxis (Balkan) zunächst noch gefestigt und veranlassten bereits Bill Clinton, im Januar 1997 von der „unersetzlichen Macht" Amerika (indispensable power) zu sprechen, deren Mittel (einschließlich militärischer Art) nötigenfalls auch unilateral einzusetzen seien.[20] Amerikas Macht erwuchs nach diesem Verständnis also nicht allein aus seinem überragenden Militärpotential oder seiner Wirtschaftskraft, sondern auch aus einer Auffassung, wonach Gestaltung (im Sinne von Ordnung gestalten) die zentrale Aufgabe aller, an bestimmte Wertvorstellungen gebundenen Staatlichkeit im Inneren wie im Äußeren ist. Danach kann und gibt es eben auch keine zentrale Ordnungsgewalt auf internationaler Ebene. Die Vereinten Nationen können dies aus Sicht der Amerikaner nicht leisten, weil die Mitglieder ihre Kräfte nicht aus freien Stücken bündeln.

Der auf diesem Grundverständnis basierende, viel gescholtene Unilateralismus der Amerikaner setzte also keinesfalls erst mit dem Amtsantritt von George Bush ein, und er war auch nicht ausschließlich ein Phänomen der Exekutive. Die Festlegung auf die Raketenabwehr 1999, die Weigerung des Senats, dem atomaren Teststoppvertrag zuzustimmen, im gleichen Jahr, die zögerlichen Verhandlungen der US-Delegationen bei den Gesprächen über ein Verifikationsprotokoll für die Konvention gegen biologische Waffen, das Blockieren des Kyoto-Protokolls wie des Internationalen Strafgerichtshofs – all diese Entwicklungen signalisierten bereits in den neunziger Jahren das gewandelte Selbstverständnis der Supermacht in der Außenpolitik und führten, befeuert durch die Auseinandersetzungen um Todesstrafe und religiöse Freiheit, bereits in dieser Zeitspanne zu latenten Spannungen im transatlantischen Verhältnis. Allerdings verschärfte sich der unilaterale Reflex unter Bush noch einmal beträchtlich.[21] Und seither stellte sich eben die Frage, ob der in der Unipolarität angelegte Wandel in der amerikanischen Außenpolitik, der spätestens in den Anschlägen vom 11. September angelegt ist, durch den Präemptivschlag im Irak nicht einen weiteren Paradigmenwechsel

---

20   Bill Clinton, Second Inaugural Address of the President, January 20, 1997. www.law. ou.edu/ hist/clinton2html.

21   Matthias Dembinski, Unilateralismus versus Multilateralismus. Die USA und das spannungsreiche Verhältnis zwischen Demokratie und Internationaler Organisation, Frankfurt/M. HSFK-Report 4 (2002).

erfahren hatte. Bei allen Variationen amerikanischer Weltpolitik nämlich galt zumindest bis zum 11. September eine Konstante: Amerika unangefochten und machtvoll zu halten, es gleichzeitig aber mit einer großen Anzahl von Bündnispartner verbunden zu sehen. In diesem Sinne akzeptierte die Welt den „wohlwollenden Hegemon", die „unverzichtbare" Nation zum weltweiten Schutz der von ihr verkörperten Werte, die zwar auch ganz praktische, realpolitische und kommerzielle Interessen verfolgte, aber eben nicht imperial auftrat. Eben diese Gefahr des Umschlagens in das unangefochtene Imperium, welches der Weltordnung einen neuen Stempel jenseits einer seit fünf Jahrzehnten mehr oder weniger erfolgreichen Ordnungsgewalt universaler Autorität (UN) aufdrückt, bestätigte sich dann im Falle Amerikas unter der Amtszeit von Bush jun. und belastete das transatlantische Verhältnis zumindest vorübergehend nachhaltig.

Entsprechend kehrte erst mit Amerikas Einsicht in den eigenen relativen Machtverfall auch wieder eine Entspannung im transatlantischen Verhältnis ein. Zu Beginn der zweiten Dekade des 21. Jahrhunderts haben sich die Stimmen der Skeptiker in der Welt und auch in den USA gemehrt, die auf das Ende des „unipolaren Momentes" (Charles Krauthammer) verweisen und einmal mehr zumindest den relativen Niedergang der USA beschwören. [22] Tatsächlich ist unbestritten, dass das krisenbelastete Amerika aus Kapazitäts- wie Legitimationsgründen weder in der Lage noch gewillt ist, nach Irak, Afghanistan und der Wirtschafts- und Finanzkrise zu seiner alten Führungsstärke zurückzufinden; schon deshalb ist es unter Obama zwangsläufig zu einer Zurücknahme des eigenen globalen Engagements gekommen, was für Europäer wiederum bedeutet, dass die Forderungen nach einer „gerechteren" Lastenteilung (höhere Verteidigungsausgaben) und mehr Einsatz seitens der EU (Irak und Afghanistan) lauter geworden sind, als diesen lieb ist.[23] Es sind im Wesentlichen fünf Entwicklungen, die zu diesem Punkt geführt haben: *Erstens* haben die Kriege im Irak und in Afghanistan unterstrichen, dass die militärische Suprematie der USA sich nicht automatisch in politische Erfolge übersetzen lässt. *Zweitens* suggeriert insbesondere der Aufstieg Chinas ein absehbares Ende Amerikas als führende

---

22 Fareed Zakaria, The Future of American Power: How America can survive the rise of the rest, in: Foreign Affairs, 3/2008, S. 18-43; Parag Khanna, The Second World. World Empires and Influence in the new global world order, New York 2008; Charles Kupchan, The end of the American era, New York 2003; Azar Gat, The return of authoritarian great powers, in: Foreign Affairs, 4/2008, S. 59-69; John Ikenberry, Thomas Wright, Rising Powers and Global Institutions, New York 2008 (www.tcf.org/publications/internationalaffairs/ikenberry.pdf)

23 Stefan Fröhlich, Außenpolitik unter Obama – pragmatischer Multilateralismus und transatlantische Annäherungen, in: integration, 1/2009, S. 353-366.

Wirtschaftsmacht. *Drittens* nährt die globale Finanz- und Wirtschaftskrise die These von der mangelnden Nachhaltigkeit des amerikanischen Modells. *Viertens* schließlich erfordern die Realitäten der neuen Machtverhältnisse und die Zwänge der globalen Vernetzung auch von Amerika eine größere Anpassungsfähigkeit und eine Rückkehr zum Programm des „liberalen Internationalismus" – jener traditionellen Verbindung von Diplomatie und militärischer Stärke, wie sie kennzeichnend war für die Außenpolitik in der Clinton-Ära.[24] *Fünftens* wird der Universalitätsanspruch liberaler Demokratie, verkörpert v.a. durch die USA, durch Russlands und Chinas Autoritarismus zunehmend in Frage gestellt, so dass sich Washington auch aus diesem Grund von der Idee der Erzwingung westlicher Ordnungsmodelle verabschieden muss.

Gleichwohl dürfte Washington auch künftig, bei allem Reformbedarf des amerikanischen Kapitalismus-Modell im Detail, an die Überlegenheit dieses Systems glauben und Linksliberale wie Liberal-Konservative sind sich einig in der Forderung, dass die Außenpolitik des Landes letztlich weiterhin auf der Annahme basieren müsse, dass eben nur der Liberalismus den Weg in die Moderne weist. Und aus diesem Grund wird Washington sich auch unter Obama nicht aus der Weltpolitik verabschieden. Auch zu seinem Selbstverständnis gehört, dass amerikanische Präsidenten zugleich die „Führer der freien Welt" und die USA der Garant der internationalen Stabilität und die unentbehrliche Ordnungsmacht sind. Abgesehen von diesem Selbstverständnis sind es zwei Dinge, die die USA wohl auch in Zukunft ihre Führungsrolle in einer sicherlich multipolarer werdenden Welt werden ausüben lassen: Amerikas eben aus diesem Selbstverständnis erwachsender Führungs- und Gestaltungswille, gepaart mit dem unerschütterlichen Glauben an die Selbstheilungskräfte des Landes, und sein überragendes Machtpotential. Da dieser Gestaltungswille wesentlich von den religiösen Fundamenten und Werten (Freiheit, Demokratie, Menschenrechte, Toleranz, Respekt, Solidarität, Ziel- und Ergebnisorientiertheit) seiner Gesellschaft mitgetragen wird und weil diese Werte wiederum als quasi natürlicher Wunsch aller Zivilgesellschaften vorausgesetzt werden, werden die USA sich auch künftig mit Nachdruck für deren Bewahrung und Strahlkraft einsetzen. Bei allem missionarischen Internationalismus werden die Obama-Administration und wohl auch künftige Administrationen diesen Einsatz allerdings nicht mehr zu einem generellen normativen Konflikt zwischen dem demokratischen Amerika auf der einen, und undemokratischen Regimen, die die Sicherheit des Landes be-

---

24   Daniel Deudney, John Ikenberry, The myth of the autocratic revival. Why liberal democracy will prevail, in: Foreign Affairs, 1/2009 (www.foreignaffairs.org).

drohen, auf der anderen Seite hochstilisieren; von der Idee der Erzwingung westlicher Ordnungsmodelle in der Welt hat sich auch Washington verabschiedet.

Zusätzlich gestärkt wird die amerikanische Stellung auch in Zukunft durch die vergleichsweise günstige demographische Entwicklung des Landes sowie seine großen Rohstoffvorkommen und landwirtschaftlich nutzbaren Flächen; auf Grund der Migration, deren nicht dokumentierter Teil zwar mittlerweile erhebliche Probleme bereitet, und wegen der hohen Geburtenrate verfügen die USA im Vergleich zu den meisten potentiellen Konkurrenten über eine junge Bevölkerung.[25]

Grund für Optimismus bezüglich der künftigen Rolle der USA in der Welt gibt es schließlich aus einem anderen Grund: Ganz unabhängig vom wirtschaftlichen Erfolg der Aufsteiger in den vergangenen Jahren wird bei der Systemdiskussion tatsächlich verkannt, dass dieser vor allem jener Offenheit des globalen Systems (Freihandel) geschuldet ist, für die Washington steht. Die Hilfen, der Schutz und die Entscheidungen der vom Westen geschaffenen Institutionen, westliche Technologie und die durch die Verlegung der Industrieproduktion entstandenen Arbeitsplätze waren es, von denen Asien profitierte – zunächst Japan, dann die Tigerstaaten und nun auch China und Indien. Darüber hinaus ist der Westen der größte Abnehmer der dort hergestellten Waren. Was aber langfristig vor allem zählt: Wirtschaftlich erfolgreich wird in Zukunft nur derjenige sein, der über Rohstoffe oder über gute Ideen verfügt und nicht nur über billige Arbeitskräfte oder angelerntes Knowhow. In beiden Bereichen aber gehören China und Indien noch nicht zur Weltspitze, vielmehr halten Europa und vor allem Amerika bei Forschung und Entwicklung als Voraussetzung für kreative Wissensgesellschaften den entscheidenden Vorsprung – nicht zuletzt eine Frage des Systems.

Der unerschütterliche Glaube Washingtons an das eigene System zeigt sich auch mit Blick auf die (außen)politische Dimension der Debatte: Die USA werden sich der Welt vorerst weit weniger moralistisch und idealistisch präsentieren als noch zu Beginn dieses Jahrhunderts. Die Obama-Administration hat wiederholt betont, dass sie einen „außenpolitischen Realismus" jeder „ideologisierten Außenpolitik" vorziehe.[26] Dennoch steht auch Obama in einer außenpolitischen Tradition, in der Idealismus und Realismus, Moral und Macht bzw. Interessen

---

25 Terry Givens, Immigration and Immigrant Integration: Context and Comparison, in: Changing Identities and Evolving Values. Is there still a Transatlantic Community?, hrsg. von Esther Brimmer, Center for Transatlantic Relations, Washington D.C 2006, S. 65-72.

26 Peter Rudolf, Amerikas neuer globaler Führungsanspruch, in: SWP-Aktuell, Berlin 2008

miteinander verschmelzen. Obama – und jeder künftige Präsident – wird die USA daher in die Rolle des liberalen und „wohlwollenden Hegemons" zurückführen wollen, wie sie den Entwurf amerikanischer Weltpolitik nach 1945 prägte. Danach können die USA auf Grund ihrer Ressourcen zwar die eigenen Interessen unilateral verfolgen, sind sich aber andererseits ihrer besonderen globalen Verantwortung für die Stabilität des internationalen Systems bewusst und beschränken daher den Einsatz ihrer militärischen Macht nicht auf den Schutz der amerikanischen Bevölkerung und vitaler Interessen in Fällen tatsächlich oder unmittelbar bevorstehender Angriffe. In der Überzeugung, dass Demokratie die einzig legitime Regierungsform darstellt, wird Washington auch künftig demokratische Entwicklungen in aller Welt unterstützen – weniger im Sinne einer Politik des *regime change* mit vorwiegend militärischen Mitteln, aber eben doch im Sinne dessen, was Außenministerin Hillary Clinton als „smart power" bezeichnet hat: der flexiblen Kombination aus militärischer Macht, ökonomischem Druck, Diplomatie und moralischer Autorität. Ist die nationale Sicherheit Amerikas aber bedroht, so sind Unilateralismus und selbst Präemptivschläge möglich, sollte die internationale Staatengemeinschaft zu geschlossenem Handeln nicht in der Lage sein.[27]

4.2.2 Amerikas wirtschaftliche Stärke und die Auswirkungen auf das transatlantische Verhältnis

Voraussetzung dafür ist die weitere Entwicklung bzw. Erholung der amerikanischen Wirtschaft. Ein Blick auf die politische Agenda der US-Administration gibt dabei nicht nur Aufschluss über die enormen ökonomischen Herausforderungen, vor denen das Land steht, sondern auch über die Größenordnung der amerikanischen Wirtschaft. Die USA werden in den kommenden Jahren gezwungen sein, das Augenmerk verstärkt auf die Daseinsvorsorge (Rentenversicherung) zu lenken und radikale Reformen vor allem im Innern durchzusetzen: Teilprivatisierung der Rentenversicherung, die genauso wie die europäische von der demographischen Entwicklung bedroht wird; Sanierung des US-Haushalts durch umfangreiche Kürzungen oder Streichungen von Ausgabenprogrammen vor allem in den Bereichen Soziales, Verkehr, Wohnungswesen, Stadtentwicklung, Landwirtschaft und Umwelt – vor allem die staatliche Altersvorsorge und Alterskrankenversicherung werden davon betroffen sein, auch wenn Demokraten sich damit schwer tun; neue große Umverteilungen zugunsten des Schulwesens, der beruflichen Bildung und der ärztlichen Versorgung sind Dauerbrenner auf der innenpolitischen Agenda. Gleichzeitig plant die US-Regierung umfangreiche

---

27   Barak Obama, The Audicity of Hope, Vintage 2008, S. 308f.

Kürzungen des Verteidigungsbudgets, das nach wie vor fast 50 Prozent der weltweiten Verteidigungsausgaben und das Doppelte dessen, was die EU-Staaten für ihre Streitkräfte ausgeben, ausmacht.

Der Handlungsspielraum für ehrgeizige Ausgabenprogramme ist angesichts der massiven Verschuldung des Landes begrenzt. Mit seinem Zahlungsbilanzdefizit hängt Amerika seit längerem in hohem Maße von den Entscheidungen anderer ab, insbesondere von den Ländern in Asien, die in den vergangenen Jahren hohe Dollarguthaben erworben haben: China, Taiwan, Japan. Das Land hat jedoch in der Vergangenheit immer wieder bewiesen, dass seine Volkswirtschaft und Gesellschaft im Vergleich zu Europa und zu Japan in hohem Maße anpassungsfähig ist bei Veränderungen der internationalen und auch der inneren sozialen Bedingungen. Die Fähigkeit, das enorme ökonomische Potenzial nach den jeweiligen konjunkturellen Gegebenheiten zu nutzen, verschaffte der US- Wirtschaft dabei stets die Flexibilität, auch in wirtschaftlich schwierigen Zeiten mit einem Wirtschaftswachstum auf durchschnittlich hohem Niveau aufzuwarten.

Im Übrigen beträgt der Anteil der US-Volkswirtschaft mit einem Volumen von knapp 14 Billionen Dollar noch immer fast knapp 20 Prozent des globalen kaufkraftbereinigten Bruttoinlandsproduktes – ein Wert, den in etwa die EU als Ganzes aufweist, auf Grund der nach wie vor fehlenden politischen Einigung aber nicht annähernd in ein vergleichbares globales Gewicht übersetzen kann.[28] Der Erfolg ist nicht zuletzt auch das Ergebnis einer weit flexibleren Wirtschaftspolitik als mithin in Europa vermutet, bestehend aus einem moderaten Keynesianismus, einer vergleichsweise undogmatischen Geldpolitik, geringerer Regulierung der Arbeitsmärkte und niedrigeren Steuersätzen. Und selbst in der aktuellen Krise gilt, dass nach wie vor fast ein Drittel der weltweiten Direktinvestitionen in die USA fließen, nicht zuletzt weil die Rahmenbedingungen dort in den Augen von Investoren noch immer als die weltweit günstigsten betrachtet werden und weil man seine Wirtschaft für anpassungsfähiger und innovativer als jede andere hält. Man kann daher auch in Zukunft davon ausgehen, dass Washington die Weltwirtschaft weiterhin entscheidend prägen wird; seine fragile Hegemonialposition besteht ja gerade darin, dass es zwar von Kapitalimporten abhängig ist, der Rest der Welt im Gegenzug aber darauf angewiesen ist, dass Amerika ausländisches Kapital attrahiert und zu weltwirtschaftlicher Nachfrage verarbeitet.

Viel entscheidender aber dürften auch künftig andere Faktoren sein: Um ihre Zukunfts- und Innovationsfähigkeit zu sichern, geben die Amerikaner mehr für Forschung und Entwicklung aus als jedes andere Land der Welt und sichern sich so ihren weltweiten Wettbewerbsvorsprung. Die USA investieren knapp 2,6 Pro-

---

28 de.statista.com/.../anteil-der-usa-am-globalen-bruttoinlandsprodukt-bi.

zent ihres Bruttoinlandsprodukts in die Hochschulbildung im Vergleich zu 1,2 Prozent in Europa und 1,1 in Japan. Der Grund für Wachstum, Innovation und Produktivitätsfortschritt liegt vor allem in den Investitionen in Schlüsselbereiche wie der Nano- oder Biotechnologie, wie sie durch die enge Verzahnung von Wissenschaft, Privatwirtschaft und Politik ermöglicht werden. Je nach Studie finden sich sieben bis acht von zehn bzw. 70 Prozent der besten 50 Universitäten in der Welt in den USA. Mehr als drei Viertel der vorderen Ränge unter den weltweit führenden Forschungsinstituten werden schließlich von amerikanischen eingenommen.

Nach wie vor wird auch das internationale Währungs- und Finanzsystem von Washington bestimmt. Sechs der größten 25 Banken der Welt sind amerikanisch. Die Wertpapierkäufe und -verkäufe amerikanischer Pensionsfonds steuern maßgeblich das Schicksal der globalen Aktienmärkte und machen Wall Street trotz London, Tokio und Frankfurt zur unbestrittenen Nummer Eins der Weltbörsen. Die Entscheidungen der US-Notenbank und die Haushalts- und Steuerpolitik der Regierung gehören nach wie vor zu den mächtigsten Steuerungsinstrumenten der USA, mit weit reichenden Wirkungen in andere Länder hinein. Der US-Dollar beherrscht – trotz Euro – nach wie vor den größten Währungsraum der Welt und profitiert von seiner traditionellen Rolle als Leitwährung, weil Finanzdisponenten ihr Kapital nach wie vor ungemindert nach den USA verschieben, in der Erwartung, dass Kapital dort höher oder sicherer verzinst wird als im Euroraum. Noch immer werden drei Fünftel der Devisenreserven in Dollar angelegt (auf den Euro entfällt rund ein Viertel).[29] Und diese Erwartung wird häufig bestätigt, weil die amerikanische Wirtschaft immer wieder zeigt, dass ihre Dynamik entsprechend hohe Renditen abwirft. Dies hat maßgeblich etwas mit der o.e. Tatsache zu tun, dass nirgendwo sonst Erfindungen und Innovation so konsequent in marktfähige Produkte und Dienste umgesetzt werden wie in Amerika. Die Zukunftsorientierung von Politik, Unternehmen, Märkten und Börsen durch Investition in Schlüsseltechnologien (Kommunikationstechnik, Biotechnologie) und Entwicklung neuer Materialien ist der eigentliche Grund für Wachstum, Innovation, Produktivitätsfortschritt und den Abbau von Arbeitslosigkeit. Sie garantiert auch die enge Verzahnung von exzellenter Wissenschaft und Technik und der privaten Wirtschaft, wie sie gerade für die militärische Vorrangstellung der USA wesentlich ist. Schließlich stehen die USA durch die Methode des *Fracking* vor einer Energiewende, die das Land in die Lage versetzen könnte, nicht nur seinen Öl- und Erdgasbedarf für die nächsten 200 Jahre zu decken und vom größten Öl-

---

29   Andreas Dombret, Der Dollar dürfte auf absehbare Zeit Reservewährung bleiben, Interview in: Internationale Politik, Länderporträt USA (Juli/August 2012), S. 18-24.

Importeur der Welt schon bald zum Energie-Exporteur zu werden, sondern auch eine massive Reindustrialisierung und wirtschaftliche Erholung einzuleiten, die Washington auch bei der Bewältigung seiner massiven Haushaltsprobleme hilft.

Selbst wenn also die aktuelle Rezession für die USA und die EU gleichermaßen tief ausfallen sollte, so dürfte Amerika am Ende auch aus dieser Krise gestärkt hervorgehen. Vor allem aber wäre es voreilig, damit das Ende der amerikanischen Vorherrschaft zu prophezeien. Dies zeigt ein direkter Vergleich mit den Herausforderern. Richtig ist, dass es sich heute auch die USA nicht mehr leisten können, Chinas ökonomischen Aufstieg bzw. die eigene Abhängigkeit gegenüber dem mittlerweile größten Gläubiger (Pekings Anteil an US-Staatsanleihen beträgt knapp 1,4 Billion Dollar) zu unterschätzen. Nicht nur beeindrucken die Wachstumsgeschwindigkeit von jährlich durchschnittlich 7-10 Prozent und die zunehmenden Verlagerungstendenzen. Die mit einem nominalen Bruttoinlandsprodukt von ca. 8,2 Billionen Dollar (2012) mittlerweile zweitgrößte Volkswirtschaft der Welt (gemessen nach Kaufkraftparitäten liegt China bereits länger an zweiter Stelle) verfügt außerdem über Devisenreserven von ca. 3,5 Billionen Dollar und zieht neben den USA mit etwa 111 Milliarden Dollar weltweit die mit Abstand höchsten ausländischen Direktinvestitionen an.[30]

Auf der anderen Seite aber trübt die Globalisierungsangst im Westen zum Teil den nüchternen Blick auf die tatsächlichen Kräfteverhältnisse. Während die USA mit 5 Prozent der Weltbevölkerung für etwa 28 Prozent Weltbruttoinlandsprodukts stehen, kommt China mit einem Fünftel der Weltbevölkerung auf gerade einmal 5 Prozent (Indien mit einem ähnlichen Bevölkerungsanteil auf 2 Prozent).[31] Mit anderen Worten, China zählt heute zweifelsohne zu den Handelsriesen, muss aus wirtschaftlicher Sicht aber nach wie als Entwicklungsland eingestuft werden. Hinzu kommt, dass das Land vor einer Reihe von gravierenden Problemen steht – so u.a. der ständigen Gefahr einer Überhitzung der Wirtschaft; dem zunehmenden Haushaltsdefizit; der disparaten Entwicklung seiner Regionen; einem großen sozialen und Einkommensgefälle (fast jeder zweite der 1.3 Milliarden Chinesen erwirtschaftet weniger als 2 Dollar täglich, weshalb das Land gemessen am Pro-Kopf-Einkommen im weltweiten Vergleich lediglich auf Platz 132 liegt); der mangelnden Ausbildung seiner Landbevölkerung, die noch immer 45 Prozent der arbeitenden Chinesen ausmacht; gigantischen Umweltproblemen; faulen Bankkrediten in Höhe von weit mehr als 30 Prozent des

---

30 Germany Trade and Invest: Wirtschaftsdaten kompakt: China (VR), Mai 2013. ahk.de/fileadmin/ahk_ahk/GTae/China.pdf

31 World Bank: Quick References Tables, http://web.worldbank.org/WEBSITE/EXTERNAL/DATASTATISTICS

BIP –, deren Bewältigung China noch auf lange Sicht davon abhalten wird, in Bezug auf seine Wirtschaftsleistung zu den USA und der EU aufzuschließen. Als mittlerweile größter Energiekonsument ist es zudem trotz seiner großen Kohle-, Öl- und Gasvorkommen dringend auf Importe angewiesen, weshalb es weltweit Exklusivabkommen mit Paria-Staaten abschließt und dabei auch keine Konflikte mit Nachbarländern scheut. Schließlich fehlt es dem Land für eine international bedeutende Rolle seiner Währung nach wie vor an bestimmten Grundvoraussetzungen (insbesondere eine weitgehende Konvertibilität) sowie an gut ausgebildeten Finanzmärkten.

Russland ist aufgrund der weit schwächeren ökonomischen Ausgangslage schlicht überfordert, die USA ernsthaft herauszufordern. Zwar meldet das Land seit längerem den Anspruch einer globalen (Ordnungs)macht an; die Fähigkeit hierzu bemisst sich jedoch allenfalls an seinem Störpotenzial in seiner Peripherie, der Vetomacht im UN-Sicherheitsrat (Nahost, Iran, Nordkorea) und seinen Energiereserven, die zunehmend zu einem politischen Hebel im Umgang mit seinen Nachbarn und gegenüber der EU geworden sind. Ökonomisch jedoch ist die Basis des Landes, vor allem aufgrund der geringen Diversifizierung seiner Industriestrukturen, selbst nach Einschätzung russischer Experten gerade einmal auf dem Stand eines Schwellenlandes mit mittelmäßigem Entwicklungsniveau, dessen Ressourcen zwar enorm sind, dessen Mittel zu deren Förderung und Vermarktung jedoch begrenzt sind. Nimmt man die dramatische demographische Entwicklung hinzu und bedenkt man, dass eine politische Reimperialisierung Russlands angesichts der Abwendung der nunmehr unabhängigen Staaten unrealistisch erscheint, so ist eine globale Führungsrolle, die Washington ernsthaft herausfordern könnte, mittel- bis langfristig kaum vorstellbar.

Die EU bleibt vor diesem Hintergrund und angesichts der Tatsache, dass beide Märkte ungeachtet aller Differenzen enger verwoben sind als jede andere bilaterale Partnerschaft (über 80% der weltweiten Direktinvestitionen, nahezu 50% des Welthandels und ein Wirtschaftsvolumen von rund 2.5 Billionen US $ werden nach wie vor im transatlantischen Wirtschaftsraum generiert), für Washington – ungeachtet aller Asienorientierung beider Märkte (und nicht nur der USA) – der wichtigste (Absatz)Markt. Und dennoch haben die Spannungen im bilateralen Verhältnis auch in wirtschafts-, handels- sowie finanzpolitischen Fragen seit spätestens Mitte der neunziger Jahre des 20 Jahrhunderts zugenommen. Seiher kann man durchaus auch von einem transatlantischen Systemwettbewerb sprechen, der – vereinfacht gesprochen – vor allem in der Vergangenheit bestimmt wurde vom Überlegenheitsanspruch des amerikanischen marktwirtschaftlichen Modells gegenüber dem sozialdemokratischen europäischer Provenienz und der sich erst allmählich etwas zu entschärfen begann auf Grund der Reformanstrengungen innerhalb der EU und im Zusammenhang mit der o.b. Antwort beider Seiten auf die Herausforderungen der globalen Wirtschafts- und Finanzkrise.

In diesem Systemwettbewerb wurde die Globalisierung in den USA lange Zeit weit weniger als Herausforderung denn als Chance begriffen und schlicht unter der Kategorie „free trade" versus „Protektionismus" subsummiert. Deutlich wurde dies (und wird es z.T. bis heute) auch mit Blick auf die Handelskonflikte im transatlantischen Verhältnis. Zwar ließen sich in der Vergangenheit bei spezifischen Differenzen wie etwa dem Bananenstreit, beim Marktzugang für Stahl, Textilien oder landwirtschaftlichen Produkten, im Telekommunikationsbereich oder in Streitigkeiten zwischen Boeing und Airbus zumeist Kompromisse aushandeln. Und ganz abgesehen davon machen diese Streitigkeiten gerade einmal ca. 2-3 Prozent des gesamten transatlantischen Handelsvolumens aus.[32] Dennoch gibt es auch hier Anzeichen dafür, dass hinter amerikanischen Sanktionsmaßnahmen gegen europäische Importrestriktionen und umgekehrt europäischen Drohungen von Vergeltungsmaßnahmen für unerlaubte amerikanische Exporthilfen (Foreign Sales Corporations Tax Act) zunehmend unterschiedliche Wettbewerbspolitiken und -praktiken im Speziellen und Ordnungsvorstellungen im Allgemeinen stehen, welche die transatlantischen Beziehungen zusätzlich belasten.

Beide Seiten stehen somit längst in einem Dialog über diese Fragen mit dem Ziel einer „weichen Konvergenz" der jeweiligen nationalen Bestimmungen vor allem im Kartellrecht und der Fusionspolitik. Dabei gibt Washington zweierlei zu bedenken: Erstens, Kartellrechtsfragen im transatlantischen Kontext drehen sich längst nicht nur um den jeweiligen Schutz nationaler Interessen; in vielen Fällen hat das EU-Kartellrecht vielmehr europäischen Unternehmen einen Riegel vor geplante Übernahmen geschoben (vgl. Kapitel Außenwirtschaftsbeziehungen). Zweitens, die EU- Generaldirektion Wettbewerb gehörte in den vergangenen Jahren zu den treibenden Kräften in der EU, wenn es um die Öffnung der eigenen Handelsmärkte gegenüber Drittländern, die Auflösung von Kartellen oder die Verhinderung den Wettbewerb verzerrender Praktiken der Mitgliedssaaten ging. In den Entscheidungsprozessen hielt Brüssel dabei mit Erfolg die Ansprüche der Ratsmitglieder auf Distanz. Längst hat man auf EU-Ebene erkannt, dass der Binnenmarkt allein zur Ankurbelung des Wirtschaftswachstums und zur Unterstützung global tätiger Unternehmen nicht ausreicht.

---

32 Dan Hamilton, Joseph Quinlan, The Transatlantic Economy 2012, Washington, Senter for Transatlantic Relations, 2012, pp. 1-20.

Wie Washington beansprucht Brüssel dabei allerdings für sich eine Regulierungs- und Harmonisierungskompetenz im Binnenmarkt, die den Mitgliedssaaten nicht selten über das erträgliche Maß hinausgeht, da sie in dem einen oder anderen Fall auch das viel beschworene Subsidiaritätsprinzip zusehends aushöhlt.

Ohne Zweifel werden gerade Kartellrechtsfragen das transatlantische Verhältnis weiterhin beschäftigen. Die amerikanische Abneigung gegenüber Preisabsprachen und anderen korporativen Praktiken zu Lasten des Wettbewerbs und damit zum Schaden des Konsumenten nimmt durchaus auch marktbeherrschende Monopolisten in Kauf. In der EU hingegen werden Übernahmen zunächst aus dem Blickwinkel möglicher Wettbewerbsverzerrungen auf Unternehmerseite bewertet.

Noch problematischer wird die Sache in Fragen, die die Etablierung internationaler Normen und Standards betreffen. Hier drängen Europäer bereits seit längerem auf eine Reduzierung amerikanischer Vorschriften zu Produktesicherheit oder Produktezulassungen gegenüber der EU. Wer allerdings seine Normen durchsetzt, sichert sich den wirtschaftlichen Vorsprung; dies zeigten u. a. die Rangeleien um die technischen Standards bei der nächsten Generation von Mobiltelefonen oder im Bereich des „e-commerce" in der Vergangenheit. Doch auch diese Differenzen spielen sich in Rahmen eines gemeinsamen Regelwerks ab. Viel schwieriger wird es schließlich bei Fragen von hormonbehandeltem Fleisch, des Umwelt-, Lärm- und Datenschutzes, der Inneren Sicherheit (Einführung neuer Visumsvorschriften und biometrischer Pässe) oder der Regulierung bestimmter Märkte/Segmente (Biotechnologie – pharmazeutische Produkte, Klonfragen; Finanzdienstleistungen – Europas Reform der Banken- und Pensionssysteme und der Unternehmenssteuersysteme, Reform der Internationalen Bilanzierungsvorschriften; „Corporate Governance"-Systeme): Hier geht es nicht nur um tarifäre Handelshemmnisse oder Quoten, sondern auch um Regeln und Standards, die unterschiedliche gesellschaftliche Wertvorstellungen widerspiegeln. Die Existenz einer Wertegemeinschaft verbürgt nun mal keine gleichgerichteten Einstellungen zu allen Wertefragen.[33]

---

33   Stormy Mildner, Oliver Ziegler, Konfliktmanagement in den transatlantischen Handelsbeziehungen Nicht jeder Streitfall gehört in die WTO, SWP Aktuell 36, Berlin (Juli 2009). www.swp-berlin.org/fileadmin/contents/.../2009A36_mdn_zgl_ks.pd.; Ernst-Ulrich Petersmann/Mark Pollack, Transatlantic Economic Disputes. The EU, the US, and the WTO, Oxford 2003; Sebastian Princen, EU Regulation and Transatlantic Trade, The Hague/ Norwell 2002; Clifford Jones/Mitsuo Matsushita, Competion Policy in the Global Trading System, The Hague/London/New York 2002.

Dennoch haben beide Seiten alles in allem das gleiche Interesse an einem möglichst ungehinderten Handel, mit dem gegenseitigen Respekt vor den jeweiligen nationalen Besonderheiten und Beschränkungen. Zwar führt die Verflechtung beider Märkte dazu, dass externe Effekte des Wirtschaftsmodells der jeweils anderen Seite fallweise als wettbewerbsverzerrend, als Handelshemmnis oder gar als Angriff auf das eigene System empfunden werden können. Im Grunde aber gilt – bei aller Asymmetrie in der wirtschaftlichen Entwicklung beider Seiten – für den transatlantischen Handel nach wie vor zweierlei: Erstens, alle Handelsstreitigkeiten folgen auf beiden Seiten dem gleichen Muster innenpolitischer Logik: man preist Ideen des Freihandels, beschädigt ihn aber in der Praxis. Zweitens, in aller Regel lassen sich Kompromisse aushandeln und das Wechselspiel von Diskriminierung und Retorsionen endet zumeist damit, dass eine von beiden Seiten die globale Führungsrolle übernimmt und die andere Seit zum Einlenken bewegt. Insofern wird die militärische und sicherheitspolitische Dominanz der USA durch die politische und vor allem ökonomische Eingebundenheit in einen multilateralen Ordnungsrahmen relativiert, dem man sich allenfalls von Zeit zu Zeit entzieht und den man zur Durchsetzung eigener Interessen auch gegebenenfalls instrumentalisiert, in den man sich aber im Großen und Ganzen im Sinne eines flexiblen Multilateralismus integriert – und dies aus gutem Grund.[34]

Die gegenseitige Verflechtung im transatlantischen Verhältnis, insbesondere bei den Handels- und Kapitalströmen, ist so ausgeprägt, dass es eine Alternative zu ihr praktisch kaum gibt. Globale Konzerne sind heute meist in ihrem Kern euroatlantische Unternehmen. Europa insgesamt, gerade nach der Erweiterung, und nicht etwa Asien ist größter Investor, Arbeitgeber und auch, abgesehen von Kanada, größter Handelspartner der USA – bei insgesamt relativ ausgeglichener Bilanz. Beide Seiten wickeln wie gesagt rund 50 Prozent des Welthandels ab und sind für 80 Prozent der weltweiten Auslandsinvestitionen verantwortlich. Die amerikanische Wirtschaft exportiert nach Berechnungen der WTO jährlich Waren im Wert von rund 240 Mrd. Dollar und Dienstleistungen im Wert von knapp 170 Mrd. Dollar in die Union, umgekehrt beträgt die Importquote rund 327 Mrd. Dollar (Waren) bzw. 121 Mrd. Dollar (Dienstleistungen). Die gegenseitigen Direktinvestitionen betragen zwischen 450 und 500 Mrd. Dollar und entsprechen so einem Anteil von etwa 60 Prozent (EU) bzw. 50 Prozent (USA) am Gesamtumfang der jeweiligen ausländischen Direktinvestitionen.[35] Allein diese Zahlen sprechen dafür, dass es auch künftig auf außenwirtschaftlicher Ebene im transatlan-

---

34 Stefan Fröhlich, Zwischen Multilateralismus und Unilateralismus. Eine Konstante amerikanischer Außenpolitik, in: APuZ B 25 (21. Juni 2002), S. 23-30.

35 Daniel Hamilton/Joseph Quinlan, The Transatlantic Economy 2012, op. cit.

tischen Verhältnis Ebenbürtigkeit und somit einen Zwang zu multilateralem und kooperativem Verhalten auf beiden Seiten geben wird. Europa und Amerika sind mit ihren jeweiligen Anteilen an der Weltproduktion und am Welthandel bzw. mit ihren vergleichbaren Bruttoinlandsprodukten neben China nach wie vor die entscheidenden Gestaltungsmächte der Weltwirtschaft. Und nach wie vor liegt in der wirtschaftlichen Leistungsfähigkeit Europas Schlüssel für eine konstruktive Rolle im transatlantischen Verhältnis, die Washington auch zukünftig zu einem flexiblen Multilateralismus zwingt.

Ob das nunmehr einmal mehr angestrebte bilaterale Freihandelsabkommen dazu einen Beitrag leisten kann, ist umstritten. Allerdings ist der bilaterale Nutzen eines solchen Abkommens zunächst erheblich. Schätzungen gehen von einem jährlichen Wachstum des Bruttoinlandsprodukts von 0.5% im Falle der EU und 1.5% für die USA aus, sollte es zu dem geplanten umfassenden Freihandels- und Investitionsabkommen kommen. Die Kommission rechnet mit einer Zunahme der EU-Exporte um rund 2% und im Fall der US-Ausfuhren von sogar 6%, sollte auch nur die Hälfte der regulatorischen Differenzen beseitigt werden. Entsprechend sollte der Fokus der Verhandlungen auf der Reduzierung von nicht-tarifären Handelshemmnissen wie Verwaltungs- und Rechtsvorschriften, der Liberalisierung von Dienstleistungen und öffentlichen Ausschreibungen liegen. Da der Dienstleistungssektor im transatlantischen Handelsvolumen allein 70% ausmacht, liegt hier insgesamt ein Kosteneinsparpotential von etwa 80 Prozent. Nur wenn es aber gelingt, in fast allen Wirtschaftsbereichen Normen, Auflagen und Verfahren möglichst aufeinander abzustimmen oder aber gegenseitig anzuerkennen, dürfte dies auch eine Signalwirkung für die Entwicklung globaler Regeln haben. Da aber der Sektor der stark subventionierten Landwirtschaft umstritten bleibt, sollten die Erwartungen nicht zu hoch geschraubt werden und muss man wohl auch damit rechnen, dass es eher zu Einzelabsprachen denn zu einer umfassenden Lösung kommen wird.[36]

In der Außen- und Sicherheitspolitik hingegen wird man sich wohl damit abfinden müssen, dass Washington zwar die Notwendigkeit erkennt, in bestimmten Fällen im multilateralen Rahmen zu handeln; dies gilt für die innere und „weiche" Sicherheit betreffenden Fragen – nicht zuletzt aus taktischen Gründen, da es nur so eine faire Lastenteilung im Bündnis einklagen kann und weil es die Öffentlichkeit mehrheitlich unverändert so wünscht. Ansonsten aber gilt für Fragen der äußeren Sicherheit ein neuer Pragmatismus, der auch von einer europakritischen

---

36   Stuart Eizenstat, Daniel Hamilton, Time for a new Transatlantic Partnership (December 15, 2012). www.sfgate.com/opinion/article/Time-for-new-trans-Atlantic-partnership.

Haltung gespeist wird, der jedoch vor allem Ausdruck einer veränderten Sicherheits- und Bedrohungslage nach dem 11. September ist, die es Washington angezeigt erscheinen lässt, je nachdem unilateral oder stärker im Rahmen von Ad-hoc-Bündnissen zu handeln. Insofern bestimmt Europas Gestaltungskraft in diesen Fragen mehr denn je den Grad amerikanischen Unilateralismus.

4.2.3 Die militärische Machtasymmetrie

Nichts dokumentiert Amerikas Supermachtstellung eindrucksvoller als seine militärische Stärke. Ton und Stil haben sich in der Außenpolitik unter Obama zwar verändert – zu groß war der Imageschaden für das Land nach dem unilateralen Handeln Washingtons im Irak, der zunehmenden Instrumentalisierung der NATO („tool box") durch die USA bereits im Krieg gegen das Taliban-Regime in Afghanistan und der daraus resultierenden zunehmenden Ignoranz gegenüber den Bündnispartnern. In den USA – parteiübergreifend – bleibt aber der Kampf gegen den Terrorismus eine zentrale Aufgabe; der 11. September bestimmt zwar nicht mehr ausschließlich den außenpolitischen Kurs und nach der Sicherheitsstrategie von 2010 (NSS 2010) ist es nunmehr das Ziel, den Krieg nicht mehr in Feindesland zu tragen, sondern ihn stattdessen an der Heimatfront zu bekämpfen (der Schwerpunkt liegt eindeutig auf der inneren Sicherheit – „homeland security"). Sollte sich Washington aber bedroht fühlen, so wird es unter keiner Administration davor zurückschrecken, notfalls unilateral und auch präventiv loszuschlagen. Dieser Paradigmenwechsel ergab sich geradezu zwangsläufig nach dem Rückzug amerikanischer Truppen aus dem Irak im Dezember 2011 sowie der Entscheidung für einen Abzug des Militärs in Afghanistan, wie er für 2014 vorgesehen ist.

Beide Entscheidungen sowie die o.e. Kürzungspläne für den Verteidigungsetat ändern jedoch nichts an der Tatsache, dass Amerikas Führungsrolle in der Welt sich auch künftig aus seiner überragenden militärischen Überlegenheit speisen wird. Auch wenn die Grenzen dieser Dominanz Washington in den vergangenen Jahren schmerzlich vor Augen geführt wurden, sollte der Abschreckungs- wie der psychologische Effekt dieser Dominanz dennoch nicht unterschätzt werden. Zunächst gilt, dass kein anderes Land auch nur annähernd an die militärischen Fähigkeiten der USA heranreicht. Die amerikanischen Streitkräfte sind die mit weitem Abstand bestausgerüsteten und fähigsten in der Welt.[37] Aufgrund der vollständigen Digitalisierung ihrer Führungsstrukturen und nicht zuletzt aufgrund

---

[37] Center for Defence Information, Last of the Big Time Spenders: US Military Budget still the World's largest, and growing. www.cdi.org/budget/2004/world-military-spending.cfm (Zugang August 2005).

von Ausbildungsstand, Training und Doktrin sind sie in der Lage, mit geringsten Reibungsverlusten die verschiedenen Teilstreitkräfte im Kampf zu bündeln und sowohl integrierte Operationen wie in Afghanistan oder im Irak durchzuführen wie theoretisch auch die Eskalationsdominanz in einem Großmächtekonflikt zu entwickeln. Kein anderes Land ist in der Lage, seine militärische Macht global einzusetzen. Mit einem weltumspannenden Netz an Militärbasen und ihrer auf allen Weltmeeren präsenten Flugzeugträgerflotte können die USA ohne Zeitverlust rasch auf etwaige Krisen in der Welt reagieren und militärische Macht projizieren.

Die amerikanischen Ausgaben sind in etwa doppelt so hoch wie die der EU-28 und sechsmal größer als die Chinas, des derzeit einzigen potentiellen Rivalen neben der EU – legt man die geschätzten Zahlen des chinesischen Verteidigungshaushalts zugrunde, die die offiziellen in etwa um das Zwei- bis Dreifache überschreiten; nach Angaben des Stockholmer Friedensforschungsinstituts gibt Peking dementsprechend derzeit sogar gerade einmal ein Zehntel dessen für die Verteidigung aus, was die USA ausgeben. So bleibt die überragende Militärmacht der USA wohl auch weiterhin „nicht die Ursache amerikanischer Stärke, aber ihre Konsequenz".[38] Und wo immer diese in die Waagschale geworfen wird – ob in regionalen Konflikten oder in Friedensverhandlungsprozessen wie im Nahen Osten -, lässt deren politisch-psychologische Wirkung als Droh- und Rückversicherungspotential die Konfliktparteien die Führungsrolle Washingtons letztlich akzeptieren.

Gestützt auf diese Ressourcen wird Washington wohl auch künftig seine überragende Militärpräsenz zur Projektion stabiler Verhältnisse vor allem im so genannten Greater Middle East wie in der pazifischen Region nutzen – auf Grund der angestrebten Energieunabhängigkeit vielleicht weniger zur unmittelbaren Sicherung der freien Ölzufuhr bzw. der geostrategisch relevanten Netzwerke und Transportwege, dafür aber zur Aufrechterhaltung des jeweiligen regionalen Kräftegleichgewichts. Washington wird aber dabei versuchen, sich erstens diesen Regionen mit seinen ordnungspolitischen Vorstellungen nicht weiter als nötig aufzudrängen, und es wird zweitens alles unternehmen, um die sich daraus ergebenden enormen finanziellen Belastungen für Washington zu senken. Das Instrument für diese Strategie sieht man bereits jetzt im Greater Middle East im Bemühen um eine regionale kollektive Sicherheitsarchitektur, in der neben den Staaten der Region und den Europäern auch China, Indien und evtl. Russland einen Teil der Kosten übernehmen und wenn möglich auch militärisch präsent

---

38   Kreft, Heinrich: Die USA im Abstieg? It's still the indispensable nation, stupid!, in: Die Politische Meinung, 1/2009, S. 23-27

sein sollen. Mit anderen Worten, „Entamerikanisierung", bei gleichzeitiger Regionalisierung lauten die Mittel, mit denen Washington seine Militärpräsenz sukzessive auf ein Mindestmaß reduzieren und seine Akzeptanz als „wohlwollender Hegemon" wiederherstellen will; dabei sollen alle Staaten der Region, Syrien und Iran inbegriffen, einbezogen werden.

Weder die EU noch China, Japan oder Russland könnten die Voraussetzungen für eine solche globale ordnungspolitische Rolle derzeit ohne einen fundamentalen Prioritätenwechsel in der Außen- und Sicherheitspolitik schaffen. Ein solcher ist im Falle der EU bei allen Erfolgen der GSVP aber auch künftig nicht zu erwarten. Insofern sind es auch längst nicht mehr die Bemühungen der EU, das Machtgefälle durch den Ausbau nur annähernd auszugleichen, die das transatlantische Verhältnis belasten, sondern der zunehmende Relevanzverlust der NATO aus der Sicht Washingtons zugunsten einer flexiblen, auf funktionale ad-hoc-Koalitionen setzenden amerikanischen Weltpolitik. Das kollektive Verteidigungsbündnis hat sich, wie oben beschrieben, spätestens seit dem 11. September zu einer „Sicherheitsorganisation" hin gewandelt, welche zwar enorme Anstrengungen unternommen hat, eine angemessene Antwort auf die neuen Herausforderungen zu finden, welche aber Schwierigkeiten hat, zum einen – wegen europäischer Widerstände – dem amerikanischen Anspruch auf ein global handelndes Bündnis gerecht zu werden, zum anderen – wegen amerikanischen Zögerns – die traditionelle Rolle einer vornehmlich auf das Bündnisgebiet begrenzten regionalen Schutzorganisation im Sinne Europas aufrechtzuerhalten. Beide Seiten sind sich zwar einig, dass das Bündnis mit seinen Kooperations- und Partnerschaftsprogrammen und der Aufnahme neuer Mitglieder seit den Umbrüchen der Jahre 1989/90 einen zentralen Beitrag zu Sicherheit und Stabilität im euro-atlantischen Raum leistet und dass es das nach wie vor einzige Forum für transatlantische Kooperation im Sicherheitsbereich bildet. Beide Seiten stehen heute auch in einem intensiven Dialog in den Bereichen Terrorismusbekämpfung, Nichtverbreitung von Massenvernichtungswaffen und Zivilschutz und signalisieren damit ein Interesse an der gemeinsamen Bewältigung neuer Sicherheitsanforderungen. Schließlich leisten beide Organisationen mit ihren jeweiligen Fähigkeiten wichtige und komplementäre Beiträge zum Krisenmanagement über das gesamte Konfliktspektrum (von präventiven Einsätzen über humanitäre Operationen bis hin zu intensiver Kriegsführung und post-Konflikt-Management). Dennoch läuft die Allianz zunehmend Gefahr zu einer Art „Sicherheits- und Service-Agentur" zu geraten, welche den Bündnisfall nach Art. 5 zwar ausrufen kann, ohne dass dieser jedoch auf beiden Seiten des Atlantiks als eine Verpflichtung zum militärischen Beistand interpretiert werden muss.[39]

Entscheidend ist in diesem Zusammenhang, dass sich die geopolitischen Prioritäten Washingtons in Richtung des Nahen und Mittleren Ostens sowie Ostasiens verschoben haben, die NATO jedoch eine regionale Organisation bleibt, die die globalen Bedrohungen nicht allein eindämmen kann. Die logische Konsequenz besteht für Washington darin, dass das Bündnis bei seinen Einsätzen immer stärker auf die Unterstützung von Ländern angewiesen ist, die ihm nicht angehören (vgl. a.a.O.). Brüssel wiederum teilt zwar die Einschätzung (vgl. ESS), dass die dortigen Herausforderungen (Sicherung der Ressourcen, Kontrolle fundamentalistischer Bewegungen bzw. des Terrorismus, Demokratisierung, Proliferation, Stabilisierung von Regionalkonflikten, allen voran des Nahost-Konflikts) auch die Interessen der EU berühren. Ganz abgesehen davon aber, dass es Differenzen gibt bzgl. der strategischen Mittel, mit denen diesen Herausforderungen begegnet werden soll, liegt der Schwerpunkt des sicherheitspolitischen Interesses nun mal auf dem eigenen Kontinent bzw. an der unmittelbaren Peripherie. Die Differenzen in diesem Punkt bedeuten aber auch, dass die EU auf Dauer nicht davon ausgehen kann, dass Washington sich dort in jeder Krise engagiert. Die logische Konsequenz daraus wurde bereits auf dem Brüsseler NATO-Gipfel von 1994 mit dem Konzept der „Combined Joint Task Forces" (CJTF) geboren, das die Nutzung von Teilen der NATO-Streitkräfte und -Befehlsstrukturen durch die NATO und (damals) die WEU erleichtern sollte. Dahinter stand die Absicht, den Europäern die Möglichkeit zu geben, Krisenmanagementaufgaben zu übernehmen und dafür Streitkräfte einzusetzen, die von der NATO „trennbar, aber nicht getrennt" (separable but not separate) waren. Endgültig umgesetzt wurde diese Idee mit den so genannten „Berlin Plus"-Vereinbarungen von 2003. Seither kann die EU bei der Durchführung ihrer Operationen auf kollektive NATO-Mittel und -Fähigkeiten zurückgreifen, während die NATO EU-geführte Operationen unterstützen kann, wenn sie selbst als Ganzes nicht militärisch tätig werden will; erste Operationen auf dieser Grundlage waren die EU-geführte Mission „Concordia" in der Republik Mazedonien (2003) sowie die 2004 angelaufene Mission „Althea" in Bosnien-Herzegowina.[40]

---

39   François Heisbourg, Europe and the Transformation of the World Order, in: Survival, 43 (Winter 2001-02), S. 144 f.

40   Dazu Pol de Witte/Fritz Rademacher, Partnerschaft oder Rivalität? Ein Blick aus der Praxis, in: Varwick (Hg.), Die Beziehungen zwischen NATO und EU, a.a.O., S. 271-292.

Das Problem dieser Vereinbarung liegt in den ihnen zugrunde liegenden Grundprinzipien für gemeinsame Einsätze: der formalen Gleichheit sowie der Beachtung der Entscheidungsautonomie und der Interessen beider Organisationen. Beide sind gehalten, ihre Interessen in wesentlichen Fragen im Konsens zu definieren, mithin mit Einstimmigkeit. Dies bedeutet aber, dass es sich die USA vorbehalten können- und auch wollen, wann sie der EU den vollen Zugang zu den knappen und teuren militärischen Mitteln der NATO, die vor allem amerikanische sind, gewähren. Über diese Hürde hilft auch die Tatsache nicht, dass sich nach dem EU-Beitritt von Rumänien und Bulgarien vier Fünftel der Mitgliedschaften in EU und NATO überlappen (21 der 28 NATO-Mitglieder gehören gleichzeitig der EU an).[41] Solange sich beide Organisationen hinsichtlich der Methoden und Mittel/Fähigkeiten zum Erreichen ihrer Ziele nicht einig sind, solange vor allem die USA fürchten, dass der Berlin-Plus-Mechanismus langfristig zu einem allzu großen europäischen Einfluss im Bündnis ohne gleichzeitige gerechte Lastenteilung führen könnte, wird jede geplante EU-Aktion unter dem Damoklesschwert eines möglichen Vetos durch Washington stehen.[42] Dieses Dilemma wird zusätzlich verstärkt durch Frankreichs traditionelles Pochen auf eine größere Unabhängigkeit der GSVP von der NATO bzw. den USA. Zwar stehen die USA einer unabhängigeren GSVP heute wohl aufgeschlossener denn je in der Geschichte der transatlantischen Beziehungen gegenüber. Dennoch stößt die auch von Frankreich propagierte Komplementarität beider Organisationen im Rahmen ihrer „strategischen Partnerschaft" in der Praxis sehr rasch an ihre Grenzen und impliziert, dass man sich europäischerseits entweder mit einer Abhängigkeit von der NATO in Teilbereichen abfindet – was dem vorherrschenden französischen Verständnis von Autonomie, das keine Beschränkungen der europäischer Handlungsoptionen zulässt, widerspricht – oder die Fähigkeiten zu raschem Krisenmanagement zulegt. Da die EU letzteres mit ihrem Planziel 2010 längstens beschlossen hat und da im Grunde auch die NATO auf eine solche Befähigung setzt, ist die logische Konsequenz aus diesen Bemühungen mittel- bis langfristig – bei allen Schwierigkeiten der EU in der Umsetzung – geradezu zwangsläufig ein gewisses Maß an Duplikation militärischer Fähigkeiten in den Schlüsselbereichen Logistik, strategische Aufklärung und Planung; die Einrichtung eines EU-Operationszentrums und der Civilian Planning Conduct Capability sowie

---

41　Michael Staak, Einführung in die Internationale Politik, München 2012, S. 155; Frank Kupferschmidt, Strategische Partnerschaft in der Bewährung. Die Zusammenarbeit von NATO und EU bei der Operation Althea. SWP-Studie, Berlin 2006 (April), S. 27.

42　Vgl. NATO and the European Union. Congressional Research Service (CRS). Report for Congress, April 6, 2004.

die Schaffung der so genannter Gefechtsverbände weisen in diese Richtung. Und da eine weitere Reduzierung der NATO-Kommandostruktur gleichsam im Gang ist, scheint es ohnehin fraglich, ob das Bündnis auf Dauer in der Lage sein wird, neben den eigenen Aufgaben auch noch den vereinbarten Berlin-Plus-Zusagen im Einzelnen nachzukommen.

Von diesem Maß an Duplikation hängt wiederum die Frage nach einem größeren politischen Einfluss der Union auf die USA ab. Die Entwicklung der Fähigkeiten in der Union deutet allerdings darauf hin, dass das militärische Gefälle zwischen beiden Seiten auf absehbare Zeit kaum geringer werden dürfte – was ohnehin nicht notwendigerweise ein Gradmesser für die amerikanische Bereitschaft sein muss, die eigene Handlungsfähigkeit beeinträchtigen zu lassen. Die mangelnde Bereitschaft, den eindeutigen politischen Erklärungen die entsprechenden Taten folgen zu lassen, deutet vielmehr darauf hin, dass die Union bei ihren Operationen noch längere Zeit auf eine substantielle Unterstützung der Allianz angewiesen bleiben wird.

4.2.4   Perspektiven für das transatlantische Verhältnis

Dies bedeutet allerdings, dass die EU sich auch in Zukunft damit abfinden muss, dass es eben von Zeit zu Zeit auf Grund der unterschiedlichen Wahrnehmung von Sicherheitsbedrohungen und der angemessenen Reaktion darauf zu Situationen kommen kann, in denen die unverändert global ausgerichtete Politik der US (im Gegensatz zur vorwiegend regional ausgerichteten europäischen Außenpolitik, mit Präferenz für multilaterales Vorgehen und politisch-ökonomische Mittel) bisweilen ein eher instrumentelles Verständnis von Multilateralismus entfaltet und die sicherheitspolitische Handlungsfreiheit leitende Maxime bleibt – auch auf die Gefahr einer vorübergehenden Entfremdung gegenüber den Bündnispartnern hin. Allenfalls kann in solchen Momenten von einem realistischen Multilateralismus im Sinne der engen Zusammenarbeit mit ausgewählten und gleich gesinnten Staaten zur Umsetzung bestimmter Ziele die Rede sein, bei denen die Aufgabe die „flexiblen Koalitionen" bestimmt.

Auf die Unterstützung der Europäer wird Washington dabei auch künftig angewiesen sein – sie ist, bei allen Defiziten, die einzig verlässliche und ohne Alternative. Insofern bedeutet die Hinwendung zum pazifischen Raum auch nicht die Abkehr von Europa, wie vielfach fälschlicherweise angenommen. Das schließt nicht aus, dass es auch künftig in dem einen oder anderen Fall Spannungen gibt. Beide Seiten sollten sie akzeptieren, ohne gleich in die große Sprachlosigkeit oder das „bashing" zu verfallen, wie dies während der Irak-Krise der Fall war. In vielen Punkten gibt es nicht unüberbrückbare, aber doch deutliche Differenzen, die auch mit unterschiedlichen Wertvorstellungen (zumindest aber unter-

schiedlichen Priorisierungen bestimmter Normen) zu tun haben. An Amerikas
Grundüberzeugung und Selbstverständnis , wonach es aufgrund seines unverändert überragenden Machtpotentials die globale Ordnung gestalten kann (und
im Gegensatz zu China, Russland, anderen Schwellenländern sowie der EU auch
will), wird sich auch künftig, gleich unter welchem Präsidenten, nur wenig ändern. Das geopolitische Hauptinteresse gilt dabei dem Nahen und Mittleren Osten mit den Schwerpunkten Golfregion, dem Konflikt Indien-Pakistan und dem
Nahostfriedensprozess; Chinas Aufstieg als regionale Vormacht im Pazifik; und
Russlands Wiedererstarken an seinen Rändern. Das Interesse an Europa hingegen
hat abgenommen und ist abhängig vom Verhältnis zu Russland; es liegt heute insbesondere in dem Wunsch nach einem starken Allianzpartner auf globaler Bühne begründet. Gleichwohl wird Washington seine Verpflichtungen angesichts der
prekären Haushaltslage sukzessive zurückfahren und in Einklang mit seinen verringerten Mitteln bringen; Libyen war ein erstes Signal für eine größere Selektivität im künftigen Konfliktmanagement. Europas ordnungspolitischer Anspruch
reicht demgegenüber nicht zuletzt aufgrund der geringeren Machtressourcen und
des mangelnden Willens über die eigene Peripherie (Osteuropa, Mittelmeerraum,
insbesondere Maghreb, sowie Balkan) kaum hinaus – im Gegensatz zum geoökonomischen Interesse, welches sich, wie im Falle der USA, gleichsam zunehmend
in Richtung Asien verlagert.

Zu der Machtasymmetrie und den unterschiedlichen Ordnungsvorstellungen
kommt erschwerend hinzu, dass die amerikanische Parteienlandschaft und Gesellschaft heute polarisierter denn je ist – mit erheblichen Konsequenzen für transatlantisches Handeln insbesondere in von europäischer Seite aus als vorrangig
betrachteten Themenfeldern wie der Schließung von Guantánamo, der Klima-
und Energiesicherheitspolitik, der Abrüstungs- bzw. Rüstungskontroll- oder der
Handels- und Entwicklungshilfepolitik. In allen Fragen ist ein wiedererstarkter
und machtbewusster Kongress der eigentliche Adressat europäischer Politik und
gilt heute, dass Europäer und gemäßigte Demokraten auf amerikanischer Seite
sich bisweilen näher stehen als Demokraten und Republikaner.

Dem gegenüber steht aus amerikanischer Sicht auch nach dem Lissaboner Vertrag eine mittlerweile auf 28 Mitglieder angewachsene EU, die unverändert weit
von einer einheitlichen außenpolitischen Ausrichtung entfernt ist, Konsentent-
scheidungen oftmals als Ergebnis langwieriger Verhandlungsprozesse und eines
kleinsten gemeinsamen Nenners erscheinen lässt und die Schnittmenge transatlantischer Interessen erheblich reduziert.

Vor diesem Hintergrund gilt es für die EU zu akzeptieren, dass die vielbe-
schworene Wertegemeinschaft der Vergangenheit in Zukunft in Washington
vor allem an ihren konkreten Politikergebnissen gemessen wird. Washington

wird, gleich unter welchem Präsidenten eine „gerechtere" Lastenteilung und mehr globales Engagement beim Konflikt- und Krisenmanagement fordern, als es Europäern bisweilen lieb ist. Die USA benötigen zur Aufrechterhaltung ihres Führungsanspruches die Unterstützung ihrer transatlantischen Partner. Beide Seiten wiederum sollten darüber hinaus auch wissen, dass einzig und allein geschlossenes transatlantischen Handeln die Chancen auf die Einbindung Chinas, Russland und anderer Schwellenländer in internationale Organisationen erhöht und deren Akzeptanz rechtsstaatlicher und völkerrechtlicher Grundprinzipien befördern kann. Auch aus diesem Grund liegt die Lösung der Wirtschafts- und Finanzkrise im Euroraum im amerikanischen Interesse. Dies sowie die weitere Erholung der US-Wirtschaft sind die Voraussetzung für das Angehen gemeinsamer Herausforderungen: vom Umgangs mit scheiternden und gescheiterten Staaten im Rahmen der transatlantischen Sicherheitsorganisationen über Fragen der Klimaschutz- und Energiesicherheitspolitik bis hin zur Neuordnung bzw. Anpassung des globalen wirtschafts- und finanzpolitischen Ordnungsrahmens.

4.3   Das Verhältnis zu Russland

Neben den Beziehungen zu den USA sind vor allem die aufgrund ihrer jeweiligen regionalen Bedeutung entwickelten „strategischen Partnerschaften" der EU zu einer Reihe weiterer Staaten ein zentraler Bestandteil ihrer Außenbeziehungen. Russland ist in diesem Zusammenhang schon allein wegen seiner geostrategischen Rolle an der Peripherie der erweiterten Union und nicht zuletzt aufgrund seiner immensen energiepolitischen Bedeutung für die Union gewiss die zentrale Variable und ein unabdingbarer Partner für die Gestaltung der europäischen Außen- und Sicherheitspolitik im Allgemeinen, vor allem aber die Nachbarschaftspolitik der EU im Speziellen.[43] Bei aller wechselseitigen Abhängigkeit aber gestaltet sich das bilaterale Verhältnis zunehmend schwieriger und ist bei weitem nicht frei von Spannungen. Seit 2004 mehren sich jedenfalls die Anzeichen für eine Verschärfung der bilateralen Beziehungen: Einen Vorgeschmack lieferte die polnische Blockade im Vorfeld des Treffens der Staats- und Regierungschefs der EU und Russlands im November 2006. Warschau forderte die Solidarität der anderen EU-Mitglieder im bilateralen Konflikt mit Moskau um das von der sowjetischen Führung bereits 2005 verhängte Importverbot für polnische

---

43   Dov Lynch, Struggling with an Indispensable Partner, in: Ders. (Hg.), What Russia Sees, European Union Institute for Security Studies (EUISS) Paris: Chaillot Papers, No. 74 (November 2005), S. 115-143.

Fleischwaren. Gleichzeitig verlangte Polen von Russland die Ratifizierung der Energiecharta und des Zusatzprotokolls, wodurch europäischen Firmen der Zugang zu russischen Rohstoffvorkommen und zum russischen Leitungssystem gewährt würde. Die polnische Führung drohte damit, die Zustimmung zu einem gemeinsamen Mandat für die Verhandlungen der EU mit Russland über ein neues Partnerschaftsabkommen zu verweigern, wenn diese Forderungen nicht erfüllt würden. Moskau wiederum beklagte die mangelnde Geschlossenheit der EU, verwies auf das Fehlen einer gemeinsamen Energiepolitik und die Notwendigkeit, daher mit einzelnen Staaten bilateral zu verhandeln. Hinter dem gegenseitigen Misstrauen stand das Trauma der Europäer von der ein Jahr zuvor (2005) erlebten konzertierten Aktion von Kreml und Gasprom gegen die Ukraine, die der EU schmerzlich vor Augen führte, wie groß die Abhängigkeit von russischen Energieträgern mittlerweile war.

Vier Jahre später kam es durch die Neuauflage des russisch-ukrainischen Gasstreits Anfang 2009 wiederum zu Spannungen, als eine Reihe europäischer Mitgliedstaaten von russischen Gaslieferungen abgeschnitten wurde. Seitdem ist die Sorge in der EU vor einer zu hohen Abhängigkeit von Russland deutlich gestiegen. Belastet wurde das Verhältnis schließlich durch den Georgien-Krieg 2008. Die EU setzte ihre Gespräche mit Russland als Reaktion auf den Konflikt im Südkaukasus vorübergehend sogar aus und nahm die Verhandlungen über ein neues Partnerschaftsabkommen erst Monate später wieder auf. Umgekehrt reagierte Moskau auf die Vereinbarung einer "Östliche Partnerschaft" zwischen der EU und sechs ehemaligen Sowjetrepubliken im Mai 2009 einmal mehr mit dem seit Beginn des Erweiterungsprozesses gewohnten Vorwurf, die EU wolle auf diesem Weg neue Einflusszonen in seinem angestammten Hinterhof schaffen.

Die Probleme im russisch-europäischen Verhältnis zeigen sich zudem deutlich bei den alljährlichen Gipfeltreffen, auf denen man bislang nicht in der Lage war, die bereits im Mai 2003 vereinbarten „Gemeinsamen Räume", in denen die bilaterale Zusammenarbeit vertieft werden sollte, vor allem in den Bereichen „Freiheit, Sicherheit und Justiz" sowie „äußere Sicherheit" mit konkreten Inhalten und Zielen zu füllen. Die Ursache dafür liegt zunächst darin, dass Russlands Kurs als eigenständiger internationaler Akteur in Europa und in der Welt nicht zuletzt aufgrund der widersprüchlichen inneren Entwicklungen, aber auch der veränderten internationalen Kräftekonstellation alles andere als klar bestimmt ist. Fest steht lediglich, dass die offizielle Politik der Kremlführung seit 1999 nicht mehr auf eine europäische Integration hin ausgerichtet ist und dass seither auch die Union eine insgesamt eher zurückhaltende Position gegenüber Moskau einnimmt, die wiederum das Ergebnis einer wachsenden Desillusionierung in Brüssel bezüglich der Perspektive für eine Annäherung Russlands an das kulturelle und zivilisatorische Konzept Europas ist. Befördert wird die zunehmend kritische Haltung der Europäer schließlich durch den von den Ostmitteleuropäern signalisierten Willen, bei der Ausarbeitung der Russland-Politik der EU stärker mitwirken zu können. Dabei bleibt bei allen die Erfahrung mit dem großen Nachbarn im Osten, der sie immer wieder das Fürchten gelehrt hat; sie trägt maßgeblich dazu bei, dass seit der Erweiterung die Beziehungen zu Russland insgesamt schwieriger geworden sind, auch wenn beide Seiten in den beiden vergangenen Jahren wieder Schritte in Richtung einer Entspannung des bilateralen Verhältnisses einleiteten – so über die Idee von der Modernisierungspartnerschaft 2010, die Initiative in Richtung einer Wiederbelebung ihrer strategischen Partnerschaft 2012 oder aber das voraussichtlich 2014 in Kraft tretende Abkommen über Visaerleichterungen.[44]

4.3.1 Die Gemeinsame Strategie der EU gegenüber Russland und Moskaus Antwort – Ausgangspunkt für einen Paradigmenwechsel in den bilateralen Beziehungen

Am deutlichsten lässt sich der Paradigmenwechsel in der russischen Außenpolitik bereits in der „Mittelfristigen Strategie für die Entwicklung der Beziehungen zwischen der Russischen Föderation und der Europäischen Union im Zeitraum von 2000 bis 2010" aus dem Jahr 1999 ablesen, jenem Dokument, das als Antwort von Putin in seiner damaligen Funktion als russischer Premierminister auf die „Gemeinsame Strategie" der EU aus dem gleichen Jahr formuliert wurde.[45] Darin heißt es kategorisch, dass Russland, aus Gründen, die die Dimensionen wie die Ambitionen des Landes beträfen, „einen anderen Weg gewählt" habe, nämlich den des Aufbaus gemeinsamer Räume, die es beiden Seiten ermöglichen sollten, eine Kooperation zwischen Gleichgestellten zu entwickeln, ohne formelle Integration in die EU. „Als eine Weltmacht, die sich auf zwei Kontinente erstreckt", sollte sich Russland die Freiheit bewahren, seine Innen- wie Außenpolitik nach eigenen Interessen zu bestimmen und die Unabhängigkeit seiner Position und seines Handelns in internationalen Organisationen zu festigen.

---

44   Europäischer Rat, „Die EU und Russland wollen ihre strategische Partnerschaft weiter ausbauen". Erklärung zum Gipfeltreffen mit Russland am 3 u. 4. Juni 2012 in St. Petersburg www.european-council.europa.eu/.../eu-russia-joint-commitment-to.

45   European Council, Common Strategy of the European Union on Russia, Cologne June 4, 1999, 1999/414/CFSP. http://europa.eu.int/comm/external_relations/russia/ common_strategy; Medium-term Strategy for Development of Relations between the Russian Federation and the European Union (2000-2010). http://www.europa.eu.int/ comm/external_relations/russia/russian_ medium_term_strategy/index.htm.

Die Botschaft war unmissverständlich und entsprach nach russischer Lesart durchaus gemeinsamen Interessen: Zwar hegte Putin die Vision einer engen Partnerschaft mit der EU und betonte die Zugehörigkeit zu Europa; anlässlich des ersten Treffens der EU-Troika mit der russischen Führung Ende Mai 2000 bekannte der Präsident gar, dass Russland stets ein europäisches Land gewesen sei, nicht nur „wegen seiner geographischen Lage, sondern auch im Hinblick auf seine Kultur und den Grad der ökonomischen Integration".[46] Gleichzeitig aber meldete Russland sich unter dem Druck unverändert starker eurasischer und slawischer Fraktionen im Lande als Großmacht auf der Weltbühne zurück, suchte seinen internationalen Status in direkter Nachbarschaft zur chinesischen Herausforderung im Osten, neun mehrheitlich muslimischen Staaten einschließlich der Türkei im Süden und der EU im Westen zu festigen, und trug schließlich mit seinen Mitteln zum Ausbau einer multipolaren Weltordnung bei, in der die grundsätzlich pro-europäische Position doch erheblich abgeschwächt wurde. Die Idee der Multipolarität hatte der frühere Außenminister Jewgenij Primakov (1996-1998) bereits unter Jelzin propagiert.[47] Ziel war danach eine klassische Gleichgewichtspolitik Russlands in der internationalen Arena: Gegenüber dem Westen (einschließlich der USA) war das Verhältnis zunächst von der Maxime einer pragmatischen Kooperation geprägt; gleichzeitig unterhielt Moskau im Sinne der „Diversifizierung" „strategische Partnerschaften" mit China und Indien, festigte den Schulterschluss mit dem slawischen Bruderstaat Belarus, übte politischen Druck auf andere GUS-Staaten (Georgien, Aserbaidschan, die Ukraine) aus und suchte über ausgewählte Beziehungen (so bspw. das 1998 konzipierte Dreiergipfeltreffen von Moskau, Paris und Bonn, welches allerdings nur einmal stattfand) eine annähernd gleiche, unverbindliche Nähe zu allen Machtzentren herzustellen. Später wurde aus dieser Politik eine vor allem anti-amerikanische Geisteshaltung im Sinne der Gegenmachtbildung insbesondere in Eurasien, wo sich Washington in den neunziger Jahren anschickte, eine dominierende Rolle zu spielen. Dieser „Eurasianismus" zielte darauf, erstens die NATO und deren Erweiterung weiterhin als Bedrohung zu stilisieren, und zweitens die Amerika-kritischen Länder wie eben China, Indien und Iran als Partner einzubinden.

Vor dem Hintergrund dieses seither gültigen außenpolitischen Kurses stellt sich für die Union zunehmend die Frage nach der künftigen Gestaltung der Beziehungen zu Russland. Für Brüssel reichte die allein auf die geo-ökonomischen

---

46 Zitiert nach Margareta Mommsen, Die Europäische Union und Russland, in: Werner Weidenfeld (Hg.), Die Europäische Union, Bonn 2004, S. 482-502 (491).

47 Hiski Haukkala, A Problematic „Strategic Partnership", in: Dov Lynch (Hg.), EU-Russian Security Dimensions, EUIIS: Occasional Papers, No. 46 (July 2003), S. 8-19.

Interessen und die praktische institutionelle Einbindung in die zentralen internationalen Organisationen/Institutionen (WTO, G7/8) fixierte Haltung der russischen Führung für ein partnerschaftliches Verhältnis in der Vergangenheit grundsätzlich nicht aus; nach dem Beitritt zur WTO im August 2012 aber, und vor dem Hintergrund der besonderen Bedeutung Russlands als mittlerweile drittgrößter Handelspartner der EU, fällt für Brüssel Moskaus Drängen auf Integration in diese Organisationen als politischer Hebel weg und wird auch das eigene Handeln weit mehr von pragmatischen und realpolitischen Interessen bestimmt. Jedenfalls scheint sich die EU heute keinen Illusionen mehr hinzugeben bezüglich russischer Lippenbekenntnisse zur Übernahme des europäischen Wertekanons.

Befördert wird diese Sichtweise durch die erkennbare Tendenz zu einer wachsenden Militarisierung der russischen Außenbeziehungen, wie sie sich bereits im zweiten Tschetschenienkrieg und in der Reaktion Moskaus auf den Terroranschlag von Beslan vom September 2004 ankündigte. Sie bestätigt Brüssel, dass trotz aller Bekundungen der wechselseitigen Wertschätzung Moskau am Großmachtanspruch in Europa festhält und die Beziehungen zur Union von einer durchweg pragmatischen und realistischen Haltung geprägt sind. Entsprechend verurteilte der Europäische Rat bereits im Dezember 1999 in einer Erklärung das russische Vorgehen in Tschetschenien auf das Schärfste und markierte damit den Wendepunkt in einer bis dato gegenüber Moskau eher konzilianten Politik der EU; noch zwei Jahre zuvor, im Dezember 1997, war das bereits 1994 unterzeichnete Partnerschafts- und Kooperationsabkommen (PKA) mit Russland, welches die Beziehungen erstmals institutionalisierte und visualisierte (halbjährliche Treffen der Präsidenten Russlands, der Kommission und des Europäischen Rates, eine oder mehrere Sitzungen des Kooperationsrates auf Ministerebene pro Jahr, jährliche Versammlung des parlamentarischen Kooperationsausschusses), einen breiten politischen Dialog u. a. in den Bereichen Energie, Transport, Wissenschaft und Technologieaustausch initiierte und den Handel auf der Basis von Meistbegünstigung und WTO-Regelwerk ausweitete, trotz Moskaus aggressiver Tschetschenienpolitik und pro-serbischer Position im Kosovo ratifiziert worden.[48]

Indem der Rat nunmehr aber die Überprüfung der Gemeinsamen Strategie und das Einfrieren von ca. 90 Mio. Euro der für Russland vorgesehenen TACIS-Mittel beschloss, signalisierte er zumindest, bei aller Symbolhaftigkeit der Drohungen, dass die Union nicht weiter bereit war, Moskaus offene Vertragsverletzungen hinzunehmen. Fortan spielte auch Moskau eine konstruktivere Rolle auf dem westlichen Balkan und unterstützte die dortige EU-Politik. Gleichzeitig

---

48   Agreement on Partnership and Cooperation, December 1, 1997. http://europa.eu.int/comm/external_relations/ceeca/pca/pca_russia.pdf.

aber verschlechterten sich die Beziehungen durch die in Moskau hervorgerufenen Proteste angesichts der „Doppelzüngigkeit" Brüssels in Bezug auf die Minderheitenprobleme in Russland und auf dem Balkan, wo die NATO-Intervention im Kosovo als ungerechtfertigt und nicht legitimiert angesehen wurde, während die Niederschlagung der tschetschenischen Rebellion als offizielle Operation gegen den Terrorismus durchgeführt wurde; eben dies führte dazu, dass der Tschetschenien-Einsatz in der Bevölkerung wie unter den politischen Eliten eine breite Zustimmung erhielt.

Zusätzlichen Auftrieb erhielt Moskau schließlich nach den Terroranschlägen vom 11. September 2001. Putin nutzte die sich aus der veränderten weltpolitischen Lage ergebende Gelegenheit zunächst geschickt, um einerseits durch das Kooperationsangebot an die USA/NATO und die EU im gemeinsamen Kampf gegen den internationalen Terrorismus das eigene politische Gewicht zu stärken, andererseits aber das Vorgehen Moskaus im Kaukasus im Nachhinein und auch künftig zu legitimieren. Einmal mehr bekundete der Präsident gegenüber der EU das Interesse am Aufbau eines gemeinsamen europäischen Hauses und wurde für seine Kooperationsbereitschaft auch prompt mit weit reichenden Angeboten des Westens zur Vertiefung der beiderseitigen Beziehungen belohnt: So wurden im Frühjahr 2002 sowohl ein Abkommen zur Reduktion der strategischen Waffen zwischen Putin und dem amerikanischen Präsidenten George W. Bush wie auch ein Vertrag zwischen Moskau und der NATO („NATO der Zwanzig") unterzeichnet, in dem man Moskau ein Mitspracherecht in allen nicht Artikel V-relevanten Fragen einräumte und vor allem klare Kooperationsziele im Kampf gegen den Terrorismus formulierte.[49] Unmittelbar darauf gewährte die EU-Troika in Moskau Russland schließlich den lang ersehnten Status eines „Marktwirtschaftslandes".[50]

Diese Erfolge schienen den Kreml nur in seiner Auffassung zu bestätigen, dass die EU wie auch der Westen insgesamt Russland brauchten und somit trotz anhaltender Spannungen in der Tschetschenien- oder anderen Fragen (Kaliningrad, das infolge der Osterweiterung der EU von dieser eingeschlossen ist; Zunahme von Entführungen und willkürlichen Verhaftungen wie im Falle des Ölmagnaten Chodorkowskij; Verletzung rechtsstaatlicher und demokratischer Regeln) Moskau gegenüber immer wieder zu politischen Konzessionen gezwungen waren. Allerdings führte dies im Laufe der vergangenen Jahre auch zu dem besagten

---

49 NATO-Russland-Rat, Rom, 28. Mai. 2002. www.nato.int/docu/basictxt/b020528d. htm.

50 Margareta Mommsen, Wer herrscht in Russland? Der Kreml und die Schatten der Macht, München 2003, S. 214 ff.

pragmatischeren Kurs der Union, der einerseits Russlands Großmachtinteressen Rechnung trug, andererseits auch deutlicher als zuvor Kritik an Moskau übte. So stemmte sich Brüssel in der Frage einer Mitgliedschaft in der WTO noch eine ganze Zeit lang gegen einen Beitritt Russlands und beharrte auf seinem Standpunkt einer zuvorigen Anhebung der russischen Energiepreise als Voraussetzung dafür. Im Jahr 2004 legten sowohl die Kommission und das Parlament wie auch das Ratssekretariat durchweg kritische Bestandsaufnahmen hinsichtlich der Entwicklungen in Russland und der bilateralen Beziehungen vor.[51] Danach hatten sich die Hoffnungen der neunziger Jahre auf einen friedlichen Transformationsprozess Russlands in Richtung Demokratie und multilateraler Einordnung zerstoben und machten einen Kurswechsel der EU notwendig, bei dem die eigenen Interessen stärker in den Vordergrund gerückt, die unterschiedlichen Interessen der Mitgliedstaaten besser koordiniert und Brüsseler Initiativen entschiedener in Moskau vorgetragen werden sollten. Mit anderen Worten, Brüssel setzte fortan stärker auf Inhalte und Konditionalität denn auf Strukturen bzw. Institutionen. Das neue Selbstbewusstsein war nicht zuletzt das Ergebnis der seit 1998 auch in Moskau registrierten rapiden Entwicklung im Bereich der GASP/GSVP. Sie machte die Union vor allem attraktiv als potenziellen Verbündeten in einer multipolaren Ordnung, in der sich Moskau ungeachtet aller Großmachtrhetorik und regionaler Hegemonieansprüche im GUS-Raum keine Illusion darüber machte, dass einzig allein im Zusammenspiel mit der EU und anderen regionalen Vormächten wie China ein Korrektiv zur seinerzeit alles überragenden Macht der USA zu bilden war. Wurde die Union bis in die frühen neunziger Jahre hinein als verlängerter Arm Washingtons und allenfalls als ökonomische Entität wahrgenommen, so registrierte man nunmehr auch ihr wachsendes politisches Gewicht in der Welt.

Das Gefühl allerdings, mit Brüssel auf Augenhöhe zu verhandeln, veranlasst Moskau gleichsam, die vor allem über seinen Ressourcenreichtum, seine annähernde nukleare Parität mit den USA und seine seit 2010 wieder an Kampfkraft gewinnenden konventionellen Streitkräfte gewachsene Bedeutung in der Weltpolitik zu seinen Gunsten zu nutzen, Tempo und Rhythmus der Beziehungen zur EU zu diktieren und dabei eine geschickte Gleichgewichtspolitik zwischen Staaten

---

51   European Parliament Report with Proposals for European Parliament Recommendations to the Council on EU-Russia Relations (Final A5-0053-2004, PE 329.339), February 2, 2004; Communication of the Commission to the Council and the European Parliament on Relations with Russia (COM 2004 106), Brussels, February 9, 2004; The EU's Relations with Russia – News from the General Affairs Council, February 23, 2004. http://ec.europa.eu/comm./external_relations/Russia/ intro/gac.html.

und Staatenbündnissen zu betreiben.[52] Deutlich wurde dies während des Irak-Konflikts, als die russische Führung lange Zeit zwischen beiden Lagern lavierte, bevor sie sich unter Vorbehalten an der Seite Frankreichs und der Bundesrepublik positionierte. Auch in anderen Fragen beharrt(e) Russland auf seinem eigenen Standpunkt und praktiziert(e) immer wieder eine Politik der Junktims gegenüber den westlichen Partnern: So weigert es sich bis heute beharrlich die bereits 1994 unterzeichnete und 1998 in Kraft getretene Europäisch-Russische Energiecharta zu ratifizieren. Nach wie vor ist Moskau nicht bereit, seine Inlandstarife für Erdöl- und Erdgastransit den europäischen Tarifen anzupassen – was zu einer Verdopplung der Inlandspreise führte –, geschweige denn die Kontrolle über den Energiemonopolisten Gasprom und das Transportsystem für Erdgas aufzugeben. Ebenso wenig akzeptiert Moskau die Bestimmung der Charta, laut der die Transitstaaten berechtigt sind, Russland den Öl- und Gastransit ungeachtet der bestehenden Langzeitverträge zu verweigern, zumal wenn die Transitvorschriften nicht für die EU gelten.[53] Darüber hinaus knüpfte es seine Zustimmung in der Frage des von Washington geplanten Raketenabwehrsystems, möglicher Erweiterungsrunden (NATO und EU) oder bestimmter UN-Resolutionen stets an die Erfüllung bestimmter eigener geostrategischer Ziele und zwang so vor allem die Union immer wieder zu einer Beschwichtigungspolitik gegenüber Russland. .

4.3.2 Wechselseitige Abhängigkeiten und Herausforderungen im EU-russischen Verhältnis

Vor diesem Hintergrund gestalten sich die Beziehungen zunehmend ambivalent. Für die EU bietet Russland gleichermaßen positive wie negative Herausforderungen. Dabei sind die geostrategischen wie ökonomischen Rahmenbedingungen klar: Die Union und Russland sind unmittelbare Nachbarn und die zentralen politischen Akteure auf dem europäisch-eurasischen Kontinent. Mit keinem anderen Drittstaat pflegt die Union so intensive Beziehungen wie mit der Russischen Föderation, keinem Staat kommt außenpolitisch eine annähernd vergleichbare Sonderrolle zu; dabei wird die multilaterale Russland-Politik der Union immer wieder von den bilateralen Beziehungen der Mitgliedstaaten ergänzt, aber auch konterkariert.[54] Die EU ist Russlands wichtigster Handelspartner

---

52 Christian Wipperfürth, Russlands Außenpolitik, Wiesbaden 2011, S. 21 ff.

53 RIA Novosti, Politik-International: Energiecharta mit EU: „Russland strebt Ratifizierung nur bei grundsätzlichen Änderungen an", 17. November 2006. http://de.rian.ru/world/20061117/55749778.html.

54 Vgl. hierzu Katrin Bastian, Die Europäische Union und Russland. Multilaterale und bilaterale Dimensionen in der europäischen Außenpolitik, Wiesbaden 2006.

(mit einem Außenhandelsanteil von mehr als 50 und einem Einfuhranteil von über 40%) und Direktinvestor (die meisten ausländischen Direktinvestitionen kommen aus der Union – ca. 120 Mrd. $), während Russland für die Union immerhin der drittgrößte Handelspartner nach Japan und den USA ist (7% Ausfuhr-, 12% Einfuhranteil).[55] Die EU-28 beziehen derzeit rund 42 Prozent aller Gas- und 25 Prozent aller Ölimporte aus Russland. Berücksichtigt man, dass die EU-eigenen Lagerstätten in den nächsten Jahren kontinuierlich zurückgehen werden, gleichzeitig aber der Gasbedarf zunimmt, so wird die europäische Importquote bei Gas bis 2030 voraussichtlich auf über 80 Prozent ansteigen.[56] Russland wird von diesem Trend besonders profitieren. 60 Prozent der Gaseinfuhren werden dann aus Russland kommen, längerfristig könnten es bis zu 80 Prozent werden. Das liegt nicht etwa daran, dass die Europäer immer mehr Energie verbrauchen, sondern daran, dass die heimische Energieproduktion stetig zurückgeht. Die EU-Kommission hat ausgerechnet, dass die Öl- und Gasvorkommen in der EU und in Norwegen in 20 Jahren weitgehend erschöpft sein dürften.

Die EU muss unabhängig von der Frage der steigenden Importabhängigkeit auch damit rechnen, dass Russland den zusätzlichen Gasbedarf gar nicht decken kann, weil neben dem Nachfrageanstieg in Europa auch die russische Binnennachfrage stark wachsen wird. Europäische Unternehmen werden verstärkt Investitionschancen nutzen müssen, um zur Sicherung von benötigten Liefermengen und alternativen Transportwegen nach Europa beizutragen. Ganz abgesehen davon wird Europa nicht auf Dauer der einzige Kunde Russlands bleiben; allen voran die asiatischen Länder, aber auch die GUS-Republiken und einige Maghreb-Staaten drängen ebenfalls nach russischem Erdgas und bis 2030 dürfte der Bau entsprechender Pipelines womöglich realisiert sein.[57] Darüber hinaus sind LNG-Terminals an der russischen Pazifikküste zur Belieferung des US-amerikanischen Marktes geplant.

Alternative Quellen und Transportouten sind daher im Zieldreieck Energieeffizienz, Nachhaltigkeit und Energiesicherheit unerlässlich für Europa: In den nächsten 10 Jahren wird neben dem umstrittenen Projekt der Ostsee-Pipeline (auch Nordeuropäische Gasleitung oder North Stream), die russisches Erdgas seit 2012 über die Ostsee nach Deutschland und Westeuropa transportiert, auch

---

55   Eurostat, Pressemitteilung (19. Dezember 2012): Gipfel EU-Russland Handelsbilanzdefizit. europa.eu/rapid/press-release_STAT-12-188_de.htm.

56   Christophe-Alexandre Paillard, Rethinking Russia: Russia and Europe's Mutual Energy Dependence, in: Journal of International Affairs, 63 (2), 2010, S. 65-84.

57   Andrei Tygankow, Preserving Influence in a changing world, in: Problems of Post-Communism, 58 (2), 2011, S. 28-44.

die South-Stream-Pipeline zur europäischen Energiesicherheit beitragen, welche vorübergehend in direkter Konkurrenz zu einem weiteren Prestigeprojekt in Europa – der 2013 gescheiterten Nabucco-Pipeline – stand; diese Route, die an Russland vorbei Gas aus dem Kaspischen Raum nach Europa liefern soll, ist eines der wichtigsten Projekte der EU zur Diversifizierung der Energieimportquellen.

Umgekehrt aber sind 50 Prozent des russischen Außenhandels Energie-lieferungen in die EU, wobei der Verkauf von Rohstoffen wiederum allein 40 Prozent des russischen Haushalts ausmacht.[58] Russlands einseitige Abhängigkeit von seinen Energieexporten für die Modernisierung und dringend notwendige Diversifizierung seiner Industrie stellt insofern auch ein Problem dar. Im Ergebnis führt sie zu einer großen und annähernd symmetrischen Interdependenz im Produzenten-Konsumenten-Verhältnis, auch wenn Moskau bisweilen zu meinen scheint, auf Grund der Veränderungen im machtpolitischen Kräfteverhältnis am längeren Hebel zu sitzen – nicht zuletzt durch die fehlende Geschlossenheit der Europäer in der Energiepolitik bzw. in der Politik gegenüber Russland.[59]

Auf der Habenseite ist sicherlich zu vermerken, dass Russland heute für die Union tatsächlich mehr ist als ein reiner Rohstofflieferant. Nicht zuletzt be-günstigt durch die hervorragende Konjunktur auf dem Weltenergiemarkt in den letzten Jahren, sprang die russische Wirtschaft bereits um die Jahrtausendwende wieder an und wurde so auch für die Union – bei allen Defiziten – wieder zu einem attraktiveren Investitionsstandort. So entstand 2004 im Zuge der Osterweiterung die Idee der Schaffung von vier „Gemeinsamen Räumen", Moskaus Antwort auf die „Wider Europe"-Initiative der Union, mit der man den besonderen Charakter der Partnerschaft zwischen der Union und Russland zu betonen suchte. Über die Zusammenarbeit in Sicherheitsfragen, bei der Bekämpfung des internationalen Terrorismus, in der Energieversorgung und bei der Schaffung einer Freihandels-zone sollte die Integration Russlands in das übrige Europa forciert werden.[60] Dabei entwickelte sich der Wirtschaftsraum als der bislang effizienteste Ko-operationsbereich: Die gemeinsamen Entscheidungen bezüglich der WTO-

---

58   EU-Russland Energiedialog, 19. Dezember 2005. www.euractiv.com/de/energie/eu-russland-energiedialog/article-151074-48k.

59   Severin Fischer, Oliver Geden, Strategiediskussion in der EU-Energie-und Klima-politik, Friedrich Ebert-Stiftung, Internationale Politikanalyse (Februar 2013); Frank Umbach, Europas nächster Kalter Krieg. Die EU braucht endlich ein Konzept zur Ver-sorgungssicherheit, in: Internationale Politik, Februar 2006, S. 6-14.

60   Wegekarten zur Schaffung von vier Gemeinsamen Räumen: Wirtschaft; Freiheit, Si-cherheit und Justiz; äußere Sicherheit; Forschung, Bildung und kulturelle Aspekte. EU-Russland-Gipfel in Moskau, Mai 2005. http://europa.eu.int/comm/external_rela-tions/russia/summit_05_05/index.htm.

Verhandlungen und des Kyoto-Protokolls zur Minderung der Treibhausgas-emissionen vom Mai 2004, mit denen Russland einerseits einwilligte, seinen Gaspreis auf dem russischen Markt bis 2010 schrittweise zu erhöhen und die Ab-gaben für Fluggesellschaften auf den Überflug von Sibirien sowie spezifische Zoll-tarife zu senken, andererseits das Kyoto-Protokoll zu ratifizieren (so geschehen im Oktober 2004), ebneten den Weg in Richtung WTO-Mitgliedschaft (2012) sowie zum Inkrafttreten des Kyoto-Protokolls im Februar 2005, so dass dem Land auf dem weiteren Weg der Modernisierung heute vor allem noch die Vollmitglied-schaft in der OECD fehlt.[61]

Russland und die EU teilen auch weitgehend den Glauben an die Notwendig-keit einer starken Weltorganisation (VN) und eines effizienten Multilateralismus (so z. B. als Mitglied des so genannten Quartetts, bestehend aus den USA, Russ-land, der EU und den VN, zur Lösung des Nahost-Konflikts), wenn auch unter verschiedenen Vorzeichen. So hat Moskau ein sehr instrumentelles Verständnis von der Rolle der VN, nicht zuletzt im Sinne eines möglichen Hebels gegenüber Washington und dem Westen insgesamt, und nutzt dies als Vetomacht entspre-chend zu Blockaden im Sicherheitsrat (so zuletzt sowohl in der Libyen- wie auch in der Syrien-Krise). In ähnlicher Weise nutzt es die Bildung flexibler Koalitio-nen (wie die Shanghai Cooperation Organization – SOC oder die Collective Se-curity Treaty Organization – CSTO) oder aber die Idee einer paneuropäischen Sicherheitsarchitektur („European Security Treaty") immer wieder geschickt als außenpolitisches Druckmittel gegenüber dem Westen.[62] Auf diese Weise wird die Zusammenarbeit mit Brüssel auf den Gebieten der Terrorismusbekämpfung, der Non-Proliferation, Umwelt oder Organisierten Kriminalität immer wieder unter-miniert.

Auf der anderen Seite stellen das mögliche Übergreifen von Konflikten auf dem russischen Territorium wie die im GUS-Raum auf die Union erhebliche Risiken für die EU dar. Wie das Strategiepapier zur Russischen Föderation der Kommission von 2001 bereits feststellte, sind es die so genannten „weichen Sicherheitsbedrohungen" – nukleare Sicherheit, organisierte Kriminalität ein-schließlich Drogenhandel, illegale Immigration, Umweltverschmutzung etc. –, die Russland auch zu einer sicherheitspolitischen Herausforderung für die Union

---

61   Vgl. Presseerklärung zum EU-Russland-Gipfel vom 21. mai 2004 in Moskau. http:// www.delrus. cec.eu.int/en/news_582.htm.

62   Daniel Trachsler, Die Shanghai Cooperation Organisation: Bedeutung für den Wes-ten. Centre for Security Studies (CSS Analysen zur Sicherheitspolitik 66), Zürich 2009; Sally McNamamra, Russia's Proposed New European Security Treaty: A non-starter for the US and Europe, The Heritage Foundation (Backgrounder 2463), Washington 2010.

machen.[63] Daneben wird das unterschiedliche Verständnis von vermeintlich gemeinsamen Werten zunehmend zu einem Problem im Verhältnis zu Moskau. Die Frage scheint nicht, ob Russland diese Werte nicht anerkennt oder sich von einer solchen Anerkennung mittlerweile wieder längstens losgesagt hat, sondern ob Moskau sie nicht grundsätzlich anders versteht. Eben die Interpretation der gemeinsamen Werte fällt so unterschiedlich aus, dass für Brüssel der Eindruck einer faktischen Absage an diese entsteht. Schließlich stellen die neue Nachbarschaftspolitik der Union (ENP) und die Östliche Partnerschaft für Moskau eine strategische Herausforderung in einer vitalen Interessenzone dar, auf die auch Russland mit einer Anpassung an die neue Ausgangslage nach der Erweiterung reagierte.

Im Ergebnis erschweren diese Ambivalenzen eine kohärente Unionspolitik gegenüber Russland. Abgesehen davon, dass, wie auch in anderen Beziehungen der EU zu Drittstaaten, gerade im Fall Russlands die unterschiedlichen institutionellen Voraussetzungen (Russlands Pochen auf staatlicher Souveränität und territorialer Integrität) den politischen Dialog besonders belasten und dass die Union – zumindest aus Moskauer Perspektive – über die Erweiterung lange Zeit die Beziehungen zu Moskau nur halbherzig entwickelte, konterkariert der von Moskau betriebene Bilateralismus insbesondere mit Großbritannien und der Bundesrepublik, aber auch mit Frankreich und Italien jede einheitliche Russland-Politik der Union. Bewusst setzt der Kremls auf den Ausbau wichtiger historischer und strategischer Beziehungen im Sinne realistischer Großmachtpolitik und spaltet und schwächt damit zugleich die europäische Staatenwelt.

Prominentestes Beispiel in diesem Zusammenhang war in jüngster Vergangenheit Moskaus Haltung in der Energiepolitik. Nicht zuletzt unter dem Eindruck eines wachsenden Einflusses des Westens im postsowjetischen Raum (Amerikas Pipeline-Politik, Brüssels „neue Nachbarschaftspolitik") begann Moskau wie erwähnt ab 2005, seine Energieträger gezielt als politischen Hebel einzusetzen und an die GUS-Republiken zu marktgerechten Preisen zu verkaufen. Aus dem russisch-ukrainischen Gasstreit im Dezember 2005 wurde rasch ein globaler Konflikt, in dem die Union um ihre Versorgungssicherheit fürchtete, polnische Politiker alsbald nach einer „Energie-NATO" zur Eindämmung Russlands riefen und die USA den mittelosteuropäischen Ländern gar die Schaffung eines neuen Bündnisses für „Demokratie und wirtschaftliche Entwicklung" auf postsowjetischem Territorium anbot, welches Georgien, Ukraine, Aserbaidschan und Moldau den Weg in die NATO und die EU ebnen sollte. Der Kreml aber reagierte auf

---

63 Russian Federation, Country Strategy Paper 2000-2006, National Indicative Programme, 2002-2003, European Commission, Brussels, 27 December 2001.

die von ihm eigens provozierten Pläne Brüssels für eine engere Kooperation auf dem Energiesektor zwischen der EU und Zentralasien nicht nur mit der Drohung einer Umorientierung der strategischen Energieallianz mit der Union zugunsten Asiens, sondern auch mit einer spezifischen Offerte an Deutschland. So entschied Putin einerseits, westsibirische Gasressourcen, die eigentlich für den Export in die Union vorgesehen waren, nunmehr stattdessen u. a. China zugänglich zu machen. Genährt wurden solche Diversifizierungspläne von dem Energiehunger der wachsenden Volkswirtschaften Chinas, Indiens, Japans und Pakistans, aber auch von der ohnehin schon engen energiepolitischen Zusammenarbeit mit den zentralasiatischen Staaten, die Moskau auch auf den Iran und Algerien auszudehnen gedachte. In diesem Zusammenhang betonte Moskau den weitaus pragmatischeren Umgang mit solchen asiatischen und islamischen Staaten, denen moralische Skrupel (aus Gründen des Fehlens von „good governance") weniger wichtig waren als handfeste ökonomische Interessen.

Andererseits suchte Putin Deutschland über das Projekt der Ostsee-Pipeline zur Drehscheibe für russische Gasexporte nach Europa und damit zum exklusiven Partner von Russland im eurasischen Energiepoker zu machen; im Gegenzug erwirkte der deutsche Energiekonzern Winterhall eine größere Direktbeteiligung an der russischen Energieförderung als andere ausländische Firmen. Moskau signalisierte damit unmissverständlich, dass es sowohl im Bereich der Transportsysteme wie in der Energiewirtschaft gewillt war (und nach wie vor ist), eigene Marktvorteile über privilegierte Partnerschaften zu Lasten einer einheitlichen EU-Energiepolitik zu erzielen. Gleichzeitig etabliert(e) sich Moskau auf den Weltmärkten als begehrter Energielieferant, für den Europa auf Grund der starken ökonomischen Verflechtung derzeit sicherlich noch der interessanteste Partner ist. Zwar scheint auch die Idee der „Gemeinsamen Räume" bislang eher von großer Unverbindlichkeit denn tatsächlicher Zusammenarbeit geprägt zu sein; immerhin scheiterte diese zunächst an der Kompromisslosigkeit Moskaus in Sachen Grenzverträge mit Lettland und Estland.[64] Dennoch kommen beide Seiten um eine enge Zusammenarbeit nicht herum. Für die EU ist Russland ein unverzichtbarer Exportmarkt mit hohen Wachstumsraten. Russland wiederum benötigt die Union bei der Modernisierung seiner Wirtschaft und weiß, dass weder die USA noch Japan oder China aus verschiedenen Gründen diese Funktion übernehmen können.

Das größte Problem stellt dabei ausgerechnet die zugleich wichtigste Einnahmequelle des Landes dar – der Energiesektor. Obwohl der staatliche Erdgas-

---

64 Heinz Timmermann, Der Moskauer EU-Russland-Gipfel, in: Russlandanalysen, 66, 2005.

monopolist Gasprom bislang über die größten Gasreserven der Welt verfügt und seine Reserven eigentlich für einige Generationen reichen müssten (legt man die derzeitige Fördermenge zugrunde), wird Erdgas in Russland zunehmend knapp. Der Grund dafür liegt in der raschen Zunahme der Nachfrage im eigenen Land – ein Problem, welches sich in dem Maße verstärkt, wie Russland die dringend notwendige Modernisierung seiner Wirtschaft vorantreibt. Ebenso hält die hohe Nachfrage aus dem Ausland, vor allem aus Europa, trotz Preissteigerungen an. Gleichzeitig aber geht die Förderung von Gasprom eher zurück und es bedarf weiterhin gewaltiger Investitionen, bis aus dem riesigen Erdgasvorkommen im Schtokman-Feld in der Barentssee Nachschub kommt, was es Gasprom wiederum erschweren wird, seine Lieferverpflichtungen in diesem Jahrzehnt einzuhalten. Das russische Energieministerium geht selbst davon aus, dass Gasprom und die unabhängigen russischen Gaskonzerne gemeinsam rund 600 Milliarden Dollar in die Förderung und Erschließung von Erdgasfeldern investieren müssten, um die steigende Nachfrage zu decken. Gleichzeitig ist auch der Investitionsbedarf zur Modernisierung der Stromerzeugung im Lande extrem hoch. Dennoch begegnet die Regierung allen Vorschlägen zur Bildung eines freien Strom- und Gasmarktes unverändert mit großer Skepsis, obwohl nur dies Chancen auf eine Modernisierung beider Branchen brächte.

Moskau benötigt somit dringend neue Technologien vor allem aus Europa zur Erschließung neuer Gasvorkommen und lockt entsprechend von Zeit zu Zeit mit neuen Sonderwirtschaftszonen und Steuervergünstigungen Investoren ins Land. Gleichzeitig hat Moskau mittlerweile seinen aus den Energieeinnahmen der vergangenen Jahre gebildeten Stabilitätsfonds geöffnet und investiert die Petrodollars nun in Großprojekte nicht nur der Atom- und Luftfahrtindustrie, sondern auch seiner Infrastruktur, des Wohnungsbaus und des Gesundheitswesens. Im Widerspruch dazu aber steht unverändert die Weigerung zur Ratifizierung der Energiecharta mit Europa, die den Zugang von europäischen Unternehmen zu russischen Erdgaslagern und zum Transportsystem erleichtern würde. Nach der Kündigung des Vertrages durch Moskau 2009 und dem verstärkten Einsatz der russischen Regierung für das „South Stream-Pipeline"-Projekt, mit dem russisches Gas über die Türkei und das Schwarze Meer nach Europa transportiert werden soll, haben sich die Energiebeziehungen wieder verkompliziert – zumal Europa gleichzeitig nach Wegen für eine Diversifizierung der europäischen Energieversorgung sucht (neben Russland, Algerien und Katar liefern lediglich die Niederlande und Norwegen nach EU-Standards)[65] und 2011 zudem mehrere Vor-

---

65   Ralf Dickel, Kirsten Westphal, EU-Russland-Gasbeziehungen, SWP-Aktuell 30 (Mai 2012).

gaben in Kraft gesetzt hat, die eine Entflechtung von Produktion, Transport und Verkauf von Energielieferungen zum Ziel hat, die sich auch gegen die Interessen Gasproms an einem direkten Zugang zum europäischen Konsumenten richten.[66] Hoffnungen liegen derzeit allenfalls auf der im EU-Russland-Gasbeirat entwickelten Idee, wonach der Gastransfer innerhalb der EU von jedem Einspeisepunkt zu jedem Abnehmer möglich sein sollte – also auch für Russland. Damit würde den großen Abnehmern in der EU zumindest eine größere Auswahl geboten und Russland, wie andere Exporteure auch, müsste nicht selbst in den nachgelagerten Transport investieren.

Ebenso ambivalent ist die gemeinsame Außen- und Sicherheitspolitik von Union und Russland zu bewerten. In den vergangenen Jahren unterstützte Moskau die diplomatischen Bemühungen der Union im Atomstreit mit Iran auf Grund eigener lukrativer Projekte im Energiesektor mit Teheran immer nur halbherzig und sprach sich wie im Falle Syriens gegen Sanktionen aus. Im Nahost-Quartett zur Lösung des Dauerkonflikts zwischen Israel und der palästinensischen Seite bewegte sich Moskau aus den gleichen Interessen nur in dem Maße, wie auch Syrien und Iran bei der Suche nach einer umfassenden Lösung für die Region eingebunden wurden. Dieser Linie entspricht der Versuch Moskaus, auch sein Verhältnis zu anderen Großmächten autonom zu gestalten und nicht von einer Verständigung mit Europa oder den USA abhängig zu machen. Russland forciert unter Putin nicht nur seine bilateralen Beziehungen zu China, Indien und Japan, sondern bemüht sich darüber hinaus auch um den Ausbau multilateraler Allianzen. Prominentestes Beispiel hierfür ist die „Shanghaier Organisation für Zusammenarbeit" (SOZ), in der Russland und China lose mit den zentralasiatischen Republiken Kasachstan, Kirgisien, Tadschikistan und Turkmenistan verbunden sind.[67] Mit dieser Organisation suchte Moskau im Sinne der Gegenpolbildung Druck auf Washington auszuüben, seine nach 2001 aus geostrategischen Gründen eingerichteten Militärbasen wieder aufzulösen.

Ähnlichen Druck bekommt wie o.e. auch die Union im Zusammenhang mit ihrer Nachbarschaftspolitik (ENP) zu spüren. Zwar stellt die ENP ein Dokument dar, welches die Partnerschaft zwischen Russland und der Union der neuen Ausgangslage bereits unmittelbar vor der Erweiterung anzupassen versuchte: In der „Wider Europe"-Erklärung vom 11. März 2003 forderte die Kommission die Präzisierung der vorrangigen Ziele der Union zu Russland und in der Europäischen

---

66   Arkadij Moshes, Russia's European policy under Medvedev: how sustainable is a new
      compromise?, in: International Affairs, 88, 1 (2012), S. 17-30.
67   Margarete Mommsen, Russland – nur virtuelle Großmacht in einer multipolaren
      Welt?, in: Piazolo, Macht und Mächte in einer multipolaren Welt, a.a.O., S. 79-106.

Sicherheitsstrategie trat sie für eine noch engere Beziehung zu Moskau als zentrale Variable für „unsere Sicherheit und unseren Wohlstand" ein.[68] Andererseits bringt die von der ENP angestrebte Lösung der „eingefrorenen" ethnischterritorialen Konflikte im postsowjetischen Raum (Abchasien, Südossetien – Georgien; Berg-Karabach – Armenien/ Aserbaidschan; Transnistrien – Moldawien) die Union immer wieder in offene Konflikte mit Moskau.

Moskau sieht die im Rahmen der ENP forcierte Zusammenarbeit der Union mit den südkaukasischen Ländern zur Förderung von Demokratie und Rechtsstaatlichkeit, gezielten Krisenprävention und Lösung dieser Konflikte mit großer Skepsis, auch wenn damit ein konkretes Angebot an Moskau zur Zusammenarbeit in der Region verbunden ist. Die Kremlführung betont in diesem Zusammenhang ihren Anspruch als Führungsmacht in der Region und befürchtet, die EU wolle ein alternatives Integrationszentrum im GUS-Raum etablieren. Versuche der russischen Führung, über eine Art EU-Russland-Rat nach dem Modell des gleichnamigen NATO-Russland-Rates eine größere Kontrolle über die EU-Politik (und damit eben auch über einen Teil des GUS-Raumes als zentralen russischen Einflussbereich) zu erhalten, scheiterten bislang stets an dem Vorbehalt Brüssels, dass Moskau zwar grundsätzlich an EU-Missionen, nicht jedoch an der Entwicklung des präventiven Krisenmanagements teilnehmen kann.[69] Umgekehrt ist es für Moskau undenkbar, die EU an einer wie immer gearteten Aktion zur Lösung dieser Konflikte zu beteiligen bzw. Brüssel ein Mitspracherecht einzuräumen. So wies die russische Führung einen entsprechenden Vorstoß der Union in der Transnistrien-Frage im Juli 2003 zurück und schlug wenig später die Errichtung einer moldawischen Föderation vor, die praktisch auf eine Konföderation hinauslaufen sollte – ein Plan, der einzig am Widerstand des vermeintlich Russlandfreundlichen moldawischen Präsidenten Wladimir Woronin scheiterte. Ebenso unversöhnlich präsentierte sich Moskau in der Georgien-Frage, indem es 2004 nicht nur die Initiative Tiflis zur Erhöhung der OSZE-Präsenz in Südossetien ablehnte, sondern sich auch mit Nachdruck gegen eine Vermittlung der EU in diesem russisch-georgischen Konflikt verwahrte. In beiden Fällen bewirkte die Intransigenz Moskaus allerdings eine deutliche Annäherung der Regierungen in

---

68 Europäische Kommission, „Größeres Europa – Nachbarschaft: Ein neuer rahmen für die Beziehungen der EU zu ihren östlichen und südlichen Nachbarn", KOM (2003) 104 endgültig. http:// europa.eu.int/comm/world/enp/pdf/com03_104_de.pdf; ESS, 12. Dezember 2003. http://www. auswaertiges-amt.de/www/de/infoservice/download/pdf/friedenspolitik/ess.pdf, S. 14.

69 Vgl. EU-Russian Security Dimensions (hrsg. Von Dov Lynch), EU Institute for Security Studies, Occasional Paper, 46, Paris 2003, S. 24 ff.

Chisinau und Tiflis an die Union.[70] Nicht zuletzt dies mag auch bewirkt haben, dass die EU nach dem offenen Konflikt zwischen Georgien und Russland im August 2008 ihr Engagement in der Region massiv verstärkt hat. Unmittelbar darauf entsandte die Union 340 Mann aus insgesamt 22 Staaten als EUMM (EU Monitoring Mission in Georgia) zu einer Beobachtermission der Grenzregionen Südossetiens und Abchasiens, um die Einhaltung des Medwedjew-Sarkozy-Abkommens zu gewährleisten und Verstöße dagegen zu dokumentieren. Parallel dazu entsandte sie einen „Special Representative for the Crisis in Georgia".

Belastet werden die Beziehungen schließlich unverändert durch Moskaus Rückkehr zur Betonung seiner historischen, geopolitischen und anderen Besonderheiten. Mit ihnen verbindet sich der Anspruch auf einen eigenen Transformationsweg (etwa nach dem chinesischen Modell einer erfolgreichen Marktwirtschaft im autoritären System). Die EU ist grundsätzlich den Prinzipien des Rechtsstaates nicht nur abstrakt, sondern auch mit Blick auf ihr Handeln verbunden. Deutlich wurde dies in den vergangenen zehn Jahren während der so genannten „bunten" Revolutionen in Georgien (2003), der Ukraine (2004) und Kirgisien, der gescheiterten Revolution in Weißrussland (2006), des Gasstreits mit der Ukraine (2005/6) und des offenen Konflikts in Georgien (2008), als die EU unmissverständlich an der Seite derjenigen Kräfte stand, die den Stabilitäts- und Demokratietransfer der Union in die östliche Nachbarschaft unterstützten. Die Konditionierung der EU-Politik ist (bei allen internen Differenzen über Vor- und Nachteile von „positiver versus negativer Konditionalität") nicht nur Kernelement der ENP, sondern manifestiert sich auch in den verschiedenen Initiativen gegenüber Russland seit der Formulierung der Gemeinsamen Strategie 1999. So hält die Kommission in der „Wider Europe"-Erklärung ausdrücklich fest, Zugeständnisse an Russland nur in Abhängigkeit von der Verwirklichung der vereinbarten Reformziele zu machen. Allerdings spricht sie sich im gleichen Dokument auch für eine Differenzierung und ein schrittweises Vorgehen in Bezug auf Russland aus. Damit trägt sie nicht nur der strategischen Bedeutung Russlands Rechnung, sondern auch den besonderen Umständen innerhalb der Union, wonach längst nicht abschließend geklärt ist, bis zu welchem Grad ein starker Staat im Widerspruch zur Demokratie nach westlicher Vorstellung stehen darf. So mahnen die einen die Beachtung europäischer Werte an, selbst wenn dies zu Lasten der Wirtschaftsbeziehungen gehen sollte. Andere wiederum warnen vor einer solchen Zuspitzung, da dies die konkrete Zusammenarbeit gefährde, und plädieren stattdessen für eine stärkere Orientierung an den gemeinsamen Interessen.

---

70   Dov Lynch, What Russia Sees, a.a.O., S. 71.

4.3.3   Perspektiven

Mit der EU-Erweiterung rückte Russland geographisch näher an die Union, zugleich aber droht der derzeitige Kurs Moskaus, das Land wirtschaftlich und gesellschaftlich weiter von der Union zu entfernen. Innenpolitisch hat Putins „gelenkte Demokratie" schon längst autoritäre Züge; die politische Praxis und Gesetze haben sich zunehmend von westlichen Maßstäben und Standards der Rechtsstaatlichkeit entfernt. Gleichzeitig nutzt Moskau vor allem den energiepolitischen Hebel als Garanten für internationalen Einfluss. Alle Entwicklungen zeigen, wie sich russische Außenpolitiker eine Renaissance der Groß- und Vormachtrolle vorstellen: nicht auf Waffen gestützt, sondern – ganz im Stile eines Petrostaates – auf die eminente Bedeutung, die ihr Land als Energie- und Rohstofflieferant gewonnen hat.

Dennoch kann Russland einer Marginalisierung auf dem Kontinent nur vorbeugen, wenn es sich bewusst für Europa entscheidet. Moskau fehlen schlicht die Kapazitäten für einen revisionistischen Kurs. Die makroökonomischen Möglichkeiten entsprechen wie erwähnt auch nach Einschätzung russischer Experten allenfalls denen eines Schwellenlandes mit „mittelmäßigem Entwicklungsniveau". Hinzu kommt, dass jede Form einer politischen „Reimperialisierung Russlands" angesichts der Abwendung der nunmehr unabhängigen Staaten unrealistisch erscheint. Die Option Richtung Westen bedeutet dabei keinesfalls, dass damit die Perspektive einer Mitgliedschaft verbunden sein muss. Moskau wird eine solche auf lange Sicht ohnehin ausschließen, wird aber nicht umhin kommen, die eigenen wirtschaftlichen, politischen und gesetzlichen Bedingungen denen der Union sukzessive anzupassen. Trotz der wieder gewonnenen Stärke weiß auch Moskau, dass sein Platz in Europa vor allem auf seiner Integrationsfähigkeit und nicht auf seinem politisch-militärischen Einfluss beruht.

Die innere Konsolidierung der Union, ihre Erweiterung und der weitere Ausbau der GASP/GSVP werden in Moskau heute mehr denn je als ernste Herausforderung für die eigene Position auf dem eurasischen Kontinent gesehen. Der einstige Handelsblock ist längst zu einem ernst zu nehmenden geopolitischen Akteur geworden, der spätestens seit dem zweiten Tschetschenienkrieg erkennen lässt, dass er bereit ist, sowohl die russischen Menschenrechts- und Minderheitenpraktiken wie auch die Rückschritte im Fall der weiteren Demokratisierung und Öffnung des Landes bisweilen sogar schärfer zu kritisieren als die USA. Der damit verbundene Bedeutungsgewinn der Union in Moskau sollte aktiv dazu genutzt werden, Russland bei Bedarf auch mit politischem Nachdruck in den Westen zu integrieren. Trotz aller Widersprüche ist Russland schon aufgrund seiner Größe, seiner Rolle als regionaler und globaler Akteur, seiner geographischen Nähe sowie seines erheblichen Nutzens- wie Schadenspotenzials als

Akteur und Partner für vielseitige funktionale Zusammenarbeit unerlässlich. Diese erfordert durchaus pragmatische (wie im Falle der Anti-Terror-Koalition), aber auch mutige Schritte (wie im Falle der europäischen Nachbarschaftspolitik, die sich nicht von russischen Vorbehalten bezüglich eines mittlerweile verstärkten europäischen Engagements im GUS-Raum abhalten lässt, gleichzeitig aber erkennt, dass die Einbindung Russlands bei der Befriedung der von ethnischen Konflikten zerrissenen Länder von eminenter strategischer Bedeutung ist). Die EU muss mit dem russischen Partner zurechtkommen. Die politischen Verhältnisse in Europa haben sich verändert und normale, an den eigenen Interessen orientierte und nicht ausschließlich normativ begründete bilaterale Beziehungen zu Russland sind das Gebot der gegenwärtigen internationalen Rahmenbedingungen. Russland ist zwar kein Rechtsstaat – aber dies gilt auch für zahlreiche andere Staaten, zu denen die EU diplomatische Beziehungen unterhält, zumal für jene, die über Öl, Gas und andere für Europa lebenswichtige Rohstoffe verfügen.

Im Übrigen weiß die Union (wie die USA) auch, dass es mit russischer Hilfe leichter ist, die derzeit größten internationalen Krisen zu lösen; in fast allen Fällen spielt Moskau, ob als Mitglied des Nahost-Quartetts oder als Atomtechniklieferant, eine zentrale Rolle. Wie China sperrt sich auch Russland als Vetomacht im Sicherheitsrat gegen alle weitergehenden Schritte in Bezug auf potenzielle Nuklearmächte wie Iran oder Nordkorea, oder aber Regime wie Syrien. Vielmehr unterhält Moskau mit solchen Ländern so genannte strategische Partnerschaften, deren Ziele in der Regel darin bestehen, das Konflikt- und Krisenmanagement der USA und der EU zu unterlaufen. Zum einen reagiert Moskau damit auf das amerikanische Raketenabwehrprogramm (so im Falle Irans), zum anderen demonstriert es schlicht seine wieder erstarkte Rolle im Nahen Osten. Und unabhängig vom Ausgang der Iran-Krise profitiert Moskau als Energiemacht in jedem Fall: Jede Verschlechterung der Beziehungen zwischen Teheran und dem Westen macht eine Erhöhung des Ölpreises wahrscheinlich. Teheran wie Damaskus wiederum werden im Konflikt mit dem Westen solange nicht einlenken, wie sie sich der Unterstützung Moskaus (und Pekings) sicher sein können.

Schon aus diesem Grund scheidet eine Strategie der Eindämmung bzw. Isolation ebenso aus wie die bislang praktizierte allzu selektive und nicht immer partnerschaftliche Zusammenarbeit. Viel versprechender scheint die Strategie einer sukzessiven Integration Russlands außerhalb der Institutionen, die Moskau als gleichwertigen Partner bei der Verwaltung Zentralasiens und, in größerem Maßstab, des globalen Systems betrachtet. Diese sollte vor allem eine umfassende sicherheitspolitische Kooperation umfassen sowie konkrete Schritte bei der Zusammenarbeit und beim Zusammenwirken von Produzenten-, Transit- und

Abnehmerstaaten; letztere könnte durch die Schaffung eines verlässlichen internationalen Regelwerks initiiert werden, in dessen Rahmen die Kombination von Hochtechnologien auf Seiten der EU und die enormen, teils noch unerschlossenen Energievorräte Russlands eine wesentliche Basis für eine Energiepartnerschaft bilden. Voraussetzung dafür ist allerdings, dass einige europäische Mitgliedstaaten (u. a. die Bundesrepublik) erkennen, dass die Uneinigkeit in der Energiefrage die gravierendste Bedrohung der wirtschaftliche Stärke und der politischen Rolle Europas ist. Das Maß der Abhängigkeit von politisch schwer berechenbaren Regionen des Nahen und Mittleren Ostens und von den Lieferungen des leichter, aber keinesfalls zuverlässig berechenbaren Russlands ist dramatisch. Schon aus demographischen Gründen wird daher die Union alles daran setzen müssen, Europas Wirtschaft auf einen Kurs hoher Intensität des Energieeinsatzes durch ein größtmögliches Energieangebot zu wettbewerbsfähigen Preisen zu setzen. Ob eine solche Zusammenarbeit auf Dauer auch zu einer weiteren gesellschaftlichen Pluralisierung und Liberalisierung sowie Demokratisierung der politischen Ordnung in Russland führen kann, ist allerdings eher fraglich. Unabhängig davon gilt: Auch wenn die russische Regierung Energie als außenpolitisches Druckmittel einsetzt, so sollte der Westen damit zurechtkommen. Der von Moskau aufgebaute Druck kann nicht von Dauer sein. Öl- und Gasexporte sind Geschäfte auf Gegenseitigkeit. Dass Russland seinen Erdgaslieferungen nach Europa bislang weitgehend nachgekommen ist, hat in erster Linie etwas mit dem mittlerweile verfeinerten kapitalistischen Geschäftssinn des Regimes zu tun.

4.4 Die Beziehungen zu China und anderen regionalen Vormächten

Auch zu China, Indien oder anderen regionalen Vormächten (Japan, Brasilien, Ägypten oder Südafrika) entwickel(te)n sich die strategischen Partnerschaften der Union bislang eher entlang weitgehend oberflächlicher Gemeinsamkeiten denn gemeinsam geteilter Interessen oder gar Werte. In zentralen außen- und sicherheitspolitischen Fragen stehen die Beziehungen vor allem in Peking (ähnlich wie in Moskau) unter dem Vorbehalt, einerseits in der EU zwar zunehmend einen stabilen Pfeiler der neuen multipolaren Weltordnung zu sehen, der zusammen mit der VR China und anderen Akteuren bisweilen auch der weltpolitischen Hegemonie der USA entgegenwirkt, andererseits aber die wachsende Bedeutung der Union als globaler Akteur (und im Rahmen interregionaler Zusammenschlüsse wie dem Asiatisch-Europäischen Treffen – ASEM) auch als eine Herausforderung für die eigene Rolle in der Region zu interpretieren. Jedenfalls werden alle Bemühungen Brüssels, jene von Peking zunehmend dominierten Regionalorganisationen für sich zu gewinnen, als Versuch interpretiert, Chinas Vormachtrolle zu unterminieren. Gleichzeitig umwirbt Peking wiederum vorzugsweise die großen EU-Mitgliedstaaten als Partner in der multipolaren Ordnung.[71] Nach wie vor wird Europa in erster Linie als Projekt konkurrierender Staaten wahrgenommen, nicht nur in Sicherheitsfragen, sondern auch wenn es um wechselseitige Marktzugangsfragen bzw. größere Investitionsprojekte geht.

Immerhin aber kommt der EU gegenüber Asien heute ein weit größeres Gewicht zu als noch zu Zeiten des Kalten Krieges und umfasste 2012 ein Gesamtvolumen von 434 Milliarden Euro. Der Marktanteil Europas an den Importmärkten Asiens ist seit den neunziger Jahren kontinuierlich gestiegen und macht die Union heute zum größten Handelspartner Chinas vor den USA. Umgekehrt stellt China für die EU den zweitgrößten Handelspartner nach den USA dar. Schließlich weisen auch die nationalen Direktinvestitionen aus, dass europäische Unternehmen parallel zum Export auch bei ihren Direktinvestitionen (FDI) in Asien insgesamt deutlich zugelegt haben, so dass die EU auch hier mit einem Anteil von ca. 6% an den chinabezogenen FDI 2010 auf dem dritten Platz lag.[72] Nicht zuletzt während der Eurokrise sind vor allem für Überschussländer wie die Bundesrepublik die asiatischen Absatzmärkte, allen voran der chinesische, angesichts Schwäche der amerikanischen Wirtschaft zum entscheidenden Adressaten geworden.

Mit der zunehmenden Verflochtenheit sind aber auch Spannungen verbunden.[73] Sie rühren, ähnlich wie im sino-amerikanischen Verhältnis, von europäischer Seite aus nicht nur im dauerhaften Handelsdefizit mit China im Allgemeinen, sondern auch in den Marktzugangsbeschränkungen, intransparenten Verwaltungs- und Zugangsvorschriften und Exportsubventionen in den verschiedensten Branchen (vom Banken- und Versicherungswesen über den Automobilsektor oder das Bauwesen bis hin zum IT- und Energiesektor) im Speziellen und kulminieren in aller Regel im mangelnden Schutz geistiger Eigen-

---

71 Peter Preston/Julie Gilson, The European Union and East Asia. Interregional Linkages in a Changing Global System, Cheltenham/Northampton 2001, S. 65-124; Kai Möller, Die Außenpolitik der Volksrepublik China 1949-2004, Wiesbaden 2005, S. 228 ff.; Richard Louis Edmonds, China and Europe since 1978. A European Perspective, Cambridge 2002

72 Dirk Schmidt, Sebastian Heilmann, Außenpolitik und Außenwirtschaft der Volksrepublik China, Wiesbaden 2012, S. 146 ff.; Nicola Casarini, The EU-China partnership: 10 years on, EUISS Briefs, No. 35 (11th October 2013), Paris.

73 Jing Men, Jing, Giuseppe Balducci, (Hrg.), Prospects and Challenges for European (EU)-China Relations in the 21stCentury: The Partnership and Cooperation Agreement, Brussels, 2010.

tumsrechte.[74] Abgesehen davon treten chinesische Hersteller global zunehmend in Konkurrenz zu europäischen Unternehmen bei lukrativen Infrastrukturprojekten in Schwellen- und Entwicklungsländern, wo chinesische Unternehmen Geschäfte ohne eine Politik der Konditionalitäten machen. Schließlich hat der Währungsstreit Chinas mit den USA auch Auswirkungen auf den Euro: Die Abwertung des US-Dollar zum Euro und die Kopplung des chinesischen Renminbi an den US-Dollar führte über Jahre (verstärkt bis 2008) hinweg auch zu einer Verschlechterung des Verhältnis des Euro zum Renminbi. Und obwohl China 2010 und 2011 in der Eurokrise eine wichtige Rolle beim Erhalt der Stabilität der Gemeinschaftswährung übernahm, indem es griechische, portugiesische und spanische Staatsanleihen kaufte, bleibt die Frage der Aufwertung der chinesischen Währung auch für die EU ein Dauerthema.

Umgekehrt werden Vorbehalte Chinas bezüglich einer verstärkten europäischen Präsenz auf dem asiatischen Markt seit 1989 vor allem durch die europäische Haltung in der Frage des Waffenembargos gegenüber China genährt. Zwar gibt es Stimmen innerhalb der Union, die, begleitet von vernehmlicher Kritik seitens der USA, zu einer Aufhebung des Embargos neigen. Es überwiegen aber die Bedenken bezüglich einer damit verbundenen negativen Signalwirkung in Bezug auf die sicherheitspolitischen Anstrengungen des Landes und seine Entwicklungen bei der Förderung von Menschenrechten, Minderheitenrechten und Demokratie. Da das Embargo „nur" politisch bindend ist und da gerade im deutschen Fall (wo die Frage der Aufhebung verstärkt aufgeworfen wurde) die Exportbestimmungen so restriktiv sind, dass spektakuläre Transfers ausgeschlossen werden können, ist mit einer Aufhebung im Europäischen Rat nach wie vor nicht zu rechnen – gleichwohl auch in Brüssel darauf hingewiesen wird, dass das China von 1989 nicht mit dem heutigen China vergleichbar ist. Der letzte Vorstoß der Hohen Vertreterin in dieser Angelegenheit im Dezember 2010, bei dem diese eine Aufhebung empfahl, scheiterte am Widerstand Großbritanniens.

Abgesehen von diesem schwelenden Konflikt gibt es im sicherheitspolitischen Bereich ansonsten aber keine größeren Friktionen. Die EU bemüht sich zwar, ihr sicherheitspolitisches Profil in der Region aufzuwerten, verfolgt aber weder konkrete Interessen als Sicherheitsgarant neben den USA, noch sieht es China gar als eine militärische Bedrohung. Eine Aufwertung des sicherheitspolitischen Dialogs erfolgte u. a. durch die gemeinsame Erklärung zur Non-Proliferation und Waffenkontrolle (2004) sowie das Strategiepapier von 2006, welches erstmals neben

---

74 European Commission, China – Trade (December 3, 2012). ec.europa.eu › ... › Countries and regions; Qingjiang Kong, China-EU trade disputes and their management; China University of Political Science and Law, 2012.

Handel, Energie, Umweltschutz und Beschäftigung auch Sicherheit und Migration als Probleme und Themen im bilateralen Verhältnis erwähnte. Insgesamt aber werden die Beziehungen von den „weichen" Themen, insbesondere von wirtschaftspolitischen Fragen dominiert, was nicht zuletzt Ausdruck der Anerkennung des chinesischen Aufstiegs zur bedeutsamen Globalmacht widerspiegelt. Dabei trübt das Gerede vom unaufhaltsamen parallelen Abstieg des Westens allerdings bisweilen den nüchternen Blick auf die tatsächlichen Kräfteverhältnisse: Zwar beträgt Chinas Anteil am kaufkraftbereinigten globalen BIP heute bereits 15,6% und das Land ist zugleich größter Güterexporteur und zweitgrößter Importeur hinter den USA – bei anhaltender Dynamik bzw. jährlichen Wachstumsraten von 7-8%, die allerdings nach wie vor nur der nachholenden Industrialisierung eines Entwicklungslandes entsprechen.[75] Zudem zeigt die Außenhandelsquote des Landes (fast 50% 2010), das heißt der Anteil des Handels am BIP, dass China entgegen der landläufigen Meinung keinesfalls als abgeschotteter denn vielmehr als vergleichsweise offener Markt zu gelten hat. Das Reich der Mitte ist mittlerweile die zweitgrößte Volkswirtschaft der Welt, verfügt über Devisenreserven von rund drei Billionen Euro und zieht neben den USA mit etwa 60 Milliarden Dollar weltweit die mit Abstand höchsten ausländischen Direktinvestitionen an.

All diese Entwicklungen haben es allerdings auch mit sich gebracht, dass China inzwischen der größte Energiekonsument vor den USA ist und trotz seiner großen Kohle-, Öl- und Gasvorkommen zunehmend auf Importe angewiesen bleibt. Um seinen Energiebedarf zu decken, schließt es weltweit Exklusivabkommen mit Paria-Staaten und scheut dabei nicht vor Konflikten mit Nachbarländern.[76] Selbst die Asienkrise belastete China weit weniger als andere Staaten der Region – ein Ergebnis der vergleichsweise geschlossenen Volkswirtschaft und eines weitgehend geordneten Finanz- und Devisensystems. Kapazitäten werden, bedingt durch niedrige Produktionskosten und hohe Flexibilität des „Humankapitals", mit atemberaubender Geschwindigkeit ausgebaut, ebenso die Infrastruktur in den Industrie- und Küstengebieten. Zwar steht das Land auch einer Reihe von gravierenden wirtschaftlichen und sozialen Problemen gegenüber – so u. a. der ständigen Gefahr einer Überhitzung der Wirtschaft, nicht zuletzt bedingt auch durch das Lohn- und Wechselkursdumping; einem, gemessen an westlichen Maßstäben, dennoch eher instabilen Bankensystem; dem zunehmenden Haushaltsdefizit; dem nach wie vor geringen Wertschöpfungsanteil am Fertigungs-

---

75   China, Bruttoinlandsprodukt 2013: de.statista.com/statistik/daten/studie/.../bruttoinlandsprodukt-in-china

76   Heinrich Kreft, Neomerkantilistische Energie-Diplomatie. China auf der Suche nach neuen Energiequellen, in: Internationale Politik, Februar 2006, S. 50-57.

handel; der disparaten Entwicklung seiner Regionen; einem großen sozialen und Einkommensgefälle (fast jeder zweite der 1.3 Milliarden Chinesen erwirtschaftet weniger als 2 Dollar täglich), das dazu führt, dass das pro-Kopf-Bruttoinlands-produkt nach wie vor gerade einmal ein Zehntel des deutschen beträgt; der mangelhaften Ausbildung seiner Landbevölkerung, die noch immer 45 Prozent der arbeitenden Chinesen ausmacht (22 Prozent sind in der Industrie beschäftigt); gigantischen Umweltproblemen –, deren Bewältigung China noch auf lange Zeit davon abhalten wird, in Bezug auf seine Wirtschaftsleistung in die Spitzengruppe, d. h. zu den USA, Japan und der EU aufzuschließen. Insgesamt aber deutet vieles darauf hin, dass die Chinaoptimisten mit Blick auf die weitere Entwicklung des Landes Recht behalten dürften. Besonders die dynamische Entwicklung der Privatwirtschaft – Schätzungen gehen davon aus, dass mittlerweile weit mehr als die Hälfte der gesamten Wirtschaftsleistung von Privatunternehmen erbracht wird und der Privatsektor heute mehr als ein Drittel der chinesischen Arbeit-nehmer beschäftigt –, die allmähliche Entwicklung einer kaufkräftigen Mittel-schicht, das mittlerweile über dem Japans liegende Handelsvolumen sowie die Tatsache, dass das Land heute zu den wichtigsten Geberländern zählt (durch das Halten von Anleihen ist China zum größten einzelstaatlichen Geldgeber der USA geworden), China-Aktienfonds bereits 2006 die absoluten Spitzenreiter in der Fondsrangliste waren und Peking weltweit durch Investitionen und den Kauf von Konzessionen im Rohstoffbereich für Versorgungssicherheit sorgt, stützen diese These.[77]

Vor dem Hintergrund des rasanten ökonomischen Aufstiegs des Landes nahm auch das Ende der achtziger Jahre noch minimale Handelsvolumen zwischen der EU und China einen bedeutenden Aufschwung, so dass die Vertiefung der Be-ziehungen in erster Linie ökonomischer Natur ist. Schon 2005 war China nach den USA der zweitwichtigste Handelspartner der EU und umgekehrt die Union der wichtigste Handelspartner Chinas, wobei allerdings für die Union aus einer lange Zeit ausgeglichenen Handelsbilanz seit 2002 ein Defizit wurde, welches sich 2012 auf die Rekordsumme von 146 Mrd. Euro belief (damit das größte Handels-bilanzdefizit der EU gegenüber einem Drittstaat). Damit ist China und nicht mehr Japan inzwischen der wichtigste europäische Handelspartner in der Region und vor allem für einige europäische Mitgliedstaaten (insbesondere für die Bundes-republik) hat sich die Bedeutung des Chinahandels in den vergangenen Jahren seit der globalen Wirtschafts- und Finanzkrise 2007/8 erheblich erhöht. Deut-lich zugenommen hat im Übrigen auch der Austausch mit Indien und Vietnam,

---

77 Saskia Hieber, China – regionale Vormacht oder Supermacht?, in: Piazolo, a.a.O., S. 107-140 (116 f.).

während der bilaterale Handel mit den übrigen ASEAN-Staaten stagnierte oder sich sogar rückläufig entwickelte. Aus der EU stammen schließlich rund 40 Prozent aller aus dem Ausland kommenden Kredite und bei den ausländischen Direktinvestitionen steht die EU insgesamt seit 1998 auf dem ersten Platz.

Die insgesamt positive Entwicklung der Handelsbeziehungen hat dazu geführt, dass die EU-Kommission bereits 2006 in ihrem China-Strategiepapier mit Nachdruck auf eine weitere Öffnung des chinesischen Marktes für Ausfuhren und Investitionen aus der EU sowie die Vergabe von mehr Aufträgen an europäische Unternehmen drängte: Die EU habe die Mitgliedschaft Chinas in der WTO nachdrücklich gefördert, entsprechend gehe es nunmehr darum, dass die aus der WTO-Mitgliedschaft entstehenden Anforderungen und Verpflichtungen von China umfassend erfüllt werden. Im Übrigen sei China der Test schlechthin für die Fähigkeit Europas, die Globalisierung in mehr Arbeitsplätze und mehr Wachstum umzusetzen, heißt es in diesem Papier. Im Zuge der Neuausrichtung der Beziehungen zu China kündigte die Union darüber hinaus an, künftig gegen die Produktpiraterie, den Diebstahl geistigen Eigentums sowie gegen Dumping stärker vorzugehen. Gerade bei der Frage der Einfuhr von Gütern unter dem Herstellungspreis und beim Schutz der Urheberrechte zeichnen sich seither somit ähnliche Diskussionen ab wie im Falle Russlands. Die Kommission ist in diesem Zusammenhang sowohl dem Druck der europäischen Handelsverbände ausgesetzt, den Dumping-Vorwurf zum Zweck des Schutzes nicht mehr konkurrenzfähiger Betriebe zu missbrauchen (zum Schaden der Verbraucher), wie auch den Widerständen in einigen Mitgliedstaaten (u. a. Frankreichs) gegen den angeblichen Ausverkauf europäischer Interessen an die Schwellen- und Billiglohnländer. Allerdings gibt sie bereits in dem Papier von 2006 ein klares Bekenntnis zu offenen Märkten ab: Viele Unternehmen investierten oder produzierten in Ländern außerhalb der EU. Die europäische Lieferkette sei global, deshalb sei der Schutz europäischer Produzenten durch Zölle konsequent abzubauen, ohne die Idee regulierter Märkte grundsätzlich in Frage zu stellen.[78]

Auffällig im bilateralen Handelsverhältnis ist schließlich, dass der Anteil der Exportartikel mit einem hohen Technologieanteil – insbesondere im Maschinen- und Anlagenbau – aus der EU mit etwa 65 bis 70 Prozent in den vergangenen

---

78   Vgl. Kommission der EG, Mit der engeren Partnerschaft wächst die Verantwortung. Strategiepapier für Handels- und Investitionspolitiken der EU gegenüber China. Wettbewerb und Partnerschaft. KOM (2006) 631 endgültig, Brüssel, 24. Oktober 2006.

Jahren weit höher gewesen ist als aus den USA (ca. 50 bis 55 Prozent).[79] Die Gründe hierfür lagen offensichtlich zum einen in dem im Vergleich zum Euro hohen Dollarkurs gegenüber dem Renminbi (ein Trend, der sich seit der Aufwertung des Euros umgekehrt hat), zum anderen aber in der sicherheitspolitischen Sorge Washingtons vor einem Technologietransfer im sensiblen dual-use-Bereich (also solcher Güter mit ziviler wie militärischer Verwendung), welcher in den vergangenen Jahren zu verschärften US-Sanktionen und Exportkontrollen geführt und somit entscheidend zum derzeitigen US-Handelsdefizit gegenüber China beigetragen hat.[80] An diesem Punkt erinnern die transatlantischen Debatten um die Frage nach möglichen Verschärfungen von Exportkontrollen durch die Union sehr an die Diskussionen um ähnliche Maßnahmen gegenüber Russland.[81]

Seit 2010 wird im bilateralen Verhältnis der Entwurf für ein weiteres Strategiepapier diskutiert. Besonders in den Bereichen geistiges Eigentum, Arbeitsrecht und bilaterale Investitionen haben sich aber, nicht zuletzt auch vor dem Hintergrund der anhaltenden Diskussionen um die Menschenrechtspolitik Chinas, die Voraussetzungen für ein solches Abkommen eher verschlechtert als verbessert. Schließlich wird Chinas Ressourcenpolitik in Afrika und im Nahen Osten als Belastung für die Beziehungen betrachtet, da Peking sich nicht an die „good governance"-Kriterien internationaler Organisationen hält. Die insgesamt positive Bilanz der Entwicklung der bilateralen Handelsbeziehungen in den vergangenen Jahren kann daher nicht darüber hinwegtäuschen, dass vor allem die europäische Position angesichts eines Welthandelsanteils von rund 25 Prozent deutlich hinter ihren Möglichkeiten zurückbleibt. Nach wie vor ist Europa nur unterdurchschnittlich am asiatischen Wachstumsmarkt insgesamt beteiligt. Die Gründe hierfür liegen nicht nur in den durch die europäische Menschenrechtspolitik und die kulturelle Distanz bedingten Vorbehalten gegenüber Asien im Allgemeinen und China im Speziellen, sondern sind auch das Ergebnis konkurrierender handelspolitischer Interessen der EU-Mitgliedstaaten in der Region. Nur selten – so etwa im Fall der Produktion und des Verkaufs des Airbus – gelang es der Union in den vergangenen Jahren, eine gemeinsame Position über transnationale Konsortien zu beziehen. In der Regel filtert Peking für sich das beste Angebot aus einer Reihe von Großprojekten durch europäische Einzelanbieter, d. h. verschiedene Allianzen aus nationalen Unternehmen und

---

79 Vgl. Jens van Scherpenberg, Coping with China as an Economic Power – European versus American Approaches, in: Gill/Wacker, a.a.O., S. 16-22.

80 Jiawen Yang/Hossein Askari/John Forrer/Hildy Teegen, US Economic Sanctions against China: Who gets hurt?, in: The World Economy, 27, 7 (July 2004), S. 1047-1081.

81 Vgl. Bruce Weinrod, US and European Approaches to China, in: Mediterranean Quarterly, 17, 2 (2006), S. 17-31.

Regierungen. Dabei sorgten vor allem Frankreich und die Bundesrepublik für einen anhaltenden und scharfen Wettbewerb bei der chinesischen Auftragsvergabe zum Bau von Heizkraftwerken, Nuklearreaktoren, Schnellbahnen oder Telefonschaltzentralen, von dem China wiederum profitierte, indem es entweder einen politischen Preis für seine Entscheidung bei der Union einforderte oder aber sich in den Genuss günstiger Kreditbürgschaften und umfangreicher Wirtschafts- und Entwicklungshilfetransfers bei den Einzelstaaten brachte. Den Mangel an Geschlossenheit der Union konnte Peking somit in der Vergangenheit allzu oft als Erfolg verbuchen, indem es das EU-Embargo durch den Abschluss bilateraler Handelsverträge unterlief. Die großen nationalen Wirtschaftsdelegationen, die einen europäischen Regierungschef in der Regel nach China begleiten, zeigen dies deutlich; sie ermöglichen zudem schon seit langen und ohne großes Aufsehen – aus diesem Grund dürfte der ehemalige Bundeskanzler Schröder das Embargo-Thema 2005 wohl eher aus atmosphärischen Gründen aufgegriffen haben – dual-use-Exporte, an denen China vorrangig interessiert ist. So haben sich denn die Rüstungsexporte aus der EU trotz des Embargos allein zwischen 2001 und 2003 in etwa verachtfacht.[82]

In dieser Frage wirkt die mangelnde Kohärenz der Union ohnehin am problematischsten. Das seit 1989 bestehende Embargo, dessen Bestimmungen 1994 nochmals bestätigt und präzisiert wurden, steht schon seit geraumer Zeit unter dem Druck jener Länder, die eine starke Waffenindustrie und eine entsprechend einflussreiche Rüstungslobby besitzen, so vor allem Frankreich, die Bundesrepublik, Großbritannien und Italien. Gemeinsam mit der chinesischen Regierung drängen sie auf eine Aufhebung des Embargos. Dass diese noch nicht erfolgte, ist somit vor allem dem politischen Kalkül der Union zu verdanken, die nicht ins Kreuzfeuer der Kritik einer insgesamt China-kritischen Öffentlichkeit in der Menschenrechtsfrage geraten will, die zumal nach dem Antisezessionsgesetz der Volkspartei in Bezug auf Taiwan vom März 2005 den Druck auf Brüssel erhöhte. Dadurch aber ist die Union in ihrer Chinapolitik gespalten und treibt jene Mitgliedstaaten, die eben eine solche Aufhebung wünschen, in von Peking ohnehin bevorzugte bilaterale strategische Partnerschaften mit China.[83] Das Ergebnis dieser Gespaltenheit, an der sich einmal mehr auch die Defizite der EU-internen Voraussetzungen einer wirkungsvollen GASP ablesen lassen, ist einerseits ein

---

82   Frank Umbach, Strategische Partnerschaft oder multilateraler Kotau? Die EU-China-Beziehungen und die Aufhebung des Embargos, in: Internationale Politik, 3 (2005), S. 70-77 (75).

83   Xinning Song, Europa und China – eine schwierige Beziehung, in: Internationale Politik, 2 (2002), S. 39-43.

Festhalten dieser Staaten am Primat relativer handelspolitischer Vorteile hinter aller wohlfeilen umfassenden strategischen Partnerschaft der EU mit China, andererseits die Aushöhlung des seit 1998 andauernden institutionalisierten Dialogs der Union mit Peking.

4.4.1 Die „strategische Partnerschaft" mit China

Bei ihrem strategischen Dialog mit China setzt die Union bewusst auf einen umfassenderen, vornehmlich politisch begründeten Ansatz, der die handels- und wirtschaftspolitische Dimension der Beziehungen nicht nur mit der Forderung nach Einrichtung der Marktwirtschaft durch Peking verbindet (vornehmlich durch die Verringerung des staatlichen Einflusses auf die Wirtschaft), sondern auch mit einem klaren Interesse der EU an einer partnerschaftlichen Zusammenarbeit auf internationaler Bühne auf der Basis eines möglichst weit reichenden Wertekonsens. Damit unterscheidet sich dieses Dokument von der rein rechtlichen Basis der bilateralen Beziehungen, wie sie im bereits 1985 unterzeichneten „EC-China Trade and Economic Cooperation Agreement" festgelegt ist und wie sie in dem geplanten, seit 2007 verhandelten „Partnership and Cooperation Agreement" erweitert werden soll. Das 1998 unter dem Titel „Für eine umfassende Partnerschaft mit China" veröffentlichte und seither mehrfach erweiterte Strategiekonzept der Union für China (2001, 2003 und 2006) gliedert sich in fünf Teile, von denen zumindest die beiden ersten einen durchaus starken politischen Charakter haben:

1. stärkere Einbindung Chinas in die internationale Gemeinschaft;
2. Förderung der Transformation Chinas in eine offene und auf Rechtsstaatlichkeit gegründete Gesellschaft;
3. stärkere Integration Chinas in die Weltwirtschaft;
4. Verstärkung des finanziellen Engagements Europas in China;
5. Verbesserung der Präsenz der EU in China.[84]

Im ersten Teil konkretisiert die EU den politischen Dialog mit China. Neben der institutionellen Verankerung (jährlich stattfindende Gipfeltreffen der EU-Regierungschefs und der chinesischen Regierung) geht es dabei um die Diskussion zentraler globaler Fragen wie die Reform der Vereinten Nationen, nukleare Abrüstung und Rüstungskontrolle, illegale Immigration, Drogenhandel und Geldwäsche, Menschenrechte und Umweltschutz. Darüber hinaus bemüht sich die

---

84 EU-Kommission, Für eine umfassende Partnerschaft mit China. KOM (98) 181, Brüssel, März 1998.

Union um eine größere Rolle bei der Behandlung regionaler Sicherheitsprobleme in Asien bzw. eine engere Zusammenarbeit mit Peking im Rahmen des ASEAN Regional Forum (ARF). Gemeinsam mit China sucht die EU nach Lösungen für den Koreakonflikt, versucht Spannungen zwischen den Staaten Südostasiens abzubauen und setzt sich für eine friedliche Regelung der Taiwanfrage ein. Seit dem Irak-Krieg wurde auf den EU-Gipfeln auch über die Frage nach einem angemessenen post-Konflikt-Management gesprochen. Dabei signalisierte gerade die Irakfrage gleichzeitig die Grenzen der „strategischen Partnerschaft". So wünschten beide Seiten zwar eine möglichst rasche Übergabe der Macht an die irakische Regierung; gleichzeitig aber hat sich gerade China den amerikanischen Wünschen im Weltsicherheitsrat nicht verweigert und damit angedeutet, wie wichtig dem Regime in Peking – bei allen Gegensätzen bei Handelsbilanz, Währungspolitik und Urheberrechtsschutz – ein einvernehmliches Verhältnis zu den USA als überragende Wirtschaftsmacht ist.

Im zweiten Teil des Dokuments verweist die Union zunächst auf den wieder aufgenommenen Menschenrechtsdialog zwischen ihr und China und konstatiert die neue Bereitschaft der Führung in Peking, diesen wieder ernsthaft führen zu wollen. Ziel der Union ist dabei die Zustimmung Chinas für die Entwicklung einer offenen und rechtsstaatlich verfassten Gesellschaft durch eine Reihe konkreter Projekte. Der bislang größte Erfolg ist in diesem Zusammenhang sicherlich die zunehmende Akzeptanz des VN-Menschenrechtsregimes durch China sowie die Unterschrift Pekings unter den VN-Pakt über wirtschaftliche, soziale und kulturelle Rechte. Im Rahmen des Menschenrechtsdialogs dringt die Union seit langem auf eine möglichst umfassende Ratifizierung der maßgeblichen VN-Pakte und Konventionen der Internationalen Arbeitsorganisation (ILO).

Ergänzt wurde das Konzept gerade in diesem Punkt um zahlreiche Stellungnahmen und Dokumente der Union, in denen sie einerseits die Notwendigkeit eines konsequenten Ausbaus bestehender politischer Dialogstrukturen bzw. einer effizienten Umsetzung ihres Chinakonzepts unterstreicht, andererseits die Wertedimension in den Beziehungen hervorhebt.[85]

Dabei verlangt die EU u. a. zumindest eine Reduzierung der Anwendung der Todesstrafe, eine Reform der außergerichtlichen Untersuchungshaft, die Herstellung der Religions-, Wissenschafts- und Meinungsfreiheit und des Versammlungsrechts sowie die konsequente Anwendung des von der Regierung bereits ratifizierten VN-Paktes über wirtschaftliche, soziale und kulturelle Rechte.

---

85 Vgl. bspw. EU-Kommission, Die China-Strategie der EU. Umsetzung der Grundsätze von 1998 und weitere Schritte zur Vertiefung des politischen Konzepts der EU. KOM (01) 265, Brüssel 2001.

Ebenso kritisch bewertet Brüssel in diesem Zusammenhang schließlich seit langem auch die zunehmend aggressivere Außenwirtschaftspolitik Chinas: Handel und Direktinvestitionen zwischen Afrika und Asien wachsen vor allem dank der Kredite, die China ungeachtet des Fehlens bestimmter Mindeststandards in Bezug auf beispielsweise den Umweltschutz oder die demokratische und rechtsstaatliche Entwicklung in den Adressatenländern gewährt. China gehört mittlerweile zu den großen Gebern in Afrika, mit Milliardeninvestitionen und knapp 100 000 Entwicklungsarbeitern vor Ort rangiert Peking mit seiner bilateralen Hilfe sogar vor der Bundesrepublik. Dabei fließen die Mittel überwiegend in Infrastrukturprojekte. Anders als die westlichen Geber, welche die gravierenden Nachteile einer Lieferbindung für die Empfängerländer längst erkannt haben, trennt China jedoch nicht zwischen Projektgestaltung und Ausführung und scheut auch sonst nicht davor zurück, wenig produktive bis unrentable Großprojekte zu fördern, ohne nach der Rückzahlungsfähigkeit des Landes zu fragen. Hinzu kommt, dass Peking sich von fragwürdigen Regierungspraktiken nicht abschrecken lässt, um Zugriff auf wertvolle Rohstoffe zu bekommen, und seine Mittel nicht an Kriterien wie Korruptionsbekämpfung oder die Sorge um die Wohlfahrt des Landes koppelt. Mit anderen Worten, die im Westen bewährte Devise „Hilfe zur Selbsthilfe" wird durch die chinesische Außenwirtschaftspraktik konterkariert. Für China geht diese Rechnung bislang auf: Es schafft gleichzeitig Versorgungssicherheit, neue Absatzmärkte und größeren politischen Einfluss auf internationaler Ebene. Mit seiner Politik des Handels und Wirtschaftens ohne Bedingungen sammelt es Sympathie bei den Entwicklungs- und Schwellenländern, die sich nicht zuletzt aufgrund des Verblassens der amerikanischen Führungsrolle gerne Richtung Peking orientieren. Für die Empfängerländer aber dürften sich die Investitionen in zumeist unproduktive Projekte mittelfristig verhängnisvoll auswirken, wenn der Schuldenerlass gerade für die ärmsten Länder durch neue Kredite ins Leere läuft.

Die EU versuchte dieser Entwicklung im letzten Strategiepapier von 2006 Rechnung zu tragen, indem sie neben dem Handel vor allem die Bereiche Umweltschutz, Energiesicherheit, Migration und Entwicklungshilfepolitik bzw. Entwicklungszusammenarbeit auf die Agenda setzte und Peking aufforderte, Letztere an den vom Westen und den relevanten internationalen Organisationen vertretenen Prinzipien von „good governance" auszurichten.

Ungeachtet dieser Praktiken ist jedoch auch im europäisch-chinesischen Verhältnis seit einigen Jahren eine Adjustierung des Partnerschaftskonzepts der Union mit China in Richtung eines weit pragmatischeren Ansatzes zu beobachten, bei dem – ähnlich wie im Verhältnis zu Moskau – die konkrete politische Zusammenarbeit sich nicht allein in technischen Hilfen und Bemühungen um die gemeinsame Bekämpfung nicht-militärischer Risiken erschöpfen soll, sondern durchaus weiter reichende Ambitionen umfasst und dabei auch Peking zunehmend mit konkreten Forderungen bzgl. der weiteren Öffnung seiner Märkte und der Übernahme internationalen Verantwortung konfrontiert. Dieser neue Pragmatismus ist der Einsicht in die mittlerweile unbestrittene Weltgeltung Chinas geschuldet, die auch Brüssel dazu veranlasste, sich im Laufe der vergangenen Jahre zunehmend die chinesische Argumentation zu eigen zu machen, wonach es einen engen Zusammenhang zwischen der Beachtung der Menschenrechte, ökonomischer Prosperität sowie der langfristigen sozialen und politischen Stabilität Chinas gibt.

Die Union verweist in diesem Zusammenhang gerne auf den friedlichen Charakter von Chinas Aufstieg zur Großmacht und folgt insgesamt einem optimistischen Ansatz in ihrer Chinapolitik: zum einen geht sie davon aus, dass mit der Integration Chinas die Sozialisation zu einem partnerschaftlichen Akteur in der Weltpolitik einhergeht; zum anderen setzt sie darauf, dass die wirtschaftliche Modernisierung auch zu einer politischen Öffnung im Lande führt. In der Tat versichert die chinesische Regierung bei jeder sich bietenden Gelegenheit, sich nicht an Rüstungswettläufen und militärischer Expansion beteiligen zu wollen, und macht sich damit für die Region unwiderstehlich und für Konkurrenten in der multipolaren Ordnung kaum angreifbar. China geriert sich nicht als imperiale Macht, die ihre Interessen mit Waffengewalt durchzusetzen sucht, sondern verweist auf die „weiche Macht" seiner Wirtschaft, seines Marktes und seiner Nicht-Einmischungs-Diplomatie. Seine Außenpolitik ist längst nicht mehr ideologisch motiviert, sondern dient in erster Linie der Flankierung seines Wirtschaftswachstums. In diesem Zusammenhang spricht die Pekinger Führung bereits seit längerem von dem „neuen" außenpolitischen Konzept der „harmonischen Welt". In ihr stellt China der Macht der USA und dem Ideal von Demokratie und universellen Menschenrechten das Konzept einer vielfältigen Welt gegenüber, in der jeder Staat seinen eigenen Entwicklungsweg beschreitet und in der es keine Einmischung in innere Angelegenheiten gibt. Unabhängigkeit bei der Wahl der Allianz, ob „gut oder schlecht", territoriale Integrität und Nichteinmischung lauten die außenpolitischen Maxime. Dabei schwingen durchaus Vorstellungen spezifisch asiatischer bzw. chinesischer kultureller Inhalte in Absetzung von westlichen Werten mit. Gleichzeitig aber präsentiert sich die Führung als verantwortungsvoller Teilhaber, als ein Staat, der seine Pflichten in der internationalen Gemeinschaft kennt und übernimmt. So übt sich die Pekinger Führung, sicherlich auch befördert durch den positiven Einfluss von Chinas Beitritt zur WTO im November 2000, zusehends mit Erfolg in multilateraler Diplomatie (erstmals 2006 richtete China den Gipfel der Shanghaier Organisation mit Zentralasien und Russland aus, lud die ASEAN-Staaten zum Asean-China-Dialog, und empfing alle Staatsoberhäupter Afrikas zum größten Gipfeltreffen, das Peking bis dato gesehen hatte) und politischer Konzilianz. Deutlich wird dies in der Haltung zur Nordkoreafrage, in der China dazu übergegangen ist, nunmehr gleichsam die dortige Führung in der Atomfrage öffentlich zu kritisieren und in den internationalen Verhandlungen eine aktive Vermittlungsrolle zu übernehmen, nachdem man bereits auf dem Pekinger Gipfel 2002 erstmals überhaupt die Themenkomplexe Irak und Nordkorea besprochen hatte. Sichtbar wird dies seit längerem aber auch in der Iranpolitik, indem Peking dem Regime in Teheran 2006 erstmals die bedingungslose Unterstützung im Atomstreit verweigerte und am Ende gar eine entsprechende UN-Resolution unterstützte, die Sanktionen gegen Iran vorsah – auch wenn man sich gleichzeitig gegen schärfere Maßnahmen ausgesprochen hatte.

Chinas Kehrtwende aber folgt sehr pragmatischen Überlegungen und ist sicherlich nicht irgendwelchen Einflüssen bzw. dem Druck von außen geschuldet – und schon gar nicht aus europäischer Richtung. Die Beziehungen zur EU sind von ökonomischer Bedeutung. Als politische Kraft jedoch wird die Union nur bedingt ernst genommen. Deutlich wurde dies schon in den 1990er Jahren während des Jugoslawien-Krieges: Von dem Moment an, da der zunächst politische Konfliktlösungsansatz der Union in eine militärische Intervention mit NATO- bzw. US-Beteiligung umschlug, kritisierte die Pekinger Führung diese Entwicklung als Beweis für die Schwäche der Union und die weitere Konsolidierung der amerikanischen Führungsrolle in Europa. Ähnlich reagierte China auf das von der NATO auf ihrem Jubiläumsgipfel 1999 präsentierte strategische Konzept, mit dem vor allem die USA auf eine Globalisierung des Bündnisses drängte; Peking sah darin den Versuch, die EU zum Instrument für die Realisierung der vitalen Interessen Washingtons zu machen.[86]

Für die chinesische Führung haben daher die chinesisch-amerikanischen Beziehungen unverändert Priorität, die EU wird vor allem als wichtiger Lieferant von Technologie und Kapital gesehen und bisweilen (so unter der Bush-Administration) als wichtiger Teil eines möglichen Gegengewichts zum amerikanischen Unilateralismus. Daher dient Chinas Strategie eines neuen Multilateralismus, die selbst vor einer Annäherung an das Bündnis nicht haltmacht, vor allem dem Zweck, eine multipolare Ordnung zu schaffen, in deren Rahmen man durch flexible Koalitionen mit Russland, Japan, ASEAN oder der EU das Machtpotenzial der USA auszubalancieren sucht. Prominentestes Beispiel in der Vergangenheit in diesem Zusammenhang ist der 2001 unterzeichnete Freundschaftsvertrag mit Russland, in dem beide Seiten sich verpflichtet haben, keine Allianzen mit anderen

---

86 Kai Möller, Die Außenpolitik der Volkrepublik China, a.a.O., S. 236.

Staaten einzugehen, welche negative Auswirkungen auf die Souveränität, Sicherheit und territoriale Integrität des Vertragspartners haben könnten.[87] Ebenso pragmatisch wie ambivalent ist das Verhältnis zu Japan, das China einerseits auf das Engste an die eigene Wirtschaft zu koppeln sucht – dabei wird gerne auf die bis heute gegebene Komplementarität beider Volkswirtschaften hingewiesen –, dessen Aufstieg zur politischen und militärischen Großmacht es andererseits um jeden Preis verhindern will, wie nicht zuletzt auch im Inselstreit mit Tokio sichtbar wird.

Für die EU ist es somit von zentraler Bedeutung, eine im Sinne von Gleichgewichtsdenken verstandene Multipolarität nicht dem Ziel einer multilateralen Zusammenarbeit zur Lösung der großen grenzüberschreitenden Probleme überzuordnen. Brüssel kann sich eine solche Strategie durchaus leisten, da es in der Region ohnehin keine strategische bzw. sicherheitspolitische Rolle spielt und auf absehbare Zeit auch nicht spielen wird. Die sicherheitspolitische Dimension des chinesischen Aufstiegs spielt in der europäischen Chinapolitik so gut wie keine Rolle. Dies unterscheidet das Verhältnis zu China maßgeblich von dem zu Russland, wo die Nachbarschaft zum russischen Territorium geradezu zwangsläufig einen unmittelbaren Einfluss auf die Außen- und Sicherheitspolitik der Union zur Folge hat.[88]

Insofern empfindet Washington Chinas Aufstieg auch viel stärker als eine sicherheitspolitische Herausforderung. Die USA sind mit enormen eigenen Kosten der entscheidende Garant für die Stabilität in Ostasien, von der auch die EU profitiert. Auch aus diesem Grund erwartet man in Washington (gerade in der Embargofrage) eine größere Anerkennung des amerikanischen Sicherheitsbedürfnisses in der Region. Dabei sind die amerikanischen Sorgen, bei aller Bekundung des friedfertigen Charakters von Chinas Außenpolitik in den vergangenen Jahren, keinesfalls unbegründet: Chinas Verteidigungsbudget ist seit 1989 kontinuierlich gestiegen. Im Haushalt für 2013/14 sind erneut Steigerungen von 10,7 Prozent vorgesehen. Hält diese Entwicklung an, so dürften die Rüstungsausgaben Chinas bis 2015 etwa 238,2 Milliarden Dollar betragen und damit lediglich noch vom Verteidigungsetat der USA übertroffen werden. Dabei gehen Experten davon aus, dass das Land tatsächlich sogar das Dreifache von dem für die Rüstung ausgibt, was der veröffentlichte Haushalt derzeit ausweist – womit China denn

---

87   Nach Peter Opitz, China – Der Aufstieg des Drachen, in: Mir Ferdowski (Hg.), Sicherheit und Frieden zu Beginn des 21. Jahrhunderts: Konzeptionen – Akteure – Regionen, München 2004, S. 269-311 (283).

88   David Shambaugh, Lifting the EU Arms Embargo on China. An American Perspective, in: Gill/ Wacker, a.a.O., S. 23-29.

bereits heute über den zweitgrößten Militärhaushalt verfügte.[89] Mit Ausnahme vielleicht der indischen Marine hätte somit derzeit kein anderes asiatisches Land China militärisch etwas entgegenzusetzen (Japan schickt sich erst seit kurzem an, sein Konzept der „Selbstverteidigungskräfte" zugunsten eines Streitkräfte-modells mit erweiterten Partizipationsmöglichkeiten aufzugeben). Zwar scheint Peking es nicht darauf anzulegen, etwa durch die Entwicklung eines eigenen Flugzeugträgerverbandes die militärstrategische Dominanz der USA in der asiatisch-pazifischen Region herauszufordern und damit eine Konfrontation mit der globalen Militärmacht der USA provozieren zu wollen; eine Ausnahme bildet allenfalls die Taiwanfrage, in der Peking in der Vergangenheit mehrfach betont hat, im äußersten Fall auf die Anwendung militärischer Mittel nicht zu verzichten. Dennoch hat das chinesische Militärpotenzial mittlerweile für die Region ein derart bedrohliches Ausmaß angenommen, dass einzig die Präsenz der amerikanischen Streitkräfte, gestützt auf die Verbündeten Japan, Südkorea und Taiwan, einer künftigen Machtausdehnung des Landes in Asien vorzu-beugen vermag. Mit der rapiden Modernisierung der Streitkräfte und einer permanenten Weiterentwicklung der Militärdoktrin, die zuletzt eine aktive Präsenz der chinesischen Flotte jenseits des Ost- und Südchinesischen Meeres bin in den Westpazifik vorsah, schickt sich China jedenfalls an, auch die Fähig-keiten moderner, integrierter Kriegsführung (Aneignung der entsprechenden Kapazitäten in den Bereichen „Kommunikation, Überwachung, Kommando und Intelligenz") zu entwickeln. Ziel dieser Digitalisierung und Mechanisierung der Streitkräfte, so der Tenor der seit 1998 regelmäßig veröffentlichten Verteidigungs-weißbücher, ist es, nicht nur in regionalen Konflikten bestehen, sondern „lokale Kriege" auch gewinnen zu können.[90]

Hinzu kommt, dass Peking sich zunehmend auch als Atom- und Raketen-händler auf dem Weltmarkt profiliert und dabei, was seine Kunden betrifft, wenig zimperlich ist. So gehören neben Indien und Pakistan auch Iran und Nordkorea zu den Empfängern von chinesischer Militärtechnologie. In Iran gleicht die chinesische Führung die auf Grund ausbleibender Investitionen des Westens im Energiebereich auftretenden Lücken durch verstärkte Kooperationen mit Teheran aus. Schließlich beunruhigen vor allem Washington und seine Verbündeten in der Region die zunehmenden Differenzen um verschiedene Inselgruppen: zwischen

89 Länder mit den höchsten Militärausgaben 2012. de.statista.com/statistik/.../laender-mit-den-hoechsten-militaerausgaben
90 Zitiert nach Saskia Hieber, China – regionale Großmacht oder Supermacht?, a.a.O., S. 128.

den Philippinen, Vietnam und China im Südchinesischen Meer; und zwischen Japan und China im Ostchinesischen Meer.

Auf all diese Entwicklungen hat die Obama-Administration bereits reagiert und den Pazifik mittlerweile zum geostrategischen Schwerpunkt erklärt. Nicht nur sind mittlerweile rund zwei Drittel der Navy der Pazifischen Flotte zugeordnet. Darüber hinaus schmiedet Washington über seine traditionellen Bande zu Japan, den Philippinen und Südkorea hinaus zunehmend Allianzen u.a. mit Australien, Neuseeland und Singapur. Die EU hingegen, gerade weil sie auch auf absehbare Zeit nur eine vergleichsweise geringe (sicherheits-)politische Rolle in der Region spielen dürfte, wird ihren in Bezug auf China eingeschlagenen Weg des Aufbaus einer dialog- und praxisorientierten Partnerschaft wohl auch künftig nicht nur an seiner Effizienz bzw. seinen materiellen Zielen, sondern auch an seinen normativen Vorstellungen messen lassen. Sie sind zentral sowohl für die im EU-Vertrag definierten Ziele der GASP wie auch für den Grad der davon ausgehenden Profilierung der EU als homogener außenpolitischer Akteur bzw. der damit verbundenen Herstellung von Identität und kollektiver Handlungsfähigkeit. Dabei ist allerdings seit Mitte der neunziger Jahre – trotz des 1995 initiierten EU-China-Menschenrechtsdialogs und der 1997/98 erfolgten Ratifizierung der beiden UN-Menschenrechtspakte durch die chinesische Regierung – eher eine pragmatische Politik erkennbar, die Verletzungen der bürgerlichen und politischen Rechte in China nicht gleich den Verfahren und Sanktionen des internationalen Rechts zu unterwerfen sucht.

Dennoch wird sich in der China-Politik der EU auch künftig nicht einfach zwischen Politik und Wirtschaft trennen lassen.[91] Dieses Prinzip entspricht zwar durchaus dem chinesischen Anspruch, die eigenen Wirtschaftsbeziehungen zum Westen nicht irgendwelchen vor allem durch die EU vorgetragenen politischen Konditionalitätsklauseln unterwerfen zu müssen, erfordert aber gerade von den Mitgliedstaaten auch ein geschlossenes Auftreten und den Abschied von der besonders in Frankreich und der Bundesrepublik ausgeprägten Neigung zu „strategischen Sonderbeziehungen" zu China. Wie im Falle Russlands, so gilt auch mit Blick auf China, dass einzig die innere Geschlossenheit der Union in diesen Fragen zu einer größeren Akzeptanz der Union als relevanter Gesprächspartner und Akteur bei der Lösung (sicherheits-)politischer Probleme in Asien führt. Für die Union birgt umgekehrt gerade die Tatsache, dass sie keine geostrategischen Interessen in der Region hat, die Chance, als politischer Vermittler, beispielsweise bei der Befriedung der Territorialkonflikte im Südchinesischen

---

91   Vgl. dazu Gunter Schubert, China und die Europäische Union im Kontext der GASP, in: APuZ, B19/20 (2002), S. 21- 28 (28).

Meer, größere Glaubwürdigkeit als andere Akteure zu besitzen. Im Interesse einer solchen Glaubwürdigkeit sollte die Union daher auch Chinas Vision der multipolaren Ordnung mit Vorsicht genießen und vielmehr an der Umsetzung jener multilateralen Grundprinzipien (zu ihnen zählen auch Menschenrechtsregime) arbeiten, die auch die chinesische Führung zunehmend im Rahmen der internationalen Organisationen in Anspruch nimmt.

4.4.2 Integrative Gleichgewichtspolitik durch die Bildung von Allianzen

Dies ist auch aus einem anderen Grund für die EU dringend erforderlich. Neben China werden andere regionale Vormächte zu einer zunehmenden Herausforderung für Brüssel und die Mitgliedstaaten. Die fundamentalen geoökonomischen und geopolitischen Veränderungen erfordern auch eine Positionsveränderung seitens der EU. Für Brüssel lautet die Frage, wie es auf das gewachsene Handlungs- und Störpotenzial der neuen Akteure und Konkurrenten reagiert, wie es dabei seine eigenen Interessen global definiert und verfolgt, und wie und mit wem es bestimmte Ordnungsvorstellungen durchsetzt. Selbst für die USA sind die Grenzen der Macht in den letzten Jahren immer offenkundiger geworden, von der unipolaren Welt redet man auch in Washington längst nicht mehr, ungeachtet der fortbestehenden militärischen Übermacht. Ob in Afghanistan, im Irak, in Syrien, in der Nordkorea- und Iranfrage, oder aber zur Bekämpfung des Islamismus allgemein – Washington ist auf Bündnisse angewiesen und es muss den Versuchungen des Protektionismus oder gar Isolationismus im eigenen Lande widerstehen. Dabei gilt es, sich Partner zu suchen, mit deren innerer Ordnung man weitgehend übereinstimmt und deren globalen Interessen man teilt. Dies gilt erst recht für die EU, die sich weder eine isolationistische Haltung noch politische Alleingänge leisten kann. Dann aber ist das konsequente Eintreten für die eigenen Interessen und Werte, die mehrheitlich auch die Werte der transatlantischen Gemeinschaft sind, eine Notwendigkeit, dann kann man die neue multipolare Welt nicht zum Wert an sich hochstilisieren.

Tut die EU dies nicht, so trägt sie selbst zusätzlich zum relativen Bedeutungsverlust Europas bei. Das Übrige besorgen neben China solche Länder, deren ökonomischen und politischen Aufstieg die EU erst in der letzten Zeit richtig wahrzunehmen begann: Indien, von seinem Potenzial her die zweite asiatische wirtschaftliche Großmacht, welche die EU in der Vergangenheit fast ausschließlich als relativ perspektivloses Entwicklungsland wahrgenommen hat;[92] Japan,

---

92 Christian Wagner, Indien als Regionalmacht und Chinas wachsender Einfluss in Südasien, SWP-Studie 2012/S 21(Oktober 2012), Berlin: www.swp-berlin.org/.../

welches Ende der achtziger Jahre, getragen von einer gigantischen Börsenrally und einem rasch aufgewerteten Yen, schon einmal einen beispiellosen Druck auf die amerikanische wie europäische Konkurrenz ausübte und beide zu großen Umstrukturierungen zwang, und welches heute zwar nach wie vor gegen die ökonomischen Auswirkungen von nahezu zwei Jahrzehnten deflationärer Tendenzen ankämpfen muss, dank seines enormen Nettoauslandsvermögens aber unverändert ein wichtiger Faktor für Arbeit und Wohlstand im Westen ist;[93] Brasilien und Mexiko, deren wirtschaftliche Entwicklung von vielen Ökonomen mittlerweile so günstig eingeschätzt wird, dass ihr Sozialprodukt in ein paar Jahrzehnten größer als das der Bundesrepublik sein werde – ein Beleg zudem für die These, dass die EU neben dem asiatischen Wachstumspotenzial auch der Entwicklung in Mittel- und Südamerika viel zu wenig Aufmerksamkeit geschenkt hat;[94] und schließlich Länder wie Iran oder Venezuela, die – dem Beispiel Russlands folgend – längst für sich den für den Westen dramatischen Zusammenhang von Energie- und Geopolitik als politischen Hebel entdeckt haben und auch nicht davor zurückschrecken, die eigenen Ressourcen als materielle Grundlage für ihre anti-israelische und anti-amerikanische Agitation herzunehmen.

Alle diese Staaten fordern den Westen insgesamt nicht nur ökonomisch heraus, sondern eben auch politisch (und dabei wiederum das Werteverständnis der Union im Besonderen), indem sie sein Pochen auf Demokratie und gute Regie-

---

swp-studien.../swp-studien.../indien_als_regional; Gudrun Wacker, Elli-Katharina Pohlkamp, Markus Tidten, Christian Wagner, Asiatische Großmächte: China, Indien und Japan als Akteure regionaler und internationaler Ordnungspolitik, SWP-Studien 2011/S 11(April 2011), Berlin: www.swp-berlin.org/de/wissenschaftler-detail/.../gudrun_wacker.html

93 Alexandra Sakaki, Kerstin Lukner, Japan's Crisis Management amid Growing Complexity: In Search of New Approaches, in: Journal of Political Science, Vol. 14, 2 (June 2013), S. 155-176. Zur Entwicklung in den vergangenen Jahren: Paul Kevenhörster/Werner Pascha/Karen Shire, Japan: Wirtschaft – Gesellschaft – Politik, Wiesbaden 2007; Claudia Derichs/Momoyo Hüstebeck/Kerstin Lukner, Japans Rolle in der Welt, in: Piazolo, Macht und Mächte, a.a.O., S. 141-184; Manfred Pohl/Iris Wieczorek (Hg.), Japan 2004: Politik und Wirtschaft, Hamburg 2004.

94 Vgl. Detlef Nolte, Susanne Gratius, Die EU und Lateinamerika: Partnerschaft auf Augenhöhe?, GIGA Focus Lateinamerika, Nr.2 (2013), Hamburg: GIGA 2013; Dieter Nohlen/Hartmut Sangmeister, Macht, Markt, Meinungen: Demokratie, Wirtschaft und Gesellschaft in Lateinamerika, Wiesbaden 2004; Markus Jäger, Brasilien: O pais do futuro? Wirtschaftliche Szenarien für die nächsten 15 Jahre, Deutsche Bank Research 2006. www.dbresearch.com/PROD/DBR Internet DE-PROD/PROD0000000000199370.pdf; Silja Voss, Mexiko 2020: tequila sunrise: ein mittelfristiger Wachstumsausblick, Deutsche Bank Research 2006. www.dbresearch.com/PROD/DBR Internet DE-PROD/PROD0000000000199497. pdf.

rungsführung nach westlichen Maßstäben zum Teil als Zumutungen und Einmischung in die inneren Angelegenheiten kritisieren und die eigenen Ordnungsvorstellungen als erfolgreiche Gegenmodelle (so zumindest China und Russland) präsentieren. Die EU tut daher gut daran, ihre Beziehungen vor allem zu den Staaten zu intensivieren, von deren sie nicht nur ökonomisch profitiert, sondern die aufgrund ihrer Wirtschaftsstrukturen und der politischen Ausrichtung auch für kooperative Partnerschaften in Frage kommen. Indien zählt dazu in besonderem Maße: Das Land verfügt nicht nur über Telefonzentren und Software-Industrie, sondern auch über sich entwickelnde Industriecluster und erfolgreich geführte Familienkonzerne, die zum Teil weit eher in das europäische Konzept passen. Dennoch verliert die EU in Delhi immer mehr an Bedeutung.

Die Gründe dafür sind sicherlich auch, dass die EU noch immer vom Erbe der Kolonialzeit belastet ist und dass, wie im Falle Chinas, die Union auf Grund ihrer ökonomischen Probleme in der jüngsten Vergangenheit und ihrer mangelnden politischen Geschlossenheit als bedeutender globaler Akteur nicht wahrgenommen wird. Auch Delhis Ambitionen sind daher zunächst stark in Richtung Washington orientiert, wie dies besonders die Kooperation im Nuklearsektor mit den USA deutlich gemacht hat. Auf Grund des Engagements von amerikanischen Hochtechnologie-Multis beim Aufbau von Produktions- und Forschungseinrichtungen sind die USA mittlerweile Indiens größter einzelstaatlicher Handelspartner und die wichtigste Quelle für ausländische Direktinvestitionen. Neben Washington gewann außerdem Ostasien an Bedeutung. Bereits 2005 überholte die Region die EU erstmals als Indiens wichtigsten Handelspartner, was vor allem auf den wachsenden Handel zwischen China und Indien zurückzuführen ist. Dabei ist diese Ausrichtung durchaus nicht ausschließlich ökonomisch motiviert gewesen. Immerhin hat sie auch zu Indiens Eintritt in das ASEAN Regional Forum geführt, der einzigen funktionierenden regionalen Sicherheitsorganisation Ostasiens.[95]

Zum großen Teil aber sind die eher schwachen Beziehungen auch der lang anhaltenden europäischen Ignoranz gegenüber dem Aufstieg Indiens und seiner neuen internationalen Rolle geschuldet.[96] Erstmals auf dem gemeinsamen Lissaboner Gipfeltreffen im Juni 2000 bekundeten beide Seiten überhaupt das politische Interesse, ihre bilateralen Beziehungen in allen Bereichen zu vertiefen. Höhepunkt der Kooperation war seither die Unterzeichnung des „Neuen Strategischen Partnerschaftsabkommens" im Juni 2004, in dem beide Seiten die Felder möglicher Zusammenarbeit präzisierten:

---

95   Howard Loewen, Die ASEAN als Impulsgeber ostasiatischer Integration, GIGA Focus Asien, 2 (2006), German Institute of Global and Area Studies (GIGA), Hamburg.

96   Christian Wagner, Indiens neue Rolle, GIGA Focus Asien, 4 (2006), Hamburg.

1. Konfliktprävention, Bekämpfung des internationalen Terrorismus, Proliferation sowie Förderung von Demokratie und Menschenrechten;
2. wirtschaftliche Zusammenarbeit einschließlich sektoraler Dialoge über gemeinsame Regulierungsaufgaben;
3. entwicklungspolitische Zusammenarbeit;
4. Kulturaustausch;
5. Weiterentwicklung der institutionellen Verzahnung.

Insgesamt aber blieb die Kooperation bislang auf wenige konkrete Projekte bei der wirtschaftlichen (Indien nimmt am GALILEO-Satellitenprogramm der Union teil) sowie der Zusammenarbeit im Hochschulbereich (im Rahmen des Erasmus-Programms) beschränkt. Dennoch ist die EU mittlerweile der größte Handelspartner Indiens mit einem Waren- und Dienstleistungsverkehr im Volumen von mehr als 85 Milliarden Euro. Damit ist das Land in der Liste der wichtigsten Handelspartner der EU inzwischen auf den 8. Platz vorgerückt. Schließlich geben die zuletzt erzielten Fortschritte bei den Verhandlungen über die wirtschaftliche Zusammenarbeit und ein künftiges Freihandelsabkommen sowie die auf dem bilateralen Gipfel 2012 erzielten Vereinbarungen über eine intensivere Zusammenarbeit in den Bereichen Energie und Forschung Anlass zur Hoffnung auf eine künftig noch engere wirtschaftliche Verflechtung beider Märkte.[97].

Auf politischer Ebene war die Vergangenheit allerdings auffällig von einer europäischen China-Fixiertheit geprägt. Dort, wo sich die EU zu Wort meldete – in der Menschenrechtsfrage und in der Frage der Kinderarbeit, im Kaschmirkonflikt oder in Fragen wie dem Internationalen Strafgerichtshof oder dem Verbot von Antipersonenminen – reagierte Indien entweder mit äußerster Zurückhaltung oder ähnlich wie Peking gar mit Ablehnung unter Hinweis auf das Nichteinmischungsprinzip. Damit stieß auch im Falle von Indien die europäische Vision, als größte Demokratie der Welt teile Indien weitgehend die Weltsicht der Union, sehr rasch an ihre Grenzen. Wie in Peking dient der indische Diskurs über Multilateralismus und die Notwendigkeit einer multipolaren Ordnung vor allem dem ganz pragmatischen Zweck, die Übermacht der Amerikaner im Besonderen und der Hegemonie des Westens im Allgemeinen einzudämmen. Auffällig ist in diesem Zusammenhang, welche Bedeutung Indien vor allem seinem ökonomischen und militärischen Aufstieg beimisst – auch dies ist ein Grund für die weit verbreitete Geringschätzung einer vor allem auf Normen und Verrechtlichung setzenden Politik der Europäer. Nicht wenige Experten in indischen Thinktanks

---

97   So Kommissionspräsident Barroso beim EU-Indien-Gipfel in Neu-Dehli, 10. Februar 2012: ec.europa.eu/commission_2010.../2012/.../20120209_speeches_1_de.ht

verweisen daher lieber auf den nunmehr offiziell von Washington anerkannten Nuklear- als auf den Demokratiestatus Indiens, wenn es um die Frage nach dem Einfluss des Landes als internationaler Akteur oder regionale Führungsmacht geht. Auf dieser Linie liegt auch der Anspruch Indiens auf einen ständigen Sitz im UN-Sicherheitsrat und seine Führungsrolle unter den Schwellenländern innerhalb der WTO. Solange diese Ambitionen von Washington unterstützt werden, weil man dort in der Aufwertung des Landes ein probates Mittel zum Ausspielen Chinas sieht, wird die EU es schwer haben, mit ihrem erwähnten Partnerschaftsabkommen eine vergleichbare Wirkung zu erzielen wie Washington mit seinem strategischen und militärischen Abkommen mit Delhi vom Juni 2005.[98] Die einzige Alternative, die der Union bleibt, ist auch im Falle Indiens die Stärkung des außenpolitischen Profils durch ein einheitliches europäisches Auftreten gegenüber Delhi. In zu vielen Kooperationsfeldern bringt Brüssel zwar zunächst eine gemeinsame Agenda auf den Weg, in der Praxis aber wird diese durch bilaterale Verträge einiger Mitgliedstaaten mit Indien unterlaufen. Darüber hinaus wirkt der bisherige europäische Sinozentrismus aus der Sicht Indiens kontraproduktiv im bilateralen Verhältnis. Eine ausgewogenere Politik der Union, die zudem die Ambitionen Indiens bezüglich einer Mitgliedschaft in der G8 sowie eines ständigen Sitzes im Sicherheitsrat unterstützte – zumal China sich diesen bislang widersetzte –, würde in Delhi sicherlich honoriert werden und könnte zu einer Intensivierung der Zusammenarbeit in den für das Land so wichtigen Bereichen etwa des Umweltschutzes oder der Infrastruktur führen. Die enormen Probleme des Landes bei der Trinkwasserversorgung oder der dringend notwendigen Versorgung mit den beiden gleichermaßen teuren wie die Umwelt verschmutzenden Energieträgern Erdöl und Kohle könnten gerade durch eine verstärkte Zusammenarbeit mit der EU entschärft werden, indem diese zum wichtigsten Technologielieferanten im für Indien zunehmend attraktiver werdenden Kernenergiebereich avancierte.

Wie im Falle Chinas sollte sich die Union auch mit Blick auf Indien oder andere Aufsteiger in der Weltpolitik von den beiden oben erwähnten Grundsätzen leiten lassen: Trennung von Politik und Wirtschaft; konsequentes Eintreten für Demokratie und Menschenrechte, nicht nach europäischem, sondern universalem Maßstab, wie er in den relevanten VN-Konventionen definiert ist. Im Fall von EU-Beitrittskandidaten ist es legitim, eine solche rechtliche wie reale Verfasstheit zu verlangen, wie sie dem eigenen, seit dem 18. Jahrhundert entwickelten Leitbild entspricht: der parlamentarischen, gewaltenteilenden Demokratie und dem auf

---

98 Christophe Jaffrelot, Indien und die EU: Die Scharade einer strategischen Partnerschaft, GIGA Focus, 5 (2006), Hamburg.

Achtung der Menschenrechte gegründeten Rechtsstaat. In ihrer globalen Ausrichtung aber sollte die Union bedenken, dass allenfalls der Grundsatz der Achtung der Menschenrechte und Grundfreiheiten im Sinne des Völkerrechts über
alle Grenzen der Länder und Kontinente hinweg weltweit Geltung beanspruchen
kann. Die in zahlreichen EU-Dokumenten anzutreffende Ausdifferenzierung von
Konditionalitäten aber wirkt oft kontraproduktiv, da sie jeder legitimen europäischen Interessenpolitik (schon aus Legitimitätsgründen) zusätzliche Fesseln
anlegt und von den verstärkt auf ihre eigenen (außenpolitischen) Identitäten
pochenden Regionalmächten als Adressaten nicht anerkannt wird. Wenn denn
überhaupt, dann sollte die EU in den entsprechenden internationalen Gremien
geschlossen den Mindestanspruch vertreten, der diese Foren trägt. Eine solche
Politik nimmt im Zweifelsfall auch das Handeln der Supermacht USA nicht von
Kritik aus, schafft ansonsten aber vor allem im Konsens mit Washington die Voraussetzung für ein kooperatives Verhalten der aufstrebenden Regionalmächte.

Dieser Ansatz entspricht der Logik des Erfolgs einer integrativen Gleich-
gewichtspolitik der EU im Innern einerseits und der hohen Akzeptanz der
Union weltweit auf Grund ihrer anti-imperialen Politik nach außen andererseits.
Letztere hat gerade in jüngster Zeit Europas diplomatischen Handlungsspiel-
raum und Einfluss in der gemäßigten islamischen Welt erheblich vergrößert.[99]
Nach wie vor liegt der entscheidende Unterschied zu den anderen Großmächten
im Fall der Union in der Wahl der Mittel. Noch immer folgt die EU in ihren
Außenbeziehungen dem Konzept der Zivilmacht; auch in der ESS betont die
Union ihren Charakter als „Friedensmacht", die sich zur strikten Einhaltung des
Völkerrechts als alleinige Grundlage von Zwangsmaßnahmen verpflichtet und
die „zivile" Ansätze zur Konfliktbewältigung in Zusammenarbeit mit anderen
Organisationen (UN, NATO oder OSZE) präferiert. Gleichwohl folgt die Union
auch einer machtpolitischen Logik, welche die Einordnung als Zivilmacht in der
politischen Praxis längst überholt erscheinen lässt. Dieser Logik entspricht nicht
nur die o. e. wachsende Bereitschaft zum Einsatz militärischer Mittel, sondern
auch der geopolitische Zwang zum Ausbau der eigenen Machtposition. Dieser
Zwang ergibt sich weniger aus dem prozesshaften Charakter der europäischen
Integration als vielmehr aus den zentralen Herausforderungen der heutigen Zeit
(neben dem internationalen Terrorismus, der Proliferationsproblematik und
der organisierten Kriminalität vor allem Staatsscheitern und Energiesicherheit),
welche im Falle von Nichthandeln der Union enorme immaterielle wie materielle
Kosten verursachen.

---

99   Werner Link, Auf dem Weg zu einem neuen Europa. Herausforderungen und Ant-
     worten, Baden- Baden 2006, S. 78 f.

Scheiternde bzw. gescheiterte Staaten sowie organisierte Kriminalität verursachen erhebliche immaterielle Kosten durch sie begleitende Vertreibung,
Menschenhandel oder Zwangsprostitution. Gleichzeitig zwingen Staatsversagen
und regionale Konflikte die Union zunehmend zum Eingreifen, auch fernab des
eigenen Kontinents, und erheblichen materiellen Investitionen. Der mit dem ökonomischen Aufstieg anderer Regional- bzw. Großmächte verbundene Anstieg der
Energiepreise hat unmittelbare Auswirkung auf die wirtschaftliche Entwicklung
der Union und damit letztendlich auch auf die sozialen Sicherungssysteme. Für
die Union als heute weltweit größter Energieimporteur bedeutet dies, dass sie die
zunehmenden Abhängigkeiten und Unsicherheiten der Versorgung mit Öl und
Gas auf ein kalkulierbares Maß reduzieren muss. Geopolitik tritt an die Stelle
der Geologie, diese aber leitet die Geopolitik und erfordert von der Union vor
allem eine Konzentration auf die Golfregion (mit rund zwei Dritteln aller Öl-
vorkommen) und verstärkt auch auf die Region um das Kaspische Becken. Um
im Verteilungskampf vor allem mit den Aufsteigern (die USA hingegen schicken
sich seit Ausbruch der „shale gas"-Revolution an, zum Energieexporteur zu
werden) zu bestehen, benötigt die EU dringend eine gemeinsame Energiepolitik.
Den Anstoß dazu gab das Grünbuch der Kommission zur Energieeffizienz vom
Juni 2005.[100] Ihm folgten ein weiteres Grünbuch im März 2006 mit Vorschlägen
für eine nachhaltige, wettbewerbsfähige und sichere Energieversorgung sowie
eine Mitteilung der Kommission vom Januar 2007, in der die Union erstmals
die sicherheitspolitische Relevanz ihrer Abhängigkeit von Energieimporten betont und explizit von der Notwendigkeit einer „kohärenten Energieaußenpolitik"
spricht. Obwohl eine solche für die Union von zentraler Bedeutung zur Stärkung
internationaler Energiepartnerschaften ist, erschöpft sie sich jedoch bislang eher
in Absichtserklärungen denn konkreten Projekten. Nach wie vor gilt in Brüssel
der Grundsatz, wonach es das legitime Recht der Mitgliedstaaten ist, zur Gewähr-
leistung einer sicheren Energieversorgung eigene äußere Beziehungen zu pflegen
und den internen Energiemix selber zu bestimmen.

Wie immer man die Chancen für eine gemeinsame Energiepolitik im
Speziellen und eine Gemeinsame Außenpolitik gegenüber Drittstaaten und
anderen Regionen im Allgemeinen bewerten mag, fest steht, dass die Union auch
diesbezüglich längst einen qualitativen Sprung in Richtung eines eigenständigen
sicherheits- und außenpolitischen globalen Akteurs getan hat. Ob die Union
es will oder nicht, sie ist sowohl der Globalisierung mit all ihren Facetten wie
auch der durch den (Wieder-) Aufstieg Russlands, Chinas, Indiens oder anderer

---

100 European Commission, Green Paper on Energy Efficiency. Doing more with less,
     Brüssel, COM (2005) 265 final, 22. Juni 2005.

Regionalmächte bedingten Diffusion der Macht unweigerlich ausgeliefert. Damit wird sie gezwungen, pragmatisch europäische Interessen zu formulieren und gemeinsam zu vertreten – als eigenständige Regionalmacht, die global ausstrahlt, wie als „strategischer Partner" insbesondere der USA. Die Bedeutung der Union wächst vor allem dann, wenn ihr in ihren Außenbeziehungen zweierlei gelingt: einerseits die USA von ihrem „positiven Beitrag zu einer stabilen Weltordnung regionaler Balancen" zu überzeugen[101] – eben als regionale Ordnungsmacht in Europa und seiner Nachbarschaft; durch enge Beziehungen mit anderen Regionalverbänden und Großmächten; und durch entschlossenes Handeln, wo vitale europäische Interessen unmittelbar tangiert sind –, andererseits gleichzeitig eine Alternative zu jeder Form einer präemptiven Interventionspolitik der USA (oder anderer Akteure) anzubieten, die die Union mit ihrem komplexen, zivil-militärischen Krisenmanagement besagten Drittstaaten und Regionen als gewünschter Kooperationspartner erscheinen lässt.

---

101 Link, a.a.O., S. 115.

Außenpolitik gestalten – Nachbarschafts- und Regionalpolitik der Europäischen Union

Die im vorangegangenen Kapitel geschilderten Herausforderungen für die Union stellen sich ganz unmittelbar an ihrer Peripherie. Wie diese abzugrenzen ist und wo damit europäische Interessen ganz unmittelbar berührt sind, lässt sich räumlich zwar in etwa definieren. Letzten Endes aber zwingen diese Herausforderungen und Bedrohungen die EU zu einem Engagement weit über die Peripherie hinaus und machen sie damit, wenn auch nicht in allen Belangen zu einem Staaten vergleichbaren Akteur im Sinne von Autonomie und exklusiven Vertretungsanspruch, so doch zu einer Institution, die maßgeblich auf die internationale Politik einwirkt und insofern eine effektive Außendimension besitzt. Interdependenz und Transnationalisierung haben nicht nur die Grenzen zwischen Innen- und Außenpolitik durchlässig gemacht, indem Migration, Asyl und innere Sicherheit zu unmittelbaren sicherheitspolitischen Themen geworden sind. Darüber hinaus üben Themen wie Energiesicherheit (s. o.) oder Terrorismusbekämpfung sowie die unverändert gültige Selbstverpflichtung auf die Charakterisierung der Gemeinschaft als „Zivilmacht" (angesichts der Bedeutung humanitär motivierter Interventionen) zunehmenden außenpolitischen Handlungsdruck auf die Union aus – zum Teil nicht frei von Spannungen und Widersprüchen, aber eben doch zwangsläufig.

Bei der Terrorismusbekämpfung beispielsweise führten die Entwicklungen seit dem „11. September" nach anfänglichen Bemühungen um kollektives Handeln in der EU (Einrichtung verschiedener Gemeinschaftsinstrumente zur Bekämpfung der Bedrohung auf EU- und globaler Ebene) zwar rasch zu Desintegrationstendenzen und Ineffizienz auf europäischer Seite. Dennoch ist in dieser Zeitspanne insgesamt zu beobachten, dass es – trotz amerikanischen Drucks, unterschiedlicher Bedrohungswahrnehmung und interner Spannungen bzgl. der Wahl der

Mittel – ein größeres Maß an Unterstützung für ein kollektives Vorgehen der EU mittels von Integrationsinstrumenten vor allem im rechtlichen und ökonomischen Bereich gab. Dies ist umso bemerkenswerter, als sich die Präferenzbildungsprozesse der Mitgliedstaaten innerhalb der EU zunächst diametral entgegenstanden. Die EU-Ebene übte insofern aufgrund des internationalen Drucks der Anti-Terror-Koalition eine akkommodierende Rolle im Mehrebenensystem aus, die im Nachhinein als wichtiges Korrektiv zwischen beiden Polen nach innen wirkte und gleichzeitig der EU ein größeres Gewicht nach außen verlieh. So kam es ungeachtet des Widerstands der Justizpolitiker in Bezug auf bestehende Rechtshilfeabkommen sowie polizeiliche und geheimdienstliche Kooperation zu einer verstärkten Zusammenarbeit insbesondere mit den USA.

Eine ähnliche Konstellation findet sich auch in der Frage der Militäreinsätze. Lange Zeit schien die Entwicklungsdynamik der GASP/GSVP vor allem das Ergebnis des Verhandlungsprozesses zwischen interessengeleiteten staatlichen Akteuren sowie des äußeren Zwangs (gemeinsame Bedrohungen) zum Handeln (reaktiver Charakter). Der Zwang zum Konsens verhinderte demnach einerseits einen raschen Entscheidungsprozess, wie er in Krisensituationen nun mal oft erforderlich ist (Kosovo, Bosnien oder Golfkriege). Auf der anderen Seite bestand das Problem der vertikalen (Einigung zwischen den Mitgliedstaaten) und der horizontalen (Pfeilerstruktur) Kohärenz. Zunehmend ist jedoch auch in diesem Bereich eine Entwicklungslogik zu beobachten, die sowohl durch die innere (EU; Mitgliedstaaten) als auch die äußere Ebene bestimmt wird. So gibt es innerhalb der EU nicht nur das, was man als „Koordinationsreflex" auf der Basis „akkumulierter" Werte oder „Brüsselisierung" bezeichnen kann – sprich die Gewohnheit der Mitgliedstaaten, sich im Vorfeld der eigenen Positionsbestimmung mit den anderen Mitgliedstaaten abzusprechen. Gleichzeitig ist die Dynamisierung der GASP/GSVP zunehmend das Ergebnis eines äußeren Drucks auf die Union, angesichts der neuen Herausforderungen und Bedrohungen, wie sie sich Brüssel in den vergangenen 15 Jahren gestellt haben, weltweit größere Verantwortung im Sinne einer pro-aktiveren Politik zu übernehmen.

Eben diese Haltung spiegelt sich sowohl in der Nachbarschaftspolitik wie auch in der Politik gegenüber dem erweiterten Nahen und Mittleren Osten der Union wider. Gemäß Art. 8 (1) EUV will die Union „besondere Beziehungen zu den Ländern in ihrer Nachbarschaft, um einen Raum des Wohlstands und guten Nachbarschaft zu schaffen, der auf den Werten der Union aufbaut und sich durch enge, friedliche Beziehungen auf der Grundlage der Zusammenarbeit auszeichnet."[1] Was sich jedoch wie das bewährte Instrument einer auf Werte-

---

1   8(1) EUV

konformität ausgerichteten Außenpolitik gegenüber Drittstaaten liest, ist vor allem Ausdruck einer grundsätzlichen Neuausrichtung der EU gegenüber ihren Nachbarn an den östlichen wie den Mittelmeergrenzen, mit der die Union ihren sicherheitspolitischen Interessen Rechnung trägt und gleichzeitig der Gefahr ihrer geostrategischen Überdehnung durch weitere Beitritte vorzubeugen sucht.

5.1 Die Nachbarschaftspolitik der Union

Mit der Erweiterung der Union im Mai 2004 und zum 1. Januar 2007 sind Belarus, die Ukraine und Moldawien (Rumänien) zu unmittelbaren Nachbarn der EU geworden. Gleichzeitig hat sich die Grenze zu Russland verlängert (gemeinsam mit denen zu Belarus und der Ukraine beträgt sie heute in etwa 5100 km) und rücken Malta und Zypern die Union näher an die Mittelmeerregion heran. Bedenkt man zusätzlich die Tragweite der Grundsatzentscheidung des Europäischen Rates vom Dezember 2004, Beitrittsverhandlungen mit der Türkei aufzunehmen, sowie die durch den Stabilitätspakt für Südosteuropa in Aussicht gestellte Beitrittsperspektive für die westlichen Balkanstaaten (Kroatien ist zum 1. Juli 2013 beigetreten), so wird die fundamentale geostrategische Bedeutung der jüngsten Beitritte wie der damit verbundenen Erweiterungsdynamik deutlich;[2] in diesem Zusammenhang betonte die Europäische Sicherheitsstrategie daher explizit, dass die Erweiterung nicht ausschließlich als Sicherheitsgewinn zu interpretieren sei.[3] Und auch wenn die Beitrittsdynamik über den Lissaboner Vertrag hinaus nachgelassen hat, so erforderten die Entwicklungen der vergangenen Dekade aus diesen Gründen doch eine Reaktion Brüssels über den künftigen politischen Kurs gegenüber Beitrittswilligen wie neuen Nachbarn.

Vor diesem Hintergrund präsentierte die Union am 11. März 2003 zunächst ihre Mitteilung „Größeres Europa – Nachbarschaft: Ein neuer Rahmen für die Beziehungen der EU zu ihren östlichen und südlichen Nachbarn".[4] Ihr folgte im Mai 2004 das Strategiepapier zur „Europäischen Nachbarschaftspolitik", in

---

2   Zur Türkei-Entscheidung vgl. Schlussfolgerungen des Europäischen Rats, Brüssel, 16./17. Dezember 2004, Ziffer 17-22. http://ue.eu.int/ueDocs/cms_Data/docs/pressData/de/ec/83221.pdf; zum Stabilitätspakt siehe Antonio Missiroli, The EU and Its Changing Neighbourhoods: Stabilization, Integration and Membership, in: Partners and Neighbours: A CFSP for a Wider Europe, EU Institute for Security Studies (ISS), Chaillot Paper nr. 64, Paris (September 2003), S. 9-33.
3   ESS (12. Dezember 2003), a.a.O., S. 4 ff.
4   KOM (2003) 104 endg., Brüssel, 11. März 2003.

welchem die Union die strategischen Ziele der ENP festlegte.[5] Beide Dokumente behandelten erstmals gemeinsam die östlichen Nachbarn (Moldawien, Ukraine und Weißrussland sowie die Kaukasusstaaten Armenien, Aserbaidschan und Georgien) wie die Mittelmeeranrainer (Ägypten, Algerien, Israel, Jordanien, Libanon, Libyen, Marokko, Palästinensische Autonomiebehörde, Syrien und Tunesien), gleichwohl in der Folge den in den „Stabilisierungs- und Assoziierungsprozess der EU" (SAP) einbezogenen Balkanstaaten besondere „Europäische Partnerschaften" in Aussicht gestellt wurden.[6] Mit Ausnahme von Libyen, Syrien und Weißrussland waren die Beziehungen zu allen Partnerstaaten bereits durch Partnerschafts- und Kooperationsabkommen oder durch Assoziationsabkommen geregelt, die zu Russland (s. o.) hingegen in einem besonderen strategischen Partnerschaftskonzept. Einen Sonderfall stellt(e) schließlich noch die Türkei dar. Die seit der Aufnahme von Beitrittsverhandlungen mit den mittel- und osteuropäischen Staaten im Jahr 1998 anhaltende Diskussion um eine gleiche Perspektive für die Türkei, die schließlich in der entsprechenden Grundsatzentscheidung des Europäischen Rates vom Dezember 2004 kulminierte, hatte entscheidende Auswirkungen auf die Entscheidung der Union über den künftigen Kurs gegenüber ihren Nachbarn. Da man zu diesem Zeitpunkt, trotz des anders lautenden Signals in Richtung Ankara, die Aussicht auf weitere Beitritte im Grunde politisch wie mental nicht verkraftete, galt es darüber nachzudenken, welche Optionen die EU jenseits der Erweiterungsperspektive besaß und wie die Finalität ihrer Außengrenzen zu definieren war.[7]

Gemeinsam mit den Stellungnahmen des Rates für „Allgemeine Angelegenheiten und Außenbeziehungen" vom 16. Juni 2003 und 13. Oktober 2003 sowie einer Entschließung des Europäischen Parlaments zu den „Beziehungen der Union zu ihren östlichen und südlichen Nachbarn" vom 20. November 2003 bilden die erwähnten EU-Dokumente somit das Fundament der Europäischen Nachbarschaftspolitik (ENP).[8] Schließlich ist die Initiative von Anfang an unmissverständlich Bestandteil der europäischen Außen- und Sicherheitspolitik gewesen. Nicht nur erwähnt das Strategiepapier der Union vom Mai 2004 ausdrücklich die Europäische Sicherheitsstrategie vom Dezember 2003 und muss

---

5   KOM (2004) 373 endg., Brüssel, 12. Mai 2004.

6   VO (EG) Nr. 533/2004 des Rates, 22. März 2004, ABl. 2004, Nr. L 86.

7   Ausführlicher zur Türkeifrage: Kemal Kirisei, Turkey's Foreign Policy in turbulent times, ISS, Chaillot Paper 92 (September 2006), Paris.

8   Martin Koopmann/Christian Lequesne (Hg.), Partner oder Beitrittskandidaten. Die Nachbarschaftspolitik der Europäischen Union auf dem Prüfstand, Baden-Baden 2006, S. 17-30.

damit in den größeren Rahmen bzw. komplementär zu der GASP eingeordnet werden. Innerhalb der Kommission fällt die ENP außerdem in den Geschäftsbereich des für die Erweiterung zuständigen Kommissars, der wiederum mit dem/der Hohen Vertreter(in) für die GASP zusammenarbeitet (bis 2010 hingegen war der Kommissar für Außenbeziehungen, dessen Amt mit dem Lissaboner Vertrag abgeschafft wurde, auch für die ENP zuständig).

Ziel der Initiative ist es, einerseits den Ausgrenzungseffekt der neuen Grenze abzuschwächen und dabei Instabilitäten vor den „Toren der Union" vorzubeugen; aus diesem Grund versuchte die Union, die Methoden und Erfahrungen, die sie aus den Verhandlungen mit den MOE-Staaten gewonnen hatte, auch für solche Partnerstaaten nutzbar zu machen, für die es keine explizite Beitrittsperspektive als Anreiz für die Einleitung ökonomischer und politischer Reformen gibt. Im Prinzip wurde damit die in der Euro-Mediterranen Partnerschaft (EMP) erprobte Strategie der „positiven Sanktionierung" sehr viel deutlicher als Mittel zur Förderung von Demokratie, Menschenrechten und good governance betont. Andererseits signalisierte die Union den Adressaten mit der ENP die Grenzen ihrer Aufnahmekapazität, bot ihnen jedoch gleichzeitig die über das Ziel der Freihandelszone hinausgehende Einbeziehung in den Europäischen Binnenmarkt an.

Die Ausgestaltung der Nachbarschaftspolitik erfolgt über so genannte gemeinsame Aktionspläne. Diese sind das Ergebnis der mit den Partnern eingeleiteten Sondierungsgespräche über eine Reihe von Prioritäten und konkreten Projekten (auf der Basis von speziellen Länderberichten der Kommission), die durch besondere Maßnahmen umzusetzen sind.[9] Die Aktionspläne wurden von der Kommission in Abstimmung mit den betreffenden Ländern (in Brüssel betont man ausdrücklich den Kompromisscharakter der ausgehandelten Pakete und vermeidet es von Konditionalitäten zu sprechen) und mit dem Beitrag des Hohen Vertreters für die GASP vorgelegt und anschließend im Rahmen der PKAs und der Assoziationsabkommen durch die jeweiligen Räte genehmigt. Waren die Prioritäten der Aktionspläne erfüllt, sollte der nächste Schritt zur Aushandlung von so genannten „Europäischen Nachbarschaftsabkommen" erfolgen, die die bilateralen Abkommen der ersten Generation ersetzen sollten;[10] zu einer solchen Weiterentwicklung bis spätestens 2010 kam es jedoch nicht. Während des ersten Zeitraums sollte es zunächst um die Stabilisierung der Partnerländer durch die Unterstützung demokratischer und wirtschaftlicher Reformprozesse in Form von technischer Hilfe und twinning-Programmen zur legislativen, justiziellen und

---

9   Die ersten Aktionspläne wurden für die Ukraine und Moldawien vorgelegt; vgl. KOM (2004) 795 endg., Brüssel, 9. Dezember 2004.

10   KOM (2004) 373, S. 5.

administrativen Annäherung gehen. Der Schwerpunkt der Aktionspläne lag in dieser Phase weniger auf der gegenseitigen Verpflichtung auf gemeinsame Werte als vielmehr auf der Einführung bestimmter Mindeststandards in den Bereichen Rechtsstaatlichkeit, good governance und Marktwirtschaft. Darüber hinaus strebte die Union, in Übereinstimmung mit der Europäischen Sicherheitsstrategie, eine Koordinierung wesentlicher Aspekte des außen- und sicherheitspolitischen Handelns der Vertragspartner an; über die gemeinsame Bekämpfung des Terrorismus und der Verbreitung von Massenvernichtungswaffen sowie Einhaltung des Völkerrechts sollten nicht nur die EU-Grenzen gesichert werden, sondern die Nachbarstaaten auch in die Ausarbeitung eines „Gemeinsamen Raums der Freiheit, der Sicherheit und des Rechts" eingebunden werden. Da die Schengen-Grenze die neuen Nachbarstaaten unmittelbar berührte und von ihnen als neue Trennlinie wahrgenommen wurde, umgekehrt aber die EU-Mitgliedstaaten Fragen der Inneren Sicherheit und Justiz als in hohem Maße sensible Bereiche an der Schnittstelle zwischen äußerer (GASP/GSVP) und eben Innerer Sicherheit betrachteten, versuchte Brüssel im Rahmen der Nachbarschaftsstrategie beiden Anliegen vor allem durch ein effektives Grenz- und Visummanagement gerecht zu werden, in dem Sonderbestimmungen für den so genannten kleinen Grenzverkehr und vereinfachte Visumverfahren eingeführt werden sollten. Gleichzeitig suchte die Kommission die Zusammenarbeit in den Bereichen Migration, Asyl und grenzüberschreitende Kriminalität voranzutreiben. Auch hier berühr(t)en Fragen des Inneren und der Justiz unmittelbar die Sicherheit der Union und wurden somit zu zentralen Fragen der EU-Außenpolitik.

5.1.1   Europäisierung und Demokratisierung ohne Mitgliedschaftsperspektive

Bezüglich der längerfristigen Entwicklung hat das Konzept der ENP 10 Jahre nach seiner Konstituierung an Konturen gewonnen. Fest steht, dass es zu einem integralen Bestandteil europäischer Außenpolitik geworden ist, und zwar spätestens seit den Konflikten im Nahen Osten und in Georgien 2008;[11] dies lässt sich auch an der expliziten Berücksichtigung der Nachbarstaaten im europäischen Primärrecht (Art. 8 EUV) ablesen. Fest steht auch, dass trotz der enormen geographischen Dimension der ENP und der Heterogenität der Adressatenländer gerade in den Südländern einige ökonomische Erfolge erzielt wurden (im Gegensatz zu politisch-institutionellen). Schließlich entspricht der breite thematische

---

11   Ernst Piehl, Europäische Nachbarschaftspolitik – Genesis, Bestandsaufnahme und Perspektiven, in: Olaf Leiße (Hrsg.), Die Europäische Union nach dem Vertrag von Lissabon, Wiesbaden 2010, S. 333-370 (355).

Bogen der ENP-Politik dem holistischen Charakter der Außenpolitik der Union: Fragen des Minderheitenschutzes, das Bemühen um ein enges Verhältnis zu den Zivilgesellschaften, Anstrengungen zur Konvergenz im Regulierungsbereich in der Ukraine, Visaliberalisierungen mit den südkaukasischen Republiken oder die Förderung von marokkanischer Umweltpolitik gehören ebenso zum Instrumentarium Brüssels wie die Demokratieförderung im südlichen Mittelmeerraum insgesamt (welche allerdings im Zuge des Arabischen Frühlings durch entsprechende Reallokation der ENP-Fonds verstärkt wurde, nachdem bekannt wurde, dass die darin vorgesehenen Mittel für diesen Zweck weit geringer ausfielen, als bis dato vermutet).[12] Dies alles erfolgt auf der Basis des Prinzips gemeinsam erarbeiteter Aktionspläne („joint ownership").

Strittig ist unter EU-Mitgliedstaaten wie den Partnerländern aber nach wie vor insbesondere die Frage nach der weiteren Differenzierung im europäischen Nachbarschaftsraum. Dies hat nicht zuletzt damit zu tun, dass es mittlerweile ein sehr komplexes Nebeneinander von Politiken der EU und ihrer Mitgliedstaaten zur Gestaltung dieses Raumes gibt. Es hat aber auch mit dem nach wie vor fehlenden Verständnis für eine weiter gefasste Nachbarschaft zu tun, bei dem die jeweiligen regionalen Nachbarn der EU klarer identifiziert werden, in welche die Union tatsächlich hineinwirken will. Dies gilt eben nicht nur für die Adressatenländer der ENP (die an sich schon in südliche und östliche Subregionen unterteilbar sind), sondern auch für den westlichen Balkan, die Türkei und natürlich Russland. Insofern ist es konsequenter, mittlerweile von verschiedenen Nachbarschaftspolitiken zu sprechen.[13]

Mit der ausdrücklichen Perspektive auf eine Einbeziehung in den Europäischen Binnenmarkt für diejenigen Staaten, die dies ausdrücklich wollen und die die in den Aktionsplänen formulierten Voraussetzungen erfüllen, war aber zunächst vor allem ein Anreiz für weitere Anstrengungen der Partnerländer der ENP beim Reformprozess gegeben, auch wenn der ursprüngliche Vorschlag vom damaligen Kommissionspräsident Prodi, die Nachbarstaaten in vollem Umfang an den vier Freiheiten des Binnenmarktes teilhaben zu lassen, in den erwähnten Grundsatzdokumenten zur ENP dann nicht mehr erwähnt wurde.[14] Ebenso zweideutig bleibt die Politik der EU bis heute bezüglich der Beitrittsoption.

---

12   Tanja Börzel, Katrin Böttger (Hrsg.), Polivy change in the EU's Immediate Neighbourhood: A sectoral approach, Baden-Baden 2012.

13   Edmund Ratka, Olga Spaiser (Hrsg.), Understanding European Neighbourhood Policies. Concepts, Actors, Perceptions, Baden-Baden 2012.

14   Zur Grundsatzrede Romano Prodis am 5. Dezember 2002 vgl. http://europa.eu.int/ constitution/ futurum/documents/offtext/sp051202_de.htm.

Zwar vermied die Union in ihren Dokumenten jede explizite Festlegung auf eine solche. Gleichwohl ließen Äußerungen der damaligen Außenkommissarin Ferrero-Waldner wie aus dem Parlament über einen möglichen Beitritt der Ukraine rasch erkennen, dass die Debatte über die endgültigen Grenzen der Union offen bleibt.[15] Insofern ist nicht auszuschließen, dass der entscheidende Anreiz für die Partnerstaaten, in den verschiedenen Bereichen die Normen des Acquis und die dem Integrationsprozess zugrunde liegenden gemeinsamen Werte zu übernehmen, zunächst einmal in dem ganz praktischen Interesse am eigenen Stabilitätsgewinn (durch ein gemeinsames Grenzregime mit der EU) im speziellen sowie der Schaffung einer Rechts- bzw. Vertragsbasis mit der EU im Sinne einer „Normalisierung" der bilateralen Beziehungen im Allgemeinen bestanden hat und bis heute besteht.

Darüber hinaus besteht selbstverständlich das Interesse, in den Genuss der finanziellen Hilfeleistungen zu kommen, die seit 2007 im Rahmen des umfassenden, die Programme TACIS und MEDA ablösenden Finanzierungsinstruments (European Neighbourhood and Partnership Instrument, ENPI) den Partnerländern zufließen (insgesamt 14,9 Milliarden für die Jahre 2007-2013), zumal da die inhaltliche Priorität des neuen Instruments im ersten Zeitraum eben auf der Förderung grenzüberschreitender Kooperationen liegt.[16]Bislang wurden im Rahmen differenzierter bilateraler Partnerschafts- oder Assoziationsabkommen und vertiefter „Aktionspläne" vor allem wirtschaftliche Integration (mit Perspektive für bilaterale Freihandelszonen), Mobilität (durch schrittweise ausgeweitete Visa-Erleichterungen), Energiepartnerschaften und – mit geringer Wirkung – eine engere politische Zusammenarbeit mit Blick auf „eingefrorene Konflikte" (vom Nahost-Konflikt über den Streit zwischen Armenien und Aserbaidschan um Karabach, den ethnischen Territorialkonflikten zwischen Abchasien und Südossetien auf der einen und Georgien auf der anderen Seite bis hin zum Transnistrien-Konflikt in Moldau) befördert – im Gegenzug für das Voranbringen der wirtschaftlich-sozialen und politisch-institutionellen Reformagenda in den Adressatenländern. Und auch wenn ein neuer Haushaltsplan noch nicht vorliegt, so ist damit zu rechnen, dass dieser Ansatz für den Budgetrahmen 2014-20 fortgesetzt und die Kommission vor allem mit bislang fortgeschrittenen Ländern wie Marokko und der Ukraine ihre Zusammenarbeit auf diesen Feldern vertiefen wird.

---

15   Vgl. die Rede von Ferrero-Waldner vor dem Europäischen Parlament am 1. Dezember   2004:   http://europa.eu.int/comm/external_relations/news/ferrero/2004/ speech04_506_de.pdf.

16   Zur ENPI vgl. KOM (2004) endg., Brüssel, 29. September 2004.

Die zentrale Frage lautet daher nach wie vor, ob die von der Union intendierte Heranführung der Nachbarländer an die EU jenseits einer Mitgliedschaft für die betroffenen Länder genügend Kooperationsanreize bieten kann, um den Demokratisierungsprozess erfolgreich fortzusetzen und gar abzuschließen.[17] Zwar gibt es verschiedene Ansätze, wie man dies befördern kann: über die Förderung demokratischer Kultur in der Gesellschaft durch transnationale Vernetzung mithilfe von Sozialisierungsprozessen (Linkeage-Modell); die gezielte Nutzung intergouvernementaler Strukturen zur Stärkung demokratischer Institutionen (Levereage-Modell); oder die transgouvernementale Verknüpfung wiederum über Sozialisierung (Governance-Modell).[18] Grundsätzlich aber ist die Perspektive der „Europäisierung", d. h. der Schaffung einer gemeinsamen Zone politischer und ökonomischer Stabilität zunächst einmal für diejenigen Staaten attraktiv, die eine Mitgliedschaft ohnehin nicht anstreben. Insofern liegt in dem vermeintlichen Vorzug der Initiative, so unterschiedliche Staaten wie Georgien und die Ukraine auf der einen, und Weißrussland oder Israel auf der anderen Seite anzusprechen und mit ihnen jenseits einfacher Kooperationsmechanismen einen gewissen Integrationsgrad zu erreichen, zugleich ihr größter Nachteil. Die individuell zugeschnittenen Aktionspläne erlauben zwar den Aufbau strukturierter und systematischer Beziehungen zu jedem einzelnen Staat und geben so der Union theoretisch ein höheres Maß an Flexibilität als etwa im multilateral angelegten Barcelona-Prozess. Solche Partnerländer aber, die wie die Ukraine oder Moldawien in der ersten Phase erwartungsgemäß größere Fortschritte bei ihren Bemühungen um eine politische und wirtschaftliche Annäherung an die Standards der Union erzielt haben, werden auf Dauer ohne eine klare Beitrittsoption kein Interesse an einer Fortführung ihrer Anstrengungen haben, selbst wenn bestimmte Vereinbarungen (bspw. in der speziellen Frage des Visumsproblems der ukrainischen Bevölkerung in der polnisch-ukrainischen Grenzregion) die Folgen der Erweiterung für die Nachbarstaaten mildern können. Zwar ist ausdrücklich vorgesehen, dass die Aktionspläne am Ende ihrer Laufzeit erneuert und durch neue Abkommen ersetzt werden können. Allerdings werden diese möglichen „Vereinbarungen" nicht näher spezifiziert.[19] Hinzu kommt, dass

---

17 Vgl. Stefan Fröhlich, The European Neighbourhood Policy: An adequate Instrument for Democratization?, in: Johannes Varwick/Kai-Olaf Lang (Hg.), European Neighbourhood Policy. Challenges for the EU-Policy Towards the New Neighbours, Opladen/Farmington Hills 2007, S. 75-86.

18 Hierzu: Sandra Lavenex, Frank Schimmelfennig (Hrsg.), Democracy Promotion in the EU's Neighbourhood. From Leverage to Governance? London/New York 2013.

19 Vgl. dazu bspw. den Aktionsplan mit der Ukraine vom 9. Dezember 2004: http://europa. eu. int/comm/world/enp/pdf/action_plans/Proposed_Action_Plan_EU-Ukraine.pdf.

sie sich teilweise selbst als Referenz für Brüssels zumindest geographisch umfassendes Angebot sehen: So haben die „orangene Revolution" in der Ukraine,
aber auch die Wahlen im Gazastreifen und in der Westbank oder zuletzt die
Forderungen nach mehr Freiheit im Libanon wie in Ägypten oder Tunesien im
Zuge des „Arabischen Frühlings" in den vergangenen Jahren gleichermaßen dazu
beigetragen, dass die Union ihre Werte auch in solchen Ländern kommunizieren
will, in denen diese bislang nicht annähernd implementiert wurden und in denen
im Übrigen der EU-Ansatz unrealistische Hoffnungen bezüglich einer Integration
in die EU-Strukturen weckte (vgl. auch Kap. 5.2).

Schon bald zeichnete sich daher ab, dass die ENP den Anspruch einer einheitlichen Nachbarschaftspolitik kaum aufrechterhalten konnte. Eine solche
hätte erfordert, dass die Partnerländer von einer annähernd gleichen Ausgangs-
situation starteten (gleichwohl unterschiedliche Reformgeschwindigkeiten natürlich denkbar sind), um am Ende vergleichbare Ziele zu erreichen. Die ENP war
daher zunächst ein wichtiges Instrument für die EU, Zeit zu gewinnen, um auf
mittlere Sicht zu einer Einteilung der Partnerländer in Gruppen zu kommen bzw.
eine stärkere regionale Differenzierung für die Nachbarschaft der Union vorzunehmen. Angedacht war diese bereits im Vorfeld der Entwicklung der ENP, indem die EU zunächst den südkaukasischen Republiken Georgien, Armenien und
Aserbaidschan eine Mitgliedschaft in der ENP verwehrte und sie erst später – u. a.
auch auf Druck einiger Mitgliedstaaten und der USA – in die Initiative einband. Im
Übrigen signalisierte der kategorische Ausschluss der zentralasiatischen Saaten
von der Initiative eben die Erkenntnis in Brüssel, dass eine zu weite Definition
der Region den Zielen der ENP entgegenlief.[20] So waren und sind die Interessen
der EU in Zentralasien nun mal bis heute primär sicherheitspolitischer Natur.
Abgesehen davon, dass diese Staaten mehrheitlich muslimisch, ihre politischen
Koordinaten aber unverändert stärker in Richtung Moskau ausgerichtet sind,
musste es das Anliegen der EU sein, in Partnerschaften mit den Zielländern vor
allem deren Kapazitäten im Kampf gegen Terrorismus und Drogenkriminali-
tät zu stärken; im Rahmen des Afghanistan-Einsatzes dessen Grenzen zu den
nördlichen Nachbarn Tadschikistan und Turkmenistan zu sichern; und mit
den USA durchgeführte Anti-Drogenkampagnen in Zentralasien möglichst eng
mit Iran, den kaspischen Anrainern und Russland zu koordinieren. Jede weiter
reichende Politik einer Heranführung käme im so genannten „great game" um
die kaspischen Öl- und Gasvorkommen zwischen Russland, den USA, mittler-

---

20   Zur Politik gegenüber Zentralasien vgl. Anna Matveeva, EU stakes in Central Asia,
     Chaillot Paper Nr. 91, ISS Paris, Juli 2006.

weile auch China sowie den zentralen regionalen Akteuren Iran, Aserbaidschan und Türkei einer geostrategischen Überdehnung gleich.

Abgesehen davon aber war es nur folgerichtig, dass die Union auch mit Blick auf die endgültigen Adressatenländer der ENP weitere Differenzierungen vorgenommen hat. Dies lag zum einen in der Logik der Interessenunterschiede zwischen den Mitgliedstaaten (Konzentration auf den Mittelmeerraum vs. Östliche Nachbarschaft). Und es lag zum anderen an den unterschiedlichen Bedürfnissen und Ausgangspositionen der Adressatenländer (Beitrittswunsch vs. ausschließliche Orientierung am ökonomischen Nutzen der Heranführung an den Binnenmarkt über die „drei Kernelemente" – money, market and mobility). Gerade mit Blick auf die Mittelmeerländer müssen angesichts der dortigen Entwicklungen im Zuge des „Arabischen Frühlings" für die Union mehr denn je die Prinzipien der „Differenzierung" und „Flexibilisierung" gelten: so erfordern die schleppenden Übergänge zu demokratischeren Verhältnissen in Tunesien und Ägypten nun einmal andere Antworten als die Verhältnisse in den liberalen Monarchien (Marokko und Jordanien) oder in Diktaturen wie Syrien oder (ehemals) Libyen. Das Ergebnis waren schließlich die von Frankreich betriebene „Mittelmeer-Union" (2007) für alle Anrainerstaaten des Mittelmeeres sowie die vor allem von Polen geforderte „Östliche Partnerschaft" (2008) für die sechs osteuropäischen Nachbarn; beide multilateralen Konzepte werden ergänzt durch die so genannte „Black Sea Synergy"-Initiative von 2007, mit der die Union den Raum der zehn Schwarzmeerstaaten adressiert.[21]

Spannungen zwischen den jeweiligen Protagonisten dieser drei Teilräume und der ENP insgesamt sind auch künftig, und gerade mit Blick auf den Budgetrahmen 2014-2020 vorprogrammiert. Gemeinsam aber ist allen die inhärente Konfliktträchtigkeit, die es für die Union unabdingbar macht, nicht nur dauerhafte Plattformen des politischen Dialogs zur Krisenprävention einzurichten, sondern auch über konkrete Maßnahmen und Projekte aktiv zur Stabilisierung der Nachbarschaftsräume beizutragen und so vor allem in den Bereichen Migrationsströme und Energiesicherheit eigenen Interessen zu entsprechen.

5.1.2   Nachbarschaftspolitik als aktive Außenpolitik

Mit der ENP ist die Union somit zunehmend von einer bis dato reaktiven in eine pro-aktive Steuerung der Erweiterungsdynamik übergegangen. War die Erweiterungsfrage zwischen 1998 (Aufnahme der Beitrittsverhandlungen) und Mai 2004 (Beitritt zehn neuer Mitglieder) eher als Integrationsprojekt, sprich innere Angelegenheit der Union angelegt, so ist die ENP zunächst als Teilstück zur Reali-

---

21   Piehl, op. cit., S. 358 ff.

sierung des Ziels einer Harmonisierung der außenpolitischen Regime im Sinne des Kohärenzgebots zu verstehen.[22] Durch die Zusammenführung politischer Instrumente aus allen drei ehemaligen Säulen der Union signalisierte die Union erstmals, dass die neuen Herausforderungen in ihrer Nachbarschaft komplexer Natur sind und nicht allein mit den traditionellen Mitteln europäischer Außenpolitik beantwortet werden können. Einerseits entspricht der ENP-Ansatz zwar der traditionellen Zivilmachtlogik der Union: Danach war und ist ein Großteil des weltweiten Beitrags der EU zu Frieden und Sicherheit ökonomischer Natur; Grundlage dieses Beitrags sind die Handels- und Entwicklungshilfepolitik sowie humanitäre Hilfe. Entsprechend suchte die EU bislang auch ihre Nachbarschaft durch einen dualen Prozess zu fördern – durch die Stabilisierung über regionale Zusammenarbeit und Partnerschaft einerseits, und durch die Beitrittsperspektive andererseits. Die ENP will zumindest Letzteres, indem sie versucht, den Erfolg der Erweiterung als eine Stabilisierungs- und Transformationsstrategie auf die neuen Nachbarn zu übertragen und im Sinne der Zivilmacht Demokratie und Marktreformen zu fördern.

Andererseits sucht die Union den mit der Erweiterung verbundenen sicherheitspolitischen Herausforderungen aktiv im Sinne einer „Ordnungsmacht" zu begegnen. Indem sie die erwähnten Probleme im Bereich der „soft security" als unmittelbare Risikofaktoren für die Sicherheit der Union begreift und aktiv anzugehen sucht sowie ihr Kooperationsangebot unter den Vorbehalt eines strikten Konditionalitätsprinzips stellt, betreibt sie in erster Linie Interessenpolitik. Gleiches gilt in Bezug auf den Bereich der hard security: Die EU-Nachbarschaft ist auch geprägt vom Dauerkonflikt zwischen Israel und Palästina, der zunehmenden Radikalisierung im Maghrebraum und der Levante (trotz der Revolutionen) sowie den „eingefrorenen" Konflikten im Südkaukasus. Viele der dortigen Staaten sind unverändert vom Staatsscheitern bedroht und bergen mit den damit verbundenen Konsequenzen ganz unmittelbares Konfliktpotenzial für die Union.

So gesehen liegt die ENP-Strategie durchaus in der Logik eines modifizierten „Zentrum-Peripherie"-Ansatzes: Danach versucht die Union, über den „Ring von befreundeten Staaten" (Semiperipherie) nicht nur einen größeren Einfluss in der Region selbst zu gewinnen, sondern sich mit deren Hilfe (gewissermaßen als Pufferzone) auch gegenüber einer erweiterten Peripherie (Russland, Mittlerer Osten, China), die mit einer teilweise aggressiven Ressourcen- und Proliferationspolitik zunehmend in diese Semiperipherie vordringt, abzusichern. Insofern folgt sie auch den durch die Globalisierung verursachten Zwängen einer über die eigene Peripherie hinausreichenden aktiveren Außenpolitik.

---

22   Michael Leigh, The EU's Neighbourhood Policy, in: Brimmer/Fröhlich, a.a.O.

Deutlich wird dieser neue „Realismus" der Union nicht zuletzt auch an der Aufwertung der ENP im Vergleich zu früheren regionalen Kooperationen wie etwa der Euro-Mediterranen Partnerschaft. Während diese als Außenwirtschafts- bzw. Entwicklungshilfepolitik konzipiert ist, ist die ENP nicht mehr länger „nur" als Teil der GASP, sondern wie oben beschrieben exklusiv angelegt. Seit dem Lissaboner Vertrag herrscht somit gerade in der Außenpolitik mehr Klarheit bezüglich der Rollen von Kommission, Rat, dem Hohen Beauftragten und den Mitgliedstaaten.

Insgesamt stellt sich die ENP somit als ein Instrument dar, mit welchem die Union ihre Interessen als Ordnungs- und Gestaltungsmacht, die sich vor dem Import von Instabilität in die EU schützen will, in Einklang mit dem Export ihrer Werte als Zivilmacht („strukturierende" Außenpolitik) zu bringen sucht.[23] Anders formuliert: Die zentrale Herausforderung besteht darin, die Balance zwischen der notwendigen Öffnung gegenüber den Partnerstaaten, der Sicherung der EU-Außengrenzen und der Entwicklung eines Sicherheitsgürtels an der Peripherie der Union zu finden. Allerdings setzte die dabei verfolgte Strategie der positiven Konditionalität voraus, dass die EU auch in der Lage war, die Spielregeln für die Beziehungen mit ihren Nachbarn zu bestimmen. Der bisherige Erfolgsgarant für die Strategie der politischen Konditionalität war der Preis einer Mitgliedschaft in der EU. Da dieser im Falle der ENP nicht gegeben ist, konnte auch die Wirksamkeit des neuen Instruments nicht vorausgesetzt werden. Hinzu kommt, dass die Bedingungen, unter denen die Nachbarstaaten schließlich für ihre Kooperation belohnt werden, ebenfalls nicht kalkulierbar sind. Fest steht, dass die Unterstützung der Reformprozesse in den Ländern an die Kooperation in ganz konkreten Projekten gekoppelt ist. Wie aber verhält sich die Union in den Fällen, in denen sich der Demokratisierungs- bzw. Reformprozess in einem Land verlangsamt, die Kooperation mit diesem Partnerstaat in so sensiblen Bereichen wie Energie, Grenzkontrolle oder illegale Migration aber erfolgreich voranschreitet? Wird der betreffende Staat in diesem Fall belohnt oder wird er bestraft? Bestraft man ihn, schließt man ihn aus der für beide Seiten vorteilhaften Kooperation aus und erschwert damit unmittelbar die Bewältigung von Sicherheitsherausforderungen im Bereich der soft security. Bestraft man ihn nicht, gefährdet man gleichsam die Reformprozesse in den anderen Ländern und unterminiert damit ihre Rolle als Föderator und Zivilmacht. Nicht zuletzt die zum Teil negativen Erfahrungen mit einigen Adressatenländern mit Blick auf das Dilemma positiver Konditionalität

---

23 Vgl. dazu Benita Ferrero-Waldner, The European Neighbourhood Policy: The EU's Newest Foreign Policy Instrument, in European Foreign Affairs Review, 11 (2006), S. 140.

haben in der jüngsten Vergangenheit dazu geführt, dass die Union verstärkt dazu übergegangen ist, das im Rahmen der ENPI gleichsam vorgesehene Instrument der negativen Konditionalität stärker zur Anwendung zu bringen.

Vieles spricht dafür, im Kontext der neuen Sicherheitsrisiken die Kooperationsbereitschaft der Partnerstaaten in entsprechenden Problembereichen zu belohnen. Mit den Terroranschlägen in Europa in den vergangenen zehn Jahren hat auch die Union die unmittelbare Bedrohung ihrer äußeren wie inneren Sicherheit längst erfahren. Die Durchlässigkeit der Grenzen auf Grund globaler Personen- wie Kapitalbewegungen allgemein sowie die Erweiterung im Besonderen haben die Bedeutung der neuen Nachbarn als security provider bzw. den Mehrwert gemeinsamer Anstrengungen der Akteure erhöht. Dies zeigt sich nicht zuletzt in dem o.e. Novum, dass die Nachbarstaaten in den Aktionsplänen Ziele und Instrumente der Zusammenarbeit mit der EU mitbestimmen können (joint ownership).

Gerade die Verstärkung der regionalen Zusammenarbeit in diesem Sinne ermöglicht daher auch eine Stärkung der Kohäsion der EU-Mitgliedstaaten, die sich gemeinsam mit den Nachbarn den gleichen Problemen und Herausforderungen ausgesetzt sehen. Dies funktioniert am effektivsten über einen stärkeren regionalen Ansatz (ähnlich dem in der so genannten „Nordischen Dimension")[24] in Form gemeinsamer Aktionspläne zur pragmatischen Bewältigung regionalspezifischer Herausforderungen wie etwa die Entwicklung gemeinsamer Grenzregime, Organisierte Kriminalität, Nuklear- und Energiesicherheit, Migration oder Umweltschutz durch Mitgliedstaaten, Beitrittskandidaten sowie Nachbarstaaten gleichermaßen. Der in der euromediterranen Partnerschaft verfolgte Ansatz war zwar multilateral, die von der EU von außen angestoßene horizontale Zusammenarbeit zwischen den nordafrikanischen Staaten aber blieb nicht zuletzt auf Grund der mangelnden Eingebundenheit der EU sowohl im politischen wie auch im ökonomischen Bereich weitgehend aus.[25] Gleiches gilt für die Politik der EU gegenüber den östlichen Nachbarn, die bis 2004 von den Programmen und Instrumenten der Erweiterung geprägt war. Das nunmehr praktizierte Instrument bilateraler Aktionsprogramme hat demgegenüber zwar den Vorteil größerer Flexibilität für die Union, klammert aber die regionale Kooperation im Sinne einer alle Akteure umfassenden Zusammenarbeit weitgehend aus. Dies kann durch-

---

24 Vgl. Second Northern Dimension Action Plan, 2004-2006, Commission Working Document, June 10, 2003. COM (2003) 343 final. http://www.europa.eu.int/comm/ external_relations/ north_dim/ddap/com03_343.pdf.

25 Peter Schlotter, Die Europäische Union als außenpolitischer Akteur? Zur Kohärenz der EU-Mittelmeerpolitik und zur Rolle der Kommission, in: integration, 28, 4 (Oktober 2005), S. 316-331.

aus Auswirkungen auf das Gleichgewicht der EU-Außenpolitik in der jeweiligen Region haben. So schwächen die weit reichenden Angebote der Union an Israel im bilateralen Aktionsplan die Beziehungen mit anderen Ländern des Mittelmeerraumes und mit den arabischen Ländern und unterminieren dadurch ihre gleichzeitigen – bislang allerdings erfolglosen – Bemühungen um eine Lösung des arabisch-israelischen Konflikts im Rahmen der euromediterranen Partnerschaft.

Der Vorzug einer solchen „Multilateralisierung" bestünde nicht nur darin, dass er einen gewissen, geradezu zwangsläufig in der Logik bilateraler Aktionspläne liegenden Erweiterungsdruck von der Union nähme, sondern auch in der Möglichkeit gezielter Zusammenarbeit in alle Staaten gleichermaßen betreffenden Politik- bzw. Problembereichen im Sinne funktionaler Kooperation sowohl innerhalb wie außerhalb des Acquis. Ein solcher Ansatz schüfe durch die Anerkennung der sicherheitspolitischen Interdependenz nicht nur die Voraussetzung für ein ernsthaftes politisches Engagement der Partnerländer, sondern ermöglichte auch die Kooperation mit Staaten, die beispielsweise die wesentlichen politischen Voraussetzungen annähernd erfüllten, von den Zielen einer für die Teilnahme an Binnenmarktprogrammen erforderlichen Wirtschaftsreform jedoch noch weit entfernt sind. Dies wäre gleichsam die Voraussetzung für eine Flexibilisierung der Finanzierungsinstrumente im Rahmen der ENP dergestalt, dass auch partielle, an das jeweilige Kooperationsfeld gebundene Unterstützungsleistungen der EU möglich sind – ein Anreiz zur Kooperation insbesondere für jene Länder, die ohne jegliche Beitrittsperspektive sind. Ähnlich ließe sich hinsichtlich einer möglichen Teilnahme am Gemeinsamen Markt der EU verfahren.

Eine solche Politik wäre auch der erste Schritt hin zu einer Nachbarschafts-Außenpolitik, die sich von jeder Erweiterungslogik löst (die ohnehin derzeit unrealistisch scheint) und eine stärkere regionale Differenzierung ermöglicht. Damit würde das derzeit auf operationeller Ebene einzig vorhandene Instrument bilateraler Aktionspläne, welches die in der Beitrittslogik liegende „one-fits-all"-Politik der Union evoziert, sinnvoll durch einen modifizierten multilateralen Ansatz ergänzt. Wie oben beschrieben, ist eine solche Differenzierung gegenüber ihren Nachbarn im Osten und Süden schon jetzt in der Politik der Union angelegt. Während die politischen Vereinbarungen und Abkommen in Richtung Osten (Russland, Belarus, Ukraine) vor allem politisch motiviert sind, spielen in Richtung Mittelmeerraum vor allem sozio-ökonomische und mit Blick auf den Südkaukasus und Zentralasien zunehmend geostrategische Überlegungen eine Rolle. In allen Fällen nimmt die Union längst nicht mehr nur jeweils die Großregion als Ganzes wahr, sondern sucht zugleich nach den Möglichkeiten regionaler Differenzierung und einer engeren Zusammenarbeit mit den Partnerländern im Einzelnen. Deutlich wurde dies erstmals in Bezug auf die gewachsene Bedeutung

Zentralasiens: Kernaussage des unter der deutschen Ratspräsidentschaft im ersten Halbjahr 2007 in Umrissen vorgetragenen Strategiekonzepts für das Verhältnis zu der Region ist die Betonung der dortigen Gegensätze und die daraus abgeleitete Notwendigkeit individuell zugeschnittener Vereinbarungen mit den betroffenen Ländern. Dies ist mit Blick auf diese Region aus zwei Gründen sinnvoll: Erstens hat die Union selbst in und an den fünf Staaten (Kasachstan, Turkmenistan, Usbekistan, Tadschikistan und Kirgistan) sehr unterschiedliche Interessen, zweitens sind diese in ökonomischer, geographischer und politischer Hinsicht so unterschiedlich, dass es geradezu unmöglich erscheint, eine Politik für alle Staaten zu formulieren. Es wird daher darauf ankommen, in der 2014-2020-Phase des ENP-Konzepts vor allem die o. a. sektorale regionale Kooperation zu verstärken. Schon jetzt aber steht fest, dass die ENP durchaus ein wichtiger Schritt der Union ist, mit Blick auf ihre Nachbarschaft eine pro-aktivere Rolle einzunehmen und die in der GASP und GSVP erzielten Fortschritte auf dem Weg zu einer konstruktiven Gestaltung der Außenbeziehungen sinnvoll zu ergänzen. Allemal hat Brüssel damit zumindest mit Blick auf die eigene Peripherie ein Stadium erreicht, welches die Union doch zumindest als einen „semi-strategischen" Akteur erscheinen lässt, der zwar nach wie vor bisweilen zaudert, wenn es um die klare Benennung von Zielen und Interessen geht, dessen Bereitschaft zum Mitteleinsatz aber klar gestiegen ist.

5.2   Die EU und der „Nahe und Mittlere Osten"

Die Ausweitung der ENP auf die Mittelmeerländer, nicht zuletzt unter deren Druck, war auch das Ergebnis Brüsseler Überlegungen, den seit Jahren eher stagnierenden euromediterranen Dialog (Barcelona-Prozess) neue Impulse zu verleihen.[26] Dieser war mit dem Irak-Krieg, der eine Welle nicht nur anti-amerikanischer, sondern auch anti-westlicher Gefühle in den Ländern des Nahen und Mittleren Ostens auslöste, den Rückschlägen im Nahost-Friedensprozess und dem Ausscheiden der EU-Neumitglieder Zypern und Malta sowie der Türkei aus der Euro-Mediterranen Partnerschaft (EMP) ins Stocken geraten und bedurfte nach Ansicht der Kommission einer grundsätzlichen Neuausrichtung. Dass beide Prozesse als komplementär betrachtet werden, zeigt hingegen, dass auch in der EU das Verständnis für den transnationalen Charakter der Konfliktmuster und

---

26   Rafaella Del Sarto/Tobias Schumacher, From EMP to ENP: What's at Stake with the European Neighbourhood Policy towards the Southern Mediterranean, in: European Foreign Affairs, 1 (2005), S. 17-38.

-zusammenhänge in jenem Großraum gewachsen ist, der neben den arabischen Ländern Nordafrikas und des Sudans die Staaten des Maschrek oder der Levante (Israel und seine Nachbarn), die arabische Halbinsel, Iran sowie seit den Terroranschlägen 2001 auch Irak und Afghanistan umfasst; die Türkei und Pakistan, wie auch die Kaukasusstaaten und die früheren Sowjetrepubliken Zentralasiens hingegen sind nach ihrem Selbstverständnis anderen regionalen und politischen Zusammenhängen zuzuordnen, werden aber, je nach Lesart einiger Beobachter, bisweilen auch dazu gezählt. Jedenfalls bilden der Nahe und Mittlere Osten die Weltregion, in der Krisen und Konflikte mit grenzüberschreitendem Charakter besonders häufig vorkommen und in der bestimmte Strukturschwächen praktisch flächendeckend auftreten. Der Nahostkonflikt, Libanon, Irak und Iran, Terrorismus, Fundamentalismus und interkonfessionelle Gewalt, sowie autoritär-diktatorische Regime mit all ihren Konsequenzen für Staatlichkeit und gesellschaftliche Entwicklung lauten die zentralen Stichworte in dieser Konflikttopographie. Zwar hängt nicht alles mit allem zusammen – entgegen der landläufigen Standardthese, ohne eine Regelung des Palästina- Konflikts könne es keine regionale Stabilität gegen, seit dem Irak-Krieg ergänzt um den Zusatz der notwendigen Befriedung des Iraks. Dennoch verlangen die Durchlässigkeit der sicherheitspolitischen Herausforderungen sowie die strategische Bedeutung der Region für die Union insgesamt eine umfassende und ganzheitliche Strategie der EU bzw. des Westens.

Dies schließt andererseits die Berücksichtigung unterschiedlicher Entwicklungen in einzelnen Teilen oder Subregionen keinesfalls aus. Eine zu weit gefasste Definition der Großregion, die Stabilität und Sicherheit für unteilbar hält, erschwert die Entwicklung und Umsetzung politischer Strategien und läuft Gefahr, jene Länder zu entmutigen, deren Entwicklung in den vergangenen Jahren durchaus von wirtschaftlichem Erfolg und gesellschaftlicher Entwicklung geprägt war – so die kleinen arabischen Monarchien am Golf und zuletzt, im Zuge der Arabellion seit 2011, zumindest teilweise und vorübergehend die Staaten in Nordafrika und in der Levante (Tunesien, Libyen und Ägypten, aber auch Jemen oder Bahrain).[27] Jede Strategie gegenüber der Großregion als Ganzes sollte daher auch die kulturellen, ethnischen sowie ökonomischen und politischen Charakteristika der einzelnen Länder und Subregionen berücksichtigen wie auch deren bi- bzw. transnationalen Beziehungen untereinander.[28] Eine solche Herangehensweise

---

27 Vgl. ausführlich Anette Jünemann, Anja Zorob (Hrsg.), Arabellions. Zur Vielfalt von Protest und Revolte im Nahen Osten und Nordafrika, Wiesbaden 2013.
28 Volker Perthes, New Features of an Old Middle East, in: Internationale Politik (Fall 2006), S. 66- 71; ausführlich: ders., Orientalische Promenaden. Der Nahe und Mittlere Osten im Umbruch, München 2006.

entspricht durchaus wieder stärker dem traditionellen europäischen Ansatz vor der Barcelona-Initiative, der anstelle eines alles umfassenden, multilateralen Rahmens eine Parzellierung des Mittelemeerraums in Maghreb, Levante und arabische Halbinsel vornimmt und – ähnlich wie die ENP – auch eine stärkere Differenzierung je nach politischen Fortschritten in den einzelnen Ländern. So erfordern die fragilen Transitionsprozesse in Richtung Demokratie in Tunesien, Libyen und Ägypten andere Antworten durch die Union als etwa der Umgang mit den liberalen Monarchien Jordanien und Marokko, diktatorischen Regimen wie Syrien oder solchen, bislang gegen die revolutionären Entwicklungen in der Region scheinbar immunisierten Ländern wie Libanon, Algerien oder die Palästinensische Autonomiebehörde.

5.2.1 Zur westlichen Einordnung des „Nahen und Mittleren Osten"

Seit den Anschlägen vom 11. September, verstärkt jedoch seit dem Irak-Krieg betonen die USA die Notwendigkeit einer dauerhaften strategischen Präsenz – nicht zuletzt evoziert durch die erstmalige Eroberung eines arabischen Staates durch einen externen Akteur – und Unterstützung der Transformationsprozesse im Nahen und Mittleren Osten durch den Westen insgesamt. Ungeachtet, welche Auswirkungen diese Präsenz auf die arabischen Gesellschaften bis heute hatte und mittel- bis langfristig haben wird, ist der Nahe und Mittlere Osten („Greater Middle East") in Washington in der vergangenen Dekade zu dem außenpoliti-schen Projekt schlechthin erhoben worden, an dem sich – je nach Kooperations-grad – geradezu seismographisch auch der jeweilige Stand der transatlantischen Beziehungen ablesen lässt. Im Mittelpunkt der beiderseitigen geopolitischen Ord-nungsbemühungen und Auseinandersetzungen im Nahen und Mittleren Osten stand dabei nach dem Irak-Krieg zunächst die so genannte „Broader Middle East Initiative" der US-Administration, welche beim G8-Gipfeltreffen in Sea Island im Juni 2004 von den Staats- und Regierungschefs angenommen wurde und auf das von der Bush-Administration bereits im Vorfeld des Gipfels veröffentlichte Do-kument „Greater Middle East Initiative" zurückging.[29] Die „Broader Middle East Initiative" ist eine gegenüber den ursprünglichen Plänen in Washington leicht ab-geschwächte Version des ehrgeizigen Projekts zur Transformation der Region, die

---

29 Vgl. US Working Paper for G-8 Sherpas. G-8 Greater Middle East Partnership (von der in London ansässigen arabischen Zeitschrift bereits am 13. Februar 2004 ver-öffentlichtes US-Papier, präsentiert auf dem G-8 Gipfel vom 8-10. Juni 2004. http://english.daralhayat.com/Spec/02-20047 Article-2004213-ac40bdaf-c0a8-01ed-004e-5e7ac897d678/story.html; Broader Middle East/ North Africa Partnership, Sea Island, 9. Juni 2004. http://www.whitehouse.gov/news/releases/ 2004/06/20040609-30.html.

an frühere Ideen der Clinton-Administration anknüpft, die Reformprozesse im Nahen Osten im politischen, ökonomischen wie sozialen Bereich zu unterstützen, die jedoch, entsprechend der o. g. Auswahlkriterien, die Türkei, Pakistan, die Kaukasus-Republiken und die maghrebinischen Staaten nicht mit einschließt. Adressaten dieser Initiative sind somit zunächst die arabischen Staaten der Levante, die arabische Halbinsel sowie Afghanistan und Iran.[30]

Die Initiative baut stark auf den „Arab Human Development Report" aus dem gleichen Jahr auf, der ebenfalls zu dem Schluss gekommen war, dass ohne Reformen im Bereich good governance und Demokratie die Entwicklungsperspektiven für die Region gering einzuschätzen seien,[31] löste aber heftige Kritik in der arabischen Welt aus, da es zum einen keinerlei Konsultationen mit den Adressatenländern über deren Inhalt gegeben hatte, zum anderen weil der Nahostkonflikt in der ursprünglichen Fassung nicht einmal erwähnt wurde. Der Vorschlag wurde daher als imperialistischer Übergriff Washingtons auf die Region empfunden und daraufhin, auch aufgrund politischen Drucks der EU, überarbeitet. In der nach wie vor aktuellen Version enthält er nunmehr die Idee regelmäßiger Konferenzen und gemeinsam vorzubereitender kleinerer politischer, militärischer und wirtschaftlicher Programme; zu ihnen sollen multi- wie bilaterale Maßnahmen zur Unterstützung der Demokratisierungsprozesse nah- und mittelöstlicher Staaten, Freihandelsangebote an einzelne Länder, eine geographische Ausweitung und Vertiefung der OSZE-Mittelmeerpartnerschaft sowie ein an die NATO Partnership for Peace angelehntes Programm gehören. Damit entspricht er im Grunde dem breit und langfristig angelegten euro-mediterranen Ansatz der EU,[32] der seit

---

30 Hans Georg Erhart/Margret Johannsen (Hg.), Herausforderung Mittelost: Übernimmt sich der Westen, Baden-Baden 2005, S. 251-264.

31 United Nations: Arab Human Development Report 2004 – Towards Freedom in the Arab World, New York 2004. Der Bericht wurde von den USA zunächst blockiert, da er die Irak-Intervention sowie die US-Position im Nahostkonflikt heftig kritisierte; erst im April 2005 wurde er zur Veröffentlichung freigegeben.

32 Die Konferenz der Außenminister in Barcelona im November 1995 führte zur Deklaration der euro-mediterranen Partnerschaft zwischen den damals 15 EU-Mitgliedstaaten und 12 Ländern des südlichen Mittelmeerraums: Marokko, Algerien, Tunesien, Ägypten, Israel, Jordanien, die Palästinensischen Autonomiegebiete, Syrien, Libanon, die Türkei, Zypern und Malta. Vereinbart wurde die Kooperation in drei Feldern: 1. Politische und Sicherheitsfragen, 2. wirtschaftliche, finanzielle und handelspolitische Zusammenarbeit, 3. soziale und kulturelle Kooperation. Der Barcelona-Prozess stellt die erste koordinierte außenpolitische Maßnahme der Gemeinschaft gegenüber der Region dar; bis dahin wurden die einzelnen bilateralen Beziehungen allenfalls lose unter den Mitgliedstaaten abgestimmt, wobei Frankreich mit seiner politique arabe traditionell eine Sonderrolle im Mittelmeerraum einnahm.

1995 die großräumige Vision der Schaffung einer euro-mediterranen Freihandelszone (ursprünglich bis zum Jahr 2010, bis heute aber nicht realisiert) als Zone des „Friedens und der Stabilität" in Anerkennung fundamentaler Grundprinzipien wie Menschenrechte, Demokratie und Entwicklung einer Zivilgesellschaft verfolgt.[33]

In dem Maße aber, wie Washington nunmehr dem traditionell stärker multilateral angelegten Ansatz des Barcelona-Prozesses folgte, begann in der EU über das Instrument der ENP wieder eine stärkere Rückorientierung in Richtung regionaler Differenzierung – nicht zuletzt aufgrund der eher gemischten Erfolgsbilanz der EMP. Das bedeutet: Die USA begannen trotz ihrer grundsätzlich ganzheitlichen geopolitischen Vorstellungen in der Region, deren weitgehende Kontrolle sie bis dahin über gezielte bilaterale Bündnisse auch in das arabische Lager hinein ermöglichten (zu den Grundprinzipien dieser Strategie gehörte seit den siebziger Jahren des 20. Jahrhunderts traditionell die Verhinderung des Aufkommens eines neuerlichen, für Israel bedrohlichen Panarabismus durch eben solche Zweckpartnerschaften), erstmals Elemente des europäischen Konzepts (multilaterale Verhandlungen) in ihr Strategiekonzept einzubauen.[34] Diese Entwicklung war der schon sich bald auch in Washington gewonnenen Erkenntnis geschuldet, dass der Kampf gegen den Terrorismus und die Verbreitung von Massenvernichtungswaffen nicht nur über den Sturz „unfreundlicher Regime" erfolgen kann, sondern vor allem über die Bewältigung der vielfältigen strukturellen Probleme der Region. Zwar sind die USA bis heute auch im Nahen und Mittleren Osten die stärkste externe Macht vor Ort, was wiederum die Machtpositionen der potenziellen regionalen Vormächte und sonstigen Akteure erheblich tangiert und in den vergangenen zehn Jahren zu erheblichen politischen Neupositionierungen in der Region geführt hat. Weder Syrien oder der Iran,

---

33   Dazu European Commission, GD IB, External Relations, Euro-Mediterranean Partnership, Brüssel 1995; des Weiteren: Klaus Schubert/Gisela Müller-Brandeck-Bocquet, Die EU und der Barcelona-Prozess – Bewertung und Perspektiven, in: integration, 1 (2001), S. 42-57; Eric Phillipart, The Euro-Mediterranean Partnership: A Critical Evaluation of an Ambitious Scheme, in: European Foreign Affairs, 2 (2003), S. 201-220; Stelios Stavridis/Justin Hutchence, Mediterranean Challenges to the EU's Foreign Policy, in: European Foreign Affairs Review, 1 (2000), S. 35-62; Stephen Calleya/Eberhard Rhein, The Euro-Med Partnership Needs a Strong Push, in: Andreas Jacobs (Hg.), Euro-Mediterranean Cooperation: Enlarging and Widening the Perspective, ZEI Discussion Paper C 131, Bonn 2004.

34   Stefan Fröhlich, Der Mittelmeerraum im strategischen Interessenkalkül der Vereinigten Staaten, in: Martin Hoch/Carlo Masala/Andreas Jacobs (Hg.), Hannibal ante portas?, Ebenhausen 2000; Amir Taheri, The United States and the Reshaping of the Greater Middle East, in: American Foreign Policy Interests, 27 (2005), S. 295-301.

noch Saudi-Arabien, Ägypten oder Israel sind bis heute in der Lage, die Region zu dominieren bzw. die USA ernsthaft herauszufordern. Iran und Syrien mögen entsprechende Ambitionen haben, würden sich aber rasch nicht nur dem Widerstand Washingtons, sondern auch der EU ausgesetzt sehen. Das Assad-Regime in Syrien ist aktuell durch den Bürgerkrieg ohnehin vom Kollaps bedroht und geschwächt, womit auch sein Führungsanspruch im Libanon dem Ende zugeht. Der Machtkampf zwischen dem Regime und den zerstrittenen Oppositionskräften ist nach dem Chemiewaffeneinsatz zwar völlig ungewiss und hat dem Regime vorerst Luft verschafft; die Bedrohung durch Dschihadisten im Lande aber, das eigentliche Horrorszenario für den Westen, dürfte es auf mittlere Sicht lähmen. Saudi-Arabien sieht seine Führungsrolle auf der arabischen Halbinsel zusehends durch die aufsteigenden Staaten des Golfkooperationsrates bedroht, die sich längst von Riad emanzipiert haben und heute auch stärker in Richtung Washington blicken. Und Ägypten ist nach dem Sturz Mubaraks und dem kurzen Interregnum durch die Muslimbrüder weder in der Lage noch willens eine konstruktive Rolle in seiner unmittelbaren Nachbarschaft zu spielen und droht am Ende gar in die alten Grundmuster der Mubarak-Ära zurückzufallen.

Auf der anderen Seite ist das Störpotenzial insbesondere Irans und Syriens aber immer noch groß genug, um, vor allem im Falle einer möglichen Nuklearisierung Teherans, das Gleichgewicht in der Region empfindlich zu tangieren – mit möglichen Konsequenzen für die langfristige Energieversorgung, sicherlich unmittelbarer Auswirkung aber für die Entwicklung des Ölpreises. Dem vorzubeugen, bedarf derzeitig weniger amerikanischer militärischer Fähigkeiten denn größeren Verhandlungsgeschicks des Westens insgesamt. Die USA sind daher und auch wegen der generell nachlassenden Interventionsbereitschaft der Obama-Administration mehr denn je auf ein koordiniertes, multilateral abgestimmtes Vorgehen angewiesen. Die Glaubwürdigkeit Washingtons in der Region ist unter der Obama-Administration bis heute nicht signifikant gestiegen. Infolge des unverändert schwelenden Nahost-Konflikts und der amerikanischen Bilanz im Irak und in Afghanistan steht die arabische Welt jeglicher Initiative aus dem Westen, zumal wenn sie von den USA ausgeht, ohnehin äußerst skeptisch gegenüber. Allerdings ist für die arabischen Partner der Anti-Terror-Koalition und die Türkei eine Ausweitung militärischer Aktionen auf weitere islamische „Schurkenstaaten" wie Iran, Syrien, Sudan oder Somalia auch nicht mehr undenkbar, wie die Operationen vor den Küsten Somalias sowie das türkische oder katarische und saudische Drängen auf eine militärische Lösung im Fall Syriens zeig(t)en.

Umgekehrt wächst in der EU die Erkenntnis, dass die traditionell ganzheitliche institutionelle Herangehensweise an die vielfältigen Probleme der Region, mit der allenfalls schematischen geographischen Einteilung in ihre Teilregionen, ohne die Berücksichtigung nationaler wie subregionaler Dynamiken, gleichsam kein Erfolgsrezept darstellt. Der Barcelona-Prozess bot zwar mit seinem aus dem KSZE-Prozess übernommenen Korb-Ansatz einen Rahmen für die Entwicklung nachhaltiger ökonomischer und politischer Problemlösungsstrategien. In der Praxis aber scheiterte die Umsetzung nicht nur an den strukturellen Problemen der Außenpolitikgestaltung im EU-Entscheidungssystem bzw. an den dominierenden mitgliedstaatlichen Interessen insbesondere der EU-Mittelmeeranrainer. Tatsächlich konnte auf Grund des geltenden Einstimmigkeitsprinzips das in den Assoziationsabkommen mit den Mittelmeerstaaten verankerte Konditionalitätsprinzip kaum angewendet werden.[35] Viel schwerer noch wogen die ganz praktischen Probleme der Nicht-Koordinierbarkeit des Nahost-Konflikts in einem größeren multilateralen Rahmen, der mangelnden Kooperationsbereitschaft der Mittelmeerländer sowohl untereinander als auch gegenüber der Union, der Nichtberücksichtigung der enormen Unterschiede in den politischen Strukturen und geopolitischen Parametern der einzelnen Staaten – von denen einige sich dem Prozess schon deshalb nicht verpflichtet fühlten, weil sie um ihre privilegierte soziale Position fürchteten – sowie der mangelnden Bereitschaft der Union, eine insgesamt aktivere Rolle im Reformprozess der Mittelmeerländer zu spielen. Gerade die Idee der am EU-Vorbild angelehnten intra-regionalen Kooperation (im Sinne des „Hilfe zur Selbsthilfe- Prinzips") erwies sich im Falle der euromediterranen Partnerschaft als wenig verfänglich für die Partnerländer; zu groß waren und sind nach wie vor die aus den andauernden und ungelösten Konflikten herrührenden Vorbehalte gegenüber den jeweiligen Nachbarn, als dass sich ein wirklich nennenswerter intraregionaler Handel (dieser beträgt derzeit nicht einmal ein Zehntel des Exports, obwohl die Binnenmärkte eher klein sind) ergäbe, geschweige denn sich eine kooperationsfreundliche Sicherheitskultur in der Region herausbilden ließe.[36]

Letzteres liegt aber im ganz unmittelbaren sicherheitspolitischen Interesse der Union. Der generelle Unmut gegenüber dem westlichen Kampf gegen den Terrorismus, geschürt von anhaltender ökonomischer Unterentwicklung, sozialer Verelendung und politischer Perspektivlosigkeit, birgt unverändert hohes politisches Spannungspotential in den arabischen Gesellschaften – mit gravierenden Implikationen für die Union. Bedenkt man die unmittelbare geographische Nähe

---

35   Dazu ausführlicher Peter Schlotter, a.a.O., S. 316-331.

36   Volker Perthes, Naher und Mittlerer Osten – Unvollständige Regimebildung und die Suche nach regionaler Sicherheit, in: Mir Ferdowsi (Hg.), Sicherheit und Frieden zu Beginn des 21. Jahrhunderts. Konzeptionen – Akteure – Regionen, München 2004, S. 461-474.

aktueller wie potenzieller neuer Krisenherde an der Mittelmeer-Südflanke der Union, so ist es nahe liegend, die Grenzen europäischer Kooperationsbereitschaft an den Risiken, die von einigen Ländern für Europa ausgehen, zu bemessen (eben dies erfordert wie im Falle der ENP dann auch unweigerlich eine stärkere regionale Differenzierung), klare Handlungsprinzipien zu definieren und schließlich auch eine gemeinsame Haltung zum Einsatz militärischer Gewalt zu bestimmen. Eben dies ist im Rahmen der Europäischen Sicherheitsstrategie zumindest ansatzweise erfolgt.

5.2.2 Interessen und Gestaltungsmöglichkeiten der EU in der Region

Vor dem Hintergrund der scheinbar unbewussten wechselseitigen Anpassung der Positionen auf beiden Seiten sind die Aussichten für eine Verständigung über die Grundpositionen in Bezug auf die Region somit auf den ersten Blick zunächst wesentlich besser als weithin von Experten angenommen. Sie gestatten vor allem der EU, die sich seit 1995 anschickt, das durch den vorübergehenden Rückzug Russlands in der Region entstandene Machtvakuum auszufüllen und als Korrektiv zu der Israel-freundlichen US-Position in Erscheinung zu treten, eine umfassende transatlantische Strategie für seine südöstlichen Nachbarn maßgeblich mitzugestalten, anstatt sich amerikanischen Initiativen nur anzuschließen oder sie zu boykottieren. Dies ist aus zweierlei Gründen von Bedeutung: Zum einen sind die Interessen und die Lageeinschätzung bezüglich der Region nahezu identisch; transatlantisches Konfliktpotenzial besteht allenfalls hinsichtlich der Mittel, mit denen diese Interessen umgesetzt werden:

1. Beide Seiten teilen die Einschätzung bezüglich der Ursachen für die Krisenpotenziale im Nahen und Mittleren Osten und wissen, dass eine Verbesserung der Situation nur über eine Stärkung der Reformkräfte erreicht werden kann. In der desolaten wirtschaftlichen Situation als Folge der verfehlten Wirtschafts- und Sozialpolitiken der vergangenen Jahrzehnte und dem Mangel an Lebensperspektiven sehen sie die Auslöser nicht nur für den für den wachsenden islamischen Fundamentalismus, sondern auch die Reformimpulse im Zeichen des Arabischen Frühlings in jüngster Zeit. Mit Ausnahme der Erdölemirate ist die arabische Welt im Entwicklungswettlauf mit den Schwellen- und Entwicklungsländern Asiens und Lateinamerikas in den vergangenen Jahren weiter zurück gefallen; lediglich Subsahara-Afrika weist noch schlechtere Ergebnisse aus, was so zentrale Indikatoren wie das Pro-Kopf-Einkommen – zwischen 1340 (Jemen) und 4351 US-Dollar (Tunesien) –, die Analphabeten-

rate – zwischen 23 (Syrien) und knapp 50 Prozent (Marokko) –, den Freiheits-
grad oder die Rolle der Frau betrifft.[37]

2. Beide Seiten wissen, dass die Hindernisse auf dem Weg zu einer Konsolidierung der politischen wie ökonomischen Verhältnisse von einer grundlegenden
Reform des traditionellen Gesellschaftsvertrags in der Region abhängig ist,
wonach staatliche Fürsorge in Form von umfassenden Dienstleistungen um
den Preis politischer Entmündigung gewährt wird. Die meisten Länder haben bislang lediglich eine kontrollierte Öffnung ihrer politischen Systeme zugelassen; dabei handelt es sich entweder um Präsidialsysteme mit autoritären
Ein-Parteiensystemen, die gesellschaftliche Gruppen an ein korporatistisches
System zu binden suchen und in der Vergangenheit nur schrittweise zusätzliche Parteien zuließen, oder um traditionelle Monarchien, deren Macht in
familiärer Erbfolge und durch eine „konservativ-islamische Sozialethik" begründet wird. In allen Ländern wurde zudem der Weg von staatlich gelenkter
ökonomischer Entwicklung zur partiellen Liberalisierung seit Mitte der achtziger Jahre nur sehr zögerlich und unvollständig beschritten. Es gelang zwar
eine makroökonomische Stabilisierung, die Umsetzung mikroökonomischer
Reformen aber blieb weitgehend aus. Privatisierungen erfolgten nicht nach
Marktprinzipien, sondern waren das Ergebnis klientelistischer Übereignungs-
geschäfte.[38]

3. Die EU und die USA haben nach wie vor ein fundamentales Interesse an einer
sicheren Ölversorgung aus der Region. Beide Seiten, vor allem die EU, sind
abhängig von den Reserven des Nahen Ostens. In der Golfregion lagern über
60 Prozent der weltweit verfügbaren Ölreserven – allein der Anteil Saudi-
Arabiens an der Weltölförderung beträgt 12 Prozent. Für die USA beträgt der
Rohölimportanteil aus der Region heute allerdings nur noch etwa 10 Prozent,
für die EU hingegen liegt er bei rund 33 Prozent (aus den OPEC-Staaten insgesamt). Gerade die Union kann sich daher eine größere Unterbrechung der
Lieferungen aus der Region aus wirtschaftlichen Gründen nicht leisten, zumal Öl weltweit rund 90 Prozent der für jede Industrienation lebenswichtigen

---

37 OECD (2012), "Pro-Kopf-Nationaleinkommen", in: Die OECD in Zahlen und Fakten
    2011-2012: Wirtschaft, Umwelt, Gesellschaft, OECD Publishing. http://dx.doi.org/
    10.1787/9789264125469-20-de; UIS Fact Sheet, September 2011, No. 16:Adult and
    Youth Literacy; Unesco, http://www.uis.unesco.org/FactSheets/Documents/FS16-
    2011-Literacy-EN.pdf.

38 Muriel Asseburg (Hrsg.), Proteste, Aufstände und Regimewandel in der arabischen
    Welt, Berlin 2011

Transportenergie und 35 Prozent des Primärenergiebedarfs deckt.[39] Verschärft wird das Problem der Abhängigkeit zudem durch zwei Entwicklungen: Zum einen nehmen die Produktionsverläufe in den Ländern/Regionen, die nicht zur Opec gehören, ab, so dass sie wohl nur noch für wenige Jahre die Zunahme der Nachfrage auf der Welt bedienen können. Die Hoffnung, dass unkonventionelles Öl (etwa venezolanisches Schweröl, Tiefseeöl in Afrika, Süd- oder Mittelamerika, kanadische Teersände) diese Lücke annähernd kosteneffizient auffangen könnte, erscheint dabei wenig realistisch; einzig der derzeitige Förderboom in den USA über das so genannte Fracking (die Gewinnung von Erdöl und Erdgas aus Schiefergestein dank neuer Bohrtechniken) könnte diesen Trend kurz- bis mittelfristig radikal umkehren und durch das enorme Wachstum der eigenen Gas- und Ölproduktion den Weltenergiemarkt von Grund auf verändern. Zum anderen werden der anhaltende Aufstieg Chinas, Indiens und anderer regionaler Vormächte wie Brasilien oder Mexiko den weltweiten Energiebedarf in den beiden kommenden Jahrzehnten dramatisch erhöhen und damit auch die Verteilungskämpfe verschärfen. Vor allem Asiens Energiehunger wird neue Kapazitäten dringend erforderlich machen. Hier befinden sich über 50 Prozent der Weltbevölkerung, aber nur 3,5 Prozent der weltweiten Ölreserven. Allein China wird nach Angaben der Internationalen Energieagentur, sollte sich an seinem derzeitigen Anstieg der Energienachfrage von etwa 3,2 Prozent jährlich nichts ändern, bis 2030 in etwa die aktuelle Ölproduktion von 88-90 Millionen Fass/Tag verbrauchen. Dass eine solche Entwicklung angesichts der zunehmenden energiepolitischen Spannungen zwischen Russland und der EU auf der einen, sowie der ohnehin latenten politischen Spannungen zwischen Washington und Peking auf der anderen Seite, erhebliches Konfliktpotenzial für beide Seiten des Atlantiks birgt, ist offensichtlich. In jedem Fall liegt es im beiderseitigen geostrategischen Interesse, die Sicherheit der auch künftig wichtigen Transportwege, wie der Straße von Malacca und Hormuz, zu gewährleisten und mögliche Energie- und Interessenkonflikte auszubalancieren.

4. Beide Seiten haben Interesse an einer friedlichen Lösung des Nahostkonflikts, die Israels Existenz dauerhaft sichert und einen autonomen Palästinenserstaat ermöglicht. Unzweifelhaft hat Washington dabei seinen traditionellen Verhandlungsansatz, eng mit der israelischen Regierung zusammenzuarbeiten, um Vorschläge für den Friedensprozess zu erarbeiten, wenn nicht aufgegeben,

---

39 Energiepolitik: Herausforderungen und Maßnahmen: Beitrag der Kommission zur Tagung des Europäischen Rates am 22. Mai 2013: Energiepolitik: Herausforderungen und Maßnahmen der EU – Europa ec.europa.eu/europe2020/pdf/energy2_de.pdf/

so doch zumindest abgeschwächt. Immerhin hält es offiziell mit der EU (im Rahmen des Nahost-Quartetts) an der Linie fest, mit beiden Seiten eine Lösung des Konflikts auf der Grundlage der bekannten Parameter für eine Zweistaatenlösung zu erwirken.

5. Beide Seiten sind außerdem, unabhängig von den Differenzen, die es über die Notwendigkeit und die Legitimität des Irak-Krieges gab, an einer friedlichen Neuordnung des Iraks wie Afghanistans (über den Abzug der Kampftruppen 2014 hinaus) im speziellen und einer Transformation der Großregion im Allgemeinen interessiert – nicht zuletzt, um die dortigen eigenen Investitions- und Handelsmöglichkeiten zu verbessern. Die EU verfolgt das Ziel der Demokratisierung und des Aufbaus von Rechtsstaatlichkeit und einer Zivilgesellschaft im Rahmen des Barcelona-Prozesses bereits seit längerem, Washington hat die Idee mittlerweile sowohl im Rahmen der ursprünglichen „forward strategy of freedom" vom November 2003 wie auch in der besagten „Broader Middle East Initiative" vom Juni 2004 aufgegriffen, auch wenn die Initiative seither eher ruht.

6. Der Kampf gegen den Terrorismus und die Proliferation von Massenvernichtungswaffen gehört schließlich ebenso zur gemeinsamen Agenda wie die Eindämmung des Fundamentalismus, der als ein zutiefst innerislamisches Phänomen sowohl die Region von innen heraus bedroht wie auch die Zunahme antiwestlicher Stimmungen schürt. Der gemeinsame Druck auf den Iran im Zusammenhang mit dessen nuklearen Ambitionen, die vor Frankreich und Großbritannien angeführte, erfolgreich durchgeführte NATO-Operation in Libyen 2011 und die bisherige Zusammenarbeit im Rahmen der NATO-Operation in Afghanistan zeigen zudem, dass die EU und Washington die Idee von einem annähernden strategischen Gleichgewicht als Voraussetzung für Stabilität in der Region weitgehend teilen. Und sie zeigen, dass die USA als zentrale externe Ordnungsmacht damit bislang zwar ein unmittelbareres Interesse zu verbinden schienen als Brüssel, die EU jedoch im Zuge des Arabischen Frühlings realisiert hat, dass es künftig (nicht zuletzt vor dem Hintergrund der amerikanischen Truppenverschiebungen Richtung Asien-Pazifik und der geringeren Abhängigkeit von den Ressourcen des Golfs) zu einer neuen Lastenverteilung im Nahen und Mittleren Osten kommen könnte, bei der die Union stärker gefordert wird. Zum anderen gibt es, bei aller Abhängigkeit der regionalen Akteuren von Wirtschaftshilfe und Waffenlieferungen durch die Großmächte, Grenzen internationalen Einflusses auf die Region, wie auch die aktuellen Entwicklungen zeigen. Voraussetzung dafür ist ohnehin, dass sich die bei aller Interessengleichheit beider Seiten bislang doch unterschiedlichen konzeptionellen Vorstellungen zur Stabilisierung der Region stärker annähern;

andernfalls besteht auch die Gefahr einer Instrumentalisierung der externen
Mächte durch die regionalen Akteure. Der Kampf gegen den Terrorismus und
die zunehmenden Spannungen in der Region insgesamt boten den regionalen
Akteuren in der Vergangenheit immer wieder Möglichkeiten, die EU, Amerika
oder in jüngster Zeit verstärkt auch Russland und China gegeneinander auszu-
spielen und in ihre innenpolitischen oder regionalen Konflikte hineinzuziehen.
Insofern ist die Koordinierung der westlichen Aktivitäten umso dringlicher.
Die Voraussetzungen dafür sind vor allem aus europäischer Sicht eigent-
lich günstig. Die EU hat bereits mit ihrer Kritik an der „Greater Middle East
Initiative" den ursprünglichen Entwurf maßgeblich entschärft. Abgesehen
davon, dass man sich auf gemeinsame Entwicklungsziele in den Bereichen
Freiheit, Bildung und Gleichberechtigung einigen konnte, gelang es Brüssel,
Washington von einer Reihe weiterer Grundparameter für eine gemeinsame
Agenda zu überzeugen: der geographischen Eingrenzung der Region; dem so
genannten „ownership"-bzw. Partnerschaftsprinzip, wonach die Reformziele
mit den jeweiligen Führungen abzusprechen und durchzuführen sind bzw. der
Demokratisierungsprozess von „innen heraus" entstehen soll; der vorrangigen
Bedeutung regionaler Konfliktlösungen einschließlich des Nahostkonflikts;
sowie der Einrichtung des „Forum for the Future" als neuer Plattform für einen
intensiveren Dialog mit Geschäftsleuten und Vertretern der Zivilgesellschaft in
der Region. Auch wenn mit der „Broader Middle East Initiative" seither noch
keine neuen und konkreten Lösungsvorschläge verbunden sind – zu wenig
konkret bleibt das Dokument ansonsten bzgl. der Partner und Ansprechpartner
in der Region sowie der Präzisierung gemeinsamer Interessen –, so ist sie doch
von Bedeutung hinsichtlich der Annäherung der Positionen.

Immerhin haben die USA unter der Obama-Administration wieder ein insgesamt differenzierteres Demokratisierungsverständnis für die Region entwickelt. Danach – und somit nach europäischer Lesart – ist Demokratisierung
ein langwieriger und komplexer Prozess, der nicht durch von außen erzwungene
Regimewechsel zu erreichen ist, sondern durch Unterstützung der Reformkräfte
innerhalb des betreffenden Staates bzw. Ausloten der Verhandlungsbereitschaft
der jeweiligen Regime über Dialog und konditionalisierte Hilfe. Der Arabische
Frühling hat auch das Dilemma der westlichen Nahostpolitik insgesamt offenbart. Unter der Bush-Administration sollte die Demokratie in die Region getragen werden, indem man unliebsame Regime wie im Irak, Iran oder Syrien be-
seitigte, ohne nach den jeweiligen innergesellschaftlichen Voraussetzungen für
die politischen Umbrüche zu fragen. In der Tat waren und sind solche Regime in
der Vergangenheit selbst das größte Hindernis für die jeweilige Entwicklung des

Landes. Ebenso trifft zu, dass Brüssel zumindest vordergründig immer auch das innenpolitische Entwicklungspotenzial im Auge hatte und solche Regime daher als wenn auch problematische Verhandlungspartner akzeptierte. Nicht zuletzt deswegen hat die EU sich im Rahmen der „Drei plus eins"-Verhandlungen (Großbritannien, Frankreich und die Bundesrepublik mit dem Iran) in der Vergangenheit zur Entschärfung des Nuklearpokers mit Teheran um Verständigung bemüht; immerhin gilt das politische System Irans als das am stärksten pluralistische am Golf. Im Falle Syriens allerdings hatte auch Brüssel in der Vergangenheit wenig unternommen, um den Gesprächsfaden mit dem Assad-Regime wieder stärker aufzunehmen; nunmehr scheinen die Aussichten dafür fast aussichtslos.

Das Kernproblem bis zum Ausbruch des Arabischen Frühlings war aber, dass die USA und die EU im Grunde seit Ausbruch der Revolution im Iran Ende der 1970er Jahre in der Region eine Strategie verfolgten, deren Schwerpunkt auf dem Erhalt der Regimestabilität zu Lasten von Demokratisierung der Gesellschaften lag. Diese Strategie akzeptierte das Narrativ der autokratischen Herrscher in der Region, wonach ein Zuviel an Reformen und Freiheiten die Fragilität der arabischen Demokratie gefährden und radikale Islamisten an die Macht spülen könnte. Das Ziel dieser Strategie war es vor allem in Washington, jene autokratischen Regime in engen bilateralen Beziehungen zu binden und sie zu ermutigen, einen graduellen, von oben nach unten verordneten Reformprozess der kleinen Schritte in Richtung Demokratie zu verfolgen.

Diese Politik entsprach durchaus dem realpolitischen Ansatz des Westens, Dialoge auch mit solchen Systemen zu führen, deren politische Entwicklung grundsätzlich hinter europäischen oder amerikanischen Vorstellungen zurückblieb. Das Konzept dieser so genannten kritischen Dialoge vor allem der EU mit solchen Systemen stand aber im offenen Gegensatz zu der ansonsten propagierten, traditionellen Idee sowohl der Union wie auch Washingtons von der Unterstützung der Reformprozesse an der Wurzel, d.h. aus den Zivilgesellschaften heraus (insofern bildete im Übrigen der Demokratisierungsansatz der Bush-Administration von oben nach unten eine Abkehr des traditionellen amerikanischen Ansatzes zur Unterstützung von Demokratisierungsprozessen). Das langfristige Veränderungspotenzial in den betreffenden Staaten kann ein solches Verhalten theoretisch durchaus rechtfertigen. Die Friedensverträge Israels mit Ägypten wie Jordanien zeigen im Übrigen, dass pragmatische, für beide Seiten stabilisierend wirkende Lösungen zwischen Demokratien und mehr oder weniger autoritären Herrschaftssystemen auch im Nahen und Mittleren Osten möglich sind. Ebenso zeigten die Entwicklungen in den palästinensischen Autonomiegebieten, die nach demokratischen Wahlen die Terrorgruppe Hamas an die Macht gespült haben, dass die EU und die USA auch künftig keine andere Wahl haben, als mit dem

Westen grundsätzlich unliebsamen nicht-demokratischen Vertretern von Fall zu Fall zu verhandeln.

Das Dilemma dieser Doppelstrategie aber war die Halbherzigkeit in Bezug auf das Einfordern wirklicher Reformen vor allem in jenen Herrschaftssystemen, die gerade Washington als strategische Partner in der Region betrachtet (allen voran Saudi-Arabien und die Golfstaaten, in der Vergangenheit aber eben auch Ägypten oder Jordanien). Schon aus pragmatischen Gründen tun die USA und die EU zwar gut daran, wenn sie gegenüber der Region deutlich machen, dass Demokratie zwar eingefordert, keinesfalls aber zur Voraussetzung eines Engagements um Konfliktlösungen in der Region erklärt wird.[40] Andererseits gehört zu einem solchen Verständnis aber auch, dass man deutlich macht, wo die Grenzen der Kooperationsbereitschaft im Interesse der eigenen Glaubwürdigkeit erreicht sind. In manchen Staaten fehlen schlicht die kritische Masse und die institutionellen Voraussetzungen für einen Demokratieimport; dies gilt für den Nahen Osten gleichermaßen wie für Zentralasien und den kaspischen Raum.[41] Verhandlungen mit Iran oder Syrien sollten daher nicht um jeden Preis zu haben sein. Und notfalls müssen im Falle Teherans den bisherigen Sanktionsresolutionen weitere durch den UN-Sicherheitsrat folgen – möglichst mit der Unterstützung Chinas und Russlands; Gleiches gilt aktuell erst recht für Syrien, wo sich ausgerechnet die „moderaten" Oppositionskräfte (FSA und SNG) vom Westen im Stich gelassen fühlen. Gerade aber die Ereignisse in der Levante zeigen, wie hoch andererseits der Preis einer Strategie ist, die Stabilitäts- und Sicherheitsinteressen über die legitimen Interessen der Gesellschaften nach Öffnung stellt. Im Nahen Osten haben autoritäre Regime über Jahrzehnte Stabilität verkündet, aber Stagnation produziert.

Mehr Glaubwürdigkeit und politischen Nachdruck erfordert auch der Nahostkonflikt. Der Friedensprozess wird solange keinen Erfolg haben, wie es sowohl den regionalen Akteuren als auch dem in der Region wiedererstarkten Russland gelingt, Amerika und die EU gegeneinander auszuspielen. Allenfalls ein Zusammengehen beider Seiten, bisweilen unter Nutzung ihrer komparativen Vorteile im militärischen Bereich (USA) einerseits sowie bezüglich der Integrationsperspektiven (EU) andererseits, gewährleistet eine annähernd erfolgreiche Rolle des „Nah-

---

40   Volker Perthes, America's Greater Middle East and Europe: Key Issues for Dialogue, in: Middle East Policy, XI, 3 (Fall 2004), S. 85-97; Muriel Asseburg, Demokratieförderung in der arabischen Welt – hat der partnerschaftliche Ansatz der Europäer versagt?, in: ORIENT, 2 (2005), S. 272-290.

41   Borut Grgic, The New Security Front. Making Europe Count in the Middle East, in: Internationale Politik (Englische Ausgabe), Fall 2006, S. 72-76.

ost-Quartetts"[42] bei der Vermittlung eines Verhandlungsergebnisses. Dabei bleibt die amerikanische Führung allein wegen des größeren Einflusses auf Israel zwar unbestritten und Europas Rolle als möglichst neutraler Vermittler gerade aus Sicht der Palästinenser nach wie vor wünschenswert. Ob die Palästinenser in der derzeitigen Situation allerdings davon zu überzeugen sind, dass eine Zweistaaten-lösung nur durch die Einlösung der drei „essentials" – die Anerkennung des Existenzrechts Israels; ein Ende der Gewalt als Mittel zur Lösung des Konflikts; sowie die Anerkennung der bisherigen Verhandlungsschritte der internationalen Gemeinschaft – voranzubringen ist, ist zweifelhaft.[43]

Die EU hat in jüngster Vergangenheit zwar entschlossen auf eine Einigung der palästinensischen Konfliktparteien (Hamas und Fatah) zur Schaffung einer Regierung der „nationalen Einheit" hingearbeitet. Sie hat außerdem der arabi-schen Welt insgesamt glaubwürdiger als die USA den Zusammenhang zwischen der Überwindung des Konflikts und politischen und wirtschaftlichen Verän-derungsprozessen in der Region vermittelt. Die arabischen Regime verweigern nicht zuletzt unter dem Hinweis auf die Konfliktträchtigkeit der Region innere Reformen und rechtfertigen damit wiederum militärische Lösungen. Drittens schließlich entspricht die wachsende Erkenntnis, dass der Konflikt nicht allein von außen gelöst werden kann, sondern regionaler Anstrengungen bedarf, exakt dem europäischen Ansatz, über regionale Strukturbildung die Reformprozesse voranzutreiben. Entsprechend unterstützte die Union das arabische Quartett aus Jordanien, Saudi-Arabien, den Vereinigten Arabischen Emiraten und Ägypten, welches sich im Frühjahr 2007 entschlossen hatte, den Prozess aktiver zu unter-stützen und dabei vor allem die Verhältnisse in den palästinensischen Autono-

---

42 Dem Nahost-Quartett gehören die EU, die USA, die Vereinten Nationen und Russland an. Im September 2002 legte es einen Drei-Stufen-Plan vor, der unter dem Namen „roadmap" seither die Diskussion um den Friedensprozess im Nahen Osten be-stimmt. In der ersten Phase sollten die Konfliktparteien Sicherheitsmaßnahmen ver-einbaren (Rückzug der Israelis auf die vor der Intifada im September 2000 gehaltenen Positionen; entschlossene Bekämpfung des Terrorismus durch die Palästinenser sowie Abhalten freier und fairer Wahlen). Die zweite Phase sah die Festlegung provisorischer Grenzen eines Palästinenserstaates vor (außerdem Ausarbeitung einer Verfassung). In der dritten Phase schließlich sollten die endgültigen Grenzen eines ständigen Palästinenserstaates festgelegt werden. Der Plan sieht eine Lösung des Konflikts auf der Basis der UN-Resolutionen 242 und 338 vor und ist schon deshalb das wesentliche Referenzdokument für Fortschritt in israelisch-palästinensischen Friedensbemühungen, weil er von allen regionalen und internationalen Akteuren an-erkannt und durch die Resolution 1515 (2003) des UN-Sicherheitsrats legitimiert ist.

43 Birte Wassenberg, Giovanni Faleg, Europe and the Middle East: The hour of the EU? Brussels 2012.

miegebieten stabilisieren zu wollen. Sie tat dies zum einen, weil sie sich davon eine stabilisierende Wirkung auf die innerarabischen Konflikte erhoffte. Zum anderen setzte sie darauf, dass eine solche Allianz unter Führung von Saudi-Arabien zum Ausgangspunkt einer Art Golf-Sicherheitsrat werden könnte – womöglich unter UN-Beobachtung –, der sich zunächst mit dem Thema Waffenkontrolle befasste und damit vor allem vertrauensbildend in Richtung Israel wirkte. Dort würde man Verhandlungen von jeher vor allem dann begrüßen, wenn sie ergebnisoffen, d. h. ohne Diktat eines Friedensplans geführt würden.

Ein solcher Ansatz konnte nach Ansicht Brüssels auch mit Blick auf den zweiten großen Konfliktherd der jüngsten Vergangenheit, Irak, zu einer konstruktiven Lösung führen. So hielt die EU es für sinnvoll, das Momentum, welches in den wiederholten Treffen der Nachbarstaaten des Iraks nach dem Krieg lag, wieder aufzugreifen und diese Gruppe mit dem Nahostquartett und anderen regionalen oder externen Akteuren zusammenzuführen, um nicht nur die Regierung zu stabilisieren und im Transformationsprozess zu unterstützen, sondern schritt-weise vertrauensbildende Maßnahmen im Mittleren Osten insgesamt zu schaffen. Für die EU schien (und scheint dies bis heute) nicht nur aus geo-ökonomischen, sondern vor allem auch aus geostrategischen Gründen von größerem Interesse als für die USA. Sollte es langfristig doch zu einer EU-Mitgliedschaft der Türkei kommen (wonach es vorerst nicht aussieht), so würden der Irak, Syrien und Iran direkte Nachbarn der EU. Schon aus diesem Grund, und nicht zuletzt wegen der anhaltenden Diskussion um die Signalwirkung einer Aufnahme der Türkei in die Union für die europäische Glaubwürdigkeit gegenüber der muslimischen Welt, bleibt die Türkei als geopolitischer Brückenkopf zwischen der EU und dem Nahen Osten eine zentrale Variable für den Nahen und Mittleren Osten im Be-sonderen und die Entwicklung GASP/GSVP der Union im Allgemeinen.[44]

Auf der anderen Seite scheint die so genannte „roadmap" des Nahostquartetts seit 2008 faktisch tot. Seit den Umbrüchen in der Region ist es auch zum Stillstand im Friedensprozess gekommen. Nachdem es in den vergangenen drei Jahren auch zu zunehmenden Spannungen im Verhältnis zur Türkei gekommen ist, droht Israel die politische Isolierung.[45] Die Entwicklungen in Ägypten und Syrien haben die Ausgangslage für das Land verschlechtert; einzig die transatlantischen Partner stehen unverändert als Garant für seine Sicherheit – allerdings zusehends unter

---

44   Bill Park, Between Europe, the United States and the Middle East: Turkey and Euro-pean Security in the Wake of the Iraq Crisis, in: Perspectives on European Politics and Society, 5, 3 (December 2004), S. 494-516.

45   Oded Eran, Turkey and Israel: The wrong crisis at the wrong time, in: Israel Journal of Foreign Affairs, 5, 3 (2011), S. 9-11.

veränderten Prämissen. Dennoch scheint ein Ende der israelischen Besatzung genauso aussichtslos wie die Aufgabe des palästinensischen gewaltsamen Widerstands, zumal nach den solidarischen Reaktionen der USA und einiger Europäer auf die palästinensische UN-Initiative zur Anerkennung der Unabhängigkeit; während sich diese im Fall der Europäer in Versuchen, die Palästinenser von ihrem Vorhaben abzubringen, erschöpften, verringerten die USA immerhin ihre finanzielle Unterstützung für die Autonomiebehörde. Gleichzeitig verschärfte Israel den Konflikt zusätzlich durch die Einbehaltung von Steuern und Zöllen sowie den fortgesetzten Siedlungsbau.[46] Diese Haltung hat nicht nur negative Konsequenzen für die Reformbewegungen im Maghreb und in der Levante, da sie die radikalen Kräfte in den betreffenden Ländern befördert. Zugleich lässt sie Europas Unterstützung für dieselben Reformbewegungen in ein zweifelhaftes Licht rücken und rührt einmal mehr an der Frage der Glaubwürdigkeit seiner Nahost-Politik. Eben dieses Dilemma gilt auch mit Blick auf die ENP: In den so genannten Länderreports weist die Kommission akribisch die Mängel in den Adressatenländern aus, gleichzeitig aber fließen einmal zugesagte Gelder ungeachtet weiter.

Flankiert werden muss der Ansatz der EU daher von einer entschlossenen Haltung in der Frage der Konditionalitäten, aber auch bezüglich ihrer Präsenz vor Ort. Diese kann sich keinesfalls in der Bestellung eines EU-Sonderbeauftragten für den Nahen Osten und sporadischen Besuchen des Hohen Vertreters für die Außenpolitik erschöpfen. Nicht, dass es eine solche Präsenz der Union in der jüngsten Vergangenheit überhaupt nicht gegeben habe: die Unterstützung der Arbeit der UN-Truppen im Rahmen des Mandats von UNIFIL zur Stärkung der Souveränität des Libanon notfalls auch durch die Bereitstellung entsprechender eigener Kontingente – in diesem Fall u.a. durch Frankreich und die Bundesrepublik; oder der Beitrag zur Lösung des Nahostkonflikts über eine Beteiligung am Nahost-Quartett hinaus – immerhin beteiligt sich die Union an der seit Ende 2005 laufenden Überwachung des Grenzübergangs Rafah zwischen Gazastreifen und Ägypten, nachdem die palästinensische Behörde und Israel ein entsprechendes Abkommen unterzeichnet hatten. Es stellt sich aber dennoch die Frage nach der Notwendigkeit einer stärkeren Rolle der EU in der Region über die traditionellen Angebote pragmatischer Dialoge mit allen Mächten, die mehr oder weniger zu Verhandlungen bereit sind, einerseits sowie Kooperationen unter Einbindung aller Nachbarn zur Schaffung kollektiver Sicherheitssysteme andererseits. Die EU wird, ungeachtet des Engagements von Frankreich und Großbritannien

---

46   Muriel Asseburg, Der Arabische Frühling und die Zuspitzung des israelisch-arabischen Konflikts, in: Jünemann/Zorob, a.a.O., S. 159-174.

in Libyen oder Frankreichs in Mali, auch in Zukunft kaum größere militärische Missionen jenseits der kleineren maritimen Operationen am Horn in der Region übernehmen wollen. Dennoch wird sie nicht zuletzt wegen des möglichen Teilrückzugs der USA aus dem Nahen und Mittleren Ostern – ob sie will oder nicht – gezwungen sein, ihre geostrategischen Interessen dort stärker zu vertreten – sei es zur weiteren Unterstützung des Wiederaufbaus im Irak über die Ende 2013 ausgelaufenen zivile Aufbaumission EUJUST LEX-Iraq notfalls auch in Form der Bereitstellung von Kontingenten für eine UN-Truppe; sei es in Afghanistan über den Abzug der NATO-Truppen 2014 hinaus zur weiteren Stabilisierung und zum Wiederaufbau des Landes – immerhin unterstützt die Union seit 2007 im Rahmen der Polizeimission EUPOL die Bemühungen der internationalen Gemeinschaft, die Stabilität und den Wiederaufbau des Landes sicherzustellen,[47] und sie unterstützt darüber hinaus seit dem Beschluss von Laeken im Dezember 2001 die Beteiligung der Mitgliedstaaten an der internationalen Schutztruppe;[48] oder sei es im Rahmen der Nukleargespräche mit Teheran und aktuell in der Syrienfrage.

Ein verstärktes Engagement in diesen zentralen Fragen liegt schon auf Grund der enormen regionalpolitischen Herausforderungen, die sie alle bergen, im ureigenen Interesse der Europäer. In Afghanistan stellte sich für die EU eben von Anfang an nicht nur die Frage nach dem erfolgreichen Kampf gegen den Terrorismus. Das Land ist ein geostrategisch enorm wichtiges Scharnier zwischen dem Nahen Osten, Zentral- und Südasien. Allein die Stellung zwischen dem westlichen Nachbarn Iran und dem südöstlichen Nachbarn Pakistan, der eine Aspirant für, der andere bereits im Besitz von Nuklearwaffen, zeigen die enorme Bedeutung stabiler Verhältnisse im Lande für die gesamte Region. Ein neuerliches Scheitern Afghanistans bzw. ein erneutes Vordringen der Taliban in das Land hätte somit auch ganz unmittelbare Auswirkungen auf die europäischen Sicherheitsinteressen. Im sicherheitspolitischen Interesse der EU liegt es auch, zu verhindern, dass die Nachbarn Iraks dessen unveränderte politische Instabilität zu eigenen Zwecken missbrauchen; dies gilt sowohl für Syrien und Iran auf der einen, wie auch für Saudi-Arabien und die Golfemirate auf der anderen Seite. Ebenso gibt es eine Reihe von Regierungen in der Region, die ein nuklearisiertes Iran um jeden Preis verhindern wollen und vor den Konsequenzen warnen. Dies betrifft die komplette Golfregion und natürlich Israel, die ihrerseits signalisiert haben, dass es in der

---

47   EU extends Afghanistan mission to 2014 | euronews, Europe: www.euronews.com European Affairs 15.11.2012.

48   Stefan Fröhlich, Deutschlands Rolle in der EU und NATO beim Konfliktmanagement in Afghanistan, in: Fröhlich, Klaus Brummer (Hrsg.), Zehn Jahre Deutschland in Afghanistan, Wiesbaden 2011, S. 31-44.

Folge zu einer nuklearen Aufrüstung in der Region käme. Schließlich geben vor allem die jüngsten Entwicklungen in Syrien und Ägypten Anlass zur Sorge: Der Bürgerkrieg in Syrien ist längst nicht nur zum Austragungsort um die regionale Vormacht geworden, sondern auch zu einem regionalen Stellvertreterkrieg, bei dem sich zum einen die sunnitischen Staaten Türkei, Saudi-Arabien, Katar und das neue Libyen als Gegner des alawitischen Assad-Regimes vor allem gegen das schiitische Iran und die von Teheran unterstützten Kämpfer der libanesischen Hizbullah und der palästinensischen Hamas stellen (und somit einen Flächenbrand provozieren, der rasch aus mehreren Bürgerkriegen besteht), zum anderen Russland gegen den Westen bzw. die USA Position bezogen hat – mit erheblichen Konsequenzen auch für die EU.[49] In Ägypten wiederum wird der anhaltende Machtkampf – ungeachtet seines Ausgangs – erhebliche Auswirkungen auf die gesamte arabische Welt, aber auch die externen Akteure haben.

5.2.3   Eine EU-Strategie für den „Nahen und Mittleren Osten"

Eine EU-Strategie für den Nahen und Mittleren Osten sollte daher vor allem darauf angelegt sein, erstens einen pragmatischen Dialog mit allen verhandlungsbereiten Kräften in der Region anzubieten (Demokratisierung als Prozess), dabei aber durchaus nach den Bedürfnissen der einzelnen Länder zu differenzieren; zweitens konsequent die eigenen geostrategischen Interessen durch eine stärkere Präsenz vor Ort – Libanon, Iran, Irak, Nahost-Konflikt und Afghanistan, vor allem aber die nordafrikanischen Länder Marokko, Algerien, Tunesien, Libyen und Ägypten – zu vertreten (aktiveres Konfliktmanagement) – womit sich die Union am schwersten tun dürfte;[50] drittens Kooperationsformen in Fragen der Sicherheit zu schaffen, bei denen die EU unverändert vor allem als Impulsgeber für ein alle Anrainer einbindendes kollektives Sicherheitssystem fungiert (Regionalisierung).

Die Union wie der Westen insgesamt, einschließlich der USA, dürfen dabei ihren Einfluss auf die aktuellen Umbrüche nicht überschätzen. Wie der Sturz der Islamisten unter Mursi im Juli 2013 und die instabilen Verhältnisse in Tunesien, wo die Islamisten gleichsam zunehmend Schaden nehmen (weil sie zum einen ihr Mandat überreizt, zum anderen die wirtschaftliche Malaise nicht beseitigt haben), zeigen, sind die Transformationsprozesse nicht nur langwierig, sondern immer wieder von Brüchen und Rückschlägen bedroht. Auch die Lage im Irak

---

49   Muriel Asseburg, Heiko Wimmen, Syrien im Bürgerkrieg, Externe Akteure und Interessen als Treiber des Konflikts, SWP-Aktuell 2012/A 68, November 2012.

50   Christian Hanelt, Sven Behrendt, Nordafrika im Wandel – Chancen für Europa, Bertelsmann-Stiftung, 4 (Mai 2013). www.bertelsmann-stiftung.de

ist, wie oben geschildert, unverändert prekär angesichts der zentrifugalen Kräfte unter Sunniten und Kurden, von Syrien ganz zu schweigen. Immer größer wird der Zerfallsdruck auf die multiethnischen Staaten in der Region insgesamt. In Ägypten stellt er derzeit sowohl eine zu starke Rolle des Militärs wie auch den „politischen Islam" zunehmend in Frage.

Gleichzeitig üben neben Russland und der Türkei und China als neuen Akteuren vor allem die arabischen Staaten selbst ihren Einfluss in der Region aus. Saudi-Arabien, die Vereinigten Arabischen Emirate und Kuwait waren es, die die Absetzung Mursis betrieben haben – und sich dabei gegen Katar stellten. Diese Entwicklungen drohen das Handlungsvermögen der traditionellen externen Akteure (USA und EU) zunehmend zu überfordern. Vor allem für Brüssel, welches ohnehin weder in der Lage noch politisch gewillt ist, kurzfristig, d.h. auch mit militärischen Mitteln, als Krisenmanager in der Region aufzutreten (wie der Fall Libyen und auch die Diskussion um die Aufhebung des Waffenembargos gegen Syrien zeigten), bedeutet dies, dass man wohl auch weiterhin mit den Instrumenten der „soft power" allenfalls mittel- bis langfristig Wirkung erzielen kann. Verstärkt wird dieses Dilemma dadurch, dass Washington sein Engagement in der Region eher zurücknimmt, Europa demnach bisweilen dort stärker auf sich gestellt sein dürfte. Nicht, dass der durch das *Fracking* bedingte Ölrausch in den USA Washington dazu veranlassen würde, mit seiner stärkeren Orientierung Richtung Asien der Region komplett den Rücken zuzukehren; dies ließe weder die Tatsache, dass die Ölpreise durch die OPEC sowie die politischen Unruhen und Nachfrageentwicklungen bzw. Förderbedingungen in anderen Weltregionen bestimmt werden, noch das strategische Interesse (bei aller o.e. Gefahr des Verlusts der eigenen Glaubwürdigkeit) der USA zu, als Schutzmacht sowohl Saudi-Arabiens wie vor allem Israels in der Region zu verbleiben. Dennoch dürfte die Bereitschaft Washingtons angesichts der neuen Ausgangslage mittelfristig abnehmen, angesichts der eigenen größeren Ressourcenunabhängigkeit vor allem Energieverbrauchern wie China, aber auch der EU, durch die eigene Präsenz Versorgungssicherheit zum Nulltarif zu gewähren.

Dies ändert vorerst kaum etwas an der Plausibilität für eine solche drei Punkte-Strategie der Union: *Demokratisierung* – Was in den letzten Jahren manchem als Hoffnungsschimmer für eine Demokratisierung in der Region erschien, waren noch längst keine Geschichten demokratischer Übergänge. Der Einfluss vor allem auf Damaskus und Teheran kann angesichts der geringen Bereitschaft zu einer Militärintervention allenfalls darin bestehen, zunächst der Fragmentierung der Opposition entgegenzuwirken und zumindest die Gründung einer annähernd glaubwürdigen Vertretung für die verschiedenen politischen Gruppierungen zu unterstützen. Positive Entwicklungen in diese Richtung sind auch die Voraussetzung für eine Stabilisierung Iraks.

In den vergangenen Jahren war das Wiedererstarken des Schiismus nicht nur verbunden mit dem Wiedererstarken des Islams generell nach dem Ende des Kolonialzeitalters und dem Scheitern der verschiedenen nahöstlichen Nationalismen, sondern vor allem auch das Ergebnis der „islamischen Revolution" Chomeinis in Iran im Jahr 1979. Deren Erfolg hatte Signalwirkung auch außerhalb Irans und förderte den Aufstieg der Schiiten etwa im Libanon, im östlichen Saudi-Arabien und am Persischen Golf. Entscheidend aber war der mit dem Sturz Husseins verbundene Machtwechsel zu den Schiiten im Irak. Er hat nicht nur die Situation für die Minderheit der Sunniten dramatisch verschlechtert; da die so lebenswichtigen Ölfördergebiete im mehrheitlich schiitischen Süden liegen, sind die in der Mitte des Landes lebenden Sunniten von diesen praktisch abgeschnitten. Er hat auch die Ausgangslage für Iran entscheidend verbessert und es dem Regime in Teheran ermöglicht, an die Rolle als Hegemonialmacht in den siebziger Jahren des 20. Jahrhunderts anzuknüpfen.

Angesichts des Vormarsches des Schiismus sprachen die arabischen Golfstaaten, vor allem aber Saudi-Arabien und Jordanien bereits von einem „schiitischen Gürtel", der von Iran über den Irak und Syrien bis in den Libanon und nach Palästina reiche. In den Palästinensergebieten unterstützen die schiitische Hizbullah („Partei Gottes") und Teheran die Hamas, im Libanon übten beide erheblichen Druck auf die Regierung aus und forderten damit nicht nur Israel, sondern auch Saudi-Arabien heraus, welches hinter der Regierung stand. Behielte Teheran irgendwann die Oberhand im libanesischen Machtkampf, hätte dies gravierende Konsequenzen für das regionale Gleichgewicht. Ebenso band Iran den Irak immer stärker durch dessen wirtschaftliche Abhängigkeit an sich; diese erlaubte Teheran, seine eigenen Exporte entsprechend zu diversifizieren und sich verstärkt auch als Waffenlieferant in der Region hervorzutun, gleichwohl es nicht an einem Bürgerkrieg im Nachbarland interessiert sein konnte. Flankiert wurde diese Politik von dem gleichzeitigen Angebot eines Sicherheitsbündnisses Teherans mit den Golfstaaten. Mit ihm unterstrich die iranische Führung ihren Hegemonialanspruch in der Region.

Mittlerweile ist das Pendulum allerdings in Richtung des sunnitischen Lagers umgeschlagen. Irak ist vorerst als regionaler Akteur außer Gefecht gesetzt. Fällt Syrien und bricht damit auch die Achse mit Teheran zusammen, so käme dies einer vorläufigen Niederlage der schiitischen Welt gleich und bedeutete vor allem eine erhebliche Schwächung Irans. Dagegen hat sich mit dem Engagement der arabischen Golfstaaten, allen voran Katars und Saudi-Arabiens, der sunnitische Einfluss in der Region erhöht. Der Union bleibt angesichts der hohen Volatilität und Ungewissheiten in der Region kaum mehr, als konsequent alle Reformkräfte zu unterstützen und nicht beliebig Parteinahme zu üben – dies gilt auch im Fall der Golfstaaten; Gradmesser ist dabei die Unterstützung der Reformbewegungen, die auf einer breiten politischen wie gesellschaftlichen Basis stehen und nicht das Monopol einer bestimmten (ob säkularen oder religiösen) Bewegung vertreten.

Aktiveres Konfliktmanagement – Zu den zentralen Aufgaben für die EU und den Westen insgesamt gehört unverändert, mit aller Entschiedenheit den regionalpolitischen und nuklearen Ambitionen Irans entgegenzutreten. Ungeachtet der sonstigen Umbrüche und Konflikte in der Region, ist der mit Iran der derzeit gefährlichste. Teheran behauptet zwar, sein Atomprogramm sei ausschließlich ziviler Natur. Andererseits besteht es kompromisslos auf einem geschlossenen Brennstoffkreislauf, so dass die Absicht einer militärischen Nutzung zu vermuten ist – mit all ihren Konsequenzen für eine mögliche Nuklearisierung der Region insgesamt. Für die EU gilt in der Sanktionsfrage der Schulterschluss mit Washington, um Druck ausüben und dabei mit gezielten Angeboten, die Teherans legitimen Sicherheitsbedürfnissen in der Region Rechnung tragen, die iranische Führung zum Einlenken bewegen zu können. Entscheidend ist ein deutliches Signal, dass man weder bereit ist, sich von Teheran gegenüber Washington in der Nuklearfrage ausspielen zu lassen, noch dessen bisherige Weigerung hinnimmt, in irgendeiner Form mäßigend auf die schiitischen Milizen im Irak, die Hizbullah im Libanon oder die Hamas in den Palästinensergebieten einzuwirken. Teheran muss wissen, dass es sich mit seiner Politik in der Region – zumal da der geopolitische Handlungsspielraum sich einzuengen scheint – zusehends auf einen Konfrontationskurs mit den Golfstaaten hinbewegt und dass die EU und die USA weder dies noch zwei andere Entwicklungen akzeptieren werden: das Zurücklassen eines am Ende doch gescheiterten Iraks und die weitere Verschärfung des innerislamischen Großkampfplatzes.

Regionalisierung – Der Zeitpunkt hierfür scheint derzeit nicht günstig. Immerhin aber hat man in den vergangenen Jahren vor allem in den Golfstaaten, unter der Führung Saudi-Arabiens, damit begonnen, vor dem Hintergrund des zunehmenden innerislamischen Machtkampfes über eine Sicherheitsordnung für die Region im Allgemeinen, aber auch die Nutzung der Atomtechnik im Speziellen nachzudenken. Letzteres verheißt zunächst zwar nichts Gutes für die Region, könnte aber auch zum Ausgangspunkt von Überlegungen für ein konstruktives Sicherheitsarrangement werden. Dieses setzt mittelfristig zwar innerstaatliche Reformen voraus, um auf Dauer erfolgreich zu sein, sollte sich aber zunächst an den unmittelbaren Erfordernissen für die Region orientieren. Vertrauensbildende Maßnahmen im Bereich Waffenkontrolle und sicherheitsrelevanter Probleme und Ängste könnten ein erster Schritt in diese Richtung sein. Sie könnten den

Austausch von Informationen über die militärischen Kräfte, die Möglichkeit der Verifikation von militärischen Aktivitäten sowie die Einrichtung permanenter Kommunikationsstrukturen der Staaten untereinander unter UN-Kontrolle beinhalten. Mittel- bis langfristig sollte dieser Ansatz zum Abbau von offensiven militärischen Einheiten führen, die Diskussion aller territorialer und Grenzstreitigkeiten bzw. über den Rückzug von Truppen aus umstrittenen Grenzgebieten ermöglichen und die Aufhebung des Nichteinmischungsprinzips in innere Angelegenheiten durch regionale Staaten wie externe Akteure nach sich ziehen.

Grundsätzlich liegt es im Interesse aller Golfanrainer, dass es zu einer derartigen regionalen Verständigung kommt, die nicht auf eine automatische Verknüpfung mit anderen teil-regionalen Aspekten, wie etwa dem Nahostkonflikt, pocht, sondern flexibel angelegt ist. Den sicherheitspolitischen Bedenken Saudi-Arabiens und der Golfstaaten würde ein solcher Ansatz derzeit allemal entsprechen. Dem post-Assad-Regime Syriens böte er die Möglichkeit, aus der politischen Isolation herauszufinden, in die das Land in den vergangenen Jahren geraten ist. Irak wiederum erhielt bei einer Stabilisierung seines sicherheitspolitischen Umfeldes nicht nur Gelegenheit, den weiteren Aufbau aus eigenen Kräften weiter voranzutreiben, sondern dabei auch seine eigenen unmittelbaren Sicherheitsinteressen zu behandeln, u. a. die Frage nach dem Zugang zum Meer. Gegenüber dem Iran ist der Schatt al-Arab, gegenüber Kuwait sind die Inseln Warba, Bubiyan und der Khor al-Abdallah unverändert umstrittene Punkte im jeweiligen bilateralen Verhältnis. Für den Iran schließlich gilt, dass jede für alle Seiten akzeptable Regelung in der Nuklearfrage eine Sicherheitsgarantie (unter Beteiligung der USA) für den Iran enthalten muss, die dann auch eine Art regionalen Vertrag ermöglicht, der die Erforschung, Entwicklung, Produktion und den Besitz von Massenvernichtungswaffen untersagt.

Perspektiven für die Union als globaler Akteur

Man braucht kein Prophet zu sein, um der künftigen Außen- und Sicherheitspolitik der Union auch nach dem Lissaboner Vertrag keinen dramatischen Wandel in Bezug auf ihre globalen Akteursqualitäten vorhersagen zu wollen.[1] Angesichts der dramatischen Haushaltslagen in fast allen Mitgliedstaaten nicht erst im Zuge der Eurokrise sind größere Investitionen in die Verteidigung nicht zu erwarten und auch die multinationalen Anstrengungen der vergangenen Jahr in puncto „pooling" und „sharing" von Ressourcen werden diese Schwäche nicht kompensieren.[2] Die globalen Herausforderungen der heutigen Zeit setzen die Union zwar ganz unmittelbar unter Handlungszwang – zu groß wären die Kosten im Falle eines Nichthandelns – und sie haben zum Teil auch erhebliche Konsequenzen für die Position der Union in der Welt; einen Teil seiner lange Zeit unangefochtenen Führungsrolle hat der Westen insgesamt, einschließlich der EU, zu Beginn des 21. Jahrhunderts aufgrund der ökonomischen Kräfteverschiebungen zugunsten neuer und wieder erstarkter globaler Akteure wie China, Indien, Brasilien oder Russland sowie der demographischen Entwicklung gerade in Europa ohnehin bereits abgeben müssen. Dies bedeutet aber nicht, dass die Union insgesamt zwangsläufig schwächer werden muss oder von bewährten Grundprinzipien der Vergangenheit Abschied zu nehmen bzw. eine radikale Neuausrichtung ihrer Politik vorzunehmen hätte.

Es gehört zwar zu den unbestrittenen Schwächen der Union, ihre eigenen Integrationserfahrungen und normative Orientierung in ein kohärentes Strategie-

---

1   Vgl. Petr Kratochvil (Hrg.), The EU as a Political Actor, Baden-Baden 2013.
2   European Union Institute for Security Studies (hrsg. Von Antonio Missiroli), Enabling the future European Military capabilities 2013-2025: challenges and avenues, Report No. 16, Paris (May 2013).

konzept gemeinsamer und systematisch verfolgter Interessen einbetten zu wollen. Und die Identifizierung und Definition solcher Interessen ist wiederum Voraussetzung für die Formulierung von gemeinsamen Positionen und die (Mit-)Gestaltung von Außenpolitik. Eine aktive und erfolgreiche Rolle bei der Lösung der globalen Probleme erfordert deshalb aber noch nicht notwendigerweise eine vergemeinschaftete Außen- und Sicherheitspolitik. Die Fixierung auf eine solche, die nationalen Souveränitäten ersetzende europäische Außenpolitik ist ebenso irreleitend wie der Verweis auf das traditionelle staatliche Souveränitätsverständnis. Vielmehr sollten beide als komplementäre Bezugspunkte betrachtet werden. Kollektives Handeln auf der EU-Ebene ist kompatibel mit einer positiven, zeitgemäßen Definition von Souveränität im Sinne der Fähigkeit, so effizient wie irgend möglich Ergebnisse mit anderen Akteuren zu erzielen. Transnationale Bedrohungen verlangen unweigerlich nach transnationalen Antworten, was neben multilateralen und bilateralen Maßnahmen auf globaler Ebene vor allem europäische Antworten bedeutet. Und in dem Maße, wie in einem Europa ohne Binnengrenzen und mit einer zunehmend instabileren Nachbarschaft innere wie äußere Sicherheit nicht länger voneinander zu trennen sind, bedroht das Sicherheitsversagen eines einzelnen Staates ganz unmittelbar alle anderen Staaten und verlangt gemeinsame europäische Antworten im Sinne eines integrierten Ansatzes. Es geht also auch künftig weniger um die Frage nach einer Vergemeinschaftung als vielmehr um die Frage nach der Steigerung der Leistungsfähigkeit und damit der Sicherheit der Union durch stärkere Koordination und Kooperation.

   In diesem Sinne wird es auch künftig zu den Stärken der Union zählen, eine multipolare politische Ordnung, in der die USA zwar nach wie vor den Ausschlag geben werden, neue politische Schwergewichte aber gleichsam internationale Normen und Institutionen prägen, mit den Erfordernissen multilateralen Handelns in Einklang zu bringen. Multilateralismus à la carte wird die bevorzugte Option bleiben, langfristig aber zwingen die wechselseitigen Abhängigkeiten und Kosten alle Akteure gleichermaßen zur Kooperation.

   Die EU hat von Maastricht bis Lissabon ihr Instrumentarium in der Außen- und Sicherheitspolitik sukzessive erweitert, gleichwohl die rein politischen Aspekte der Außenbeziehungen unverändert nicht vergemeinschaftet sind (und damit dem Einstimmigkeitszwang unterliegen) und die Sicherheits- und Verteidigungspolitik, abgesehen von Kriseneinsätzen auf den beiden unteren Ebenen des Petersberg-Spektrums (kleinere Stabilisierungs- und Kampfeinsätze, Militärbeobachter- und Polizeimissionen), nach wie vor nur eher rudimentär angelegt ist. Die institutionelle Komplexität und Fragmentierung verhindert nach wie vor ausreichende Kohärenz zwischen den verschiedenen Politikfeldern; dies gilt sowohl für die Bestimmung der außenpolitischen Ziele, die die Union verfolgt, wie auch für die Durchführung der Außenpolitik. Neben dem Hohen Vertreter (HV) spielt auch der auf 2.5 Jahre gewählte Ratspräsident nunmehr eine prominente Rolle auch in der Außenpolitik – wobei beide dem Rat, und damit dem intergouvernemental organisierten Pfeiler gegenüber verantwortlich sind. Dennoch haben gerade die Entwicklungen der letzten Jahre gezeigt, dass die EU in der Lage ist, nicht zuletzt durch die stärkere Verzahnung der ehemaligen Pfeiler, zunehmend flexibler und pragmatisch zu reagieren, wenn sie vor allem unter dem Eindruck von Ereignissen oder unter entsprechendem Druck von außen zu relativ zügigem und koordinierten Handeln gezwungen ist; insofern mag sie den Status eines globalen Akteurs nicht in jeder Hinsicht erfüllen, allemal aber wirkt sie als regionale Ordnungsmacht auf Abruf. Und ganz unbestritten wirkt sie auf vielfältige Weise auf die Politiken der Mitgliedstaaten und von Drittstaaten und internationalen Organisationen ein. Allein der in den vielen Politikfeldern der Außenbeziehungen vertraglich festgelegte Koordinationszwang der Mitgliedstaaten untereinander, die permanente Vorgabe von Zielvereinbarungen und die Möglichkeit der Lastenverteilung zwischen den Mitgliedstaaten zeigen, dass die Union selbst auf den Gebieten, in denen sie nicht als eigenständiger Akteur auftritt, dafür sorgt, doch als solcher wahrgenommen zu werden. Die EU besitzt insofern eine durchaus effektive Außendimension.

Bezüglich der Inhalte der EU-Außenbeziehungen gilt unverändert die Charakterisierung der Gemeinschaft als „Zivilmacht". Die Union lässt sich in ihren außenpolitischen Ordnungsvorstellungen von jenen Grundprinzipien leiten (Demokratie und Menschenrechte, Rechtsstaatlichkeit, Verrechtlichung und ökonomische Liberalisierung), die auch im Inneren gelten; dies gilt im regionalen wie globalen Maßstab gleichermaßen. Dabei spricht sie gerade im ökonomischen Bereich in einigen Fällen durchaus mit einer Stimme und hat insofern nicht nur unbestritten Akteurscharakter (Handelspolitik), sondern auch erheblichen globalen Einfluss (Entwicklungshilfepolitik). Mit Blick auf ihre östlichen wie südlichen Nachbarn aber zeigen die Entwicklungen der vergangenen Jahre, dass die EU seit der letzten Erweiterung nicht länger bereit ist, diese Werte um jeden Preis einzufordern, sondern ihre Durchsetzung unter den Vorbehalt einer nüchternen Betrachtung bzw. Berücksichtigung eigener ökonomischer und ordnungspolitischer Belange stellt. Im Verhältnis zu China und Russland hat dieser neue Pragmatismus dazu geführt, dass die Union deren jeweiliges Demokratieverständnis zumindest nicht zum Anlass nimmt, ökonomische wie politische Interessen eigenen Wertvorstellungen zu opfern. Insofern wird zumindest der traditionelle Anspruch relativiert, wonach Marktliberalisierung und politische Öffnung in Richtung Demokratie im Grunde als gleichläufige Entwicklungen zu betrachten seien und europäische Außenpolitik vor allem um den Export des europäischen Modells willen betreiben wird. Vor allem im Falle Chinas wächst in der EU die Erkenntnis, dass ökonomischer Fortschritt nicht immer von politischem Fortschritt begleitet sein muss.

Was in Bezug auf die Handels- und Außenwirtschaftspolitik der Gemeinschaft seit langem gilt, nämlich die Privilegierung einzelner Sektoren zu Lasten des generellen Bekenntnis zur weltweiten Handelsliberalisierung im Rahmen der WTO im Sinne politischer Kosten-Nutzen-Kalküle, erfasst somit mittlerweile auch die Gesamtheit der EU-Außenbeziehungen: Die Union stellt vor dem Hintergrund der sie unmittelbar betreffenden Herausforderungen und Bedrohungen an ihrer Peripherie die eigenen (sicherheits-)politischen Interessen zunehmend stärker in den Vordergrund und verändert damit auch ihr bis dato eher reaktives Politikverhalten zugunsten einer insgesamt pro-aktiveren Gestaltung ihrer Außenbeziehungen. Dabei hat sie nicht nur ihren geographischen Aktionsradius, sondern auch ihr Instrumentarium für Krisenmanagement systematisch erweitert (humanitäre Hilfsaktionen und Rettungseinsätze, Peacekeeping, Abrüstungsinitiativen und Anti-Terrormaßnahmen), so dass es angebracht erscheint, statt von einem „soft power"- heute eher von einem „soft power plus"- Konzept der Union zu sprechen.

Dies zeigen vor allem die signifikanten Veränderungen der Union in der ersten Dekade des 21 Jahrhunderts im Bereich der militärischen Dimension ihrer Außenbeziehungen. Vor allem zwischen 1998 und 2007/08 führte die Zwangsläufigkeit dieser Entwicklung angesichts der vielfältigen sicherheitspolitischen Bedrohungen für die Union zu einer Vielzahl von *peace-building*-Einsätzen in ihrer unmittelbaren Nachbarschaft (Balkan) sowie darüber hinaus (Nordafrika, Kaukasus). Innerhalb dieser Dekade wandelte sich das Bild von der zögerlichen Gemeinschaft zur handlungsfähigen Union zumindest am unteren Ende von Krisenmanagementoperationen über die bekannten Stationen von Amsterdam, St. Malo, Helsinki, Köln und Nizza. Am Ende dieser Entwicklung stand die vertragliche Verankerung der ESVP 2003 (seit Lissabon GSVP). Mit ihr gelang der Union der qualitative Sprung zum globalen Akteur (zumindest was den Aktionsradius betrifft) auch in der Außen- und Sicherheitspolitik. Allein 2006 führte die EU im Rahmen der ESVP weltweit insgesamt 16 zivile, polizeiliche und militärische Missionen durch, die meisten davon in ihrer unmittelbaren Nachbarschaft (westlicher Balkan) und in Afrika, aber eben auch in palästinensischen Autonomiegebieten und in Aceh, Indonesien. Begleitet wurden diese Missionen von einer breiten öffentlichen Zustimmung innerhalb der EU. Mehr als 70 Prozent der EU-Bevölkerung unterstützten in dieser Phase die Idee einer gemeinsamen Sicherheits- und Verteidigungspolitik, und etwa die Hälfte schien der Überzeugung, dass entsprechende Entscheidungen auf der EU-Ebene getroffen werden sollten.[3]

Seit 2008 aber stagniert dieser positive Trend, nachdem sich auch die globalen Rahmenbedingungen radikal veränderten. Zentral in diesem Kontext war zunächst die Wirtschafts- und Finanzkrise, die nahezu flächendeckend nicht nur zu Forderungen nach einer drastischen Senkung der nationalen Verteidigungshaushalte führte, sondern auch zu anhaltenden politischen Spannungen zwischen Geber- und Nehmerländern in der EU führte und die Kohäsion der Union empfindlich stört. Da sich aber an den externen Rahmenbedingungen für die Union so schnell nichts ändern dürfte (instabile Nachbarschaften, zunehmende Fragmentierung und Multipolarität des internationalen Systems, unvorhersehbare, asymmetrische Bedrohungen), wird die EU auch künftig in hohem Maße von den Mitteln der NATO, respektive der USA abhängig bleiben, wenn es um Konflikte am oberen Ende des Operationsspektrums (Beispiel Kosovo) geht. Zwar schickt sie sich an die Fähigkeitslücke nunmehr über das Konzept von *pooling* und *sharing* zu reduzieren, und in der Tat haben die Mitgliedstaaten zum Teil umfangreiche und verteidigungspolitisch relevante Vorkehrungen im Rahmen der GSVP getroffen und im Rahmen der ESS auch erstmals keine expliziten geographischen Grenzen bezüglich ihres Aktionsradius festgelegt. Dem entspricht die in der ESS vorgenommene Neuausrichtung sowohl der interregionalen Beziehungen der EU zu ASEAN, Mercosur oder der Afrikanischen Union (AU) als auch der bilateralen strategischen Partnerschaften. Dennoch können die bisherigen Ergebnisse in Bezug auf den Aufbau eigener, schlagkräftiger Streitkräfte (Umsetzung der headline goals, Aufbau von „battle groups" und wirksame multinationale Anstrengungen zur Bündelung von Fähigkeiten)) nicht darüber hinwegtäuschen, dass die Union auch künftig zu einem eigenständigen robusten Krisenmanagement größeren Umfangs nicht fähig sein wird.

Dies ist beileibe keine Frage der fehlenden Mittel oder Kapazitäten, sondern, unverändert, des fehlenden politischen Willens, aber auch der Grundüberzeugung, dass die Werte einer Zivilmacht allenfalls bei Erfüllung bestimmter Voraussetzungen (vor allem völkerrechtlicher Natur – Gewaltmonopol der Vereinten Nationen, wie in der ESS angelegt) auch mit militärischen Mitteln durchzusetzen sind. Hinzu kommen die nach wie vorhandenen Differenzen insbesondere der „drei Großen" (Frankreich, Großbritannien und die Bundesrepublik), wenn es um Detailfragen einer weiteren Vergemeinschaftung der GASP/GSVP geht.

---

3   Zur Rolle der Öffentlichkeit in den Außenbeziehungen allgemein: Dov Lynch, Communicating Europe to the World: What Public Diplomacy for the EU?, European Policy Centre (EPC), Working Paper 21, Brussels, November 2005.

Ein hohes Maß an institutioneller wie politischer Flexibilität und Führung bleibt daher auch künftig die conditio sine qua non für den Erfolg europäischer Außen- und Sicherheitspolitik.

Im Übrigen könnten die jüngsten Entwicklungen insbesondere im transatlantischen Kontext den Reflex verstärken, dass der Ausbau der militärischen Komponente der Außenbeziehungen der Union zumindest bei einigen Mitgliedstaaten zunehmend als eine notwendige Maßnahme im Sinne des Erwerbs einer größeren Eigenständigkeit und Verantwortung der EU als globaler Akteur auch in diesem Bereich gewertet wird. Was früher zum Teil als Gegenmachtreflex zu den USA im neorealistischen Sinne interpretiert wurde, ist nämlich heute vielmehr Voraussetzung für die eigene Sicherheit und Stabilität, da das amerikanische Interesse an der NATO wie seiner Rolle als Sicherheitsgarant für Europa definitiv abgenommen hat. Washington ist es vor dem Hintergrund seiner geopolitischen Gewichtsverlagerung Richtung Asien, der Überdehnung eigener Kapazitäten und des wachsenden Unwillen in der eigenen Bevölkerung hinsichtlich seines globalen Engagements heute ernst mit der Forderung an die Europäer, mehr für die eigene Sicherheit zu tun. Das ändert wiederum nichts an der Tatsache, dass die transatlantische Verständigung entscheidende Voraussetzung für eine Einbindung und Kontrolle vor allem Russlands und Chinas im Rahmen internationaler Arenen ist.

Die Union braucht eine solche Entwicklung nicht zu fürchten, da der Zivilisierung der internationalen Beziehungen im 21 Jahrhundert ohnehin Grenzen gesetzt sind. Dies gilt im Zeitalter fragiler Staatlichkeit und regionaler Bürgerkriege mit all ihren verheerenden humanitären Konsequenzen erst recht für den Einsatz militärischer Mittel. Gelegentlich mag er notwendig erscheinen, und ohnehin hat die internationale Staatengemeinsacht im Falle eklatanter Menschenrechtsverletzungen und des Völkermordes den Rubikon mit dem Kosovo-Einsatz längst überschritten. In den meisten Fällen aber bedarf die Lösung der Konflikte keiner großangelegten militärischen Operationen am oberen Ende des Petersberg-Spektrums; zu dieser Erkenntnis sind auch die Amerikaner in den letzten Jahren gelangt.

Die Haltung der Union sollte daher eine pragmatische sein: Es gilt in jedem einzelnen Fall nicht nur die verfügbaren Kapazitäten abzuwägen, sondern vor allem die eigenen Interessen und Prioritäten, wie sie zum legitimen Repertoire jeder Außenpolitik gehören. Der Lissaboner Vertrag mag theoretisch die Effizienz und Kohärenz der europäischen GASP/GSVP gestärkt haben, dessen Handlungsfähigkeit – trotz neuen Instrumentariums – aber eben nur bedingt. Dazu bedarf es vor allem des viel zitierten politischen Willens, dessen Voraussetzung wiederum zunächst eine klare strategische Vision ist – nur sie bereitet Institutionen und die sie tragenden politischen Entscheidungsträger sowie die Gesellschaft auf das Unvorhersehbare vor. Gefordert ist daher der permanente Diskurs über die gemeinsamen strategischen Interessen der Union und die Mittel ihrer Verteidigung auf der Basis der Analyse mittel- bis langfristiger Trends. Die ESS 2003 leistete dies noch nicht. Auch deswegen liegen die Hoffnungen zumindest in Teilen auf der Ende 2013 verabschiedeten neuen Version der ESS.[4]

---

4 Antonio Missiroli, Strategic foresight – and the EU, European Union Institute for Security Studies, Brief Issue, 13, Paris (February 2013).

Literatur – Gesamtverzeichnis

Adebahr, Cornelius, Wachstum für Weltgeltung. Die Bedeutung der Lissabonner Strategie für die Europäische Außenpolitik, DGAPanalyse, Berlin, November 2006.

Algieri, Franco, Die Europäische Sicherheits- und Verteidigungspolitik – erweiterter Handlungsspielraum für die GASP, in: Weidenfeld, Werner (Hg.), Nizza in der Analyse, Gütersloh 2001, S. 161-201.

Algieri, Franco, Von der Macht der Zeitumstände und der Fortführung eines integrationspolitischen Projekts: Die Gemeinsame Außen- und Sicherheitspolitik im Verfassungsvertrag, in: Weidenfeld, Werner (Hg.), Die Europäische Verfassung in der Analyse, S. 205-227.

Allen, David, Who Speaks for Europe? The Search for an Effective and Coherent External Policy, in: Peterson, John/Sjursen, Helene (Hg.), A Common Foreign Policy for Europe?, London: Routledge 1998, S. 42 ff.

Allen, David/Smith, Michael, External Policy Developments, in: Journal of Common Market Studies, 40, 2, supplement 3 (2002), S. 97-115.

Aninat, Eduardo, Surmounting the Challenges of Globalization, in: Finance and Development (IMF Magazine), 39, 1 (March 2002).

Apap, Joanna/Tchorbadjiyska, Angelina, What about the Neighbors? The Impact of Schengen along the EU's External Borders, CEPS Working Document, Nr. 210, Brüssel, Oktober 2004.

Arend, Anthony Clark, International Law and the Preemptive Use of Military Force, in: The Washington Quarterly, 26, 2 (Spring 2003), S. 89-103.

Asmus, Ron, Rebuilding the Atlantic Alliance, in: Foreign Affairs, 5 (2003), S. 20-31.

Asmus, Ronald/Diamond, Larry/Leonard, Mark/McFaul, Michael, A Transatlantic Strategy to Promote Democratic Development in the Broader Middle East, in: The Washington Quarterly, 28, 2 (Spring 2005), S. 7-21.

Asseburg, Muriel, Demokratieförderung in der arabischen Welt – hat der partnerschaftliche Ansatz der Europäer versagt?, in: ORIENT, 2 (2005), S. 272-290.

Asseburg, Muriel (Hg.), Proteste, Aufstände und Regimewandel in der arabischen Welt, Berlin 2011.

Asseburg, Muriel/Wimmen, Heiko, Syrien im Bürgerkrieg, Externe Akteure und Interessen als Treiber des Konflikts, SWP-Aktuell 2012/A 68, Berlin 2012.

Asseburg, Muriel, Der Arabische Frühling und die Zuspitzung des israelisch-arabischen Konflikts, in: Jünemann, Anette/Zorob, Anja (Hg.), Arabellions. Zur Vielfalt von Protest und Revolte im Nahen Osten und Nordafrika, Wiesbaden 2013., S. 159-174.

Attalides, Michael/Balazs, Peter/Christophersen, Henning/Farleitner, Hannes/Hjelm-Wallén, Lena/Kalniete, Sandra/Kohout, Jan/Korcok, Ivan/Kuneva, Maglena/Lopes, Ernani/Martikonis, Rytis/Meri, Lennart/Roche, Dichk/Rupel, Dimitri/Serracino-Inglott, Peter/Tiilikkainen, Teija, Reforming the Institutions: Principles and Premises, CON-TRIB 288, CONV 646/03, Brüssel, 28. März 2003.

Axelrod, Robert/Keohane, Robert, Achieving Cooperation under Anarchy: Strategies and Institutions, in: Oye, Kenneth (Hg.), Cooperation under Anarchy, Princeton: Princeton University Press 1986, S. 379-396.

Bagci, Huseyin, The Greater Middle East Project and Turkey's Attitude towards it, in: Marchetti, Andreas (Hg.), The CSCE as a Model to Transform Western Relations with the Greater Middle East, ZEI Discussion Paper C137 (2004), S. 83-100.

Bailes, Alyson, European Defense: What are the Convergence Criteria?, in: RUSI Journal (June 1999), S. 60.

Bailes, Alyson, The European Security Strategy: An Evolutionary History, SIPRI Policy Paper No. 10, Februar 2005.
Abrufbar unter: http://www.sipri.org/contents/publications/Policypaper10.html.

Barkey, Henri/Gloannec, Anne-Marie, The Strategic Implications of Turkey's Integration in the EU, in: Brimmer, Esther/Fröhlich, Stefan (Hg.), The Strategic Implications of European Union Enlargement, Washington 2005, S. 127-150.

Bastian, Katrin, Die Europäische Union und Russland. Multilaterale und bilaterale Dimensionen in der europäischen Außenpolitik, Wiesbaden 2006.

Beichelt, Tim, Die EU nach der Osterweiterung, Wiesbaden 2004.

Bendiek, Annegret, Neuer Europäischer Realismus, SWP-Aktuell 2010/A 10, Berlin 2010.

Bergsten, Fred, The Transatlantic Century, in: Washington Post, April 25, 2002.

Bertelsmann Forschungsgruppe Politik, Centrum für Angewandte Politikforschung, Europa und der Nahe Osten – Perspektiven für Engagement und Zusammenarbeit, Diskussionspapier der IX. Kronberger Gespräche, 23-25. 2005, München 2005.

Bertelsmann Foundation, A European Defence Strategy, Gütersloh 2004.

Bertelsmann Foundation, Why the World Needs a Strong Europe ... And Europe Needs to be Strong, Gütersloh 2005.

Bhagwati, Jagdish/Greenaway, David, Arvind Panagariya, Trading Preferentially: Theory and Policy, in: The Economic Journal, 108 (1998), S. 1128-1148.

Biermann, Rafael, Lehrjahre im Kosovo. Das Scheitern der internationalen Krisenprävention vor Kriegsausbruch, Paderborn 2006.

Binnendijk, Hans/Kugler, Richard, Transform NATO. Don't End It, in: The National Interest, 75 (2004), S. 72-76.

Biscop, Sven, For a More Active EU in the Middle East, Royal Institute for International Relations, Egmont Paper 13, Brussels, March 2007.

Blanke/Lopez-Claros, The Lisbon Review 2004. World Economic Forum, Cologny 2004.

Blinken, Anthony, The False Crisis over the Atlantic, in: Foreign Affairs, 80, 3 (May/June 2001), S. 35-48 (46).

Bogdandy, Armin von/Makatsch, Tilman, Kollision, Koexistenz oder Kooperation? Zum Verhältnis von WTO-Recht und europäischem Wirtschaftsrecht in neueren Entscheidungen, in: Europäische Zeitschrift für Wirtschaftsrecht, 11, 9 (2000), S. 261-268.

Borrell, Brent/Hubbard, Lionel, Global Economic Effects of the EU Common Agricultural Policy, in: Economic Affairs, 20, 2 (2000), S. 18-26.

Börzel, Tanja/Böttger, Katrin (Hg.), Policy change in the EU's Immediate Neighbourhood: A sectoral approach, Baden-Baden 2012.

Bretherton, Charlotte/Vogler, John, The European Union as a Global Actor, London: Routledge 1999.

Bretherton, Charlotte/Vogler, John, The EU as an Economic Power and Trade Actor, in: dies., The European Union as a Global Actor, London/New York: Routledge 1999, S. 46-79.

Brooks, Stephen G./Wohlforth, William, American Primacy in Perspective, in: Foerign Affairs, 81, 4 (Juli/August 2002), S. 22-33.

Brüne, Stefan, Europas Außenbeziehungen und die Zukunft der Entwicklungshilfepolitik, Opladen: Leske + Budrich 2004.

Bulmer, Simon/Lequesne, Christian (Hg.), Member States in the EU, Oxford 2005.

Busch, Klaus, Scheitert der Euro? Strukturprobleme und Politikversagen bringen Europa an den Abgrund, Studie der Friedrich-Ebert-Stiftung (Februar 2012), Berlin.

Byers, Michael, Letting the Exception Prove the Rule, in: Ethics and International Affairs, 17, 1 (2003), S. 15.

Calabrese, John, Freedom on the March in the Middle East – And Transatlantic Relations on a New Course?, in: Mediterranean Quarterly, Fall 2005, S. 42-64.

Calleya, Stephen/Rhein, Eberhard, The Euro-Med Partnership Needs a Strong Push, in: Jacobs, Andreas (Hg.), Euro-Mediterranean Cooperation: Enlarging and Widening the Perspective, ZEI Discussion Paper C 131, Bonn 2004.

Cameron, Fraser, The Foreign and Security Policy of the EU: Past, Present and Future, Sheffield: Sheffield Academic Press 1999.

Cameron, Fraser, The Future of CFSP, in: The Brown Journal of World Affairs, IX, 2 (Winter/Spring 2003).

Cameron, Fraser, The EU and International Organizations: Partners in Crisis Management. European Policy Centre (EPC), Issue Paper, 41 (October 2005), Brussels.

Cameron, Fraser/Quille, Gerrard, ESDP: The State of Play. EPC Working Paper No. 11, Brüssel: EPC 2004.

Carlsnaes, Walter/Sjursen, Helene/White, Brian, Contemporary European Foreign Policy, London: Sage Publishers 2004.

Carlsnaes, Walter/Smith, Steve, European Foreign Policy, London: Sage 1994

Chávarri Ureta, Iciar de, The European Commission's Institutional Framework for Development Policy, in: Cosgrove-Sacks, Carol, Europe, Diplomacy and Development, Basingstoke 2001, S. 52-78.

Claessens, Stijn/Mody, Ashoka/Vallée, Shahin, Paths to Eurobonds, IMF Working Paper, 12, 172 (2012), Washington 2012.

Clarke, Michael/Cornish, Paul, The European Defence Project and the Prague Summit, in: International Affairs, 4 (2002), 777-788.

Clinton, Bill, Second Inaugural Address of the President, January 20, 1997 (www.law.ou.edu/hist/clinton2html).

Cornish, Paul, NATO: The Practice and Politics of Transformation, in: International Affairs, 1 (2004), S. 63-74.

Cornish, Paul/Edwards, Geoffrey, The Strategic Culture of the European Union: A Progress Report, in: International Affairs, 81, 4 (2005), S. 801-820.

Cosgrove-Sacks, Carol (Hg.), Europe, Diplomacy and Development, Basingstoke: Palgrave 2001.

Daalder, Ivo, The End of Atlanticism, in: Survival, 2 (2003), S. 147-166.

Daalder, Ivo/Lindsay, James, Scheidung oder Neubeginn. Die transatlantischen Beziehungen sind an einem Wendepunkt angelangt, in: Internationale Politik, 5 (2003), S. 9-20.

Dannreuther, Roland (Hg.), European Union Foreign and Security Policy: Towards a Neighbourhood Strategy, London/New York: Routledge 2004.

De Grauwe, Paul, The Governance of a fragile Eurozone, CEPS Working Document No. 346, 2011.

de Jonge Oudraat, Chantal, A Larger EU: A More Effective Actor in the United Nations?, in: Brimmer, Esther/Fröhlich, Stefan (Hg.), The Strategic Implications of European Union Enlargement, Washington 2005, S. 241-272.

de Tinguy, Anne, Konkurrenten statt Partner: Die russische Sicht auf die EU und die Nachbarschaftspolitik, in: Koopmann, Martin/Lequesne, Christian (Hg.), Partner oder Beitrittskandidaten? Die Nachbarschaftspolitik der Europäischen Union auf dem Prüfstand, Baden-Baden 2006, S. 85-110.

de Witte, Pol/Rademacher, Fritz, Partnerschaft oder Rivalität? Ein Blick aus der Praxis, in: Varwick, Johannes (Hg.), Die Beziehungen zwischen NATO und EU. Partnerschaft, Konkurrenz, Rivalität?, Opladen 2005, S. 271-292.

Del Sarto, Rafaella/Schumacher, Tobias, From EMP to ENP: What's at Stake with the European Neighbourhood Policy towards the Southern Mediterranean, in: European Foreign Affairs, 1 (2005), S. 17-38.

Dembinski, Matthias, Unilateralismus versus Multilateralismus. Die USA und das spannungsreiche Verhältnis zwischen Demokratie und Internationaler Organisation, Frankfurt a. M. HSFK-Report 4 (2002).

Derichs, Claudia/Hüstebeck, Momoyo/Lukner, Kerstin, Japans Rolle in der Welt, in: Piazolo, Michael (Hg.), Macht und Mächte in einer multipolaren Welt, Wiesbaden 2006, S. 141- 184.

Deudney, Daniel/Ikenberry, John, The myth of the autocratic revival. Why liberal democracy will prevail, in: Foreign Affairs, 1/2009.

Deutsch, Karl W., Politische Kybernetik. Modelle und Perspektiven, Freiburg 1970.

Devuyst, Youri, The European Union Transformed, Brussels: Peter Lang 2005.

Dickel, Ralf/ Westphal, Kirsten, EU-Russland-Gasbeziehungen, SWP-Aktuell 2012/A 30, Berlin 2012.

Di Paola, Stefania, International Treaty-Making in the EU: What Role fort the European Parliament?, in: International Spectator, 38 (2003), S. 75.

Dicke, Klaus, Die Zukunft der Vereinten Nationen. Entwicklungen und Perspektiven seit 1990, in: Die politische Meinung, 412, 3 (März 2004), S. 43-50.

Dobbins, James, New Directions for Transatlantic Security Cooperation, in: Survival, 47, 4 (Winter 2006/06), S. 39-53.

Dombret, Andreas, Der Dollar dürfte auf absehbare Zeit Reservewährung bleiben, Interview in: Internationale Politik, Länderporträt USA (Juli/August 2012), S. 18-24.

Donahier, William/DeBlois, Ross, Is the Current UN and US Policy Toward Iraq Effective?, in: Parameters, 31, 4 (Winter 2001/02), S. 112-125.

Duchêne, François, Die Rolle Europas im Weltsystem, in: Kohnstamm, Max/Hager, Wolfgang (Hg.), Zivilmacht Europe – Supermacht oder Partner?, Frankfurt a. M. 1973, S. 11-35.

Dullien, Sebastian/Herr, Hansjörg, Die EU-Finanzmarktreform: Stand und Perspektiven im Frühjahr 2010, Friedrich-Ebert-Stiftung, Bonn 2010.

Dullien, Sebastian, Anspruch und Wirklichkeit der Finanzmarktreform. Welche G20 Versprechen wurden umgesetzt? Institut für Makroökonomie und Konjunkturforschung, Studie 26 (März) 2012, Berlin 2012.

Durand, Guillaume, The EU Financial Perspectives: Negotiating in the Dark. European Policy Centre, Commentary, Brussels, 23.02.2005 (http://www.theepc.net/en/default.asp?TYP=TEWN&LV=470&PG=TEWN/EN/detail).

Dyson, Kenneth/Featherstone, Kevin, The Road to Maastricht. Negotiating Economic nad Monetary Union, Oxford: Oxford University Press 1999.

Eberstadt, Nicholas, Population Power: Another Transatlantic Divergence?, in: American Enterprise Institute for Public Research/New Atlantic Initiative. European Outlook (November/December 2004), Washington 2004 (www.aei.org/nai).

Edmonds, Richard Louis, China and Europe since 1978. A European Perspective, Cambridge 2002.

Eeckhout, Piet, External Relations of the EU. Legal and Constitutional Procedures, Oxford 2005.

Ehrhart, Hans-Georg, Die EU als militärischer Akteur in Mazedonien: Lehren und Herausforderungen für die ESVP, in: Varwick, Johannes (Hg.), Die Beziehungen zwischen NATO und EU. Partnerschaft, Konkurrenz, Rivalität?, Opladen 2005, S. 169-184.

Ehrhart, Hans-Georg, Die EU als zivil-militärischer Krisenmanager: zwischen Anspruch und Wirklichkeit, in: integration, 28, 3 (Juli 2005), S. 217-232.

Eizenstat, Stuart/Hamilton, Daniel, Time for a new Transatlantic Partnership, San Francisco Chronicle, am 15. Dezember 2012 (www.sfgate.com/opinion/article/Time-for-new-trans-Atlantic-partnership).

Elsig, Manfred, The EU's Common Commercial Policy. Institutions, Interests and Ideas, Aldershot: Ashgate Publishing Limited 2002.

Eran, Oded, Turkey and Israel: The wrong crisis at the wrong time, in: Israel Journal of Foreign Affairs, 5, 3 (2011), S. 9-11.

Erhart, Hans Georg/Johannsen, Margret (Hg.), Herausforderung Mittelost: Übernimmt sich der Westen, Baden-Baden 2005.

Ferrero-Waldner, Benita, The European Neighbourhood Policy: The EU's Newest Foreign Policy Instrument, in: European Foreign Affairs Review, 11 (2006), S. 140.

Fischer, Sabine, Lannon, Erwan, The ENP Strategic Review: The EU and its neighbourhood at the crossroads, ISS Analysis, Paris 2011.

Fischer, Severin/Geden, Oliver, Strategiediskussion in der EU-Energie-und Klimapolitik, Friedrich Ebert-Stiftung, Internationale Politikanalyse (Februar 2013).

Foot, Rosemary/MacFarlane, Neill/Mastanduno, Michael, The United States and Multilateral Organizations, Oxford/New York 2003.

Forster, Anthony/Wallace, William, Common Foreign and Security Policy. From Shadow to Substance?, in: Wallace, Helen/Wallace, William (Hg.), Policy-Making in the European Union, Oxford: Oxford University Press 2000, S. 461-491.

Franke, Dirk, Größte Banken der Welt. US-Institute demonstrieren Stärke, in: die Bank. Zeitschrift für Bankpolitik und Praxis, 10 (Oktober 2003) (www.die-bank.de).

Fröhlich, Stefan, Der Mittelmeerraum im strategischen Interessenkalkül der Vereinigten Staaten, in: Hoch, Martin/Masala, Carlo/Jacobs, Andreas (Hg.), Hannibal ante portas?, Ebenhausen 2000.

Fröhlich, Stefan, Zwischen Multilateralismus und Unilateralismus. Eine Konstante amerikanischer Außenpolitik, in: APuZ, B25 (21. Juni 2002), S. 23-30.

Fröhlich, Stefan, Globalisierung und die Zukunft der transatlantischen Beziehungen, Arbeitspapier der Konrad-Adenauer-Stiftung 98, Sankt Augustin 2003.

Fröhlich, Stefan, How Much Regional Differentiation is Necessary to Establish a Successful CSCE- analogous Process in the Greater Middle East, in: ZEI Discussion Paper, C 137, Bonn 2004.

Fröhlich, Stefan, Shaping the Issues. The Work of the Convention, in: The European Union Constitutional Treaty, Center for Transatlantic Relations (Hg.), Washington 2004, S. 3-35.

Fröhlich, Stefan, Europas wirtschaftliche Schwäche, in: Internationale Politik, 7, 60 (Juli 2005), S. 40-46.

Fröhlich, Stefan, USA – Die einzig verbliebene Supermacht, in: Piazolo, Michael (Hg.), Macht und Mächte in einer multipolaren Welt, Wiesbaden 2006, S. 53-78.

Fröhlich, Stefan, The European Neighbourhood Policy: An adequate Instrument for Democratization?, in: Varwick, Johannes/Lang, Kai-Olaf (Hg.), European Neighbourhood Policy. Challenges for the EU-Policy Towards the New Neighbours, Opladen/Farmington Hills 2007, S. 75-86.

Fröhlich, Stefan, Außenpolitik unter Obama – pragmatischer Multilateralismus und transatlantische Annäherungen, in: integration, 1/2009, S. 353-366.

Fröhlich, Stefan, Deutschlands Rolle in der EU und NATO beim Konfliktmanagement in Afghanistan, in: Fröhlich, Stefan/Brummer, Klaus (Hg.), Zehn Jahre Deutschland in Afghanistan, Zeitschrift für Außen- und Sicherheitspolitik, Sonderheft 3, Wiesbaden 2011, S. 31-44.

Fröhlich, Stefan, The New Geopolitics of Transatlantic Relations. Different answers to Common Dangers, Washington 2012.

Gareis, Sven Bernhard, Sicherheitspolitik zwischen „Mars und Venus"? Die Sicherheitsstrategien der USA und der EU im Vergleich, in: Varwick, Johannes (Hg.), Die Beziehungen zwischen NATO und EU. Partnerschaft, Konkurrenz, Rivalität?, Opladen 2005, S. 81-96.

Gareis, Sven, Deutschlands Außen- und Sicherheitspolitik, Opladen 2005.

Gareis, Sven/Varwick, Johannes, Die Vereinten Nationen, Opladen 2002.

Gat, Azar, The return of authoritarian great powers, in: Foreign Affairs, 4/2008, S. 59-69.

Giering/Metz, Versuchslabor der Integration – Chancen und Risiken der „offenen Methode der Koordinierung"
(http://www.cap.lmu.de/download/spotlight/Reformspotlight_02- 04_d.pdf).

Gill, Bates, China's Evolving Role in Global Governance, in: ders./Wacker, Gudrun (Hg.), China's Rise: Diverging US-EU Perceptions and Approaches, SWP Berlin, August 2005, S. 9-15.

Ginsberg, Roy H., Conceptualizing the European Union as an International Actor: Narrowing the Theoretical Capability-Expectation Gap, in: Journal of Common Market Studies, 37, 3 (September 1999), S. 429-454

Ginsberg, Roy H., The European Union in International Politics: Baptism by Fire, Lanham: Rowman and Littlefield 2001.

Ginsberg, Roy H., The European Union in World Politics, Boulder: Rowman and Littlefield 2001.

Givens, Terry, Immigration and Immigrant Integration: Context and Comparison, in: Changing Identities and Evolving Values. Is there still a Transatlantic Community?, Hrsg. von Esther Brimmer, Center for Transatlantic Relations, Washington D.C 2006, S. 65-72.

Glarbo, Kenneth, Wide-awake diplomacy. Reconstructing the Common Foreign and Security Policy of the EU, in: Journal of European Public Policy 6, 4 (1999), S. 634-651.

Gnath, Katharina/Mildner, Stormy/Schmucker, Claudia, G20, IWF und WTO in turbulenten Zeiten. Legitimität und Effektivität auf dem Prüfstand, SWP-Studien 2012/S 09, Berlin 2012.

Gottschald, Marc, Die GASP von Maastricht bis Nizza, Baden-Baden: Nomos 2001.

Grgic, Borut, The New Security Front. Making Europe Count in the Middle East, in: Internationale Politik (Englische Ausgabe), Fall 2006, S. 72-76.

Griller, Stefan/Weidel, Birgit (Hg.), External Economic Relations and Foreign Policy in the European Union, Vienna: Springer 2002.

Gros, Daniel/Coutinho, Leonor, The Larger EU in the Global Economy, in: Brimmer, Esther/ Fröhlich, Stefan (Hg.), The Strategic Implications of European Union Enlargement, Washington 2005, S. 273-287.

Grossmann, Gene/Helpman, Elhanan, The Politics of Free Trade Agreements, in: American Economic Review, 85, 4 (1995), S. 667-690.

Grybauskaité, Dalia, The European Project 2007-2013: Will it Meet Europe's Challenges? European Policy Centre. Events Reports, Brussels 2005 (http://www.theepc.net/en/ default.asp?TYP=ER&LV=483&PG=ER/EN/detail&AI=483).

Haftendorn, Helga, Eine neue NATO? Der Beitritt der sieben mitteleuropäischen Staaten zum Bündnis, in: SWP-Aktuell, Berlin, 16. April 2004, S. 8.

Hamilton, Daniel/Quinlan, Joseph, Partners in Prosperity: The Changing Geography of the Transatlantic Economy, Center for Transatlantic Relations, Johns Hopkins University: Washington 2004.

Hamilton, Dan/Quinlan, Joseph, The Transatlantic Economy 2012, Washington, Center for Transatlantic Relations, 2012.

Hanelt, Christian/Behrendt, Sven, Nordafrika im Wandel – Chancen für Europa, in: spotlight 2013/4, Bertelsmann-Stiftung 2013.

Hanson, Brian, What happened to Fortress Europe? External Trade Policy Liberalization in the European Union, in: International Organization, 52, 1 (1998), S. 55-85.

Harnisch, Sebastian/Frank, Cornelia/Maull, Hanns, Role Theory in International Relations, Routledge 2011.

Haukkala, Hiski, A Problematic „Strategic Partnership", in: Lynch, Dov (Hg.), EU-Russian Security Dimensions, EUIIS: Occasional Papers, No. 46 (July 2003), S. 8-19.

Hefecker, Carsten/Koopmann, Georg, WTO und internationale Handelsarchitektur, in: Wirtschaftsdienst, 83, 6 (2003), S. 402-406.

Heisbourg, François, Europe and the Transformation of the World Order, in: Survival, 43 (Winter 2001-02), S. 144 f.

Helwig, Niklas/Ivan, Niklas/Kostanyan, Hrant, The new EU foreign policy architecture: reviewing the first two years of the EEAS, CEPS, Brussels 2013.

Hermann, Christoph/Krenzler, Horst/Streinz, Rudolf (Hg.), Die Außenwirtschaftspolitik der EU nach dem Verfassungsvertrag, Baden-Baden 2006.

Hieber, Saskia, China – regionale Vormacht oder Supermacht?, in: Piazolo, Michael (Hg.), Macht und Mächte in einer multipolaren Welt, Wiesbaden 2006, S. 107-140.

Hill, Christopher, The Capability-Expectations Gap, or Conceptualising Europe's International Role, in: Journal of Common Market Studies, 31, 1 (1993), S. 305-328.

Hill, Christopher (Hg.), The Actors in Europe's Foreign Policy, London/New York: Routledge 1996.

Hill, Christopher, EU Foreign Policy since September 11, 2001, in: Journal of Common Market Studies, 42, 1 (2004), S. 143-163.

Hill, Christopher/Smith, Karen (Hg.), European Foreign Policy: Key Documents, London: Routledge 2000

Hill, Christopher/Smith, Michael (Hg.), International Relations and the EU, Oxford 2005.

Hillenbrand, Olaf, Die Wirtschafts- und Währungsunion, in: Weidenfeld, Werner (Hg.), Die Europäische Union, Bonn 2004, S. 242-272.

Hilpert, Hanns Günther, Europa trifft Asien – Asien trifft Europa, SWP-Aktuell 51, Berlin (November 2004).

Hippel, Karin von, Europe confronts Terrorism, Palgrave-Macmillan 2005.

Holzinger, Katharina/Knill, Christoph/Peters, Dirk/Rittberger, Berthold/Schimmelfenning, Frank/Wagner, Wolfgang, Die Europäische Union. Theorien und Analysekonzepte, Paderborn/München 2005.

Höreth, Marcus/Janowski, Cordula/Kühnhardt, Ludger (Hg.), Die Europäische Verfassung, Baden-Baden 2005.

Hoyer, Werner/Kaldrack, Gerd (Hg.), Europäische Sicherheits- und Verteidigungspolitik, Baden-Baden 2002.

Hubel, Helmut, Weltpolitische Konflikte. Eine Einführung, Baden-Baden 2005.

Hubel, Helmut/Kaim, Markus/Lembcke, Oliver, Pax Americana im Nahen Osten: Eine Studie zur Transformation regionaler Ordnungen, Baden-Baden 2000.

Ikenberry, John/Wright, Thomas, Rising Powers and Global Institutions, New York 2008 (www.tcf.org/publications/internationalaffairs/ikenberry.pdf).

Isensee, Josef, Integrationsziel Europastaat?, in: Due, Ole/Lutter, Markus/Schwarze, Jürgen (Hg.), Festschrift für Ulrich Everling, Band I, Baden-Baden: Nomos 1995, S. 567-592.

Jachtenfuchs, Markus, Die Konstruktion Europas. Verfassungsideen und institutionelle Entwicklung, Baden-Baden: Nomos 2002.

Jachtenfuchs, Markus/Kohler-Koch, Beate, Regieren im dynamischen Mehrebenensystem, in: dies. (Hg.), Europäische Integration, Opladen: Leske + Budrich 1996, S. 15-44

Jaffrelot, Christophe, Indien und die EU: Die Scharade einer strategischen Partnerschaft, GIGA Focus, 5 (2006), Hamburg.

Jäger, Markus, Brasilien: O pais do futuro? Wirtschaftliche Szenarien für die nächsten 15 Jahre, Deutsche Bank Research 2006 (www.dbresearch.com/PROD/DBR Internet DE-PROD/PROD0000000000199370.pdf).

Jäger, Thomas/Höse, Alexander/Oppermann, Kai (Hg.), Transatlantische Beziehungen, Wiesbaden 2005.

Jing, Jing Men/Balducci, Giuseppe (Hg.), Prospects and Challenges for European (EU)-China Relations in the 21stCentury: The Partnership and Cooperation Agreement, Brussels, 2010.

Johnson, Michael, European Community Trade Policy and the Article 113 Committee, London: Royal Institute of International Affairs 1998.

Jones, Clifford/Matsushita, Mitsuo, Competion Policy in the Global Trading System, The Hague/London/New York 2002.

Jopp, Matthias, Gemeinsame Europäische Sicherheits- und Verteidigungspolitik, in: Weidenfeld, Werner/Wessels, Wolfgang (Hg.), Jahrbuch der Europäischen Integration 1998 ff., Bonn.

Jopp, Matthias/Lippert, Barbara/Regelsberger, Elfriede, Europäische Außen- und Sicherheitspolitik nach der Erweiterung – politische und institutionelle Herausforderungen und Lösungsansätze, in: Lippert, Barbara (Hg.), Bilanz- und Folgeprobleme der EU-Erweiterung, Baden-Baden 2004, S. 241-260.

Jorgensen, Knud Erik, Making the CFSP Work, in: Peterson, John/Shackleton, Michael (Hg.), The Institutions of the European Union, Oxford: Oxford University Press 2002, S. 210- 232.

Jünemann, Anette/Zorob, Anja (Hg.), Arabellions. Zur Vielfalt von Protest und Revolte im Nahen Osten und Nordafrika, Wiesbaden 2013.

Kagan, Robert, Of Paradise and Power: America and Europe in the New World Order, New York 2003.

Kagan, Robert, Power and Weakness, Policy Review No. 113 (Juni/Juli 2002) (www.policyreview.org/JUN02/kagan.html).

Kappel, Robert, Die entwicklungspolitischen Fehlleistungen von Lomé, in: Journal für Entwicklungspolitik, 15, 3 (1999), S. 247-256.

Kempin, Ronja/von Ondarza, Nicolai/Overhaus, Marco, Strategische Ambivalenz überwinden: Szenarien für die Weiterentwicklung der Gemeinsamen Sicherheits- und Verteidigungspolitik, in: Entwicklungsperspektiven der EU, SWP-Studien 2011/S 18, Berlin 2011, S. 70-80.

Keohane, Daniel, Europe's New Defence Agency. Centre for European Reform Policy Brief, London 2004.

Kevenhörster, Paul/Pascha, Werner/Shire, Karen, Japan: Wirtschaft – Gesellschaft – Politik, Wiesbaden 2007.

Khanna, Parag, The Second World. World Empires and Influence in the new global world order, New York 2008.

Kietz, Daniela/Ondarza, Nicolai, Willkommen in der Lissabonner Wirklichkeit, SWP-Aktuell 2010/A 29, Berlin 2010.

Kirisei, Kemal, Turkey's Foreign Policy in turbulent times, ISS, Chaillot Paper 92 (September 2006), Paris.

Kissinger, Henry, Diplomacy, New York 1994.

Klein, Nadia/Wessels, Wolfgang, Eine Stimme, zwei Hüte – viele Pioniere?, in: WeltTrends, 42 (2004), S. 11-26.

Knipping, Franz, Rom, 25. März 1957. Die Einigung Europas, München: dtv 2004, S. 79.

Knöbl, Wolfgang, Europäische Sicherheit aus soziologischer Perspektive, in: Kernic, Franz/ Hauser, Guther (Hg.), Handbuch zur europäischen Sicherheit, Frankfurt a. M.: Peter Lang 2005, S. 29-40.

Knodt, Michèle (Hg.), Regieren im europäischen Mehrebenensystem. Internationale Einbettung der EU in die WTO, Baden-Baden 2005.

Knodt, Michèle/Princen, Sebastiaan, Understanding the European Union's External Relations, London/New York 2003.

Kohler-Koch, Beate, The Evolution and Transformation of European Governance, in: Kohler-Koch, Beate/Eising, Rainer (Hg.), The Transformation of Governance in the European Union, London: Routledge 1999, S. 14-35.

Kohler-Koch, Beate/Conzelmann, Thomas/Knodt, Michèle, Europäische Integration – Europäisches Regieren, Wiesbaden: VS Verlag für Sozialwissenschaften 2004.

Kong, Qingjiang, China-EU trade disputes and their management, China University of Political Science and Law 2012.

Koopmann, Georg, Handelspolitik in der Europäischen Gemeinschaft – Institutioneller Rahmen, Verhältnis zur Binnenmarktpolitik und Rolle in der Weltwirtschaft. Hamburgisches Welt-Wirtschafts-Archiv (HWWA), Hamburg Institute of International Economics, Discussion paper 279 (ISSN 1616-4914), Hamburg 2004 (http://www.hwwa.de/Publikationen/Discusion_Paper/2004/279.pdf).

Koopmann, Martin/Lequesne, Christian (Hg.), Partner oder Beitrittskandidaten. Die Nachbarschaftspolitik der Europäischen Union auf dem Prüfstand, Baden-Baden 2006.

Koopmann, Martin/Stark, Hans, Quel avenir? Relations franco-allemandes et PESD, DGAP-Analyse, Nr. 27, Berlin, Januar 2004.

Kramer, Heinz, Die Gemeinsame Außen- und Sicherheitspolitik der Europäischen Union und die Türkei, in: integration, 1-2 (2004), 44-55.

Kratochvil, Petr (Hg.), The EU as a Political Actor, Baden-Baden 2013.

Kreft, Heinrich, Neomerkantilistische Energie-Diplomatie. China auf der Suche nach neuen Energiequellen, in: Internationale Politik, Februar 2006, S. 50-57.

Krenzler, Günter/Pitschas, Christian, Progress or Stagnation? The Common Commercial Policy after Nice, in: European Foreign Affairs, 6 (2001), S. 313.

Krugman, Paul, What happened to Asia? (http://web.mit.edu.krugman/www/DISINTER.html).

Krepinevich, Andrew, Strategy in a time of Austerity, in: Foreign Affairs, 91, 6 (2012), S. 58-69.

Kühnhardt, Ludger, Constituting Europe. Identity, Institution-Building and the search for a new global role, Baden-Baden 2003.

Kühnhardt, Ludger, Contrasting transatlantic interpretations. The EU and the US towards a Common Global Role, Stockholm 2003.

Kupchan, Charles, The end of the American era, New York 2003.

Kupferschmidt, Frank, Strategische Partnerschaft in der Bewährung. Die Zusammenarbeit von NATO und EU bei der Operation Althea. SWP-Studie, Berlin 2006 (April).

Lang, Kai-Olaf/Lippert, Barbara, Zur Neuausrichtung der Europäischen Nachbarschaftspolitik, in: Bendiek et al (Hg.), Entwicklungsperspektive der EU. SWP-Studie S18, Berlin 2011, S. 102-117.

Lavenex, Sandra/Schimmelfennig, Frank (Hg.), Democracy Promotion in the EU's Neighbourhood. From Leverage to Governance? London/New York 2013.

Leigh, Michael, The EU's Neighbourhood Policy, in: Brimmer, Esther/Fröhlich, Stefan (Hg.), The Strategic Implications of European Union Enlargement, Washington 2005.

Lieb, Julia/Kremer, Martin, Aufbau mit Weitsicht. Der Europäische Auswärtige Dienst als Chance für die EU-Außenpolitik, SWP-Aktuell 2010/A 02, Berlin 2010.

Lieb, Julia, Diplomatisches Neuland für die EU, SWP-Aktuell 2011/A 05, Berlin 2011.

Lieven, Anatol/Trenin, Dimitri (Hg.), Ambivalent Neighbors: The EU, NATO and the Price of Membership, Washington, DC: Carnegie Endowment for International Peace, 2003.

Lindstrom, Gustav, Im Einsatzgebiet: ESVP-Operationen, in: Gnesotto, Nicole (Hg.), Die Sicherheits- und Verteidigungspolitik der EU. Die ersten fünf Jahre (1999-2004), Paris 2004, S. 131-154.

Lindstrom, Gustav, The Headline Goal, EUISS online briefings, December 2004 (http://www.iss-eu.org/esdp/05-gl.pdf).

Link, Werner, Die Neuordnung der Weltpolitik. Grundprobleme globaler Politik an der Schwelle zum 21. Jahrhundert, München: Beck 1998.

Link, Werner, Auf dem Weg zu einem neuen Europa. Herausforderungen und neue Antworten, Baden-Baden 2006.

Lippert, Barbara (Hg.), Bilanz und Folgeprobleme der EU-Erweiterung, Baden-Baden: Nomos 2004.

Loewen, Howard, Die ASEAN als Impulsgeber ostasiatischer Integration, GIGA Focus Asien, 2 (2006), German Institute of Global and Area Studies (GIGA), Hamburg.

Lutz, Dieter/Tudyka, Kurt (Hg.), Perspektiven und Defizite der OSZE, Baden-Baden 1999/ 2000.

Lynch, Dov, Communicating Europe to the World: What Public Diplomacy for the EU?, European Policy Centre (EPC), Working Paper 21, Brussels, November 2005.

Lynch, Dov, Struggling with an Indispensable Partner, in: ders. (Hg.), What Russia Sees, European Union Institute for Security Studies (EUISS) Paris: Chaillot Papers, No. 74 (November 2005), S. 115-143.

Major, Claudia, Viele Europäische Soldaten, aber keine Europäische Armee, Genshagener Papiere, Nr. 10, Dezember 2012.

McNamamra, Sally, Russia's Proposed New European Security Treaty: A non-starter for the US and Europe, The Heritage Foundation (Backgrounder 2463), Washington 2010.

Mead, Walter Russell, Special Providence: American Foreign Policy and How It Changed the World, New York 2002.

Mahncke, Dieter, Die neue Sicherheitsstrategie der EU, in: Bruha, Thomas/Nowak, Carsten (Hg.), Die Europäische Union: Innere Verfasstheit und globale Handlungsfähigkeit, Schriftenreihe des Europa-Kollegs Hamburg zur Integrationsforschung (Bd. 47), Baden-Baden: Nomos 2006, S. 213-219.

Mahncke, Dieter, et al., European Foreign Policy, Brussels 2004.

Mandle, Jay, Reforming Globalization, in: Challenge, 44, 2 (March/April 2001), S. 24-38.

Manners, Ian/Whitman, Richard, The Foreign Policies of the European Union Member States, Manchester: Manchester University Press 2000.

Marchetti, Andreas, The European Neighbourhood Policy. Foreign Policy at the EU's Periphery, ZEI Discussion Paper C 158, Bonn 2006.

Matveeva, Anna, EU stakes in Central Asia, Chaillot Paper Nr. 91, ISS Paris, Juli 2006.

Mauer, Victor, Von der Hegemonie zum kooperativen Gleichgewicht. Die transatlantischen Beziehungen im Wandel, in: Varwick, Johannes (Hg.), Die Beziehungen zwischen NATO und EU. Partnerschaft, Konkurrenz, Rivalität, Opladen 2005, S. 257-270.

Meunier, Sophie/Nicolaidis, Kalypso, Who Speaks for Europe? The Delegation of Trade Authority in the EU, in: Journal of Common Market Studies, 37 (1999), S. 477-501.

Mildner, Stormy/Decker, Claudia, Der Einsatz ist hoch. Wohlstandsgewinne durch die Doha-Entwicklungsrunde der WTO, Deutsche Gesellschaft für Auswärtige Politik (DGAP), DGAPanalyse, Berlin, Juni 2006.

Mildner, Stormy/Ziegler, Oliver, Konfliktmanagement in den transatlantischen Handelsbeziehungen. Nicht jeder Streitfall gehört in die WTO, SWP-Aktuell 2009/A 36, Berlin (Juli 2009).

Missiroli, Antonio (Hg.), Bigger EU, Wider CFSP, Stronger ESDP? Occasional Papers, No. 34, Paris 2002, S. 60 ff.

Missiroli, Antonio, The EU and Its Changing Neighbourhoods: Stabilization, Integration and Membership, in: Partners and Neighbours: A CFSP for a Wider Europe, EU Institute for Security Studies (ISS), Chaillot Paper nr. 64, Paris (September 2003), S. 9-33.

Missiroli, Antonio, Enlarging CFSP/ESDP: The Central Europeans between the EU and NATO, in: Maurer, Andreas/Lang, Kai-Olaf/Whitlock, Eugene (Hg.), New Stimulus or Integration Backlash? EU Enlargement and Transatlantic Relations, SWP, Berlin, July 2004, 47-56.

Missiroli, Antonio, ESVP – wie sie funktioniert, in: Gnesotto, Nicole (Hg.), Die Sicherheits- und Verteidigungspolitik der EU. Die ersten fünf Jahre (1999-2004), Institut für Sicherheitsstudien der EU, Paris 2004, S. 65-86.

Missiroli, Antonio (Hg.), Enabling the future European Military capabilities 2013-2025: challenges and avenues, European Union Institute for Security Studies Report No. 16, Paris 2013.

Molle, Willem, The Economics of European Integration. Theory, Practice, Policy, Aldershot: Ashgate Publishing Limited 1997.

Möller, Almut, Schlüssel zur Lösung, Teil des Problems Deutschland braucht eine bessere Public Diplomacy in der EU, in: DGAPstandpunkt 2, 8. Februar 2012.

Möller, Kai, Die Außenpolitik der Volksrepublik China 1949-2004, Wiesbaden 2005.

Mölling, Christian/Brune, Sophie-Charlotte, The impact of the financial crisis on European defence, Brussels: European Parliament, Subcommittee on Security and Defence (April 2011).

Mölling, Christian, Pooling and Sharing in EU and NATO, SWP-Aktuell 2012/A 25, Berlin (Mai 2012).

Mommsen, Margareta, Wer herrscht in Russland? Der Kreml und die Schatten der Macht, München 2003.

Mommsen, Margareta, Die Europäische Union und Russland, in: Weidenfeld, Werner (Hg.), Die Europäische Union, Bonn 2004, S. 482-502.

Mommsen, Margarete, Russland – nur virtuelle Großmacht in einer multipolaren Welt?, in: Piazolo, Michael (Hg.), Macht und Mächte in einer multipolaren Welt, Wiesbaden 2006, S. 79-106.

Monks, John, Secretary-General of the European Trade Union Confederation, The Lissbon Strategy must remain balanced, in: European Policy Centre (EPC), Challenge Europe Online Journal, No. 13, 28.01.2005.

Moore, Lynden, Developments in Trade and Trade Policy, in: Artis, Mike/Nixson, Frederick (Hg.), The Economics of the European Union, Oxford: Oxford University Press 2001.

Moravcsik, Andrew, Reassessing Legitimacy in the European Union, in: Weiler, Joseph/Begg, Ian/Peterson, John (Hg.), Integration in an Expanding European Union. Reassessing the Fundamentals, Oxford: Blackwell 2003, S. 77-97.

Moravcsik, Andrew, Striking a New Transatlantic Bargain, in: Foreign Affairs, 82, 4 (2003), S. 74- 89.

Moravcsik, Andrew, Taking Preferences Seriously: A Liberal Theory of International Politics, in: International Organization, 51, 4 (1997), S. 513-553.

Morgenthau, Hans, Politics among Nations. The Struggle for Power and Peace, New York 1948.

Moshes, Arkadij, Russia's European policy under Medvedev: How sustainable is a new compromise?, in: International Affairs, 88, 1 (2012), S. 17-30.

Müller, Harald, Das transatlantische Risiko – Deutungen des amerikanisch-europäischen Weltordnungskonflikts, in: APuZ, B 3-4 (2004) (www.bpb.de/publikationen/HVZAAE.html).

Müller-Brandeck-Bocquet, Gisela (Hg.), The Future of the European Foreign, Security and Defence Policy after Enlargement, Baden-Baden: Nomos 2006.

Müller-Brandeck-Bocquet, Gisela/Schmidt, Siegmar, et al. (Hg.), Die Afrikapolitik der Europäischen Union. Neue Ansätze und Perspektiven, Leverkusen-Opladen: Verlag Barbara Budrich 2007.

Müller-Graf, Peter-Christian, Die Kompetenzen in der Europäischen Union, in: Weidenfeld, Werner (Hg.), Die Europäische Union. Politisches System und Politikbereiche, Bonn: Bundeszentrale für Politische Bildung 2004, S. 141-165.

Münkler, Herfried, Wandel des Krieges, Weilerswist 2006.

Nickel, Dietmar, Was kommt nach Cotonou? Die Zukunft der Zusammenarbeit zwischen der EU und den Afrika-, Karibik- und Pazifikstaaten, SWP-Studien 2012/S 13, Berlin 2012.

Nohlen, Dieter/Sangmeister, Hartmut, Macht, Markt, Meinungen: Demokratie, Wirtschaft und Gesellschaft in Lateinamerika, Wiesbaden 2004.

Nolte, Detlef/Gratius, Susanne, Die EU und Lateinamerika: Partnerschaft auf Augenhöhe?, GIGA Focus Lateinamerika, Nr.2 (2013), Hamburg 2013.

Nugent, Neill (Hg.), European Union Enlargement, Palgrave-Macmillan 2004.

Nuscheler, Franz, Entwicklungspolitik, Bonn 2005.

Nuttall, Simon, European Political Cooperation, Oxford: Clarendon Press 1992.

Nuttall, Simon, European Foreign Policy, Oxford: Oxford University Press 2000.

Obama, Barak, The Audicity of Hope, Vintage 2008.

O'Donnell, Clara Marina, Are Europeans a better transatlantic security partner than meets the eye? Brookings Institution (Opinion), Washington (July 6, 2012). (http://www.brookings.edu/reserach/opinions/2012/07/06-security-partner-odonnell).

Olson, Mancur, The Rise and Decline of Nations: Economic Growth, Stagflation and Social Rigidities, New Haven 1982.

Ondarza, Nicolai von, Europa sucht nach Handlungsfähigkeit. Die GSVP jenseits von Symbolpolitik, in: Internationale Politik, 3 (Mai/Juni 2010), S. 100-105.

Oneal, John/Russet, Bruce, Triangulating Peace. Democracy, Interdependence and International Organizations, New York/London 2001.

Opitz, Peter, China – Der Aufstieg des Drachen, in: Ferdowski. Mir (Hg.), Sicherheit und Frieden zu Beginn des 21. Jahrhunderts: Konzeptionen – Akteure – Regionen, München 2004, S. 269-311.

Paemen, Hugo/Bensch, Alexandra, From the GATT to the WTO. The Euroepan Community in the Uruguay Round, Leuven: Leuven University Press 1995.

Paillard, Christophe-Alexandre, Rethinking Russia: Russia and Europe's Mutual Energy Dependence, in: Journal of International Affairs, 63 (2), 2010, S. 65-84.

Palley, Thomas, The Tobin Tax Debate. Destabilizing Speculation and the Case for an International Currency Transactions Tax, in: Challenge, 44, 3 (May/June 2001), S. 70-89.

Palmer, John, in: EPC, Events Reports (http://www.theepc.be/en/default.asp?TYP=ER&LV=488&PG=ER/EN/detail&AI=488; 31. März 2005).

Panetta, Leon, Speech at the 11th IISS Asia Security Summit in Singapore, Shangri-La-Dialogue (June 2, 2012) (http://www.iiss.org/en/publications/conference%20proceedings/sections/shangri-la-aa36/the-shangri-la-dialogue-2012-b4e5).

Park, Bill, Between Europe, the United States and the Middle East: Turkey and European Security in the Wake of the Iraq Crisis, in: Perspectives on European Politics and Society, 5, 3 (December 2004), S. 494-516.

Perthes, Volker, America's Greater Middle East and Europe: Key Issues for Dialogue, in: Middle East Policy, XI, 3 (Fall 2004), S. 85-97.

Perthes, Volker, Naher und Mittlerer Osten – Unvollständige Regimebildung und die Suche nach regionaler Sicherheit, in: Ferdowsi, Mir (Hg.), Sicherheit und Frieden zu Beginn des 21. Jahrhunderts. Konzeptionen – Akteure – Regionen, München 2004, S. 461-474.

Perthes, Volker, New Features of an Old Middle East, in: Internationale Politik (Fall 2006), S. 66-71.

Perthes, Volker, Orientalische Promenaden. Der Nahe und Mittlere Osten im Umbruch, München 2006.

Petersmann, Ernst-Ulrich/Pollack, Mark, Transatlantic Economic Disputes. The EU, the US and the WTO, Oxford: Oxford University Press 2003.

Peterson, John, Conclusion: The Myth of the CFSP?, in: ders./Sjursen, Helene (Hg.), A Common Foreign Policy for Europe? Competing visions of the CFSP, London: Routledge 1998, S. 169-185.

Peterson, John, The Choice of EU Theorists: Establishing a Common Framework for Analysis, in: European Journal of Political Research, 39 (2001), S. 289-319.

Phillipart, Eric, The Euro-Mediterranean Partnership: A Critical Evaluation of an Ambitious Scheme, in: European Foreign Affairs, 2 (2003), S. 201-220.

Piazolo, Michael, Die EU als internationaler Machtfaktor, in: ders. (Hg.), Macht und Mächte in einer multipolaren Welt, Wiesbaden 2006, S. 209-247.

Piehl, Ernst, Europäische Nachbarschaftspolitik – Genesis, Bestandsaufnahme und Perspektiven, in: Olaf Leiße (Hg.), Die Europäische Union nach dem Vertrag von Lissabon, Wiesbaden 2010, S. 333-370.

Pinder, John, Nice – Towards a Federal or an Intergovernmental Europe?, in: Jopp, Matthias/Lippert, Barbara/Schneider, Heinrich, Das Vertragswerk von Nizza un die Zukunft der Europäischen Union, Bonn: Europa-Union 2001, S. 50-57.

Pohl, Manfred/Wieczorek, Iris (Hg.), Japan 2004: Politik und Wirtschaft, Hamburg 2004.

Preston, Peter/Gilson, Julie, The European Union and East Asia. Interregional Linkages in a Changing Global System, Cheltenham/Northampton 2001.

Princen, Sebastian, EU Regulation and Transatlantic Trade, The Hague/London/New York: Kluwer Law International 2002.

Quinlan, Joseph, The rise of China: A brief review of the implications on the transatlantic partnership. German Marshall Fund of the United States, GMF Paper Series, Washington 2006.

Quinlan, Michael, ESDP and EU Enlargement, in: Brimmer, Esther (Hg.), The EU's Search for a Strategic Role: ESDP and Its Implications for Transatlantic Relations, Center for Transatlantic Relations, SAIS, Washington, DC 2002, S. 23-34.

Ratka, Edmund/Spaiser, Olga(Hg.), Understanding European Neighbourhood Policies. Concepts, Actors, Perceptions, Baden-Baden 2012.

Regelsberger, Elfriede, Die EPZ in den achtziger Jahren: Ein qualitativer Sprung?, in: Pijpers, Alfred/Regelsberger, Elfriede/Wessels, Wolfgang (Hg.), European Political Cooperation in the 1980s: A Common Foreign Policy for Western Europe?, Dordrecht: Nijhoff 1988, S. 21-70.

Regelsberger, Elfriede, Gemeinsame Außen- und Sicherheitspolitik, in: Weidenfeld, Werner/ Wessels, Wolfgang (Hg.), Jahrbuch der Europäischen Integration 1990/91 ff., Bonn

Regelsberger, Elfriede, Die GASP nach Nizza – begrenzter Reformeifer und außervertragliche Dynamik, in: integration, 24, 2 (2001), S. 156-166.

Regelsberger, Elfriede, Die Gemeinsame Außen- und Sicherheitspolitik nach Nizza – begrenzter Reformeifer und außervertragliche Dynamik, in: Jopp, Mathias/Lippert, Barbara/ Schneider, Heinrich (Hg.), Das Vertragswerk von Nizza und die Zukunft der Europäischen Union, Bonn 2001, S. 112-122.

Regelsberger, Elfriede, Die Gemeinsame Außen- und Sicherheitspolitik der EU (GASP). Konstitutionelle Angebote im Praxistest 1993-2003, Baden-Baden: Nomos 2004.

Regelsberger, Elfriede/Jopp, Matthias, Und sie bewegt sich doch! Die Gemeinsame Außen- und Sicherheitspolitik nach den Bestimmungen des Amsterdamer Vertrages, in: integration, 20, 4 (1997), S. 255-263.

Reiter, Erich, Die Sicherheitsstrategie der EU, in: Aus Politik und Zeitgeschichte (APuZ), B 3-4 (2004), S. 26-31 (www.bpb.de/publikationen/IS3XME,0,0Die_Sicherheitsstrategie_der_EU.html).

Riedel, Bruce, Al-Qaeda Five Years after the Fall of Kandahar, Brookings Institution, January 18, 2007 (http://www.brookings.edu/views/articles/riedel/20070118.htm).

Risse, Thomas, Zur Debatte um die (Nicht-)Existenz einer europäischen Öffentlichkeit, in: Berliner Debatte Initial: Sozial- und geisteswissenschaftliches Journal, 13, 5/6 (2002), S. 15-23.

Risse, Thomas, Auf dem Weg zu einer gemeinsamen Außenpolitik? Der Verfassungsentwurf und Die europäischen Außen- und Sicherheitspolitik, in: integration, 26, 4 (2003), S. 564-574.

Roloff, Ralf, Die Außenbeziehungen der Europäischen Union zwischen Globalisierung und Regionalisierung, in: Zeitschrift für Politikwissenschaft, 11, 3 (2001), S. 1045-1072.

Rudolf, Peter, Amerikas neuer globaler Führungsanspruch, in: SWP-Aktuell 2008/A 77, Berlin 2008.

Rühl, Lothar, Das Reich des Guten. Machtpolitik und globale Strategie Amerikas, Stuttgart: Klett-Cotta 2005.

Rühl, Lothar, Lange Schachpartie. Realität und Perspektiven der chinesischen Militärpolitik, in: Internationale Politik, 12 (2005), S. 65-71.

Rummel, Reinhart, Soft Power EU – Interventionspolitik mit zivilen Mitteln, in: Ehrhart, Hans-Georg/Schmitt, Burkard (Hg.), Die Sicherheitspolitik der EU im Werden, Baden-Baden: Nomos 2004, S. 259-279.

Russet, Bruce/O'Neill, Barry/Sutterlin, James, Breaking the Security Council Logjam, in: Global Governance, 2, 1 (January-April 1996), S. 65-79.

Sakaki, Alexandra/Lukner, Kerstin, Japan's Crisis Management amid Growing Complexity: In Search of New Approaches, in: Journal of Political Science, Vol. 14, 2 (June 2013), S. 155-176.

Sapir, André, EC Regionalism at the Turn of the Millenium: Toward a New Paradigm?, in: The World Economy, 23, 9 (2000), S. 1135-1432.

Scherpenberg, Jens van, Coping with China as an Economic Power – European versus American Approaches, in: Gill, Bates/Wacker, Gudrun (Hg.), China's Rise: Diverging US-EU Perceptions and Approaches, SWP Berlin, August 2005, S. 16-22.

Schieder, Siegfried/Spindler, Manuela (Hg.), Theorien der Internationalen Beziehungen, Opladen: Leske 2003.

Schirm, Stefan, Internationale Politische Ökonomie, Baden-Baden 2004.

Schlotter, Peter, Die Europäische Union als außenpolitischer Akteur? Zur Kohärenz der EU-Mittelmeerpolitik und zur Rolle der Kommission, in: integration, 28, 4 (Oktober 2005), S. 316-331.

Schmid, Josef, Wohlfahrtsstaaten im Vergleich, Opladen 2002.

Schmidt, Dirk/Heilmann, Sebastian, Außenpolitik und Außenwirtschaft der Volksrepublik China, Wiesbaden 2012.

Schmidt, Siegmar, Aktuelle Aspekte der EU-Entwicklungspolitik, in: APuZ, B 19-20 (2002), S. 29-38.

Schmitt, Burkard, Europas Fähigkeiten – wie viele Divisionen?, in: Gnesotto, Nicole (Hg.), Die Sicherheits- und Verteidigungspolitik der EU. Die ersten fünf Jahre (1999-2004), Institut für Sicherheitsstudien (ISS), Paris 2005, S. 105-130.

Schoutheete, Philippe de, La coopération politique européenne, Brüssel 1986.

Schoutheete, Philippe de, The Creation of the Common Foreign and Security Policy, in: Regelsberger, Elfriede/Schoutheete, Philippe de/Wessels, Wolfgang (Hg.), Foreign Policy of the EU. From EPC to CFSP and Beyond, Boulder, Col./London 1997, S. 41-63.

Schoutheete, Philippe de, Closer Cooperation: Political Background and Issues in the Negotiation, in: Monar, Jörg/Wessels, Wolfgang (Hg.), The European Union after the Treaty of Amsterdam, London/New York 2001, S. 150-166.

Schubert, Gunter, China und die Europäische Union im Kontext der GASP, in: APuZ, B 19/20 (2002), S. 21-28.

Schubert, Klaus/Müller-Brandeck-Bocquet, Gisela (Hg.), Die Europäische Union als Akteur in der Weltpolitik, Opladen: Leske 2000.

Schubert, Klaus/Müller-Brandeck-Bocquet, Gisela, Die EU und der Barcelona-Prozess – Bewertung und Perspektiven, in: integration, 1 (2001), S. 42-57.

Shambaugh, David, Lifting the EU Arms Embargo on China. An American Perspective, in: Gill, Bates/Wacker, Gudrun (Hg.), China's Rise: Diverging US-EU Perceptions and Approaches, SWP Berlin, August 2005, S. 23-29.

Siegler, Heinrich (Hg.), Europäische politische Einigung, Bd. I (1949-1968), Bonn u. a., 1968, Nr. 70.

Simon, Jeffrey, Partnership for Peace: Charting a Course for a new Era, in: Strategic Forum, 206, (March/April 2004), S. 6.

Sjursen, Helene, The Common Foreign and Security Policy: An Emerging New Voice in International Politics?, Oslo: ARENA Working Paper 34, 1999.

Smith, Hazel, European Union Foreign Policy. What it is and what it does, London: Pluto Press 2002.

Smith, Karen E., The EU, Human Rights and Relations with Third Countries: Foreign Policy with an Ethical Dimension?, in: Smith, Karen E./Light, Margot (Hg.), Ethics and Foreign Policy, Cambridge: Cambridge University Press 2001, S. 185 ff.

Smith, Michael, The Quest for Coherence: Institutional Dilemmas of External Action from Maastricht to Amsterdam, in: Stone Sweet, Alec/Sandholtz, Wayne/Fligstein, Neil (Hg.), The Institutionalization of Europe, Oxford: Oxford University Press 2001.

Smith, Steve, International Theory and European Integration, in: Kelstrup, Morten/Williams, Michael, International Relations Theory and the Politics of European Integration, London/New York: Routledge 2000, S. 33-56.

Soetendorp, Ben, Foreign Policy in the European Union, London/New York 1999.

Solana, Javier, Ein sicheres Europa in einer besseren Welt, Europäische Sicherheitsstrategie, Brüssel, 12. Dezember 2003 (http://ue.eu.int/solana/docs/031208ESSIIDE.pdf).

Song, Xinning, Europa und China – eine schwierige Beziehung, in: Internationale Politik, 2 (2002), S. 39-43.

Staak, Michael, Einführung in die Internationale Politik, München 2012.

Stavridis, Stelios/Hutchence, Justin, Mediterranean Challenges to the EU's Foreign Policy, in: European Foreign Affairs Review, 1 (2000), S. 35-62.

Steinberg, Guido/Westphal, Kirsten, Zapfhahn zu: Saudi-Arabiens Öllieferungen fallen aus, in: SWP-Studie: Ungeplant ist der Normalfall, SWP-Studien 2011/S 32, Berlin 2011, S. 7-10.

Steinberg, James, An Elective Partnership: Salvaging Transatlantic Relations, in: Survival, 2 (2003), S. 113-146.

Stiglitz, Joseph, More Instruments and Broader Goals: Moving Toward the Post-Washington Consensus. World Institute for Development Economic Research Annual Lecture, 7. Januar 1998, S. 8. Abrufbar unter: www.iie.com/TESTMONY/Bankwc.html.

EU Institute for Security Studies, Strength in Numbers? Comparing military capabilities in 2009 with 1999, ISS Policy Brief (December 2009).

Swedish Institute of International Affairs – Center for Security Studies, The European Security Strategy: Reinvigorate, Revise or Reinvent? Occasional Papers, 7 (2011).

Taheri, Amir, The United States and the Reshaping of the Greater Middle East, in: American Foreign Policy Interests, 27 (2005), S. 295-301.

Thalmaier, Bettina, Die zukünftige Gestalt der Europäischen Union. Integrationstheoretische Hintergründe und Perspektiven einer Reform, Baden-Baden: Nomos 2005.

Tietje, Christian, Die Außenwirtschaftsverfassung der EU nach dem Vertrag von Lissabon, in: Beiträge zum Transnationalen Wirtschaftsrecht, H. 83 (Januar 2009), Halle 2009.

Timmermann, Heinz, Der Moskauer EU-Russland-Gipfel, in: Russlandanlysen, 66, 2005.

Tonra, Ben, Constructing the Common Foreign and Security Policy. The Utility of a cognitive approach, in: Journal of Common Market Studies, 41, 4 (2003), S. 731-756.

Trachsler, Daniel, Die Shanghai Cooperation Organisation: Bedeutung für den Westen, in: Analysen zur Sicherheitspolitik 66, Centre for Security Studies, Zürich 2009.

Trenin, Dimitri, Russland. Die gestrandete Weltmacht. Neue Strategien und die Wende zum Westen, Hamburg 2005.

Tygankow, Andrei, Preserving Influence in a changing world, in: Problems of Post-Communism, 58 (2), 2011, S. 28-44.

Umbach, Frank, Strategische Partnerschaft oder multilateraler Kotau? Die EU-China-Beziehungen und die Aufhebung des Embargos, in: Internationale Politik, 3 (2005), S. 70-77.

Umbach, Frank, Europas nächster Kalter Krieg. Die EU braucht endlich ein Konzept zur Versorgungssicherheit, in: Internationale Politik, Februar 2006, S. 6-14.

Voss, Silja, Mexiko 2020: tequilla sunrise: ein mittelfristiger Wachstumsausblick, Deutsche Bank Research 2006 (www.dbresearch.com/PROD/DBR Internet DE-PROD/PROD0000000000199497.pdf).

Wacker, Gudrun/Pohlkamp, Elli-Katharina/Tidten, Markus/Wagner, Christian, Asiatische Großmächte: China, Indien und Japan als Akteure regionaler und internationaler Ordnungspolitik, SWP-Studien 2011/S 11, Berlin 2011.

Wagner, Christian, Indiens neue Rolle, GIGA Focus Asien, 4 (2006), Hamburg.

Wagner, Christian, Indien als Regionalmacht und Chinas wachsender Einfluss in Südasien, SWP-Studie 2012/S 21, Berlin 2012.

Wagner, Wolfgang, Die Konstruktion einer europäischen Außenpolitik. Deutsche, französische und britische Ansätze im Vergleich, Frankfurt: Campus-Verlag 2001.

Waltz, Kenneth, Theory of International Politics, New York: McGraw-Hill 1979.

Wassenberg, Birte/Faleg, Giovanni, Europe and the Middle East: The hour of the EU? Brussels 2012.

Weber, Max, Wirtschaft und Gesellschaft, Tübingen 1972 (5. Auflage).

Weidenfeld, Werner (Hg.), Die Europäische Verfassung in der Analyse, Gütersloh 2005.

Weidenfeld, Werner, Rivalität der Partner. Die Zukunft der transatlantischen Beziehungen, Gütersloh 2005.

Weiler, Joseph/Wessels, Wolfgang, EPC and the Challenge of Theory, in: Pijpers, Alfred/Regelsberger, Elfriede/Wessels, Wolfgang (Hg.), European Political Cooperation in the 1980s: A Common Foreign Policy for Western Europe?, Dordrecht: Nijhoff 1988

Weinrod, Bruce, US and European Approaches to China, in: Mediterranean Quarterly, 17, 2 (2006), S. 17-31.

Weiss, Dieter, Freiheit und Entwicklung in der arabischen Welt, in: APuZ, 45 (2005), S. 37-45.

Weiss, Thomas, The Illusion of UN Security Council Reform, 26, 4 (Autumn 2003), S. 147-161.

Wendt, Alexander, Anarchy is what states make of it: the social construction of power politics, in: International Organization, 46, 2 (1992), S. 391-425.

Wessels, Wolfgang, The Amsterdam Treaty in Theoretical Perspective. Which Dynamics at Work?, in: Monar, Jörg/Wesssels, Wolfgang (Hg.), The European Union after the Treaty of Amsterdam, London/New York 2001, S. 70-84.

Wessels, Wolfgang, Theoretical Perspectives. CFSP beyond the Supranational and Intergovernmental Dichotomy, in: Mahncke, Dieter/Ambos, Alicia/Reynold, Christopher (Hg.), European Foreign Policy. From Rhetoric to Reality? Brussels: Peter Lang 2004, S. 61-96.

Williamson, John, What Should the Bank Think about the Washington Consensus? Institute for International Economics. Abrufbar unter: www.iie.com/TESMONY/bankwc.html.

Winters, Alan, Regionalism and the Next Round, in: Schott, Jeffrey (Hg.), Launching new Global Trade Talks. An Action Agenda, Washington D.C.: Institute for International Economics, Special Report (September 1998), S. 47-60.

Woolcock, Stephen, European Trade Policy: Global Pressures and Domestic Constraints, in: Wallace, Helen/Wallace, William (Hg.), Policy-Making in the European Union, Oxford: Oxford University Press 2000, S. 373-400.

Wipperfürth, Christian, Russlands Außenpolitik, Wiesbaden 2011.

Witney, Nick, Where does CSDP fit in EU Foreign Policy? European Council on Foreign Relations, Policy Paper, 64 (February 13, 2013).

Witte, Peter/ Wolfgang, Hans-Michael, Lehrbuch des Europäischen Zollrechts, NBW-Verlag 2012.

Stephen Woolcock, The Treaty of Lisbon and the European Union as an Actor in international trade, ECIPE Working Paper, 1 (January 2010).

Wörtz, Eckart, Saudi-Arabien: Energieriese zwischen geopolitischer Neuausrichtung und innenpolitischer Reform. Analyse der Friedrich Ebert-Stiftung, Bonn, September 2006, S. 3 f.

Wyatt, Edward, Fed Proposes New Capital Rules for Banks, New York Times, 20. Dezember 2011. (http://www.nytimes.com/2011/12/21/business/fed-proposes-new-capital-rules-for-banks.html).

Yang, Jiawen/Askari, Hossein/Forrer, John/Teegen, Hildy, US Economic Sanctions against China: Who gets hurt?, in: The World Economy, 27, 7 (July 2004), S. 1047-1081.

Zakaria, Fareed, The Future of American Power: How America can survive the rise of the rest, in: Foreign Affairs, 3/2008, S. 18-43.

Zielonka, Jan (Hg.), Paradoxes of European Foreign Policy, The Hague: Kluwer Law International 1998

Weitere Quellen:

Agreement on Partnership and Cooperation, December 1, 1997 (http://europa.eu.int/comm/external_relations/ceeca/pca/pca_russia.pdf).

Auswärtiges Amt, Friedensplan für Nahost, Berlin, 6. Mai 2003 (www.auswaertiges-amt.de/diplo/de/Aussenpolitik/RegionaleSchwerpunkte/Nahost/NO-roadmap.html).

Auswärtiges Amt (Hg.), Gemeinsame Außen- und Sicherheitspolitik der Europäischen Union (GASP), Bonn 1994 (10. Auflage).

Auswärtiges Amt, Bundesministerium des Inneren, Bundesministerium der Verteidigung, Bundesministerium für Wirtschaftliche Zusammenarbeit und Entwicklung, Das Afghanistan-Konzept der Bundesregierung, 12. September 2006. www.geopowers.com/Mächte/Deutschland/facts_ger/Afghanistan-Konzept_2006.pdf.

Bundesministerium für Wirtschaft und Technologie, Stand der WTO-Welthandelsrunde (Doha Development Agenda – DDA) (Februar 2012), (http://www.bmwi.de/BMWi/Redaktion/PDF/WTO/wto-handelsrunde-sachstand,property=pdf,bereich=bmwi2012,sprache=de,rwb=true.pdf).

Bericht des Präsidenten zur Lage der Nation 2005, Teil I, US-Politik (2. Februar 2005). Amerika-Dienst Archiv (http://amerikadienst.usembassy.de).

Bertelsmann Foundation, Field Manual to Europe. Ten memos for the new US administration, Washington 2013, S. 27, www.bfna.org.

Beschluss des Europäischen Rates vom 12/13 Dezember 2003 in Brüssel zum Papier „Europäische Verteidigung" (www.auswaertigesamt.de/www/de/infoservice/download/pdf/publication/ap2004/02europa.pdf).

Brahimi Report, Report of the Panel on United Nations Peace Operations (August 23, 2000). U.N. Doc. A/55/305-S/2000/809.

Broader Middle East/North Africa Partnership, Sea Island, 9. Juni 2004 (http://www.whitehouse.gov/news/releases/2004/06/20040609-30.html).

Centre for European Reform, The Lisbon Scorecard X. The road to 2020. London 2010 (http://docs.minszw.nl/pdf/34/2010/34_2010_3_14100.pdf).

Center for Defence Information, Last of the Big Time Spenders: US Military Budget still the World's largest, and growing (www.cdi.org/budget/2004/world-military-spending.cfm; Zugang August 2005).

Civilian Headline Goal, in: EU Security and Defence. Core Documents 2004, Chaillot Papers (Hg. ISS), 75 (2005), S. 111-116.

Commission of the European Communities COM(2003) 104 final „Communication from the Commission to the Council and the European Parliament: Wider Europe – Neighbourhood: A Framework for Relations with our Eastern and Southern Neighbours", Brussels, March 11, 2003.

Center for Security Sudies (CSS), Ziviles Krisenmanagement der EU: Eine Zwischenbilanz, Analysen zur Sicherheitspolitik, Nr. 87 2011 (http://www.css.ethz.ch/publications/pdfs/CSS-Analysen-87-DE.pdf).

Commission of the European Communities, Proposal for a Directive of the European Parliament and of the Council on Services in the Internal Market, COM(2004) 2 final/3, Brüssel, 5. März 2004.

Communication from the Commission, Conflict Prevention, COM (2001) 211, Brussels, April 11, 2001.

Communication of the Commission to the Council and the European Parliament on Relations with Russia (COM 2004 106), Brussels, February 9, 2004.

Congressional Budget Office (CBO), NATO Burdensharing after Enlargement, Washington, D.C.: Government Printing Office, August 2001.

Congress of the United States, Dodd-Frank Act, House Resolution (HR) 4173, 111th Congress, 2nd. Session, January 5, 2010 (www.sec.gov/about/laws/wallstreetreform-cpa.pdf).

Council of the European Union, Capability Improvement Chart II/2004, Brüssel, 17. November 2004.

Council of the European Union, Declaration on Strengthening Capabilities, Brussels (December 11, 2008) (www.consilium.europa.eu/ueDocs/cms_Data/docs/pressData/en/esdp/104676.pdf).

Council of the European Union, Presidency Conclusions, Brussels European Council 13/14 March 2008, Annex 1, 7652/08, Brüssel 2008.

Council of the European Union, Joint Declaration of the Prague Eastern Partnership Summit

7 May 2009, Brussels European Council 8435/09 (Presse 78) (http://ec.europa.eu/europeaid/where/neighbourhood/eastern_partnership/documents/prague_summit_declaration_en.pdf).

Council of the European Union, Proposal for a Council Decision of establishing the organization and functioning of the European External Action Service, Brussels, March 25, 2010 (http://eeas.europa.eu/docs/eeas_draft_decision_250310_en.pdf).

Council of the European Union, EU Priorities for the 67th UN General Assembly, Doc. 9820/1/12, July 23, 2012.

Council of the European Union, Europe 2020: Targets (http://ec.europa.eu/europe2020/europe-2020-in-a-nutshell/targets/index_en.htm).

Council of the European Union, Eurostat 2012 (ec.europa.eu/Eurostat).

Council Regulation (EEC) 443/92 of 25 February 1992 on financial and technical assistance to, and economic co-operation with the developing countries in Asia and Latin America, in: Official Journal of the European Union, „Legislation" series 52 (27. Februar 1992).

Council Regulation 2666/2000 on assistance for Albania, Bosnia and Herzegovina, Croatia, the Federal Republic of Yugoslavia, and the Former Yugoslav Republic of Macedonia, in: Official Journal of the European Union, „Legislation" series 306 (7. Dezember 2000).

Council, General Affairs/Defence, Military Capabilities Commitment Declaration, Press Release, Brüssel, 20 November 2000, No.: 13427/2/00, S. 4 f. (http://www.ue.eu.int/pesc/military).

Declaration on European Military Capabilities, Brüssel, 22. November 2004, para. II.

Die Herausforderung annehmen. Die Lissabon-Strategie für Wachstum und Beschäftigung. Bericht der Hochrangigen Sachverständigengruppe unter Vorsitz von Wim Kok, Brüssel, November 2004.

Die Zukunft der Europäischen Union – Erklärung von Laeken (http://europa.eu.int/futurum/documents/offtext/doc151201_de.htm).

Erklärung von St. Malo und Pressekonferenz von Chirac, Jospin und Blair, S. Malo (4. Dezember 1998) (http://www.fco.gov.uk).

ESS, 12. Dezember 2003 (http://www. auswaertiges-amt.de/www/de/infoservice/download/ pdf/friedenspolitik/ess.pdf).

EU Council, Presidency Report on the European Security and Defence Policy, 4 December 2000, Press Release No. 14056/2/00 (http://www.ue.eu.int/newsroom).

EU Military Capability Commitment Conference, „Declaration on European military capabilities", Brüssel, 22. November 2004, „The evolution of ECAP 2001-04", para. 4 (http://ue.eu.int/vedocs/cms_Data/Docs/pressData/eu/misc/32761.pdf).

EU-Kommission, AMECO-Datenbank, 2003 Prognose der EU-Kommission, Brüssel 2003.

EU-Kommission, Die China-Strategie der EU. Umsetzung der Grundsätze von 1998 und weitere Schritte zur Vertiefung des politischen Konzepts der EU. KOM (01) 265, Brüssel 2001.

EU-Kommission, Für eine umfassende Partnerschaft mit China. KOM (98) 181, Brüssel, März 1998.

EU-Russian Security Dimensions (hg. von Dov Lynch), EU Institute for Security Studies, Occasional Paper, 46, Paris 2003, S. 24 ff.

EU-Russland Energiedialog, 19. Dezember 2005 (www.euractiv.com/de/energie/eu-russland-energiedialog/article-151074-48k).

EU-US Declaration Supporting Peace, Progress and Reform in the Broader Middle East and in the Mediterranean, EU-US Summit, Dromoland Castle, June 26, 2004 (http://europe.eu.int/comm/external_relations/us/sum06_04/decl_me.pdf).

Europa-Rapid-Press Releases, Treffen der Ministertroika EU-Afghanistan, Berlin, 26. Januar 2007.

Europäische Gemeinschaft, Verordnung (EG) Nr. 3286/94 des Rates vom 22. Dezember 1994 zur Festlegung der Verfahren der Gemeinschaft im Bereich der gemeinsamen Handelspolitik zur Ausübung der Rechte der Gemeinschaft nach internationalen Handelsregeln, insb. den im Rahmen der Welthandelsorganisation vereinbarten Regeln, in: ABlEG 1994 Nr. L 349, S. 71, geändert durch VO (EG) Nr. 356/95, in: ABlEG 1995, Nr. L 41, S. 3.

Europäische Kommission, „Größeres Europa – Nachbarschaft: Ein neuer rahmen für die Beziehungen der EU zu ihren östlichen und südlichen Nachbarn", KOM (2003) 104 endgültig (http://europa.eu.int/comm/world/enp/pdf/com03_104_de.pdf).

Europäische Kommission, Grünbuch zur Beschaffung von Rüstungsgütern, Brüssel 2004.

Europäische Kommission, Handel und Erweiterung – Die Erweiterung der EU – eine gute Entwicklung für Drittländer (MEMO/03/72), Brüssel, 27. März 2003.

Europäische Kommission, Mitteilungen der Kommission. Eine neue Partnerschaft mit Südostasien (COM 2003, 299/4).

Europäische Kommission, Strukturindikatoren. Aktualisierter statistischer Anhang zum 2005 Bericht der Kommission für die Frühjahrstagung des Europäischen Rates, Brüssel, 11. März 2005 (http://europa.eu.int/comm/eurostat/structuralindicators).

Europäische Kommission, Vorschlag für einen Beschluss des Europäischen Parlaments und des Rates über das siebte Rahmenprogramm der Europäischen Gemeinschaft für Forschung, technologische Entwicklung und Demonstration (2007-2013). KOM(2005) 119, 2005, Brüssel, 6. April 2005.

Europäische Kommission, Haushalt 2007-2013, (http://ec.europa.eu/budget/explained/ budg_system/fin_fwk0713/fin_fwk0713_de.cfm#content_struct).

Europäische Kommission, EU-Indien-Gipfel in New Delhi, 10. Februar 2012, (http://ec.europa.eu/commission_2010-2014/president/news/speeches-statements/2012/02/20120209_speeches_1_de.htm).

Europäische Kommission, EU-Entwicklungspolitik: Kommission will durch Fokussierung auf weniger Bereiche und die bedürftigsten Länder die Wirkung der Entwicklungszusammenarbeit steigern, IP/11/1184, 13. Oktober 2012, (http://europa.eu/rapid/press-release_IP-11-1184_de.htm).

Europäische Kommission, Energiepolitik: Herausforderungen und Maßnahmen: Beitrag der Kommission zur Tagung des Europäischen Rates am 22. Mai 2013 (ec.europa.eu/ europe2020/pdf/energy2_de.pdf☒).

Europäischer Konvent, Entwurf eines Vertrages über eine Verfassung für Europa, CONV 850/03, Brüssel, 18. Juli 2003.

Europäischer Rat von Lissabon, 23/24. März 2000. Schlussfolgerungen des Vorsitzes, Lissabon 2000.

Europäischer Rat, Action Plan for the Implementation of the Basic Principles for an EU Strategy against Proliferation of Weapons of Mass Destruction, Dok 10354/03, Brüssel, 10. Juni 2003 (http://register.consilium.eu.int/pdf/en/03/st10/st10354en03.pdf).

Europäischer Rat, Basic Principles for an EU Strategy against Proliferation of Weapons of Mass Destruction, Dok 10352/03, Brüssel, 10. Juni 2003 (http://register.consilium.eu.int/pdf/en/03/st10/st10352en03.pdf).

Europäischer Rat, Declaration on Combating Terrorism, Brüssel, 25. März 2004 (http://ue.eu.int/ueDocs/cmsUpload/79635.pdf).

Europäischer Rat, EU strategy against Proliferation of Weapons of Mass Destruction, Brüssel, 12. Dezember 2003 (http://www.eu.int/comm/external_relations/reform/document/com04_630_de.pdf).

Europäischer Rat, Schlussfolgerungen des Vorsitzes, Brüssel, 1. Februar 2005 (03.02). 16238/1/04 Rev. 1, Punkte 60-62.

Europäischer Rat, Schlussfolgerungen des Vorsitzes, Brüssel, 24 und 25. Oktober 2002. SN 300/ 02, S. 17.

Europäischer Rat, Die EU und Russland wollen ihre strategische Partnerschaft weiter ausbauen. Erklärung zum Gipfeltreffen mit Russland am 3 u. 4. Juni in St. Petersburg (http://www.european-council.europa.eu/home-page/highlights/eu-russia-joint-commitment-to-develop-strategic-partnership-further?lang=ga).

European Commission, Fifth Euro-Mediterranean Conference of Foreign Ministers, Presidency Conclusions and Valencia Action Plan, 22-23. April 2002, Document 8254/02.

European Commission, GD IB, External Relations, Euro-Mediterranean Partnership, Brüssel 1995.

European Commission, Green Paper on Energy Efficiency. Doing more with less, Brüssel, COM (2005) 265 final, 22. Juni 2005.

European Commission, Trade Issues. Bilateral Trade Relations, Brussels, March 2004 (http://europa.eu.int/comm/trade/issues/bilateral/regions/candidates/ff040204_de.htm).

European Commission, Multiannual Indicative Programme 2007-2010: Islamic Republic of Afghanistan, Brussels (October 2007).

European Commission, Eurostat Statistical Books, Europe in figures, Eurostat Yearbook 2012, (http://ec.europa.eu/eurostat).

European Commission, Trade: Bilateral relations (http://ec.europa.eu/trade/creating-opportunities/bilateral-relations).

European Commission, China – Trade (Stand 13. Mai 2013) (http://ec.europa.eu/trade/policy/countries-and-regions/countries/china/).

European Council Cologne, Presidency Conclusions, 3 and 4 June 1999, SN 150/99: 2 and Annex III, S. 33-42.

European Council Helsinki, Presidency Conclusions, 10 and 11 December 1999, SN 300/99, Annex IV, S. 19-29.

European Council Helsinki, Presidency Conclusions, December 10/11 1999, SN 300/99, Annex IV, S. 19-29.

European Council, Common Strategy of the European Union on Russia, Cologne June 4, 1999, 1999/414/CFSP (http://europa.eu.int/comm/external_relations/russia/common_strategy).

European Parliament, Report with Proposals for European Parliament Recommendations to the Council on EU-Russia Relations (Final A5-0053-2004, PE 329.339), February 2, 2004.

European Parliament, Directive 2009/43/EC oft he European Parliament and oft he Council, May 6, 2009.

European Parliament, Directive 2009/81/EC oft he European Parliament and oft he Council, July 31, 2009.

European Policy Centre. Task Force on the European Growth Inititative. Final Report: Growth and Jobs, Brussels, March 2005.

Gemeinsame Aktion des Rates über ein Kooperationsprogramm der Europäischen Union für Nichtverbreitung und Abrüstung in der Russischen Föderation, 1999/878/GASP (http://europa.eu.int/eur-lex/pri/de/oj/dat/1999/l_331/1_33119991223de 00110016.pdf).

Eurostat, Pressemitteilung (19. Dezember 2012): Gipfel EU-Russland Handelsbilanzdefizit. (europa.eu/rapid/press-release_STAT-12-188_de.htm).

EU-Webauftritt, About the EU at the UN Overview: the European Union at the United Nations, (www.eu-un.europa.eu/articles/articleslist_s88_en).

EU-Webauftritt, Zusammenfassungen der EU-Gesetzgebung: Entwicklung – Allgemeiner Rahmen: Entwicklungspolitik (http://europa.eu/legislation_summaries/development/general_development_framework/index_de.htm).

EU-Webauftritt, Entwicklung und Zusammenarbeit, (http://europa.eu/pol/dev/index_de.htm).

EU-Webauftritt, Zusammenfassungen der EU-Gesetzgebung: Entwicklung – Vertrag über die Arbeitsweise der Europäischen Union (Titel III) (http://europa.eu/legislation_summaries/development/index_de.htm).

FSB (2012), About the FSB (http://www.financialstabilityboard.org/).

Gemeinsame Erklärung, EU-Russland-Gipfel am 30. Oktober 2000 in Paris (http://europa.eu.int/comm/external_relations/russia/summit_30_10_00/statement_en.htm).

Grundsatzrede Romano Prodis am 5. Dezember 2002: http://europa.eu.int/constitution/futurum/documents/offtext/sp051202_de.htm.

Independent International Commission on Kosovo, Kosovo Report: Conflict, International Response, Lessons Learned, Oxford/New York 2000.

Institut der deutschen Wirtschaft, Wirtschaftswachstum – Auch eine Frage der Bildung, 18. Juni 2003 (http://www.stellenboresen.de/aktuelles/institut-der-deutschen-wirtschaft/030618iwkoe).

IWF/WEO, Weltwirtschaftlicher Aufschwung setzt sich fort. Vereinigte Wirtschaftsdienste, 13. April 2005.

Kolloquium des International Institute of Economics in Washington 2005. Abrufbar unter: http://www.iie.com/prog_imf_reform.cfm.

KOM (2003) 104 endg., Brüssel, 11. März 2003.

KOM (2004) 373 endg., Brüssel, 12. Mai 2004.

KOM (2004) 795 endg., Brüssel, 9. Dezember 2004.

KOM (2004) endg., Brüssel, 29. September 2004.

Kommission der EG, Mit der engeren Partnerschaft wächst die Verantwortung. Strategiepapier für Handels- und Investitionspolitiken der EU gegenüber China. Wettbewerb und Partnerschaft. KOM (2006) 631 endgültig, Brüssel, 24. Oktober 2006.

Kommission der Europäischen Gemeinschaften, Welthandel als globale Herausforderung. Eine Marktöffnungsstrategie der Europäischen Union, Brüssel 1996.

Medium-term Strategy for Development of Relations between the Russian Federation and the European Union (2000-2010) (http://www.europa.eu.int/comm/external_relations/russia/russian_ medium_term_strategy/index.htm).

NATO and the European Union. Congressional Research Service (CRS). Report for Congress, April 6, 2004.

NATO, Strategic Concept for the Defence and Security of the members of the North Atlantic Treaty Organization, Lisbon (November 2010) (www.nato.int/strategic-concept/index.html).

NATO Press-Release, Financial and Economic Data Relating to NATO Defence (April 2012) (http://www.nato.int/nato_static/assets/pdf/pdf_2012_04/20120413_PR_CP_2012_047_rev1.pdf).

NATO-Russland-Rat, Rom, 28. Mai. 2002 (www.nato.int/docu/basictxt/b020528d.htm).

OECD, Pro-Kopf-Nationaleinkommen, in: Die OECD in Zahlen und Fakten 2011-2012: Wirtschaft, Umwelt, Gesellschaft, OECD Publishing 2012. (http://dx.doi.org/10.1787/9789264125469-20-de).

Politik als Mission. Die Agenda der zweiten Bush-Administration. Jahresbericht 2004. Friederich-Ebert-Stiftung, Büro Washington, 20. Januar 2005.

Present at the Creation. A survey of America's world role. The Economist, 29. Juni 2002.

Presseerklärung zum EU-Russland-Gipfel vom 21. Mai 2004 in Moskau (http://www.delrus.cec.eu.int/en/news_582.htm).

Rat der Europäischen Union, Schlussfolgerungen des Rates. 2482. Tagung des Rates Außenbeziehungen am 27. Januar 2003 in Brüssel.

Rat der Europäischen Union, Bericht über die Umsetzung der Europäischen Sicherheitsstrategie, 11. Dezember 2008, S407/08 (http://www.consilium.europa.eu/ueDocs/cms_Data/docs/pressdata/DE/reports/104634.pdf).

Rat der Europäischen Union, Europa 2020: Unterschiede zur Lissabonstrategie (http://ec.europa.eu/europe2020/services/faqs/index_en.htm).

Rede von Ferrero-Waldner vor dem Europäischen Parlament am 1. Dezember 2004: http://europa.eu.int/comm/external_relations/news/ferrero/20 04/speech04_506_de.pdf.

RIA Novosti, Politik-International: Energiecharta mit EU: „Russland strebt Ratifizierung nur bei grundsätzlichen Änderungen an", 17. November 2006 (http://de.rian.ru/world/20061117/55749778.html).

Russian Federation, Country Strategy Paper 2000-2006, National Indicative Programme, 2002-2003, European Commission, Brussels, 27 December 2001.

Schlussfolgerungen des Europäischen Rats, Brüssel, 16./17. Dezember 2004, Ziffer 17-22 (http://ue.eu.int/ueDocs/cms_Data/docs/pressData/de/ec/83221.pdf).

Second Northern Dimension Action Plan, 2004-2006, Commission Working Document, June 10, 2003. COM (2003) 343 final

Statista.com, Länder mit den höchsten Militärausgaben 2012 (http://de.statista.com/statistik/daten/studie/157935/umfrage/laender-mit-den-hoechsten-militaerausgaben/).

Statista.com, China, Bruttoinlandsprodukt 2013, (http://de.statista.com/statistik/daten/studie/19365/umfrage/bruttoinlandsprodukt-in-china/).

Statista.com, Leistungsbilanzsaldo der Europäischen Union und der Euro-Zone vom 1. Quartal 2012 bis zum 1. Quartal 2013, Juni 2013 (http://de.statista.com/statistik/daten/studie/73654/umfrage/leistungsbilanzsaldo-der-eu27/).

(http://www.europa.eu.int/comm/external_relations/north_dim/ddap/com03_343.pdf).

The EU's Relations with Russia – News from the General Affairs Council, February 23, 2004 (http://ec.europa.eu/comm./external_relations/Russia/intro/gac.html).

The European Institute for Security Studies (Hg.), A Secure Europe in a Better World. European security Strategy, Paris 2003 (ESS). Verfügbar unter http://europa-eu-un.org/articles/lt/article_ 2449_lt.htm.

The National Security Strategy of the United States (September 2002) S. 14 f. Abrufbar unter: http://www.whitehouse.gov/nsc/nss.html.

The New York Times, January 11, 2007: Transcript of President Bush's Address to the Nation on US Policy in Iraq.

„The Responsibility to Protect", Report of the International Commission on Intervention and State Sovereignty, International Development Research Centre (Hg.), Ottawa, December 2001.

UN-Dokument A/59/565. Eine sichere Welt: Unsere Gemeinsame Verantwortung. Bericht der Hochrangigen Gruppe für Bedrohungen, Herausforderungen und Wandel, New York 2004.

United Nations: Arab Human Development Report 2004 – Towards Freedom in the Arab World, New York 2004.

UNESCO, UIS Fact Sheet, September 2011, No. 16: Adult and Youth Literacy (http://www.uis.unesco.org/FactSheets/Documents/FS16-2011-Literacy-EN.pdf).

US White House, National Security Strategy (May 2010), (http://www.whitehouse.gov/sites/default/files/rss_viewer/national_security_strategy.pdf).

US Working Paper for G-8 Sherpas. G-8 Greater Middle East Partnership (von der in London ansässigen arabischen Zeitschrift bereits am 13. Februar 2004 veröffentlichtes US-Papier, präsentiert auf dem G-8 Gipfel vom 8-10. Juni 2004 (http://english.daralhayat.com/Spec/02-20047Article-2004213-ac40bdaf-c0a8-01ed-004e-5e7ac897d678/story.html).

Verfassungsvertrag, unterzeichnet am 29. Oktober 2004 in Rom, CIG 87/2/04 Rev. 2, ABl. 2004, Nr. C 310, S. 1.

Vienna European Council, Presidency Conclusions, December 11-12, 1998, Annex II, para. 5.

VO (EG) Nr. 533/2004 des Rates, 22. März 2004, ABl. 2004, Nr. L 86.

Washington Post, March 9, 2007, A15.

Wegekarten zur Schaffung von vier Gemeinsamen Räumen: Wirtschaft; Freiheit, Sicherheit und Justiz; äußere Sicherheit; Forschung, Bildung und kulturelle Aspekte. EU-Russland-Gipfel in Moskau, Mai 2005 (http://europa.eu.int/comm/external_relations/russia/summit_05_05/index.htm).

World Bank: Quick References Tables, (http://web.worldbank.org/WEBSITE/EXTERNAL/DATASTATISTICS).

WTO: World trade developments 2011, (http://www.wto.org/english/res_e/statis_e/its2011_e/its11_world_trade_dev_e.pdf).

Annotierte Bibliographie

Bei den folgenden Titeln zu den einzelnen Kapiteln handelt es sich um eine sehr knappe, möglichst aktuelle Auswahl, die lediglich einen Einstieg in die jeweilige Thematik liefert; weitere, nach wie vor wichtige ältere Darstellungen sind dem Gesamtverzeichnis zu entnehmen.

Grundsätzlich ist zunächst auf die regelmäßig erscheinenden Gesamtdarstellungen, Einzelstudien und Textbeiträge der inländischen Forschungsinstitute hinzuweisen. Das Centrum für Angewandte Politikforschung (München), die Deutsche Gesellschaft für Auswärtige Politik (Berlin), das Institut für Europapolitik (Berlin), die Stiftung Wissenschaft und Politik (Berlin), das Südosteuropa-Institut (München), das Zentrum für Europäische Integrationsforschung (Bonn) sowie vereinzelt das Zentrum für Europäische Sozialforschung (Mannheim) analysieren seit vielen Jahren die vertraglichen Veränderungen in der Union und beschäftigen sich dabei auch mit allen Aspekten Europäischer Außen- und Sicherheitspolitik. Gleiches gilt für den Arbeitskreis Europäische Integration, dessen Zeitschrift „integration" sowie Konferenzen kontinuierlich auch die Außendimension der Union behandeln. Unerlässlich für das vertiefte Studium der Europäischen Außen- und Sicherheitspolitik sind zudem die Webseiten der EU-Institutionen, insbesondere der Kommission und des Rates der Europäischen Union, sowie des European Union Institute for Security Studies (Chaillot Paper, Paris). Die Arbeit in Brüssel kommentieren zudem das Centre for European Policy Studies, das European Policy Centre sowie das Royal Institute for International Relations. Darüber hinaus sei stellvertretend für die umfangreiche englischsprachige Literatur vor allem auf die Studien in der Macmillan/Palgrave- und der Oxford-Reihe sowie die Beiträge in Journal of Common Market Studies, Journal of European Public Policy und European Political Science hingewiesen.

Einen guten Überblick über die Entwicklungen des Integrationsprozesses im Bereich der Außen- und Sicherheitspolitik der Union bieten zudem die relevanten Beiträge in dem seit 1990/91 unter der Herausgeberschaft von Werner Weidenfeld und Wolfgang Wessels erscheinenden Jahrbuch der Europäischen Integration (Bonn) und in der Reihe Die Europäische Union (Bonn).

Einführung (Kapitel 1)

Über die oben erwähnten Quellen hinaus einen guten Einstieg bieten:

Algieri, Franco, Die Gemeinsame Außen- und Sicherheitspolitik der EU, Wien 2010.

Biscop, Sven/ Whitman, Richard, The Routledge Handbook of European Security, London 2012.

Cameron, Fraser, The Foreign and Security Policy of the EU: Past, Present, Future, Sheffield 1999.

Carlsnaes, Walter/Sjursen, Helene/White, Brian (Hg.), Contemporary European Foreign Policy, London 2004.

Ehrhart, Hans-Georg/Jaberg, Sabine/ Rinke, Bernhard/Waldmann, Jörg (Hg.), Die Europäische Union im 21. Jahrhundert, Theorie und Praxis europäischer Außen-, Sicherheits- und Friedenspolitik, Wiesbaden 2007.

Feichtinger, Walter (Hg.), Globale Sicherheit EUropäische Potentiale. Herausforderungen – Ansätze – Instrumente, Wien 2010.

Ginsberg, Roy, The European Union in World Politics, Boulder 2001.

Hill, Christopher/Smith, Karen (Hg.), European Foreign Policy: Key Documents, Routledge 2000.

Jopp, Mathias/Bendiek, Annegret, Kollektive Außenpolitik, Die Europäische Union als internationaler Akteur, Baden-Baden 2008.

Kohler-Koch, Beate/Conzelmann, Thomas/Knodt, Michèle (Hg.), Europäische Integration – Europäisches Regieren, Wiesbaden 2004.

Knodt, Michèle/Princen, Sebastiaan, Understanding the European Union's External Relations, London/New York 2003.

Leiße, Olaf, Die Europäische Union nach dem Vertrag von Lissabon, Wiesbaden 2010.

Mahncke, Dieter/Ambos, Alicia/Reynold, Christopher (Hg.), European Foreign Policy. From Rhetoric to Reality, Brussels 2004.

Nuttal, Simon, European Foreign Policy, Oxford 2000.

Opitz, Anja, Politische Vision oder praktische Option? Herausforderungen eines zivil-militärischen Krisenmanagementansatzes im Rahmen der GSVP, Baden-Baden 2012.

Eeckhout, Piet, External Relations of the EU. Legal and Constitutional Procedures, Oxford 2005.

Schmidt, Peter/ Zyla, Benjamin, European Security Policy and Strategic Culture, London 2013.

Schubert, Klaus/Müller-Brandeck-Bocquet, Gisela (Hg.), Die Europäische Union als Akteur in er Weltpolitik, Opladen 2000.

Wallace, Helen/Wallace, William (Hg.), Policy-Making in the European Union, Oxford 2000.

Zur Theorie:

Bieling, Hans-Jürgen, Die Globalisierungs- und Weltordnungspolitik der Europäischen Union, Wiesbaden 2010

Hill, Christopher (Hg.), International relations and the European Union, 2nd Edition Oxford 2011.

Holzinger, Katharina/Knill, Christopher/Peters, Dirk/Rittberger, Berthold/Schimmelfennig, Frank/Wagner, Wolfgang (Hg.), Die Europäische Union. Theorien und Analysekonzepte, Paderborn/München 2005.

Kelstrup, Morten/Williams, Michael (Hg.), International Relations Theory and the Politics of European Integration, London 2000.

Kratochvìl, Petr, EU as a Political Actor, Baden-Baden 2012.

Zu den Perspektiven der Mitgliedstaaten:

Böcker, Julian, Demokratiedefizit der Sicherheits- und Verteidigungspolitik der EU, Analyse des deutschen, britischen und europäischen Parlaments, Baden-Baden 2012.

Bulmer, Simon/Lequesne, Christian (Hg.), Member States in the EU, Oxford 2005.

Kuhn, Maike, Die Europäische Sicherheits- und Verteidigungspolitik im Mehrebenensystem, Heidelberg 2012.

Manners, Ian/Whitman, Richard (Hg.), The Foreign Policies of the European Union Member States, Manchester 2000.

Wagner, Wolfgang, Die Konstruktion einer europäischen Außenpolitik. Deutsche, französische und britische Ansätze im Vergleich, Frankfurt a. M. 2001.

Zur Rolle der EU in der Welt (Kapitel 2)
Zu den verschiedenen Formen institutionalisierter Beziehungen:

Cosgrove-Sacks, Carol, Europe, Diplomacy and Development, Basingstoke 2001.

Obwexer, Walter, Die Europäische Union im Völkerrecht, Baden-Baden 2012

Smith, Hazel, European Union Foreign Policy. What it is and what it does, London 2002.

Zur Außenwirtschaftspolitik:

Bungenberg, Marc (Hg.), Die gemeinsame Handelspolitik der Europäischen Union nach Lissabon, 2011 Baden-Baden.

Bretherton, Charlotte/Vogler, John (Hg.), The EU as an Economic Power and Trade Actor, in: dies., The European Union as a Global Actor, London 1999.

Elsig, Manfred, The EU's Commercial Policy. Institutions, Interests and ideas, Aldershot 2002.

Griller, Stefan/Weidel, Birgit (Hg.), External Economic Relations and Foreign Policy in the European Union, Vienna 2002.

Eising, Rainer, The Political Economy of State-Business Relations in Europe Interest Mediation, Capitalism and EU Policy Making, London 2013.

Hermann, Christoph/Krenzler, Horst/Streinz, Rudolf (Hg.), Die Außenwirtschaftspolitik der EU nach dem Verfassungsvertrag, Baden-Baden 2006.

Johnson, Michael, European Community Trade Policy and the Article 113 Committee, London 1998.

Knodt, Michèle (Hg.), Regieren im europäischen Mehrebenensystem. Internationale Einbettung der EU in die WTO, Baden-Baden 2005.

Koopmann, Georg, Handelspolitik in der Europäischen Gemeinschaft, Hamburg 2004.
Princen, Sebastiaan, EU Regulation and Transatlantic Trade, The Hague/London/New York 2002.
Woolcock, Stephen, European Union economic diplomacy. The role of the EU in external economic relations, Farnham 2012.

Zur Entwicklungshilfepolitik:
Brüne, Stefan, Europas Außenbeziehungen und die Zukunft der Entwicklungshilfepolitik, Opladen 2004.
Cosgrove-Sacks, Carol, Europe, Diplomacy and Development, Basingstoke 2001.
Deimel, Stephanie, Frontex. Das EU-Außengrenzenmanagement vor dem Hintergrund. kontemporärer Migrationsbewegungen, Brüssel u.a. 2012.
Gänzle, Stefan/Grimm, Sven/Makhan, Davina, The European Union and global development. An "enlightened superpower" in the making? Houndmills 2012.
Smith, Karen, The EU, Human Rights and Relations with Third Countries, in: Smith, Karen/Light, Margot, Ethics and Foreign Policy, Cambridge 2001.

Zur Erweiterungspolitik:
Becker, Peter, Die deutsche Europapolitik und die Osterweiterung der Europäischen Union, Baden-Baden 2012.
Beichelt, Tim, Die EU nach der Osterweiterung, Wiesbaden 2004.
Brimmer, Esther/Fröhlich, Stefan (Hg.), Strategic Implications of European Union Enlargement, Washington 2005.
Lippert, Barbara (Hg.), Bilanz und Folgeprobleme der EU-Erweiterung, Baden-Baden 2004.
Nugent, Neill (Hg.), European Union Enlargement, Palgrave-Macmillan 2004.
Schwarz, Oliver, Erweiterung als Überinstrument der Europäischen Union? Zur Europäisierung des westlichen Balkans seit der EU-Osterweiterung, Baden-Baden 2012.

Zur Lissabon-Strategie:
Die Herausforderung annehmen. Die Lissabon Strategie für Wachstum und Beschäftigung. Bericht der Hochrangigen Sachverständigengruppe unter Vorsitz von Wim Kok, Brüssel 2004.

Die Gemeinsame Außen- und Sicherheitspolitik der Europäischen Union (Kapitel 3)
Zur GASP und ESVP:
Dannreuther, Roland (Hg.), European Union Foreign and Security Policy: Towards a New Neighbourhood Strategy, London 2004.
Diedrichs, Udo, Die Gemeinsame Sicherheits- und Verteidigungspolitik der EU, Wien 2012.
Ehrhart, Georg/Schmitt, Burckard, Die Sicherheitspolitik der EU im Werden, Baden-Baden 2004.

Eisenhut, Dominik, Europäische Rüstungskooperation. Zwischen Binnenmarkt und zwischenstaatlicher Zusammenarbeit, Baden-Baden 2010.

Ginsberg, Roy H./Pensake, Susan E., The European Union in global security, Basingstoke 2012.

Gross, Eva, EU conflict prevention and crisis management, Roles, Institutions, and policies, London 2011.

Gnesotto, Nicole (Hg.), Die Sicherheits- und Verteidigungspolitik der EU. Die ersten fünf Jahre (1999-2004), Paris 2004.

Gottschald, Marc, Die GASP von Maastricht bis Nizza, Baden-Baden 2001.

Hippel, Karin von, Europe confronts Terrorism, Palgrave-Macmillan 2005.

Kaldrack, Gerd F. (Hg.), Eine einsatzfähige Armee für Europa, Die Zukunft der Gemeinsamen Sicherheits- und Verteidigungspolitik nach Lissabon, Baden-Baden 2011.

Mahncke, Dieter/ Gstöhl, Sieglinde: European Union Diplomacy. Coherence, Unity and Effectiveness, Brüssel 2012.

Müller-Brandeck-Bocquet, Gisela (Hg.), The Future of the Euroepan Foreign and Security Policy after Enlargement, Baden-Baden 2006.

Müller-Brandeck-Bocquet, Gisela/Rüdiger, Carolin (Hg.), The high representative fort he EU foreign and security policy – review and prospects, Baden-Baden 2011.

Regelsberger, Elfriede, Die Gemeinsame Außen- und Sicherheitspolitik der EU, Baden-Baden 2004.

Regelsberger, Elfriede/Schoutheete/Wessels (Hg.), Foreign Policy of the EU. From EPC to CFSP, Boulder/London 1997.

Telo, Mario/ Ponjaert, Frederik, The EU's Foreign Policy. What Kind of Power and Diplomatic Action? Farnham 2013.

Thomas, Daniel C., Making EU Foreign policy, National preferences, European norms and commen policies, Basingstoke 2011.

Außenbeziehungen in der Praxis (Kapitel 4)
Das Verhältnis zu anderen Internationalen Organisationen:

Cameron, Fraser, The EU and International organizations: partners in crisis management, European Policy Centre, Brüssel 2005.

Hughes, James, EU Conflict Management, London 2012.

Jorgensen, Knud Erik/ Laatkainen Katie Verlin, Routledge Handbook on the European Union and International Institutions, London 2012.

Lucarelli, Sonia/ Langenhove, Luk van/ Wouters, Jan, The EU and Multilateral Security Governance, London 2012.

Moller, Bjorn, European Security. The Roles of Regional Organisations, Farnham 2012.

Larionova, Marina, The European Union in the G8, Farnham 2012.

Scheuemann, Manuela, VN-EU-Beziehungen in der militärischen Friedenssicherung. Eins Analyse im Rahmen des Multilateralismus-Konzepts, Baden-Baden 2012.

Zu Drittstaaten:

Bello, Valeria/ Gebrewold, Belachew, A Global Security Triangle European, African and Asian interaction, London 2013.

Keck, Jörn/ Vanoverbeke, Dimitri/ Waldenberger, Franz, EU-Japan Relations, 1970-2012. From Confrontation to Global Partnership, London 2013.

Wörner, Daniela Marie/ Roensch, Annette, (Un)anhängig?! Beziehungen zwischen Lateinamerika und der EU, Brüssel u.a. 2012.

Zu den transatlantischen Beziehungen:

Fröhlich, Stefan, The new Geopolitics of Transatlantic Relations. Coordionated responses to Common Dangers, Washingtonn 2012.

Hamilton, Dan/Quinlan, Joseph (Hg.), Partners in Prosperity. The Changing Geography of the Transatlantic Economy, Washington 2004.

Jäger, Thomas/Höse, Alexander/Oppermann, Kai (Hg.), Transatlantische Beziehungen, Wiesbaden 2005.

Koops, Joachim A., The European Union as an integrative power? Assessing the EU's "effective multilateralism" towards NATO and the United States, Brüssel 2011.

Kühnhardt, Ludger, Contrasting transatlantic interpretations. The EU and the US towards a Common Global Role, Stockholm 2003.

Laursen, Finn, The EU and the Political Economy of Transatlantic Relations, Brüssel u.a. 2012.

Rees, G. Wyn, The US-EU security relationship, The tensions between a European and a global agenda, Basingstoke 2011.

Varwick, Johannes (Hg.), Die Beziehungen zwischen NATO und EU, Opladen 2005.

Weidenfeld, Werner, Rivalität der Partner. Die Zukunft der transatlantischen Beziehungen, Gütersloh 2005.

Wang, Sheng-Chih, Transatlantic Space Politics. Competition and Cooperation Above the Clouds, London 2013.

Die Beziehungen zu Russland:

Aggarwal, Vinod K. (Hg.), Responding to a resurgent Russia, Russian policy and responses from the European Union and the United States, New York 2012.

Bastian, Katrin, Die Europäische Union und Russland. Multilaterale und bilaterale Dimensionen in der europäischen Außenpolitik, Wiesbaden 2006.

Lynch, Dov (Hg.), EU-Russian Security dimensions, EU Institute for Security Studies, Paris 2003.

Mommsen, Margarete, Wer herrscht in Russland? Der Kreml und die Schatten der Macht, München 2003.

Trenin, Dimitri, Die gestrandete Weltmacht. Neue Strategien und die Wende zum Westen, Hamburg 2005.

Die Beziehungen zu China:

Dong, Lisheng/ Wang, Zhengxu/ Dekker, Henk, China and the European Union, London 2013.

Edmonds, Richard Louis, China and Europe since 1978. A European Perspective, Cambridge 2002.

Gehler, Michael: EU – China, Global players in a complex world, Hildesheim 2012.

Gill, Bates/Wacker, Gudrun (Hg.), China's Rise: Diverging US-EU Perceptions and Approaches, SWP, Berlin 2005.

Möller, Kai, Die Außenpolitik der Volksrepublik China, Wiesbaden 2004.
Hilpert, Hanns Günther, Europa trifft Asien – Asien trifft Europa, SWP, Berlin 2004.
Preston, Peter/Gilson, Julie, The European Union and East Asia, Cheltenham 2001.
Stumbaum, May-Brit U., The European Union and China, Decision-making in EU foreign
   and security policy towards the People's Republic of China, Baden-Baden 2009
Wouters, Jan (Hg.) China, the European Union and global Governance, Cheltenham 2012.

Außenpolitik gestalten (Kapitel 5)
Zur Europäischen Nachbarschaftspolitik:

Böttger, Katrin, Die Entstehung und Entwicklung der Europäischen Nachbarschafts-
   politik, Baden-Baden 2010.
Cierco, Teresa, The European Union Neighbourhood. Challenges and Opportunities,
   Farnham 2013.
Koopmann, Martin/Lequesne, Christian (Hg.), Partner oder Beitrittsperspektiven? Die
   Nachbarschaftspolitik der Europäischen Union auf dem Prüfstand, Baden-Baden 2006.
Leiße, Olaf (Hg.), Die Beziehungen der Europäischen Union mit Osteuropa, Energie – Si-
   cherheit – Stabilität, Berlin 2010.
Marchetti, Andreas, The European Neighbourhood Policy. Foreign policy at the EU's Peri-
   phery, Zentrum für Europäische Integrationsforschung, Bonn 2006.
Ratka, Edmund (Hg.), Understanding European neighbourhood policies, Concets, actors,
   perceptions, Baden-Baden 2012.
Varwick, Johannes/Lang, Kai-Olaf (Hg.), European Neighbourhood Policy. Challenges for
   the EU-Policy Towards the New Neighbours, Farmington Hills 2007.

Die EU und der „Nahe und Mittlere Osten":

Biscop, Sven, For a more active EU in the Middle East, Royal Institute for International
   Relations, Brüssel 2007.
Erhart, Hans Georg/Johannsen, Margret (Hg.), Herausforderung Mittelost. Übernimmt
   sich der Westen?, Baden-Baden 2005.
Jacobs, Andreas (Hg.), Euro-Mediterranean Cooperation: Enlarging and Widening the
   Perspective, Zentrum für Europäische Integrationsforschung, Bonn 2004.
Krass, Ralph, Die EU-Nahostpolitik im Rahmen des Nahostquartetts (2002-2008), Die
   Europäische Union als kohärenter Akteur, Hamburg 2010.
Müller, Patrick, EU foreign policymaking and the Middle East conflict, The Europeaniza-
   tion of national foreign policy, London 2012.
Perthes, Volker, Orientalische Promenaden. Der Nahe und Mittlere Osten im Umbruch,
   München 2006.
Wasserberg, Birte/ Faleg, Giovanni, Europe and the Middle East. The hour of the EU?
   Brüssel u.a. 2012

Perspektiven für die Union als globaler Akteur:

Bertelsmann Foundation, Why the World Needs a strong Europe – and Europe needs to be
   strong, Gütersloh 2005.

Bialasiewicz, Luiza, Europe in the World. EU Geopolitics and the Making of European Space, Farnham 2011.

Kühnhardt, Ludger, Constituting Europe. Identity, Institution-Building and the search for a new global role, Baden-Baden 2003.

Link, Werner, Auf dem Weg zu einem neuen Europa. Herausforderungen und neue Antworten, Baden-Baden 2006.

Renard, Thomas, The European Union and emerging power in the 21st century, How Europe can shape a new global order, Farham 2012.

Scheffler, Jan, Die Europäische Union als rechtlich-institutioneller Akteur im System der Vereinigten Nationen, Heidelberg 2011.

Wunderlich, Jens-Uwe (Hg.), The European Union and global governance.A handbook, London 2011.

Personen- und Sachregister

Kasachstan 250, 294

Kaukasus 21, 142, 150, 179 f., 209, 241, 282, 295, 297, 320

Südkaukasus 43, 133, 155 f., 237, 290, 293

Armenien 44, 63, 181, 209, 251, 282, 286, 288

Aserbaidschan 44, 63, 181, 209, 239, 247, 251, 282, 286, 288 f.

Georgien 44, 63, 142, 157, 181, 237, 239, 247, 251 f., 282, 284, 286 ff.

Kennedy, John F. 185

KFOR (Kosovo Force) 142, 156

Kirgisien 250, 252

KSZE (Konferenz über Sicherheit und Zusammenarbeit in Europa) 103 f., 208, 300

Korea 12, 57

 Nordkorea 189, 204, 224, 254, 267, 269, 271

Südkorea 56, 62, 82, 191, 269 f.

Koreakrieg 101, 264

Kosovo 28 f., 36, 114, 121 ff., 138 f., 141 f., 150, 152, 156 f., 161, 176 f., 184, 191, 194, 197, 205, 209, 240 f., 280, 321 f.

Kroatien 141, 281

Kuwait 105, 157, 191 f., 313, 316

Kyoto-Protokoll 216, 246

Laeken (Rat von) 115, 125, 311

Libanon 62, 178 f., 182, 282, 288, 295 ff., 299, 310, 312, 314 f.

Lissaboner Vertrag 9, 13, 15, 22, 30 f., 35, 37, 41, 58, 69, 107 f., 116 ff., 127, 130 f., 140, 148, 160, 162 ff., 166, 213, 235, 281, 283, 291, 317, 322

Lissabon-Strategie 48, 86 ff.

Maastrichter Vertrag 12, 18, 40 f., 66, 71, 105 ff.

Maghreb 156, 181 f , 235, 244, 290, 296 f., 310

Malta 62, 144, 281, 294, 297

Marokko 62, 181, 282, 286, 289, 296 f., 302, 312

Massenvernichtungswaffen 131 f., 135, 138, 150, 159, 179, 184, 187 ff., 193, 196, 202, 205, 231, 284, 298, 304, 316

Mazedonien 29, 134 ff., 140, 148, 157, 170, 207 f., 232

Menschenrechte 15, 41 f., 61, 68, 106, 193, 211, 218, 257, 263, 266, 274 ff., 283, 298, 319

Mexiko 272, 303

Militärdoktrin 269

Moldawien 44, 63, 209, 251, 269, 281 ff., 287

Slowenien 151

Solana, Javier 29, 111, 115, 130, 138

Spanien 73, 104, 174

Subventionen 52 f., 80

Agrarsubventionen 52 f., 91

Exportsubventionen 256

Supranationalismus 14 f., 19, 25 ff., 31, 33 f., 36, 41 f., 70, 90, 102, 107, 112, 149, 162, 199

Syrien 62, 155, 181 f., 188, 196, 204, 206, 231, 246, 250, 254, 271, 282, 289, 296 ff., 302, 305 ff , 309, 311 ff , 316

Tadschikistan 157, 250, 288, 294

Taiwan 82, 221, 262, 264, 269

Terror 183, 187 f., 210

Al Qaida 189 f.

Fatah 208

Hamas 306, 308, 312, 314 f.

Hizbullah 312, 314 f.

Taliban 177, 189, 229, 311

Anti-Terror 254, 280, 299, 320

Anti-Terror-Operationen 169

Anti-Terror-Paket 136

Terror-Netzwerke 177

Terrorismus 27, 131 ff., 136, 143, 146, 148, 150 f., 154, 159, 180 ,182, 184, 188 ff., 196, 202, 210, 229, 231 f., 241, 245, 274, 276, 279, 284, 288, 295, 298, 300, 304 f., 308, 311

11. September 2001 130, 151, 189, 191, 199, 210, 241

Tschechien 148, 151, 173

Tschechoslowakei 191

Tschetschenien 240 f., 253

Tunesien 62, 181, 282, 288 f., 295 ff., 301, 312

Türkei 62, 151, 155, 173, 178, 181, 209, 239, 249, 281 f., 285, 289, 294 f., 297, 299, 309, 312 f.

Turkmenistan 250, 288, 294

Ukraine 44, 63, 141, 146, 150, 209, 237, 239, 247, 252, 281 ff., 285 ff., 293

UN-Charta 106, 176, 184 f., 187 f., 190 ff., 197

UN-Resolutionen 134, 190, 192, 243, 308

UN-Sicherheitsrat 133, 138, 156, 162, 176, 178, 184 f., 193, 224, 275, 307 f.

Ungarn 141, 146, 151, 191

USA 11 f., 27 f., 32, 44, 51, 53, 55 f., 60, 62, 73 f., 76 ff., 93 ff., 102, 104 f., 107, 109, 121 ff., 131 ff., 138, 143 f., 146, 149, 151 ff., 158, 161, 167 f., 173 f., 177, 179 f., 183 f., 186 ff., 197, 199 f., 210, 213 ff., 227 ff., 233 ff., 239, 241 f., 244, 246 ff., 250, 253 ff., 261, 264, 266 ff., 271, 273, 276 ff., 280, 288, 296 ff., 302 ff., 315 f., 318, 321 f.